여성선비와 여중군자

조선 지식인 여성들의 역사

여성선비와 여중군자
조선 지식인 여성들의 역사

2023년 10월 5일 초판 1쇄 인쇄
2023년 10월 10일 초판 1쇄 발행

지은이 이남희
펴낸이 김영애
편집 전상희 · 김배경
디자인 김한슬
펴낸곳 SniFactory(에스앤아이팩토리)

등록일 2013년 6월 3일
등록 제2013-00163호
주소 서울시 강남구 삼성로96길 6 엘지트윈텔 1차 1210호
전화 02. 517. 9385
팩스 02. 517. 9386
이메일 dahal@dahal.co.kr
홈페이지 www.snifactory.com

ISBN 979-11-91656-27-5 03910

가격 28,000원

여성선비와 여중군자

조선 지식인 여성들의 역사

女士·女中君子

다홀미디어

머리말

조선사회와 여성의 삶, 그 실체를 찾아서

"무슨 조선시대도 아니고 … " 지금도, 그리고 여전히, 가끔은 들을 수 있는 말이다. 그 말이 나오게 되는 구체적인 상황은 국면마다 다를 수밖에 없지만, 거기에 일관되게 흐르는 맥락은 크게 다르지 않는 듯하다. 사회화 과정에서의 남과 여[男女], 성별지식[젠더]과 역할에 대한 인식, 혼인과 그로 인한 인간관계의 확대, 특히 시어머니와 며느리[姑婦]의 관계 여하에 관한 것으로 압축된다고 할 수 있지 않을까.

우선 '시대'라는 측면에 주목하면, 현재와 조선시대 사이에는 시간적으로 상당히 떨어져 있다. 개항기도 일제강점기도 거치기는 거쳤지만, 여전히 조선시대가 갖는 무게와 비중이 적지 않다. 왜 조선시대인가? 기나긴 전통의 시대라는 측면에서 보자면, 한 시대에 지나지 않지만 삼국시대나 고려에 비해서 조선의 비중이 확실히 크다. 현재 시점에서 가장 가까운 데다 그 기간도 길었으며, 그로 인해 역사적 그리고 사회적으로 '기억'과 '흔적' 역시 많이 남아 있기 때문이다.

따라서 오늘날 우리가 알고 있는 전통적 모습은 조선 후기의 그것이 굳어진 것이다. 그 시대가 가까울 뿐만 아니라 현재에 이르기까지 그 편린들이 많이 남아 있어서 그 이미지가 강해 예전부터 그러했던 것처럼 생각하기 쉽다. 그 같은 모습이 정형화된 이미지로 굳어지고 각인되어 모든 역사에 그런 이미지를 투사시키고 있는 듯하다.

남녀관계와 역할, 그리고 혼인 생활에 초점을 맞추어 거시적으로 바라보면 삼국시대가 달랐고, 고려사회가 달랐고, 조선시대가 또 달랐다. 조금씩 변해온 것이다. 조선 500년만 하더라도 전기와 후기가 크게 달랐다. 그렇기 때문에 조선 이전과 이후는 어떻게 다른가, 달라졌는가, 달라졌다면 언제, 어떤 측면에서 어떻게 달라졌는가 하는 것이다. 나아가 같은 조선이라도 전기와 후기는 과연 어떻게 달라졌는가 하는 의문 역시 던져야 할 것이다. 조선 건국과 더불어 '신유학'으로서의 주자학이 시대정신으로 기능하게 되었다는 것, 그리고 사상사적으로는 『대학大學』과 짝을 이루는 『소학小學』이 중요한 사회적 기능을 하게 되었다는 점이다. 그래야 세종 대에 왜 『소학』의 보급을 그렇게 장려했는지 이해할 수 있다[1장].

다음으로 조선시대에 담기는 혹은 조선시대 하면 떠올리게 되는 주요 이미지에는 어떤 것들이 있을까? 그 범위를 남과 여, 성별지식[젠더], 혼인생활, 특히 남편·시가媤家와의 관계 등으로 좁혀본다면, 젠더 문제와 관련된 명제를 떠올려볼 수 있다. 대표적인 것들로는 남녀칠세부동석男女七歲不同席, 칠거지악七去之惡과 삼종지도三從之道 등을 들 수 있다. 그와 관련해서 부내부천夫乃婦天(남편은 아내의 하늘, 따라서 여인은 남편을 따라야 한다[여필종부女必從夫]), 불경이부不更二夫(두 남편을 섬기지 않는다, 따라서 한 남편을 섬겨야 한다[일부종사一夫從事]), 때문에 시집간 여인은 이미 외부 사람이다[출가외인出嫁外人]. 다소간 악의적인 말들도 전해진다. "암탉이 울면 집안이 망한다", "처가와 뒷간은 멀수록 좋다", "겉보리 서 말만 있어도 처갓집살이는 하지 않는다" 등.

특히 악명 높은 칠거지악, 삼종지도 등과 관련해서는 그들의 사상적, 정신적 연원으로 다름 아닌 유교가 지목되어왔다. 그래서 유교는 가부장제와 봉건적 억압의 주범처럼 여겨지고는 했다. 정말 그럴까? 돌이켜보면 오랫동안 유교 때문에 나라가 망했다는 주장이 유행했다. 심지어 20세기 말에 이르러서도 "공자가 죽어야 나라가 산다", 아니다 그렇지 않다 "공자가 살아야 나라가 산다"는 식의 논쟁도 있었다. 하지만 유교 자체만 본다면, 이미 삼국시대에 전래된 이후 조선 말기까지 꾸준히 유지되어왔다. 그러면 조선 이전의 유교와 이후의 유교는 과연 같은 유교라 할 수 있을까. 다르면 또 어떻게 다른가. 신유학으로서의 주자학이 갖는 사상적 함의에 대해서도 유념해야 할 것이다. 또한 다른 것은 남과 여, 젠더, 혼인 문제에 대해서 어떻게 다르며, 달라졌는가. 더욱이 유교는 조선만의 것은 아니었다. 주지하듯이 유교는 중국, 일본, 베트남, 유구 등지에서 중요한 사상적 자원이기도 했다.

그와 관련해서 조선시대의 여성상하면 빼놓을 수 없는 것으로 열녀가 있다. 여성의 정조와 정절이 유난히 강조되었다. 열녀문이 그 상징이다. 주자학에서는 '아사사극소餓死事極小, 실절사극대失節事極大', 즉 '굶어 죽는 것은 지극히 작은 일이요, 절개를 잃는 것은 지극히 큰일'이라는 명제가 제시되었다. 지나친 '열녀 이데올로기'라 해도 좋겠다. 믿음과 신뢰라는 속성은 부부 사이에서 가장 중요하지만, 그것이 여성에게 일방적으로 강조되었다.

여기서 지적해두고 싶은 것은 우리가 조선시대에 대해서 가지곤 하는 이미지는 대체로 임진왜란, 병자호란의 전란기를 거친 이후에 굳어지게 되었다는 점이다. 이 책에서는 조선 전기에 간행된 족보에 대한 분석을 통해서, 고려에서 조선사회로 이행해가는 전환기의 시대상에 초점을 맞추어 살펴보고자 한다. 구체적으로 족보 기재 양식의 변화, 남귀여가혼과 친영, 균분상속과 윤회봉사 등의 혼인과 제사 문제를 살펴볼 것이다

[2장]. 이어 현존하는 가장 오래된 족보 『안동권씨성화보安東權氏成化譜』에 수록된 부녀자들의 재가再嫁 기록과 분포 양상, 그리고 혼인과 여부女夫, 재가와 후부後夫, 재가 분포와 사회적 의미 등에 대해서도 검토해보고자 한다[3장]. 이를 통해서 불교 사회에서 주자학 사회로 이행해가는 시대의 과도기적 양상, 그리고 조선의 주자학화가 점차로 여성의 삶과 위상, 사회적 지위에 어떤 영향을 미치게 되었는지 가늠해볼 수 있을 것이다. 아울러 그 같은 주자학의 심화, 조선 주자학의 전개와 더불어 열녀 이데올로기 역시 사람들의 의식과 실제 생활에서 위력을 발휘하게 되는 것이다.

그 같은 현실에 대해서 여성들은 어떻게 생각하고 대응해왔는가. 주어지는 여성상을 받아들일 수밖에 없었을까. 다른 생각을 한 여성은 없었을까. 여성의 자의식 문제라 해도 좋겠다. 더 구체적으로 말한다면 책을 읽고 글을 쓸 수 있는 지식인으로서의 여성은 없었을까. 오늘날의 관점에서 말하는 '여성 해방'까지는 아니라 하더라도 '인간으로서의 여성'을 자각한 지식인 여성은 없었는가. 다행히 실록과 문집 등 여러 문헌을 통해서 '여성선비[女士]'와 '여중군자女中君子'라는 용어가 실제로 사용되었다는 것을 알 수 있다. 그에 힘입어 여성선비와 여중군자 개념을 정의할 수 있겠다. 개념적 접근이라 해도 좋겠다. 그런 개념 틀을 통해서 조선 후기에 등장하는 지식인 여성을 하나의 독자적 범주로 설정해보고자 했다. 이미 세종 대에 한글이 창제되어 여성들도 글을 쓸 수 있었다. 하지만 더 나아간다면 여성이라 하더라도 한문을 읽고 쓸 수 있는 것을 하나의 지표로 삼을 수 있다. 그들은 현실에 대해서 어떤 생각을 가졌으며 또 품었던 비전은 과연 어떤 것이었는가, 그리고 그것이 도달한 곳은 어디까지였을까.

소수였다고 할지라도 전위前衛로서의 그들이 갖는 상징적 의미와 위상은 크다고 하지 않을 수 없다[4장].

또한 조선이 기본적으로 신분제 사회였다는 점을 감안하면, 같은 여성이라 하더라도 그 신분과 위상에 따라서 그 행동반경과 영향력에서 다양한 층차가 있었다. '여성'이라는 단일 범주로만 접근하면 오히려 실제 역사에서 벗어나 버릴 수도 있다. 여기서는 왕실의 지식인 여성들, 구체적으로 당대 최고의 지식인 여성 소혜왕후와 『내훈內訓』, 저술(『한중록閑中錄』)을 통해서 한을 풀어낸 혜경궁 홍씨, 수렴청정垂簾聽政을 한 영특한 여주女主 정순왕후, 정국을 이끌어간 세도정치의 주역 순원왕후에 대해 살펴볼 것이다[5장]. 그들의 가계와 생애 외에, 그들이 남긴 저작 및 언교·언간을 통해서 그들의 생생한 목소리를 되살려내고자 한다. 그들은 왕실의 여성으로 수기修己를 넘어서 치인治人까지 나아갈 수 있었으며, 수렴청정 및 세도정치 운영과 같은 고도의 정치적 행위를 담당하기도 했기 때문이다.

지금까지 말한 점들은 한 사람의 여성이기도 한 필자가 조선시대를 공부해오면서 일찍부터 부딪히지 않을 수 없었던 솔직한 물음들이기도 하다. 이 책에 실린 글들은 그 같은 의문들에 대해서 사안별로 공부하면서 얻어낸 소박한 답변이라 해도 좋겠다. 조선사회의 남녀관계에 대해서 어느 정도 객관적인 토론의 마당 정도가 될 수 있으면 좋겠다.

조금 용기를 내서 말해본다면 앞으로 여성과 여성사 연구는 분화와 심화가 요청될 뿐만 아니라 신분사, 사회사, 사상사 연구와 더불어 나아갈 필요가 있다고 생각한다. 이 책이 아직도 남아 있는 조선시대 여성들의 삶과 위상에 대한 선입견에서 벗어나 실제로 생생하게 살아 있는 역사상歷史像에 한 걸음 다가설 수 있는 계기가 되면 좋겠다. 동시에 조선 후기에 등장하는 지식인 여성들의 학문과 사상에 대해서도 그 평가와 자리매김이 정당하게 이루어지기를 기대한다.

차례

4장

조선의 지식인 여성, 여성선비와 여중군자

1장

조선 건국 이후 『소학』을 읽다

1. 『소학』으로 배우는 신유학

1-1. 주자학과 조선 그리고 소학

조선시대의 대표적인 아동용 텍스트로 손꼽히는 『소학小學』은 거시적인 학문 체계라는 맥락에서 보면 신유학新儒學, Neo-Confucianism과 깊이 관련되어 있다. 신유학은 공자, 맹자 단계에서의 원시유학에 대비되는 것으로 남송시대에 확립된 새로운 유학 체계라 할 수 있다.[1] 주자朱子(주희朱熹, 1130~1200)에 의해 집대성되었기 때문에 흔히 주자학으로 불린다.[2]

새로운 유학으로서 주자학은 종래의 육경六經 중심의 유학이 아니라 사서四書 중심의 새로운 학문 체계라 할 수 있다. 그 같은 대안을 구상했던 주희가 특히 심혈을 기울였던 경서는 『대학大學』이었다. 그는 장과 절을 새롭게 나누고, 자신의 철학에 입각해 상세한 주석을 달았다. 「대학장구大學章句」가 바로 그것이다. 그는 죽기 직전까지 『대학』 주석에 심혈을 기울였다. 주희가 새로운 『대학』 체계를 마무리하고, 그 서문에 해당하는 「대학장구서大學章句序」를 쓴 것은 1189년, 그러니까 60세 때의 일이다. 「대학장구서」에서 주희는 이렇게 말하고 있다.

> 삼대의 융성했을 때에 그 법이 점점 갖추어졌으니, 그러한 뒤에 왕궁과 국도로부터 시골 마을에 이르기까지 학교가 있지 않은 곳이 없었다. 사람이 태어나 8세가 되면 왕공으로부터 이하로 서인庶人의 자제에 이르기까지 모두 소학에 들어가 물 뿌리고 쓸고, 응하고 대답하며, 나아가고 물러가는 예절과 예禮, 악樂, 사射, 어御, 서書, 수數의 글을 가르쳤다.[3]

이처럼 어렸을 때부터 소학에 들어가 기본 예의범절을 익히게 했던 것이다. 학교는 소학과 태학으로 구분했는데, 가르침에서도 그 내용과 성격을 달리했다.

> 15세가 되면 천자의 원자, 중자로부터 공, 경, 대부, 원사의 적자와 모든 백성들의 우수한 자에 이르기까지 모두 태학에 들어가서 이치를 궁구하고 마음을 바루며 몸을 닦고 사람을 다스리는 도道를 배웠다.[4]

그런데 '소학'에는 크게 세 가지 의미가 담겨 있다. 우선 소학은 고대 중국에서는 학교를 의미한다. 학교로서의 소학은 선진先秦시대 이전, 이미 삼대三代[하·은·주]부터 존재했다.[5] 둘째, 소학은 경학經學의 한 분야로 문자의 형상形象·훈고訓詁·음운音韻 등을 연구하는 학문 분야를 가리킨다. 형태, 발음, 의미 등을 다루는 문자학, 음운학, 훈고학 등이 포함된다.[6] 셋째, 소학은 학동을 위한 교과서, 텍스트로서의 소학을 말한다. 아동들의 유교 윤리와 예절 교육을 위한 교과서로 알려져 있다. 이 글에서 주목하는 소학은 '텍스트'로서의 소학이며 『소학』으로 표기하고자 한다.

그러면 『소학』이라는 텍스트는 언제 유입되었으며, 언제부터 아동용 교재로 사용하게 되었을까? 그런 유입과 유행은 사상사적으로 과연 어떤 의미를 가지고 있었을까? 이 같은 물음이야말로 이 글의 출발점이라 할 수 있다. 기존의 연구 성과에 따르면, 고려 후기 주자학의 유입과 더불어 이루어졌고, 조선 건국 및 주자학의 보급과 더불어 유행했으며, 특히 세종시대에 『소학』을 널리 보급하고 장려했다. 이 책에서는 거기서 한 걸음 더 나아가고자 한다. 세종시대 『소학』의 보급과 장려의 실상은 어떠했으며, 또 그것이 사상사적으로 어떤 의미와 위상을 갖는지에 대해 논의해 보려는 것이다.

여기서 특별히 주목하는 것은 조선시대 정치사회화 과정에서 『소학』이 수행한 역할과 의미라 하겠다. 이 글에서는 특히 남녀관계 내지 젠더gender라는 측면에서 바라볼 것이며, 유교 사회에서 일종의 율법처럼 작용한 삼종지도三從之道와 칠거지악七去之惡이라는 명제와 관련해서 살펴볼 것이다. 2018년에 즉위 600년을 맞은 세종이 뛰어난 성군聖君이었다는 것은 누구도 부인하지 않을 것이다. 하지만 여성이라는 관점에서 보면 조금 다른 면모가 드러날 수도 있지 않을까 한다. 그것은 세종의 위대함과는 또 다른 차원이라 하겠다. 그렇게 함으로써 세종시대에 소학이 어떻게 보급되었으며, 또 그것이 여성의 삶과 사회적 지위에 어떤 영향을 미치게 되었는지 가늠해볼 수 있을 것이다.

2. 세종, 『소학』을 장려하다

2-1. 텍스트로서의 『소학』, 그 체계와 저자

『소학』은 흔히 주희가 엮은 것이라 하지만, 정확하게는 제자 유청지劉淸之에게 소년들을 위한 책을 편집하게 한 것이다. 그런 만큼 주희가 검토했을 것이며, 직접 「소학서제小學書題」와 「소학제사小學題辭」를 쓰기도 했다. 주희와 유청지(자징) 두 사람의 합작품이라 해도 좋을 듯하다.

제1저자 내지 편집자에 해당하는 유청지(1134~1190)[7]. 그에게 주희와의 만남은 일생의 중요한 계기가 되었으며, 주희의 사상적 영향을 깊이 받았다. 하지만 네 살밖에 차이가 나지 않는 데다 스승보다 10년이나 일찍 세상을 떠났다. 다른 제자들도 많은데, 주희는 왜 그에게 『소학』의 편집을 의뢰했을까? 유청지는 『증자내외잡편曾子內外雜篇』과 『제의祭儀』, 『시령서時令書』, 『속설원續說苑』, 『훈몽신서訓蒙新書』, 『계자통록戒子通錄』, 『묵장총록墨莊總錄』 등의 저작을 남겼다. 특히 『훈몽신서』와 『계자통록』이 눈길을 끈다. 그 책들은 몽매한[蒙] 아이들을 가르치거나[訓] 아이들[子]에게 경계하도록[戒] 하는 내용이었다. 『소학』 편집과 저술에 가장 적합한 인물이었던 셈이다.

주희 자신도 어린아이들 교육에 관심을 가지고 있었다. 30대 중반에 『논어훈몽구의論語訓蒙口義』, 『팔조명신언행록八朝名臣言行錄』을 펴냈다. 『논어』 공부를 어려워하는 초학자들을 위한 것이다. 그는 또 『동몽수지童蒙須知』, 『제자직弟子職』, 『조대가여계曹大家女誡』, 『거가잡의居家雜儀』를 정리, 간행했다.[8] 주희는 유청지에게 자주 편지를 보냈다. 『소학』의 편집 방향, 내용의 난이도, 참고 경전과 전적, 수록하고 싶은 선현의 언행과 고사에 대한 지침, 편찬 독촉, 내용에 대한 수정 요구를 했으며, 스스로 수정하기도 했다.[9] 유청지에게 『소학』 편찬을 권유했던 것은 자신은 다른 일로 바빴기 때문이다.[10] 『소학』은 1185년에 착수, 1187년(남송 순희 14)에 완성되었다. 그때 주희의 나이 58세였다.

『소학』 첫 머리에는 주희가 쓴 「소학서제」와 「소학제사」가 나온다. 「소학서제」가 서문이라면 「소학제사」는 통론에 가깝다. 「소학서제」에 『소학』을 편찬하게 된 경위와 공용功用에 대해 다음과 같이 말하고 있다.

> 옛날에 소학에서 사람을 가르치되, 물 뿌리고 쓸며 응하고 대답하며 나아가고 물러나는 예절과 어버이를 사랑하고 어른을 공경하며 스승을 높이고 벗을 친히 하는 방도로써 하였으니, 이는 모두 몸을 닦고 집안을 가지런히 하고 나라를 다스리고 천하를 평안히 하는 근본이 되는 것이다. 반드시 어릴 때에 강하여 익히게 한 것은 그 익힘이 지혜와 함께 자라며 교화가 마음과 함께 이루어져서 거슬려 감당하지 못하는 근심을 없게 하고자 해서이다. 이제 그 완전한 책을 비록 볼 수는 없으나 전기傳記에 섞여 나오는 것이 또한 많건마는 읽는 자들이 왕왕 다만 옛날과 지금은 마땅

함이 다르다 하여 실행하지 않는다. 이는 그 옛날과 지금에 다름이 없는 것은 진실로 일찍이 행할 수 없는 것이 아님을 전혀 몰라서이다. 이제 크게 수집하여 이 책을 만들어서 아이들에게 주어 그 강습에 이용하게 하노니, 행여 풍속의 교화[風化]에 만분의 일이나마 보탬이 있을 것이다. 순희 정미년 3월 초하루 아침에 회암은 쓰다.[11]

'소학[학교]'에서 가르치던 내용은 '수신제가치국평천하修身齊家治國平天下'의 근본이 되는 것이었다. 가르쳤던 텍스트[『소학』]를 볼 수 없지만 여러 전기에 섞여 있다는 것을 알 수 있다. 그런 것들을 모아 한 권의 책으로 펴낸다는 것이다. 그리고 인간의 본성은 선하며, 인의예지仁義禮智 사단四端을 지니고 있어 가르칠 수 있다고 한다.

원형이정은 천도天道의 떳떳함이오, 인의예지는 인성人性의 벼리이다. 무릇 이 성性으로 그 처음이 선하지 않음이 없어 성대히 네 가지 실마리가 감동함에 나타난다. 어버이를 사랑하고 형을 공경함과 임금에게 충성하고 어른에게 공손함 이것을 병이秉彛라 한다. 자연스러움이 있고, 억지로 함은 없다.[12] (「소학제사」)

하지만 현실에서는 그렇게 할 수 있는 소수의 사람[성인聖人]과 그렇지 못한 많은 사람들[중인衆人]이 있을 뿐이다. 성인은 선한 본성을 그대로 지니고 있지만, 많은 사람들은 어리석은 데다가 물욕이 작동해 그 선한 바탕이 가리어져버린다. 그런 현실을 안타깝게 여기면서 성인은 방법을 모색한다. "성인이 그것을 슬퍼하시어 학교를 세우고 스승을 세워 그 뿌리를 북돋으며 그 가지를 발달하게 하셨다."[13] 그 학교와 배움에는 작은 것과 큰 것이 있다. 당연히 작은 것부터 배워야 한다.

그런 생각 아래 『소학』을 편찬하게 된 것이다. 『소학』은 전체 6권, 내편(4권)과 외편(2권)으로 구성되어 있다. 각 편 앞머리에는 그 편의 전체 취지를 말한 부분이 있다.[14] 편집자가 요약한 것이다.[15] 「명륜明倫」 편과 「계고稽古」 편에는 전체 내용을 총괄적으로 다루는 '통론' 성격의 항목이 있다. 각 편에 실린 글들은 그 주제에 해당하는 자료를 다른 문헌에서 뽑아 적절하게 편집한 것이다. 전체 항목은 386장(내편 214, 외편 172장). 그 구성과 체제를 표로 정리해보면 〈표 1〉과 같다.

표 1 **『소학』의 체제와 내역**

내편內篇[214장]		
권1 입교立敎 (13장)	입태영지교立胎孕之敎	제1장
	입보부지교立保傅之敎	제2장~제3장
	입학교군정지교立學敎君政之敎	제4장~제8장
	입사제지교立師弟之敎	제9장~제13장
권2 명륜明倫 (108장)	명부자지친明父子之親	제1장~제39장
	명군신지의明君臣之義	제40장~제59장
	명부부지별明夫婦之別	제60장~제68장
	명장유지서明長幼之序	제69장~제88장
	명붕우지교明朋友之交	제89장~제99장
	통론通論	제100장~제108장
권3 경신敬身 (46장)	명심술지요明心術之要	제1장~제12장
	명위의지칙明威儀之則	제13장~제33장
	명의복지제明衣服之制	제34장~제40장
	명음식지절明飮食之節	제41장~제46장

권4 계고稽古 (47장)	입교立敎 명륜明倫 경신敬身 통론通論	제1장~제4장 제5장~제35장 제36장~제44장 제45장~제47장
외편外篇[172장]		
권5 가언嘉言 (91장)	광입교廣立敎 광명륜廣明倫 광경신廣敬身	제1장~제14장 제15장~제55장 제56장~제91장
권6 선행善行 (81장)	실입교實立敎 실명륜實明倫 실경신實敬身	제1장~제8장 제9장~제53장 제54장~제81장

항목을 보면 권2 「명륜」 편이 108 항목으로 제일 많다. 「명륜」 편은 이렇게 시작된다.

> 맹자가 말씀하시기를 '상庠, 서序, 학學, 교校를 설치하여 가르침은 모두 인륜人倫을 밝히기 위한 것이었다.' 하셨으니, 성인의 경經을 상고하고 현인의 전傳 논평하여, 이 편을 지어 어린 선비를 가르치노라.[16]

유교 사회에서 사람의 윤리[人倫]는 기본적인 다섯 가지 관계로 요약될 수 있으며, 그들 사이의 관계는 도덕적으로 규율되어야 한다. 부자유친父子有親 · 군신유의君臣有義 · 부부유별夫婦有別 · 장유유서長幼有序 · 붕우유신朋友有信.[17] 이른바 오륜이다. 이와 관련된 항목이 제일 많은 것은 당연하다. 『소학』에 실린 글들의 출처를 보면 '내편'의 경우 『예기』, 『논어』, 『맹자』

가 큰 비중을 차지한다. 전체 214장 중에서 162장에 해당한다. 편찬자의 학문적 성향을 말해준다. 그 외에 다른 문헌도 있다. 『서경書經』, 『주례周禮』, 『의례儀禮』, 『효경孝經』, 『사기史記』, 『대대례大戴禮』, 『국어國語』, 『좌전左傳』, 『설원說苑』, 『중용中庸』, 『예기禮記』, 『전국책戰國策』, 『가어家語』, 『고사전高士傳』, 『회남자淮南子』, 『법언法言』, 『순자荀子』, 『관자管子』, 『열녀전烈女傳』, 『온공가범溫公家範』 등 모두 유가의 문헌에 속한다고 단언할 수는 없을 듯하다.

외편을 보면, 전체 172장 중에서 11장에서 모범적인 사례로 송대 사대부의 언행을 들고 있다. 정호程顥(1032~1085)와 정이程頤(1033~1107)[정씨 형제], 장재張載(1020~1077), 사마광司馬光(1019~1086), 여본중呂本中(1084~1145) 등이 다수를 차지했다. '북송오자北宋五子(북송의 다섯 선생)'로 불리던 사람들에 대한 주희의 존숭이 드러난다.[18] 『장자전서張子全書』, 『이정전서二程全書』, 『소자전서邵子全書』, 『통서通書』, 『온공가의溫公家儀』, 『온공서의溫公書儀』, 『온공가범溫公家範』, 『온공집溫公集』, 『동몽훈童蒙訓』, 『여형공잡지呂滎公雜志』, 『여씨가전呂氏家傳』, 『여씨잡록呂氏雜錄』, 『송명신언행록宋名臣言行錄』 등 그 외 역사서, 개인문집 등 다양한 문헌들이 보인다.[19] 이렇게 본다면 『소학』이 포괄하는 범위가 아주 넓었다는 것을 알 수 있다.

전체적인 구조를 조감해보면 『소학』의 핵심은 입교, 명륜, 경신이라 할 수 있다. 『소학』의 세 강령綱領인 셈이다. 내편의 권1~3에 해당한다. 「계고」 편을 보면, 그들 세 강령에 대한 부연 내지 관련되는 한漢나라 이전 성현의 행적을 다루고 있다. 외편에 해당하는 「가언」과 「선행」 편을 보면, 「가언」 편에는 세 강령(입교, 명륜, 경신)에 '광廣[넓힌다]'이라는 글자, 「선행」 편에는 '실實[실증한다]'이라는 글자가 붙어 있다. 넓히고 또 실체를 보여준다는 의미다. 요컨대 '입교入敎, 명륜明倫, 경신敬身'이라는 세 강령을 중심으로 순차적으로 나아가 중층적으로 다루는 구조를 취한 것이다. 내용상으로는 그 성격을 따진다면 「계고」 편은 외편의 「가언」, 「선행」 편과 일맥상통한다. 「가언」, 「선행」 편에서는 한나라 이후 현인들의 언행을 수록하고 있을 뿐이다.[20]

2-2. 인문 군주 세종과 『소학』의 보급

『소학』은 먼저 주희의 문인들 사이에서 유행되다가 주자학의 융성과 더불어 중국 전역으로 유포되었다. 동아시아에서 『소학』의 보급과 전래는 보편적인 현상 혹은 문화 전파 과정으로 볼 수 있겠다. 신유학으로서 주자학의 전래, 보급과 더불어 진행되었다. 그 연장선 위에서 한반도에도 전래되었으며, 그 시기는 대체로 고려 말쯤으로 추정된다. 구체적인 시점과 정확한 인적인 통로는 알 수 없지만, 주자학의 도입과 거의 동시였을 것으로 여겨진다.[21]

이른바 역성혁명을 표방한 조선의 건국이라는 급격한 정치 변동은 『소학』에도 새로운 장을 열어주게 되었다. 그것은 당연한 일이기도 했다. 사상사라는 측면에서 본다면 조선의 건국은 '주자학을 위한 혁명'이라는 측면이 강했다.[22] 따라서 주자학의 학문 체계를 이루는 사서, 그들 사서 중에서 제일 먼저 읽는 『대학』, 그리고 그 『대학』에 앞서 읽어야 할 『소학』이 주목받았다. 논리적인 귀결이자 동시에 자연스러운 흐름으로 『소학』을 중시하게 된 것이다.

특별히 인문을 중시한 군주 세종의 즉위와 더불어 『소학』은 새로운 전기를 맞게 된다. 그러면 세종시대의 『소학』은 어떠했을까? 조광조趙光祖가 경연에서 중종에게 말한 다음과 같은 강의 내용에서 그 일단이나마 엿볼 수 있다.

> 사람이 나서 8세가 되어 『소학』을 배우기 시작하면 동몽童蒙의 교양이 지극히 바르고 지수持守하는 것이 굳게 정해지나, 후세에는 『대학』, 『소학』이 죄다 폐퇴하였으므로 인재가 나지 않고, 혹 호걸한 선비가 있어서 그것을 일으키더라도 그 학술은 대개 부족하니, 이 글을 궁벽한 촌간에까지 보급하고서야, 사람들이 다 효도로 아비를 섬기고 충성으로 임금을 섬길 줄 알아서 선후와 차서가 분명히 갖추어질 것입니다. 세종조에서는 오로지 『소학』의 도道에 마음을 썼으므로 책도 중외中外에 반포하였는데, 근래는 사람들이 읽지 않을 뿐 아니라 책도 아주 없어졌으며, 뜻이 있는 선비들까지도 몸소 행하기를 꺼립니다. 대사성 유운이 바야흐로 『소학』을 가르치므로, 관중館中·사학四學과 여항閭巷까지 온통 이를 따르고, 경상도 관찰사 김안국도 도내의 선비에게 읽어 익히게 하니, 이제 상께서 단연코 그것을 읽으시면 사림士林이 듣고서 고무 진작되어 다스려지게 하는 바른 방도를 얻게 될 것입니다.[23]

조광조가 보기에 세종 대에는 『소학』의 도에 마음을 썼다는 것, 그래서 안팎에 서적을 반포했다는 것이다. 이는 그가 살았던 시대의 『소학』의 사회적 위상에 대한 신랄한 비판이기도 하다. 동시에 중종에게도 『소학』 읽기를 권하는 것이다. 조선 중기 사림에서 『소학』을 얼마나 중시했는지에 대해서는 익히 알려진 바와 같다.[24] 여기서는 세종 대에 주목하고자 한다.

세종은 『소학』을 귀중하게 여겼다. 고려 말에 귀화한 위구르인, 설장수偰長壽가 편찬한 『직해소학直解小學』에 관심이 많았다. 경연에서 직접 강의를 듣기도 했다. 세종은 중국어에 관심을 가졌다. 건국 초기라 외교 문제가 중요했기 때문일 것이다. 게다가 주위에 『소학』을 중시하는 신하들도 많았다. 예컨대 참찬 탁신卓慎은 이렇게 진언하고 있다.

> 풍교風敎를 교화시키는 데는 『소학』과 같은 책이 없는데, 국가시험에서 이름을 기록할 때에 먼저 소학을 통하였는가 아니하였는가를 상고하는 것은 이미 분명한 법령이 있는데, 시험에 나오는 무리들이 일찍이 이런 것은 생각하지도 않고, 『소학』을 알지도 못하고 이름을 기록하는 자가 많다고 하며, 이름을 기록하지 못한 자가 혹 소송을 하는 일도 있다고 합니다. 대개 풍화가 일게 되는 것은 반드시 문교文敎가 있어야 되는 것인데, 선비의 무리가 이러하니 염치의 도가 일어날 수 없습니다. 원컨대, 금후로는 특히 맡은바 문신 한 명을 명하여 그들의 고강考講을 감독하게 하여 법과 같이 아니하는 자는 엄중하게 법으로 다스리소서.[25]

"세속의 가르침을 교화시키는 데에는 『소학』만 한 것이 없다(化成風敎, 無如小學之書)"는 것. 탁신의 주장은 그대로 받아들여졌다. 언제나 그는 『소학』은 곧 학자로서 먼저 공부해야 할 것이라 했다. 참찬 김여지金汝知 역시 자녀들에게 임금에게 충성하고 어버이를 잘 섬기며, 친척과 화목하고 벗과 믿음 있게 하되 청렴하게 몸을 닦는 것을 습관이 되도록 힘쓰며, 항상 『소학』 한 부를 마음 속 깊이 새기고 잃지 말 것이며, 무릇 상장喪葬에서는 한결같이 『가례』를 좇고 불사佛事를 하지 말 것을 당부했다.[26] 세종은 "명륜

뿐 아니라, 입교로써 첫머리를 하고 경신으로써 끝마쳐서, 수신修身의 대법이 갖추지 않은 것이 없다."며 "『소학』은 천하 만세가 함께 높이는 글"[27]이라는 지적에 공감했던 것이다.

1425년(세종 7) 세종은 중국에서 『소학집성小學集成』 100권을 사오도록 했다. 예조의 요청에 따른 것이었다. 『소학』이 이해하기 어렵다는 것, 조선에서 출판된 『소학』은 음훈과 주해가 미비하다는 것을 이유로 들었다. "사부학당은 오로지 『소학』의 가르침만을 맡고 있어, 거기에 입학한 생도에게는 먼저 『소학』을 가르치고 나서 다른 서적을 가르칩니다. 다만 『소학』이란 서적은 경사자집經史子集의 요긴한 말을 모아 편집한 것이기 때문에 이해하기 어려운 곳이 많습니다. 우리나라에서 출판한 『소학』은 음훈과 주해가 미비하고, 다만 중국의 『소학집성』은 음훈과 주소註疏와 명물도상名物圖象이 지극히 분명하게 갖추어져서, 아이들이 쉽게 알 수 있습니다."라고 하여 제용감의 저마포苧麻布를 중국에 들어가는 사신에게 주어 『소학집성』 100권을 사오게 한 것이다.[28]

세종은 구입해온 『소학집성』을 주자소에 내려 인쇄하게 했다.[29] 신하들에게도 나눠주었으며, 청주 향교에 하사하기도 했다.[30] 뿐만 아니라 세종은 『소학』을 인쇄해 각 지역(제주, 평안도 무창, 우예, 위원 등)의 향교 등에 다른 책들과 함께 내려 보내주기도 했다.[31]

앞에서 지적한 바와 같이 세종은 『직해소학』에 관심이 많았다. 한漢어에 능통한 자들을 중국 가는 사신에게 딸려 보내 『직해소학』에 대해 물어보게 했으며[32], 첨지승문원사 이변과 이조정랑 김하를 요동에 파견하기도 했다.[33] 돌아온 그들은 『직해소학』을 중국에서도 인정한다는 얘기를 들려주고 있다.[34] 세종은 경연에서 『직해소학』을 강의하도록 하고[35], 삼일에 한

번씩 진강하도록 했다.[36] 세자에게도 『직해소학』을 배우도록 했다. 두 차례에 걸쳐 각 고을의 향교와 문신들에게 『직해소학』을 내려주기도 했다.[37]

2-3. 『소학』 교육과 과거시험

『소학』의 중요성에 대한 세종의 인식은 『소학』을 가르치도록 했을 뿐만 아니라, 나아가 과거시험 과목으로 채택하도록 했다. 1436년(세종 18) 예조에서 『소학』 교육과 강독의 중요성을 강조했다. 세종은 그 견해에 따랐다. 하지만 당시 사부학당에서 『소학』을 경시하는 현상도 없지 않았다. 평소에는 어린아이들이 배우는 것이라 공부하지 않다가 성균관에 가기 위해 임시로 대충 공부하는 세태에 대한 비판도 담겨 있다. 세종은 이제부터는 유음有蔭 자손으로 입학하는 자도 『소학』을 강독한 다음 태학으로 들어가게 하라고 했다.

> 예조에서 아뢰기를 "『소학』의 글이란 어릴 때부터 배우기 시작하여 평생을 강독해 익히는 것입니다. … 이제부터는 사부四部의 생도로 하여금 모두 『소학』을 습독하게 하고, 다시 전념해 강독 연구하여 수미와 본말을 모두 융회 관통한 연후에, 각기 그 부의 교관이 이에 통부通否를 고시하여 장부에 기록하고 이를 성균관에 통보하면, 성균관에서 이 통보를 전수하고는 한결같이 전례에 의해 다소를 불구하고 시험 선발하여 승보하는 것으로서 항식을 삼도록 하고, 또 옛날에 공·경·대부·원사의 적자는 비록 준수하지 않더라도 모두 태학에 입학시켰던 것이오나, 그 처음에는 소

학에 들어가지 않은 자가 없었습니다. 그런데 오늘날 유음 자손으로 입학하는 자는 『소학』을 강독하지 않고 바로 태학으로 들어가곤 하는데, 이는 옛 법에 어긋나는 것이오니, 금후로는 유음으로 태학에 진학할 자격을 가진 적장들도 또한 먼저 학당에 취학하여 『소학』을 강독하게 한 뒤에 태학관으로 취학을 허용하옵소서." 하니, 그대로 따랐다.[38]

세종은 원자, 세자, 왕세손, 종친들에게도 『소학』을 가르치라고 했다. 집현전 직제학 신장과 김자에게 명하여 원자에게 『소학』을 가르치게 했는데, 당시 원자는 여덟 살이었다.[39] 그해 세자로 하여금 대성전에 가서 제사를 지내고, 속수례束脩禮를 행하고, 「소학제사」를 강하도록 했다.[40] 만년에는 왕세손에게도 「소학제사」를 가르쳤다.[41] 좌익선 박팽년 등은 국운國韻으로 강의하기도 했다.[42] 또 종친들에게도 『소학』을 공부하도록 했다.[43] 그러니 세종은 조정뿐 아니라 세자, 왕세손, 종친들에게 두루 『소학』을 익히도록 한 것이다. 그 후 『경국대전』에서 법제화되기도 했다.[44]

마침내 『소학』은 과거시험 과목으로 채택되었다. 1426년(세종 8), 세종은 생원시 응시자들을 위해서 성균관 정록소에 대관을 배치하고 『소학』과 『가례』를 시험 과목으로 정했다.[45] 무과에서도 기사騎射와 격구擊毬 외에 강서講書 시험 과목으로 『소학』을 선택할 수 있도록 했다. 그 외 강서 과목으로는 사서오경, 『무경칠서』, 『자치통감』, 『역대병요』, 『장감』, 『박의』 등이 있었다.[46] 잡과시험 중 한학漢學 역관을 선발하는 데에도 『소학』을 암송하고 강독하도록 했다.[47] 또한 2품 이상의 자손, 경관의 실행實行 3품의 자손 등에게 벼슬길을 열어줄 때, 이른바 문음門蔭으로 등용할 때에도 『소학』을 시험 보게 했다.[48]

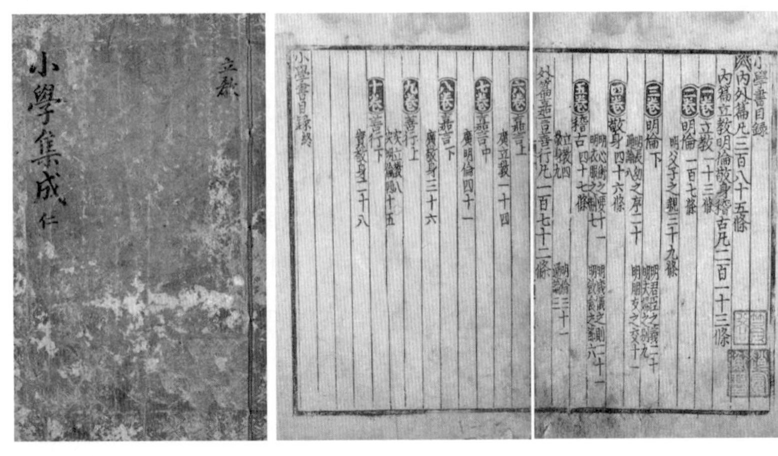
小學集成 仁

小學書目錄

內外篇凡三百八十五條

內篇立敎明倫敬身稽古凡二百一十三條

一卷 立敎 一十三條

二卷 明倫 一百七條

三卷 明倫下

四卷 敬身 四十六條

五卷 稽古 四十七條

外篇嘉言善行凡一百七十二條

六卷 嘉言上 廣立敎 一十四

七卷 嘉言中 廣明倫 四十一

八卷 嘉言下 廣敬身 三十六

九卷 善行上

十卷 善行下 實敬身 二十八

小學書目錄終

『소학집성』 『소학집성』 목록

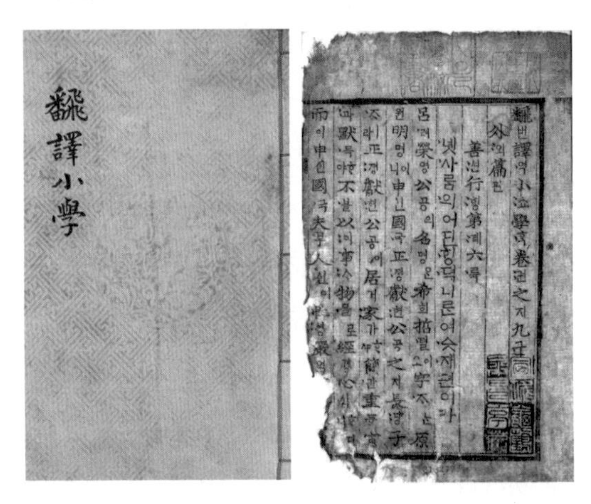
飜譯小學

飜譯小學 卷之九

外篇

善行 第六

『번역소학』

호학好學했던 왕이자 군사君師로 불릴 만한 세종으로서는 『소학』에 많은 관심을 가졌으며, 교육과 인재 선발에서도 중시했다. 이 같은 과정을 거치면서 『소학』은 점차 자리를 잡아갔다. 주자학은 『소학』에 대한 관심을 불러일으켰다. 특히 사림으로 불리는 유학자들에 의해 『소학』은 특별히 주목받게 되었다. 김굉필은 『소학』이 모든 학문의 입문이며 기초인 동

『소학언해』

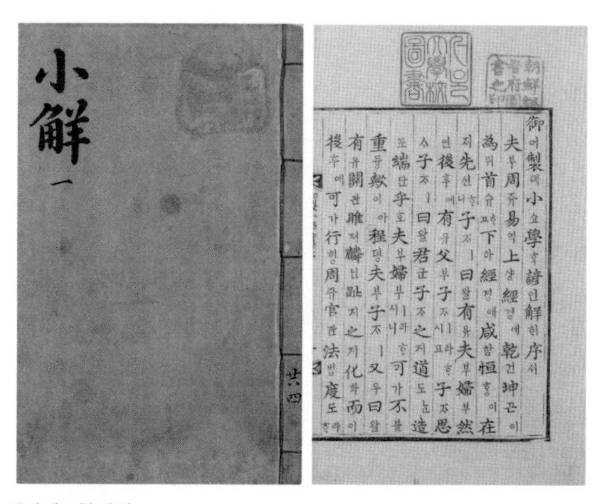

『어제소학언해』

시에 인간 교육의 절대적인 원리가 된다고 했다.[49] 그는 일생 동안 『소학』을 손에서 놓지 않았다. 스스로 '소학동자小學童子'라 칭했다.

이어 조광조, 김안국 등 도학道學의 실천을 중시하는 사림들은 소학 보급 운동을 전개했다.[50] 『소학』에 대한 주석과 연구도 이루어졌다. 초기에는 중국의 주석서 『소학집성小學集成』과 『소학집설小學集說』을 통해 『소학』

을 이해했지만, 17세기 초엽에는 이이가 여러 주석을 모은 『소학집주小學集註』(소학제가집주小學諸家集註)를 펴냈다. 18세기 중엽 영조는 『소학훈의小學訓義』를 편찬해 『소학』을 보다 쉽게 읽고 이해하도록 했다.[51] 『소학』을 우리말로 번역하려는 시도도 이루어졌다. 『번역소학飜譯小學』(1518), 『소학언해小學諺解』(1587), 『어제소학언해御製小學諺解』(1744)를 들 수 있다.[52]

3. 유교 사회의 질서를 세우려면

3-1. 생활 속 유학의 근간

동아시아에서 하나의 세계사적인 사건이었다고 할 수 있는 주자학의 성립은 『소학』과도 무관하지 않았다. 핵심 경전인 사서에 들어가기에 앞서 배워야 하는 위상을 차지하고 있기 때문이다. 그래서 『소학』에 대해서 정치론 내지 정치학적인 접근을 하고 있는 연구도 보인다.[53] 유교 정치론이라는 측면에서 가능한 시각임에는 분명하지만, 본격적인 정치론 탐색은 경학經學, 특히 『대학』이 본령일 것이다.

여기서 특별히 주목하고자 하는 것은 『소학』이 정치사회화 과정에서 수행한 역할과 의미라 하겠다. 위진남북조와 수당시대를 거치면서 만연한 불교나 도교 등의 종교, 신앙을 넘어서 '유교적인 사회질서와 윤리'를 구축하고자 했다는 점에 주목하지 않을 수 없다. 그 최전선은 일상생활, 즉 생활세계와 관련된 것이었다. 『주자가례朱子家禮』 역시 그런 측면에서 바라보아야 하지 않을까 한다.

사상사라는 거시적인 맥락에서 보자면, 주자학의 시대적 과제는 불교와 도교 등의 이단異端이 횡행하는 사회적 분위기를 넘어서 유교의 정통성을 내세우려는 데 있었다는 점을 감안해야 할 것이다. 그 핵심을 말하자면 불교적인 사회문화를 대체하는 사회질서와 윤리의 구축이라 해도 좋겠다. 새로운 유학으로서의 주자학은 불교와 도교의 장점을 나름대로 받아들이는 한편, 그들 이단에 대한 적극적인 비판에 나서게 되었다.[54] 그런데 『소학』에서는 그와 맥락을 같이하는 측면들을 여럿 볼 수 있다. 조금 길긴 하지만, 몇 가지 예를 들어보기로 하자.

- 세속에서는 불교의 속임수와 유혹에 넘어가 상사喪事가 있을 때에 부처에게 공양하고 중에게 먹이지 않는 사람이 없다. 불교에서는 죽은 자를 위해 죄를 없애고 복을 도와 천당에서 살도록 하고 모든 쾌락을 받게 한다. 이렇게 하지 않는 사람은 반드시 지옥에 들어가 칼에 온몸이 토막나고, 불태워지고, 방아 찧기고, 맷돌에 갈려 온갖 고초를 받는다고 말한다. 이것은 죽은 사람의 형체는 이미 썩어 없어지고 정신도 이미 날아가 흩어져버리기에 비록 토막 내고 태우고 찧고 가는 일이 있더라도 그런 일을 당할 대상이 없음을 전혀 알지 못하는 것이다. 하물며 불교의 가르침이 아직 중국에 들어오지 않았던 때에 죽었다가 다시 살아난 사람이 있었다. 하지만 무슨 이유로 한 사람도 지옥에 들어가 이른바 시왕(十王)을 보았다는 사람이 없는가. 이것은 지옥은 존재하지 않고 믿을 것이 못 된다는 것을 분명하게 나타낸다.[55]

- 『안씨가훈』에서 말하기를, 우리 집안에서는 무당과 부적에 대해서는

일체 말하지 않는다. 너희들은 보았으며, 너희들도 요사스럽고 망령된 일을 하지 말아라.[56]

• 관직을 맡은 사람은 이색적인 일을 하는 사람들과는 일체 서로 접촉하지 말아야 한다. 여자 무당과 남자 무당, 여승과 중매쟁이 같은 사람들은 더욱 멀리해서 관계를 끊어야 한다. 요컨대 관리는 마음을 맑게 하고 무익한 일을 덜어버리는 것을 근본으로 삼아야 한다.[57]

• 성인의 도가 밝아지지 않은 까닭은 이단이 방해하기 때문이다. 옛날에 방해하던 이단의 해악은 이론이 깊지 않아 알기 쉬웠지만, 오늘날의 이단은 심오해서 옳고 그름을 분별하기 힘들다. 그리고 옛날에는 당시 사람들의 우매함을 이용해 현혹했지만, 오늘날에는 사람들의 고명한 식견을 이용해서 현혹한다. 오늘날의 이단(인 불교는) 스스로 신묘한 이치를 궁극적으로 파악하고 만물이 변화하는 이치를 안다고 하지만, 지금까지 사람이 알지 못하던 이치를 알게 하고 사람이 이루지 못했던 일을 이루기에는 부족하다. 그리고 인간의 일에 두루 미치지 않은 바가 없다고 말하지만, 실제로는 인간이 지켜야 할 도리에서 벗어나 있다. 또 깊고도 미묘한 이치를 통달했다고 하지만, 요순의 도에 들어갈 수가 없다. 오늘날 세상에서 학문하는 사람들은 천박하고 좁으며, 고집스럽고 침체한 곳으로 빠지지 않으면 반드시 이 불교로 들어온다. 성인의 도가 밝혀지지 않게 된 때로부터 거짓되고 요망한 설들이 다투어 일어나 백성들의 눈과 귀를 막아버리고 세상을 더럽고 탁한 곳에 빠트려버렸다. 아무리 뛰어난 재주와 명석한 지혜를 가진 사람도 보고 듣는 데 집착해, 술에 취한 듯 몽롱

하게 살다가 꿈꾸듯 죽어가기에 스스로 이단에 빠져 있음을 깨닫지 못한다. 이것은 모두 성인의 바른 길에 잡초가 우거지고, 성인의 도에 들어가는 문이 막혀버렸기 때문이다. 그 길을 닦고 문을 연 다음에야 성인의 도에 들어갈 수 있을 것이다.[58]

- 이천 선생의 집에서는 초상을 치를 때에 불교 의식을 사용하지 않았다. 낙양에서 살 때에 또한 한두 집안이 교화되어 불교 의식을 사용하지 않았다.[59]

그 핵심은 불교의 논리와 의식, 그리고 무당과 부적 등 샤머니즘이나 민간신앙에 대한 비판인 셈이다. 유교, 구체적으로는 주자학의 합리주의에 근거해 이단에 대한 배척이다. 일찍이 맹자가 양주와 묵적을 비판해 마지않았듯이, 주희는 불교와 도교에 대해서 비판함과 동시에 주자학의 생활화를 시도하고자 했다.

아동용 교재로서의 『소학』은 생활에서 주자학의 위상을 바로 세우려 했던 것이다. 이 같은 맥락에서 보자면, 『소학』을 널리 보급한 세종은 유교 사회의 근간을 마련하고자 했던 것으로 여겨진다. 새로운 문명과 세계를 만들어내고자 했다. 다시 말해 『소학』과 『대학』을 근간으로 하는 유교, 주자학 사회의 구축을 지향했다고 할 수 있다.

3-2. 여자아이가 일곱 살이 될 때

『소학』 「명륜」에는 다음과 같은 구절이 나온다.

> 몸과 머리카락과 살은 모두 부모에게서 물려받은 것이므로 이를 훼손하지 않는 것이 효의 시작이고, 몸을 세워 도를 행하고 후세에 자신의 이름을 떨쳐 세상에 부모를 드러내게 하는 것이 효의 마지막이다. 효는 부모를 섬기는 데서 시작해서, 임금 섬기는 것이 중간이 되고, 자신이 훌륭한 인물이 되는 데서 끝을 맺는다.[60]

이 구절은 『효경』에서 거의 그대로 가져온 문장이다. 그 뒤를 이어 천자, 제후, 경·대부, 사(선비), 일반 백성의 효에 대해서 간략하게 언급하고 있다.

효라는 것은 유교 사회의 근간을 이루는 관념 중의 하나라 하겠다. 인도에서 전래된 불교 역시 그 부분을 외면할 수 없었다. 『부모은중경父母恩重經』이라는 경전이 이를 단적으로 말해준다. 부모 공양을 내던지고 출가하는 행위가 효와 배치되지 않는다는 것을 설명해주어야 했기 때문이다.[61] 그래서 자식의 부모에 대한 효라는 측면에서 유교와 불교는 일정한 공통분모를 갖는다고 해도 무방할 것이다. 오히려 결정적인 차이는 엄격한 남녀 구분과 나이에 따라 해야 할 역할을 정하고 있다는 점이다.

> 아이가 여섯 살이 되면 숫자와 동서남북 방향을 가르치고, 일곱 살이 되면 남자아이와 여자아이가 함께 자리에 앉거나 음식을 먹지 않도록 한다. 여덟 살이 되면 문을 드나들거나, 자리에 앉거나, 음식을 먹을 때 반드시

나이든 어른이 먼저 하도록 하여 겸손한 마음을 가지도록 가르친다. 아홉 살이 되면 날짜 헤아리는 것을 가르친다. 열 살이 되면 외부에 있는 스승을 찾아 그곳에서 머물며 육서와 수를 배운다. … 열세 살이 되면 음악을 배우고 시를 외우며, 작시에 맞춰 춤을 춘다. 열다섯이 되면 상시에 맞춰 춤을 추며, 활쏘기와 말타기를 배운다. 스무 살이 되면 성인식인 관례를 치르고 비소로 성인의 예를 배운다. … 서른 살이 되면 아내를 맞이하여 가정을 꾸미고 남자로서 해야 할 일을 해가야 한다. 마흔 살에 비로소 벼슬길에 올라 일에 대한 자신의 생각과 계책을 내놓는다. 하지만 나라의 정치가 도에 합치하면 정사에 종사하지만 도에 합치하지 않으면 관직을 그만둔다. 쉰 살에 대부大夫가 되어 국가의 중대사를 맡아 일하고, 일흔 살에는 관직을 그만둔다.

여자는 열 살이 되면 밖으로 나다니지 않는다. 여선생은 여아에게 상냥한 말, 부드러운 낯빛 그리고 순종하는 태도를 가르친다. … 열다섯 살이 되면 비녀를 꽂고, 스무 살에는 시집을 가지만 부모상과 같은 큰일이 있으면 삼 년 뒤 스물세 살에 시집을 간다. 시집갈 때 빙례를 갖추어 가면 처가 되지만, 예를 갖추지 않고 들어가면 첩이 된다.[62]

남자아이와 여자아이 모두 여섯 살이 되면 숫자와 동서남북 방향을 가르친다. 그런데 일곱 살이 되면 남자아이와 여자아이가 함께 자리에 앉거나 음식을 먹지 않도록 한다. 그리고 남자아이와 여자아이의 나이에 따라 배우고 행해야 할 역할이 달라지는 것이다.[63] 이처럼 『소학』에서는 엄격한 남녀 구분을 가르친다. 서로 다른 내용의 교육을 받게 되는 것이다.

그렇게 교육받으면서 성장한 남녀가 만나서 가정을 이룬 이후에도 그런 차별상이 나타난다. 단적으로 부인들 사이에서도 처妻와 첩妾의 구분을 말하고 있다. 일부일처제一夫一妻制라는 관점에서 본다면 받아들이기 어려운 부분이다. 남녀관계에서 주목할 부분이라 하겠다. 이런 차별이 『소학』에서 처음 나오는 것은 아니다. 주자학 유행 이전의 불교 사회윤리에서도 남성 우위가 전혀 없는 것은 아니지만[64], 남녀칠세부동석과 처첩을 분명하게 내세우는 엄격한 유교(주자학) 사회윤리에 비하면 상대적으로 평등한 측면도 없지 않았다. 하지만 세종시대 이후, 조선의 본격적인 유교화와 더불어 어린아이들에게 가르쳤다는 점에 주목해야 할 것이다. 그리고 점차로 사회적인 영향을 미치게 되었다는 것이 중요하다.

3-3. 삼종지도와 칠거지악을 가르치다

이미 남녀칠세부동석과 처첩의 분명한 구분과 대우를 내세우는 데서 남성 중심적인 사고방식을 엿볼 수 있다. 더 밀고 나간다면 남존여비男尊女卑에까지 이를 수 있을 것이다. 역시나 『소학』에는 삼종지도三從之道와 칠거지악七去之惡이라는 명제가 분명하게 나온다. 『소학』을 읽으면서 가장 인상적이었던 부분이라 할 수 있다.

> 공자가 말씀하셨다. 여자는 다른 사람에게 순종해야 할 존재이다. 그러므로 마음대로 일을 처리할 수 없으며 순종해야 할 세 가지 대상이 있다. 시집가기 전 집에 있을 때는 아버지에게 순종하고, 시집가서는 남편에게 순종하고, 남편이 죽은 다음에는 아들에게 순종해 감히 자신의 생각대로 일을 처리해서는 안 된다. … 여자가 남편으로 받아들일 수 없는 다섯

부류가 있다. 반역한 집안의 자식, 음란한 집안의 자식, 대대로 형벌을 받은 집안의 자식, 대대로 몹쓸 병에 걸린 집안의 자식, 아버지가 없는 집안의 큰자식은 선택하지 않는다.

부인에게는 쫓겨날 수 있는 일곱 가지 경우가 있다. 시부모에게 순종하지 않으면 내쫓으며, 자식을 낳지 못하며 내쫓으며, 음란하면 내쫓으며, 질투하면 내쫓으며, 몹쓸 병에 걸리면 내쫓으며, 수다스러우면 내쫓으며, 도둑질하면 내쫓는다. 그러나 위의 사항에 해당한다 해도 내쫓지 않는 세 가지 경우가 있다. 결혼할 당시에는 친정이 있었지만 지금은 없어져 돌아갈 곳이 없으면 내쫓지 못하고, 함께 삼년상을 지냈으면 내쫓지 못하고, 장가들기 전에는 빈천하다가 장가든 뒤에 부귀해지면 내쫓지 못한다.[65]

우선 이 구절 첫머리가 "공자왈孔子日"로 되어 있다는 점을 주목하자. 문장으로 보자면 『대대례기大戴禮記』「본명本命」 편과 『공자가어孔子家語』「본명해本命解」 편의 내용을 적절하게 조합한 것으로 여겨진다. 비교해보면 『대대례기』「본명」 편에는 "孔子日"이라는 세 글자와 마지막 부분의 "凡此聖人所以愼男女之際, 重婚姻之始也(범차성인소이신남녀지제, 중혼인지시야)"가 보이지 않는다. 그런데 『공자가어』「본명해」 편에서는 부분적으로 조금 다르고[66], 뒷부분도 "凡此聖人所以愼男女之際, 重婚姻之始也"로 맺고 있다.[67]

그 내용을 보면 여성의 지위와 관련해서 '다른 사람에게 순종해야 할 존재'로서 첫째 '삼종지도三從之道'가 있다는 것이다. 삼종지도는 삼종지덕三從之德이라고도 했다. 시집가기 전에는 아버지, 시집가서는 남편, 남편이 죽은 후에는 아들을 따르라는 것이다. 표현은 조금 다르지만 『예기

禮記』「교특생郊特牲」 편에도 나온다.[68] 이미 우위가 전제된 남성이 부인을 맞아들일 때 취하지 않는 다섯 가지 경우, 둘째 '오불취五不取'가 나온다. 반역한 집안, 음란한 집안, 대대로 형벌을 받은 집안, 대대로 몹쓸 병에 걸린 집안, 아버지가 없는 집안의 자식은 부인으로 맞아들이지 말라는 것이다.

그렇게 고르고 골라서 혼인했다 하더라도 여성에게 일정한 하자가 있으면 내보낼 수 있다. 셋째 '칠거七去' 내지 '칠거지악七去之惡'이 그것이다. 주관적인 판단이 아니라 내보낼 수 있는 이혼 조건을 명문화한 것이다. 그 세목을 보면 불순不順[시부모에게 순종하지 않는 것], 무고[거짓으로 일러바침], 무자[자식(아들)을 낳지 못함], 음행[행실이 음탕함], 질투[시기심이 많고 강짜를 부림], 악질惡疾[나쁜 질병에 걸림], 구설[말썽이 많음], 절도[남의 것을 훔침]. 설령 칠거지악에 해당하더라도 세 가지 예외 조항, 넷째 '삼불거三不去'가 있었다. 삼불거는 '삼불출三不出'이라 하기도 했다. 부모의 삼년상三年喪을 함께 치렀거나, 장가들 때 가난했다가 뒤에 부귀하게 되었거나, 아내가 돌아가서 의지할 곳이 없는 경우가 해당된다.

이처럼 삼종지도와 칠거지악은 중요한 위상을 차지하게 되었다. 그리고 그 같은 명제는 실제 생활에 영향을 미치기 시작했다.[69] 세종 대에 칠거지악 및 삼불거가 언급되는 실제 이혼 사례가 보이기 때문이다. 1440년(세종 22) 전 찬성(의정부 종1품) 이맹균의 처 이씨가 시기하여 집 여종을 죽인 사건이 발생했다. 사헌부에서는 남편을 업신여기는 것은 천변天變에 관계된다고 하여 처벌을 요청한다. 세종은 "이씨의 부도한 것은 오로지 가장家長이 집안을 잘 다스리지 못했기 때문에 그러한 것이다. 맹균의 직임을 파면시켰고, 이씨는 나이 이미 늙고 작첩爵帖을 거두었으니 어떻게 다시 죄를 주겠는가." 했다. 이에 사헌부에서는 이씨가 질투로 인하여 여종을 죽였으니 죄악이 크며, 여자는 칠거의 의義가 있는데, 지금 이씨는 질투하고 또 자식이 없으니 이거二去를 범했다고 했다.

그러자 세종은 "여자에게 삼불거가 있으니, 전에는 빈천하다가 뒤에는 부귀하면 버리지 못하는 것이고, 함께 삼년상을 치렀으면 버리지 못하는 것이다. 이씨가 비록 질투하고 아들이 없다고는 하나, 이 두 가지 버리지 못하는 의義가 있으니, 갑자기 이것만으로 이혼시킬 수는 없는 것이다. 또 대신의 봉작을 받은 부인[命婦]은 형을 가할 수 없으니 작첩을 거둠으로 족한 것이다. 남편이 되어서 아내를 제어하지 못하였으니 이맹균은 진실로 죄가 있다."하고, 사헌부에 명하여 맹균을 황해도 우봉현으로 유배시켰다.[70]

요약과 정리

『소학』은 『대학』과 일종의 짝을 이루고 있으며, 신유학으로서의 주자학에서 빼놓을 수 없는 서적에 해당한다. 주희가 제자 유청지에게 소년들을 학습시켜 교화할 수 있는 내용의 서적을 편집하게 한 것인 만큼, 주희의 관심 역시 특별한 것이었다. 그래서 주희와 유자징을 공저자, 그러니까 두 사람의 공동 작품으로 보기도 한다. 주희는 『소학』에 「소학서제」와 「소학제사」를 쓰기도 했다.

때문에 신유학, 주자학이라는 맥락에서 『소학』을 이해하는 것이 관건이라 하겠다. 고려 말 주자학의 도입과 더불어 『소학』이 전래, 수용되기 시작했다. 특히 주자학을 위한 혁명이라 할 수 있는 조선의 건국은 새로운 장을 열어주었다. 삼국시대 및 고려사회에 지배적이었던 불교에 대한 비판이 활발했던 것은 지극히 당연하다. 정도전의 『불씨잡변』이라는 책이 이를 상징적으로 보여준다. 문명사라는 측면에서 보자면 '조선사회의 유교적(주자학적) 전환The Confucian Transformation of Korea'이라 할 수 있는 것이었다.[71]

그런 만큼 조선을 건국한 세력들은 『소학』에 대해 호의적이었을 뿐만 아니라 과거시험과목으로 채택해야 한다고 주장하기도 했다. 이어 호학하는 군주 세종은 본인 스스로 『소학』을 좋아했을 뿐만 아니라 널리 보급하고자 했다. 그는 『소학』 강독을 권장했으며, 과거시험과목으로 채택했다. 또한 『소학』 및 관련 서적을 구입, 인쇄, 배포하는 등 적극적으로 장려했다. 세종은 왕실의 일족인 세자, 왕세손, 종친들에게 두루 『소학』을 읽으라고 했다.

그처럼 세종이 적극적으로 『소학』을 권장한 것에 대해 이 책에서는 사상사라는 입장에서 그리고 남녀관계와 젠더론이라는 관점에서 바라보고자 한다. 세종시대에 활발하게 이루어진 『소학』의 보급과 전파에는 여러 가지 역사적 함의가 담겨 있었다. 정치체제 차원에서는 주자학에 바탕을 둔 새로운 문명과 세계를 만들어내고자 하는 열망이 있었다.[72] 그것은 『소학』과 『대학』을 근간으로 하는 유교(주자학) 사회의 구축을 지향하는 것이었다. 이는 사상적으로 전 시대에 큰 위세를 떨쳤던 불교에 대한 비판을 수반하지 않을 수 없었다. 동시에 일상생활과 생활세계에서 유교적인 규범을 철저하게 실천하려는 의지 역시 굳건해지고 있었다. 『소학』 보급과 장려는 그런 측면에서 중요한 국면을 이루었다.

하지만 남녀관계라는 입장에서 본다면, 엄격한 남녀의 구분, 남성 중심의 사회구조, 남성의 가부장적인 지배가 제도적인 뒷받침과 더불어 나타나기 시작했다는 측면도 부인할 수 없다. 바야흐로 남녀칠세부동석, 삼종지도, 칠거지악 등의 명제가 학교에서 공공연하게 교육되기 시작했던 것이다. 지금까지의 기존 연구에서 분명하게 지적하지 못했던 부분이다.

새로운 유학의 중요한 텍스트들 중 하나인 『소학』이 조선 건국 이후 세종시대에 어떻게 보급 장려되었는지 살펴보고, 그 같은 『소학』의 유행이 갖는 역사적 함의에 대해서 논의해보았다. 그것은 삼국 및 고려사회에 지배적이었던 불교적 세계관에서 벗어나 신유학, 주자학적인 세계관으로 이행해가는 과도기라는 의미를 갖는다. 하지만 남녀관계와 평등성이라는 관점에서 본다면, 고려시대와 불교의 상대적인 남녀평등에서 한 걸음 물러서는 것으로 해석될 수도 있다.

『소학』의 유행은 남성 우위, 나아가서는 남존여비의 조짐을 보여주고 있었다. 하지만 남녀칠세부동석, 삼종지도, 칠거지악 등의 명제가 『소학』에 나온다고 해서 오랜 관습과 문화가 하루아침에 달라질 수 없었다. 그런 명제가 큰 힘을 발휘하는 데는 시간을 필요로 했다.

2장

혼인과 족보 그리고 제사

1. 조선의 여성들은 어떻게 살았을까?

1-1. 조선사회와 여성의 위상

출가외인出嫁外人, 여필종부女必從夫, 일부종사一夫從事, 칠거지악七去之惡, 삼종지도三從之道, 처가와 뒷간은 멀수록 좋다 등은 '전통시대 여성' 하면 흔히 떠오르는 표현인 듯하다. 전통사회, 보다 좁혀서 조선시대 여성들의 삶은 정말 그렇게 힘들고 고달픈 것이었을까? 선입견을 잠시 밀쳐두고 실증적으로 접근해보면, 실은 삼국시대가 달랐고, 고려사회가 달랐고, 그리고 조선시대가 또 달랐다. 조선조 500년만 하더라도 전기와 후기가 크게 달랐다.

오늘날 우리가 힘들고 고달팠던 것으로 알고 있는 여성의 삶과 모습은 조선 후기의 것이 굳어진 것이라는 점을 먼저 지적해두고자 한다. 그 시대가 가까울 뿐만 아니라 현재에 이르기까지 그 편린들이 남아 있기 때문에 그 이미지가 강해 예전부터 그러했던 것처럼 생각하기 쉽다. 그와 같은 여성의 모습이 정형화된 이미지로 굳어지고 각인되어, 모든 역

『삼강행실도언해』

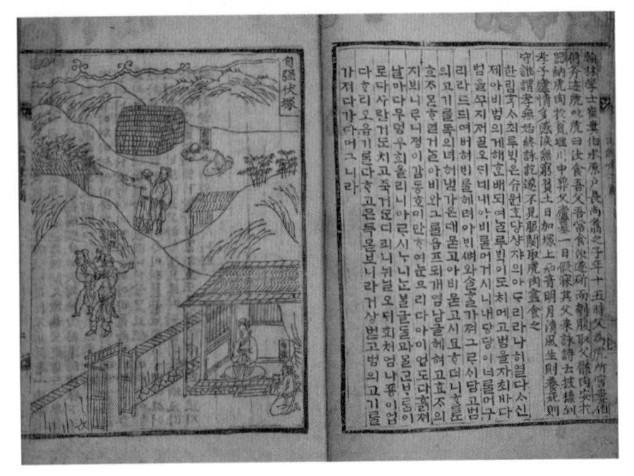

『동국삼강행실도』

사에 그런 여성상을 투사시키고 있는 듯하다. 시대에 따라 역사적 실상이 변해왔다는 중요하지만 간과하기 쉬운 측면은 여성에 대한 인식에서도 예외는 아니다.

조선 전기, 특히 15~16세기에 간행된 족보族譜를 중심으로 조선시대 여성의 사회적 지위가 과연 어떻게 달라졌는가 하는 점에 대해 검토해보자. 이 시기의 족보에 주목하는 것은 고려사회에서 조선사회로 이행해가는 전환기의 시대상을 가장 잘 보여주기 때문이다. 그 같은 변화의 한가운데

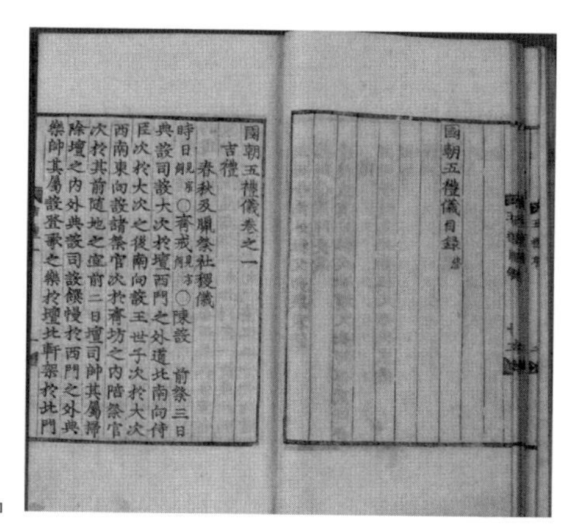

『국조오례의』

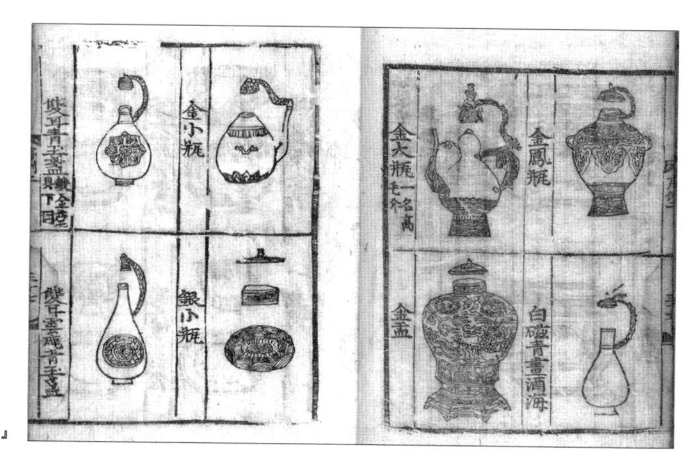

『국조오례의서례』

에는 불교가 우월한 위상을 차지하던 고려사회에서 새로운 유학으로서의 주자학 내지 신유학을 표방한 조선사회로의 이행이 자리 잡고 있다.[1]

다시 말해서 유교를 지향하는 조선의 건국과 그에 따르는 국가 정책으로서의 유교화The Confucian Transformation가 있는 것이다. 대표적인 것으로 조선의 정부에서 적극 장려한 『주자가례』, 『소학』, 『삼강행실도三綱行實圖』, 『국조오례의國朝五禮儀』, 『국조오례의서례國朝五禮儀序例』 등의 윤리와 의례서 보급을 들 수 있다.

고려사회에서 조선사회로의 이행, 그것은 단순한 왕조 교체에 머무는 것이 아니었다. 그것은 일종의 문명사적인 전환으로서의 의미를 갖는다. 사회적 패러다임의 교체라 해도 될 것이다. 그렇기 때문에 사회 전반에 걸쳐서 근본적인 변화가 수반되지 않을 수 없다. 여성의 사회적 지위 역시 그 같은 변화의 일부를 이루고 있으며, 그것은 가족 내지 남녀관계라는 측면에서 중요한 지표가 된다고 할 수 있다. 요컨대 조선사회의 유교화는 여성의 위상에도 중대한 변화를 가져다주었다.

이 같은 위상의 변화는 무엇보다 그 시대에 만들어진 족보에서 가장 잘 볼 수 있다. 조선사회의 유교화는 족보, 특히 족보에서 여성이 차지하는 위상에도 반영되지 않을 수 없다. 족보는 가문에 관한 기록으로, 시조始祖로부터 자신에 이르는 혈통의 계보系譜를 적고 있다. 혈통으로 이어지는 계보는 일차적으로 남성과 여성의 혼인과 자녀의 출생에 의해 구성된다. 그렇다면 여성은 어디에 어떻게 기록되는가, 또 그 같은 기재 양식은 언제 어떻게 달라지는가? 여성의 위상 변화는 족보 기재 양식에 나타나게 된다. 그것은 상징적이기도 하다. 이 글은 그런 점들에 초점을 맞추어 보려 한다. 그리고 족보와 여성의 위상 문제를 보완하고 방증한다는 의미에서, 그 당시의 남귀여가혼男歸女家婚과 친영親迎, 균분상속均分相續과 윤회봉사輪回奉祀 등의 혼인과 제사 문제에 대해서도 언급하고자 한다.[2] 그렇게 함으로써 조선사회가 어떻게 유교화하며, 그것이 여성의 삶과 사회적 지위에 어떤 영향을 미치게 되었는지 파악할 수 있을 것이다.

2. 족보를 보면 여성이 보인다

2-1. 가계 기록이자 공문서

족보는 한 성씨의 혈연관계인 계보와 내력에 관한 것을 적은 가계 기록으로 혈통과 신분을 증빙하는 자료이기도 했다. 개인의 이름, 자字, 생졸의 연월일, 과거科擧, 관직, 학행學行 등의 행적, 묘墓의 소재지와 방향, 그리고 처妻의 4조祖에 관한 가계 사항[3] 및 자녀관계가 세대 순으로 기재되어 있다.

흔히 족보를 펼쳐보면, 편찬하면서 쓴 서문에는 "길가는 사람[路人, 塗人]"이라는 상투적인 문구를 볼 수 있다. "같은 조상의 핏줄을 이어받은 사람들이 서로 길가에서 스쳐 지나가는 사람들처럼 서로 몰라서야 되겠는가."라는 말이다. 다시 말해 핏줄로 이어진 유대관계를 강조하는 것이다.

족보는 조선시대 과거시험 응시나 관리임용 시 4조를 확인하거나 지방 사회에서 향임鄕任을 임명할 때 신분을 확인하는 자료로 활용되었다. 그렇기 때문에 사문서이지만 동시에 공적인 문서의 구실도 했던 것이다.[4]

족보에는 다음과 같은 종류가 있다. 직계 조상의 계보만 간단히 기록한 휴대용 작은 가첩家牒이 있는가 하면, 수십 권으로 된 방대한 세보世譜도 있다. 구체적으로 보면 시조로부터 생존하는 수천, 수만의 자손에 이르기까지 세대별로 모두 기재하는 대동보大同譜가 있다. 일반적으로 대동보에는 삼국시대나 고려시대의 시조부터 지금에 이르기까지 수십 대에 걸친 방대한 씨족 전체가 수록되어 있다. 또한 중시조를 중심으로 여러 파로 나누어 파보派譜를 만들기도 한다. 중시조란 시조 이후 그 일족에서 가장 두드러진 인물로서, 독자적인 계파를 형성한 조상을 가리킨다. 한 씨족 내의 파나 파보의 명칭에는 중시조의 관직명이나 호가 붙는 것이 일반적이다. 그리고 모든 성씨의 족보에서 큰 줄기를 추려서 모은 책으로 족보 사전 역할을 하는 만성보萬姓譜가 있다. 이 외에 오세보五世譜, 팔세보八世譜, 십세보十世譜 형식의 문보文譜, 무보武譜, 음보蔭譜, 삼반팔세보三班八世譜 등이 있다.[5]

보다 높은 차원에서 보면, 족보는 조선시대의 통치 이념과도 직결되어 있었다.[6] 당시 국가는 가家를 확대한 형태와 다를 바 없었기 때문이다. 왕실은 무수한 가문 집단 위에 군림하는 특별한 가문이었다. 가문의 유지를 담보해주는 윤리 덕목은 '효孝'였다. 그리고 국가의 유지를 떠받쳐주는 윤리 덕목이 다름 아닌 '충忠'이었다. 충은 효가 확대된 개념이라 할 수 있다. 효로써 조상을 받들듯이 충으로써 왕실을 섬겨야 한다고 생각했던 것이다.

조선 후기가 되면서 족보 편찬이 급격하게 늘어난다. 19세기에 확인 가능한 족보들 중에서 17세기 전반까지 간행된 족보는 전체의 18% 정도며, 나머지 대부분이 17세기 후반 이후에 만들어졌다. 19세기 들어서 만든 것만 39%에 달한다.[7] 이처럼 족보 편찬이 급격하게 늘어난 것은 당시의 사회적 상황과도 관련이 있다. 신분 질서가 동요하는 가운데, 족보가 양반 신분을 증명하는 수단으로 이용되면서 족보 간행이 급격히 늘어났다. 나아가 족보가 전체 성씨의 대다수까지 수록하게 되자, 족보가 없다거나 하면 아예 양반 체면을 유지하기 어려운 상황이 되었다. 양반 행세를 하기 위해서라도 족보가 있어야 했다. 점차 그런 분위기가 일반 백성들까지 확산된 것으로 보인다. 그와 관련하여 족보를 위조하는 사례도 없지 않았다.

족보 편찬이 빈번해지면서 족보에 관한 지식은 그 자체가 하나의 학문으로 성립되기도 했다. 이른바 보학譜學이 그것이다. 보학은 족보에 대한 자세하고 정확한 지식을 바탕으로 하며, 사대부의 기본 교양의 하나로 간주되었다.[8] 그런 만큼 조선시대 특히 후기의 경우, 유학자는 곧 보학자이기도 했다. 선조 대 판돈녕부사 정곤수鄭崑壽(1538~1602)는 서적을 몹시 좋아하고 전고典故에 밝아 고금 세가世家의 족계族系에 대해서 모르는 것이 없었다 한다. 심지어 자손 중에 자기 선대를 몰라 와서 묻는 자까지 있어, 그를 정모족보鄭某族譜라 일컫기까지 했다.[9] 요즈음도 어떤 사람을 평가하면서 "보학에 밝다"느니, "보학의 대가"라느니 하는 말을 가끔 들을 수 있다.

어렸을 때 족보를 펼쳐놓고서 "네가 무슨 무슨 파 몇 세손이고, 네 선조들 중에는 이러이러한 훌륭한 분들이 계셨노라" 하는 이야기를 할아버지 앞에 무릎 꿇고 들었던 기억, 그리고 때로는 그런 계보를 외우지 못한다고 꾸지람을 듣거나 심한 경우 회초리를 맞아본 기억을 가진 사람들도 있을 것이다. 그 자체가 교육의 일환이었던 셈이다. 그런데 점차 사라져가는 풍경이 되고 있다.

이렇듯 가계 기록으로서의 족보는 한국사를 연구하는 데도 중요한 자료라 할 수 있다. 잘만 활용하면 많은 것을 밝혀낼 수 있다. 조선 후기 그 수가 급격하게 늘어날 때 간행된 족보—따라서 위조僞造 내지 날조捏造된 것도 있을 것이다—는 자료로서의 가치가 다소 떨어진다는 점도 부인할 수 없다. 엄격한 사료 비판이 필요하다고 하겠다. 사료 비판을 통해 후대에 조작된 부분을 가려낼 수 있다면 가족 내에서의 계보 관념, 양자제, 친족제, 인구사 등의 분야에 유용하게 활용할 수 있다. 족보는 단순한 가계 기록을 넘어서 당시 사회상이 담겨 있는—설령 족보 편찬자가 의도한 게 아니라 할지라도—자료기 때문이다.

족보는 계속해서 우리 한국인의 큰 관심의 대상이 되어왔다. 일제강점기에 해당하는 1920년에서 1929년까지 10년간 출간된 도서 건수를 보면, 족보는 1920년에 63건, 1929년에는 178건으로 매년 1위를 차지했다. 출판물이 홍수를 이루는 오늘날 족보 간행이 1위를 차지할 수는 없다. 그럼에도 족보를 전문으로 출판하는 회상사回想社가 있으며, 1954년에 설립된 이래 1997년까지 43년 동안에 1,200 문중의 족보 500여만 권을 발간했다.[10] 국립중앙도서관은 고서 족보 7,025종 3만 8책, 양장 족보 2,491종 2,491책으로 총 9,696종 3만 8,475책의 국내 최대 족보를 소장하고 있다.[11] 2021년 국립중앙도서관 고문헌실에 의하면 고서 족보는 1만 3,166종, 5만 8,133책에 이른다.[12]

2-2. 15~16세기 족보들

가문의 역사를 과시하는 족보 간행이 일반화되는 조선 후기와는 달리, 조선 전기 그러니까 15~16세기에는 족보 간행이 상대적으로 활발하지 않았던 것으로 보인다. 15세기에 간행된 족보로 현재 남아 있는 것은 1476년에 간행된 『안동권씨세보安東權氏世譜』(明 憲宗 成化 12년, 조선 성종 7년)가 유일하며, 16세기의 그것 역시 그리 많지 않다.

족보가 만들어지기 전에는 가승家乘이라는 것이 있었다. 자신을 중심에 놓고 조상을 거꾸로 밝혀가는 식이었다. 거기서는 부친, 조부, 증조부, 고조부 식으로 단선으로 올라갈 수밖에 없다. 잘되는 집안마다 가승을 만들어 자기 직계 조상을 윗대까지 구성하고, 아래로 자기의 직속 가족만을 밝히는 가계 기록은 고려시대부터 발달했다. 그러나 어느 한 씨족의 시조 이하의 전 구성원 또는 그 씨족 어느 파의 전 구성원을 망라하여 수록하는 형태의 족보가 출현한 것은 15세기 이후의 일이다.[13]

조선 초기에 족보 간행이 활발하지 않았던 이유는 왕조 교체에 따르는 정치적 혼란과 과도기적인 시대상에서 찾을 수 있다.[14] 조선 건국에 불복한 인물들은 자신들의 가계를 보여주는 족보를 굳이 간행할 이유가 없었을 것이다. 또한 중앙 정계에 진출한 인물들의 경우, 혹시 죄를 입거나 하면 그 일가까지 모두 연루되지 않을 수 없었다. 이 점 역시 사대부들의 족보 간행이 일반화되지 못한 배경으로 작용한 것으로 여겨진다.

때문에 15세기 족보나 현재 전하지는 않지만 구보舊譜 서문이 발견되는 집안은 대부분 훈구 세력을 비롯한 집권층이거나 정치적으로 안정된 인물을 배출한 가문에 해당한다. 이 같은 경향은 16세기에 족보를 간행한 집안을 통해서도 확인된다.[15] 중앙 정계에 진출한 사대부 관료들은 자신들의 정치 사회적인 지위와 권위를 보다 분명하게 드러내고자 했던 것이다. 조선 전기 족보 편찬자들은 거의 다 현직 또는 전직 관리요 유학자이며, 서울에서 누대로 세거하면서 관직자와 과거 합격자를 배출한 이른바 명문 세족世族 출신이었다.

그러다 조선 집권 체제가 안정을 찾게 되고 유교화가 진척됨에 따라서 동족同族 의식이 확산되자, 족보의 간행 역시 활발해졌다. 후기로 갈수록 족보 간행은 마치 유행처럼 번져갔다. 개인이나 문중에서 족보가 간행되었기 때문에 미화되거나 조작의 가능성도 없지 않았다. 특히 조선 후기에 간행된 족보가 그렇다.

하지만 조선 전기 특히 15~16세기에 간행된 족보의 경우, 그 기록된 내용에 대해서는 신뢰할 수 있는 것으로 평가받는다. 이들 족보를 활용해서 고려 말, 조선 전기의 여성, 양자 문제, 그리고 관직 진출 양상 등에 초점을 맞추는 사회사 연구가 활발하게 진척되고 있다.[16] 족보를 통해 그 시대의 사회상을 읽어내려는 것이다. 그러한 연구 성과를 토대로 특히 유교화와 여성의 위상 변화에 주목하고자 한다.

현재 우리나라에서 전해지는 가장 오래된 족보는 『안동권씨성화보安東權氏成化譜』다. 1476년(성종 7)에 간행되었다.[17] 1476년은 성화 12년에 해당하므로, 흔히 『성화보』라 칭한다. 그 다음 오래된 것은 1565년(명조 20) 간행된 『문화유씨가정보文化柳氏嘉靖譜』다. 『성화보』와 『가정보』는 조선시대 족보 편찬에서 하나의 준거가 되었다.[18] 이어 16세기에 간행된 족보로는 1565년(명종 20) 『강릉김씨을축보江陵金氏乙丑譜』, 1575년(선조 8) 『능성구씨을해보綾城具氏乙亥譜』, 1600년(선조 33) 『진성이씨경자보眞城李氏庚子譜』

등이 전한다.[19]

15~16세기에 간행된 족보들 중에서는 현재 이들만이 확인되고 있다.[20] 조선 전기의 사회상을 파악할 수 있는 자료가 극히 드문 상황에서, 이들은 조선 전기 사회사를 연구하는 데 귀중한 정보를 제공해준다. 이를 통해 여성의 사회적 지위를 가늠해볼 수 있기 때문이다. 다시 말해서 조선 전기 여성의 가족 및 씨족 내에서의 지위, 그리고 당시의 문중門中 및 가문의식 등을 엿볼 수 있다. 이에 대해서는 다음 장에서 다루기로 하고, 여기서는 이들 족보에 대해서 정리해두기로 하자.

우선 『안동권씨성화보』의 본래 명칭은 『안동권씨족보安東權氏族譜: 성화병신보成化丙申譜』다. 『성화보』는 1476년에 안동 권씨 권근의 자손 양대에 걸쳐 수록했다. 완성 단계에는 서거정을 비롯한 외손도 참여하여 30년의 기간을 들여 완성한 내외손內外孫을 적은 만성보 형태로 천天, 지地, 인人 3권 3책으로 구성되어 있다. 1929년 복간본과 목판의 일부가 현존하고 성화보의 원본은 규장각에 유일본이 전하는데, 1992년 복간하여 일반에 보급했다(安東權氏中央宗親會, 『成化譜』, 이호문화사).

『성화보』 이후 90년 뒤에 간행된 『문화유씨가정보』의 본래 명칭은 『문화유씨세보文化柳氏世譜』다. 『가정보』는 1565년(명종 20년)에 문화 유씨 내외손 300여 명이 참여하여 24년에 걸려 완성한 족보다. 10권 1질로 진성眞城 이씨李氏 이재령李在寧(안동시 도산면)이 소장했으며, 1979년에 복간하고 일반에 보급했다. 종친회에서 이후의 다른 족보와 구분하기 위해 가정판嘉靖版이라는 부제를 붙여 축소 복사해 간행했다(文化柳氏宗親會, 『文化柳氏世譜—嘉靖版』, 경인문화사).

『가정보』와 같은 해(1565년)에 간행된 『강릉김씨을축보』는 강원도 동해시 송정동에서 발굴되었다.[21] 강릉 김씨 대동보 가운데 최초의 것이다. 『을축보』는 1책 99장으로 서문, 범례, 본관지 연혁, 세보世譜, 그리고 말미에 고려사 김인존의 본전, 수보현산고묘기修普賢山古墓記 등으로 구성되어 있다. 수보현산고묘기는 김첨경이 실전失傳되었던 시조 김주원의 묘를 찾게 된 경위를 기록한 것이다.

이어 『능성구씨을해보』는 1575년(선조 8) 청주의 보살사에서 목판본으로 간행되었다.[22] 능성 구씨 족보 가운데 가장 오래된 것이다. 『을해보』는 구사맹과 구봉령, 그리고 외손인 변순에 의해 완성되었다. 1책으로 묘지명, 성보姓譜, 별보別譜, 그리고 발문 등으로 구성되어 있다. 성보는 상, 중, 하로 구성되어 있으며, 별보는 선계先系를 정확하게 확인할 수 없는 가계를 따로 정리한 것이다. 그리고 내외손의 발문과 경비 조달에 참여한 인물들의 명단을 내파와 외파로 나누어 기록하고, 족보 참여 실무자의 명단을 기록하고 있다.

그리고 『진성이씨경자보眞城李氏庚子譜』의 본래 명칭은 『진성이씨족보眞城李氏族譜』다. 1600년(선조 33) 도산서원에서 목판본으로 간행된 진성 이씨 첫 족보로, 안동의 진성 이씨 종가에서 2000년 서울역사박물관에 기증했다. 진성 이씨는 본관지인 진보眞寶에 거주하다가 15세기 초반 경 안동 풍산현으로 이주했다. 이 가문은 퇴계 이황을 배출한 집안이기도 하다.[23] 3권 3책이며, 족보의 권1에는 서문, 묘갈명, 목록에 이어 본문이 시작되고 있으며, 권2와 권3에는 본문만 수록되어 있다. 자손들의 이름이 수록되어 있는 본문은 각 장마다 천자문 순서대로 쪽번호가 매겨져 있다.[24] 2007년 전자도서로 일반에 보급했다(서울역사박물관, 『眞城李氏族譜 CD-ROM』).

여성의 사회적 지위와 관련해서 이들 족보는 주목을 끈다. 무엇보다 조선 전기와 관련된 사회사 자료가 극히 드문데, 이들은 조선 전기 200년간의 사회사를 밝히는 데 귀중한 정보를 제공해주고 있기 때문이다. 여기서는 이들을 통해 여성의 위상을 가늠해보고자 한다. 다시 말해 조선 전기 여성들의 사회적 위상과 가족 및 씨족 내에서의 지위, 그리고 당시의 문중 및 가문 의식 등을 파악해보겠다.

3. 여성은 족보에 어떻게 기록되었을까?

3-1. 여성을 둘러싼 기재 양식과 방법

아들을 먼저 적고 딸을 기록하다

조선 후기에 간행된 족보의 일반적인 기록 방식은 선남후녀先男後女, 다시 말해 아들을 먼저 적은 후에 딸을 적는 것이다. 선남후녀의 원칙은 오늘날에도 그대로 지켜지고 있다. 예컨대 5명의 딸을 낳고 6번째로 아들이 태어난다면, 그는 누나들을 모두 제치고 가장 앞에 기재된다. 그런데 조선 전기에 간행된 족보에서 딸을 먼저 기재한 방식에 주목할 필요가 있다. 선남후녀 원칙이 아니라, 아들과 딸 구별 없이 출생 연령순으로 기록하고 있다. 현재 남아 있는 고려시대의 호적戶籍을 보더라도 기록된 형제자매의 서열 순서는 출생 순서다.

족보의 형태는 아니지만 1401년(태종 1) 작성된 「해주오씨족도海州吳氏族圖」가 전해진다.[25] 이 족도는 현존하는 가장 오래된 족보인 『성화보』가 출현하기 전에 가계를 어떤 형식과 방법으로 기록했는지에 대한 의문을 해소시켜 줄 수 있는 자료다. 그런데 「해주오씨족도」에서도 남녀를 구분하지 않고 출생 순서대로 기재하고 있다. 딸을 기록하되, 단순히 "女(여)"라 하지 않고 아들 형제의 순서와 같이 "長女(장녀), 二女(이녀), 三女(삼녀), 四女(사녀)" 등으로 적었다.[26] 이러한 족도의 표기 방식은 고려 말 가계 기록물의 성격과 특징을 반영하는 동시에 조선 초기 족보의 기재 방식을 반영하는 선행 형태로서 주목된다.

이렇게 본다면 조선 전기의 족보에서는 아직 아들과 딸을 구별하지 않고 출생순으로 기록하고 있었던 것으로 여겨진다. 고려시대의 유풍이 여전히 남아 있었다고 할 수 있다. 이는 딸의 지위가 유교 윤리가 깊이 뿌리내린 조선 후기에 비해 상대적으로 높았음을 말해주는 것이다. 사소한 것인 듯싶지만, 당시 여성 지위의 일면을 엿볼 수 있다. 뒤에서 보겠지만, 당시 재산상속과 제사 등에서 아들과 딸의 지위는 크게 다르지 않았다.

그러면 아들과 딸은 구체적으로 어떻게 기재했을까? 아들은 이름을 적었지만, 딸의 경우에는 이름을 직접 적지 않고 대신 사위의 이름을 기재했다. 이 점에서 여성의 불평등 자체를 부인할 수는 없을 것이다. 그래서 대체로 "女" 자를 적어 표시했다. 딸의 자리에 "女아무개"라 했다. 그런데 성화보에서는 "女夫(여부)"라고 적었다. 남편의 이름을 기재하기는 하지만, 『가정보』, 『을축보』, 『을해보』, 『경자보』에서처럼 "女"라고 하지 않고 "女夫"라 기재했다. 족보에 사위의 이름을 적었지만, 조선시대 여성들에게 이름이 없었던 것은 아니다. 특히 양반 가문의 여성들에게는 이름 외에 다른 존칭들이 많았다. 그래서 사회적으로 존경받았다던가(예컨대 허난설헌의 이름은 초희楚姬다), 아니면 떠들썩한 화제를 뿌린 여성(예컨

대 어을우동於乙宇同, 감동甘同, 정난정鄭蘭貞 등)이 아니고는 그 이름을 알기가 쉽지 않다.[27]

오늘날 족보를 편찬하는 경우에는 딸의 이름을 분명하게 적는다. "女"라 하여 딸의 이름을 적고, 그 옆에 "婿(서)" 혹은 "壻(서)" 또는 "女夫"라 하여 사위 이름을 같이 적는다. 또한 결혼을 하지 않은 딸이라 하더라도 족보에 기재된다. 기재 순서는 미혼의 딸이 성혼成婚한 딸보다 먼저 기재된다. 이는 출가외인 관념이 희미하게나마 남아 있기 때문이 아닌가 여겨진다.

재가의 윤리와 기록

『성화보』와 『가정보』에는 양반 부녀자의 재가再嫁 사실이 기록되어 있다. '후부後夫'라 하여 기록했다. 『안동권씨성화보』(69쪽 참고) 3단에 보이는 "女夫 李壽得"과 "後夫 廉悌臣"은 모두 안동 권씨 권한공의 사위들이다. 권한공의 큰딸 권씨가 이수득에게 출가했으며, 그 후에 염제신에게 재가한 것이다. 이와 같은 부녀자의 재가 사례는 15~16세기 족보 중에서 『성화보』와 『가정보』에서만 보인다. 『성화보』에서 17건, 『가정보』에서 18건 확인할 수 있다. 이는 족보에 수록된 전체 여성 인원에 비하면 극히 적은 수지만, 양반 부녀자의 재가 사례를 적는다는 사실 그 자체는 획기적인 것이라 할 수 있다.

조금 시대를 거슬러 올라가면 고려시대의 경우, 재혼이 일반적으로 자유로웠다. 심지어 고려 왕비 가운데도 재가녀가 있었다. 성종의 문덕왕후文德王后 유씨, 충렬왕의 숙창원비淑昌院妃 김씨는 과부였는데 나중에 왕

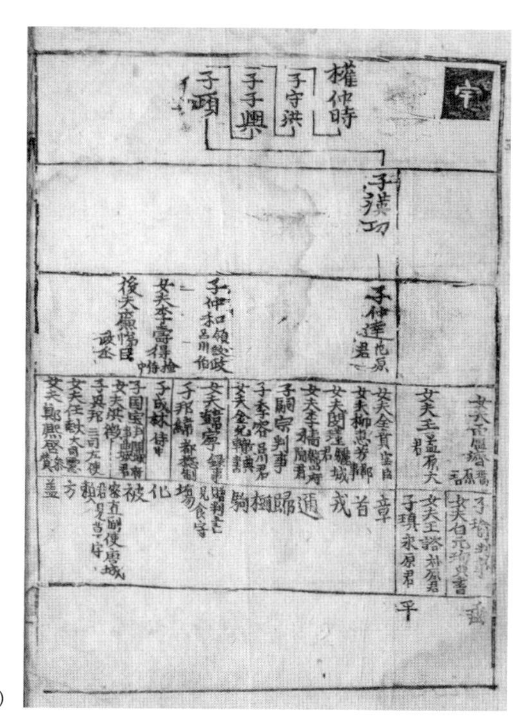

『안동권씨성화보』(1476)

과 혼인했다. 예전 자식들은 왕자와 공주의 예로 대우를 받았다 한다. 재가녀라고 해서 사회적으로 차대나 불이익을 받았던 것은 아니다. 그 같은 관습이 하루아침에 변할 수는 없었다. 조선 전기에는 사대부 가문에서도 재혼이 이루어지고 있었다. 하지만 남편이 죽은 지 3년 이내에 재가한 경우에는 처벌을 받기도 했다. 사대부 가문에서 재혼하는 모습을 『태종실록』에서 생생하게 볼 수 있다.

1411년(태종 11) 사헌부에서 평성군 조견의 죄를 논하는 상소를 올렸다. "조견이 과부 표씨의 뜻을 빼앗고자 했으니 전혀 재상답지 못하며, 중매한 자인 사직司直(정5품) 박지는 고신告身을 거두고 죄를 물으소서." 라고 했다. 그런데 왕은 박지에게는 죄를 묻고 조견은 공신이라 죄를 묻지 않았다. 실제 사건 내막을 보면 표씨가 거짓으로 고한 것이었다. 표씨는 판도판서判圖判書 표덕린의 딸이자 오건의 아내로서 집은 부유한데 일찍 과부가 되었다. 박지가 조견에게 중매하자 표씨가 허락했다. 그런데 혼인 날 저녁, 표씨는 조견이 늙은 것을 보고서는 도망쳤다. 그러고는 사헌부에 거짓으로 호소하기를 조견이 강제로 장가들려고 한다고 했다. 그때 사람들이 모두 비방했다. 그런데 얼마 후, 과부 표씨는 수원 부사 조계생과 재혼했다.[28]

1415년(태종 15)에는 죽은 중추원부사 조화의 아내 김씨에게 장가든 문제로 사헌부에서 정1품 영돈녕부사 이지를 탄핵한 사건이 발생했다. 김씨는 문하시랑찬성사의 딸이다. 처음에 김씨가 이지에게 시집가기를 꾀하면서 아들 조명초 등에게 알지 못하게 했다. 어두운 저녁에 이지가 이르니, 조명초가 비로소 알고 말렸으나 어쩔 수가 없었다. 그때 김씨의 나이 57세였다. 이 사건을 보고받은 태종은 사헌부에 지시하기를, "아내 없는 남자와 남편 없는 여자가 스스로 서로 혼인하는 것을 어찌 반드시 묻겠는가?" 하며 다시는 논하지 말라고 했다.[29] 태종의 말에서 당시 재가에 대한 사회적 인식의 단면을 엿볼 수 있다.

하지만 조선사회의 체제가 정비되면서 여성의 정절이 강조되기 시작했다. 특히 『경국대전』에 포함된 두 번 결혼한 재가녀再嫁女 아들에 대한 차별 규정은 중요한 전환점이 된다고 하겠다. 성종 때 간행된 『경국대전』 예전禮典, 과거시험 조목에 다음과 같이 법규화했다.

> 재가하거나 실절한 부녀의 아들 및 손자는 문과와 무과, 생원 진사 시험에 응시할 수 없다 … 무과도 같다.(再嫁失行婦女之子孫 勿許赴文科生員進士試,

… 並武科同)(『경국대전』 권3, 예전 제과諸科)

이 규정은 뒤집어보면, 이전에는 재가녀의 아들이 문무과 등 과거시험에 합격해서 관직에 진출하는 데 장애가 없었음을 말해주는 것이다. 이 법규의 입안 과정에서 사대부 부녀자들의 재가를 금지하기보다는 삼가三嫁한 자만을 처벌하고 재가에 대해서는 용인하고자 하는 대신들의 견해가 제기되기도 했다.[30]

조정에서는 장년壯年으로 아들이 있는 여자는 재가하지 않더라도 진실로 마땅하나, 만약에 나이가 어리고 아들이 없는 여자는 그 부모가 개가시키려고 한다면 허락하는 것이 어떻겠냐는 의견도 있었으나, 한 번 재혼을 허락하면 나중에 가서 나이 어리고 장년인 것과 아들이 있고 없는 것과 부모가 있고 없는 것을 누가 분변하겠느냐는 주장에 따라 받아들여지지 않았다. 여기서 성종의 말을 들어보자.

> 풍속의 교화는 중요한 일인데 어찌 재가를 허용하겠는가? 재가하고 싶으면 마땅히 스스로 재가할 것이다. 죄는 제 몸에도 더할 수 없는데, 어찌 자손을 돌보겠는가? 나의 생각으로는 열녀烈女는 두 지아비를 바꾸지 않는 것이다. 결단코 재가를 허가할 수는 없다.(『성종실록 12년 10월 25일)

재가녀 자손의 과거시험 응시 금지가 『경국대전』(1485)에 법제화됨에 따라 이후 간행된 16세기 족보에서는 후부에 대한 기록이 사라져간다. 18건이 기재되어 있는 『가정보』(1565)의 경우에도 14건이 『성화보』(1476)의 기록과 일치하고 있어 『경국대전』의 재가녀 자손의 과거응시 금지 법제화 이전의 기록임을 알 수 있다.

또한 『성화보』는 여부와 후부를 동일한 선상線上에 기재하는데 비해, 『가정보』는 '女' 다음에 후부를 한 글자 내려서 기재하고 있다. 사소한 것처럼 보일 수도 있지만, 주목해야 할 점이라 여겨진다. 예컨대 족보에서 왕실 구성원이나 현달한 선조를 명기할 때 한 글자를 비우거나[간자법間字法] 한 글자를 높이거나[대두법擡頭法] 하는 등의 기재 양식을 달리하는 점과 같은 맥락이라 할 수 있을 것이다. 이는 두 족보 사이에 존재하는 시간적인 격차(90년)와 시대 상황의 변화, 특히 『경국대전』의 재가녀 자손의 과거응시 금지 법규화 등이 반영된 것으로 보인다. 『성화보』에서는 상대적으로 여부와 후부 사이에 차이를 두지 않았지만, 『가정보』에 이르러서는 재가와 후부에 대한 사회적 인식의 변화가 나타난 결과라고 할 수 있지 않을까. 이런 연유로 『가정보』에서는 후부를 기록할 때 첫 남편보다 한 글자 낮추어 기재한 것으로 여겨진다. 이는 『가정보』 범례에서 보듯이 후부를 어쩔 수 없어 적는다고 한 점으로도 뒷받침된다.

> 개가한 딸의 경우 전부前夫, 후부後夫의 이름을 숨기지 않고 직서直書한 것은 누구나 다 아는 사실을 덮어둘 수 없기 때문이다. 또한 이렇게 하여 경계警戒를 삼고자 함이다.(『문화유씨가정보』 범례)

재가와 후부에 대한 인식의 변화가 족보 기재 양식의 변화를 가져온 것으로 볼 수 있다. 『경자보』(1600)에는 후부에 대한 기록이 나타나지 않는 점 역시 이를 뒷받침해준다. 후부의 사례를 후술할 양자養子의 사례와 대비해보면 다음과 같은 점이 드러난다. 후부의 경우는 대부분이 고려 후기의 사례다.[31] 이는 조선사회의 유교화 과정에서 재가녀에 대한 규제가 먼저 시작되었음을 말해준다. 반면 양자제의 경우는 중종 대(1488~1544) 처음으로 보이며, 인종과 명종 대(1534~1567)에 집중되고 있다.[32] 이는 여자들의 재혼에 대한 규제가 먼저 나타나며, 그와 더불어 조금 시차를 두면서 양자제의 시행이 보편화된 것으로 보인다.

17세기 이후가 되면 재가 금지의 윤리가 양반 사대부는 물론이고 일반 평민에까지 확산되어 점차 수절守節이 당연한 것으로 여겨졌다. 1763년(영조 39)에는 절개를 지키기 위해 목숨을 버린 전라도 장수현에 사는 선비 서문배의 아내 정 씨와 양인 임동삼의 아내 오소사吳召史의 마을에 정표旌表하라고 명했다.[33] 1789년(정조 13)에는 심지어 절개를 지킨 기생에게 정문旌門을 세워준 기사를 볼 수 있다.[34] 평안도 강계의 소상매는 기생으로서 한 지아비를 섬기다 그가 죽자 뒤따라 죽었다. 그 절개를 높이 평가해 마을에 정문을 세워주었다. 국가적인 차원에서 수절을 권장했던 것이다.

열녀烈女는 삼국시대부터 있어왔다. 신라 진평왕 때의 설씨녀, 백제 개루왕 때의 도미처 이야기 등에서 정절 윤리의 흔적을 찾아볼 수 있다. 하지만 중요한 것은 국가에서 정표旌表 정책을 실시, 여성에게 수절을 강요하게 되었다는 점이다. 여자는 두 남편을 섬기지 않는다[女不事二夫(여불사이부)]는 법도가 신하는 두 임금을 섬기지 않는다[臣不事二君(신불사이군)]는 충절과 표리를 이루는 절의로서 장려되고 또 강제되었다. 수절한 자와 정절을 지킨 자에게는 포상이 주어졌다. 정문을 세워 표창하고 그 집의 요역徭役을 면제해주었다.

재가 금지는 1894년(고종 31) 갑오경장 때 신분제도의 철폐와 함께 "부녀의 재가는 귀천을 막론하고 그 자유에 맡긴다."는 결정과 더불어 사라지게 된다.『경국대전』이래로 부녀자들의 재혼을 구속하던 법적, 사회적 족쇄가 마침내 풀리게 된 것이다. 이렇게 본다면 여성의 정조 강조와 재가 금지는 안과 밖으로 서로 짝을 이루고 있으면서 법적, 사회적 제재를 넘어서 심리적인 제재까지 가하는 일종의 거대한 족쇄와 같았다고 하겠다. 그 같은 족쇄는 근대화의 물결과 더불어 갑오경장 이후 법적으로는 해체되었지만, 그 관성이 하루아침에 사라질 수는 없었다. 사회적으로 심리적으로 여전히 짙은 그림자를 드리우고 있었던 것이다.

외손과 양자, 그 친족 관념의 변화

『성화보』에 수록된 사람은 모두 9,120명에 이른다. 그들 중 친손, 즉 안동 권씨는 867명으로 10%에 미치지 못한다.[35] 나머지는 모두 외손外孫이다. 외손도 친손과 같이 기재되어 있는 것이다. 외손이란 단순히 안동 권씨 또는 문화 유씨 사위의 아들딸만을 가리키는 것이 아니라 외손의 외손 등을 모두 가리킨다. 그 족보가 편찬될 당시의 세대까지 대대손손 수록되어 있다. 예컨대 퇴계 이황은 문화 유씨 7세손인 유공권의 외손인데,『가정보』를 통해 7세(유공권)부터 19세에 이르는 외손(이황) 계보 관계를 확인할 수 있다.

『문화유씨가정보』(75쪽 참고)에서 보듯이 친손도 사위나 외손과 마찬가지로 성姓을 기재하고 있다. 이는 보기 드문 족보 기재 양식으로, 조선 후기의 족보에서는 볼 수 없는 독특한 형식이다. 족보상으로는 딸이라 하더라도 아들과 다를 바 없는 대우를 받았음을 보여주는 사례라 하겠다. 사위나 외손을 친손과 거의 비슷하게 대우했다는 것, 그것은 처가 및 외

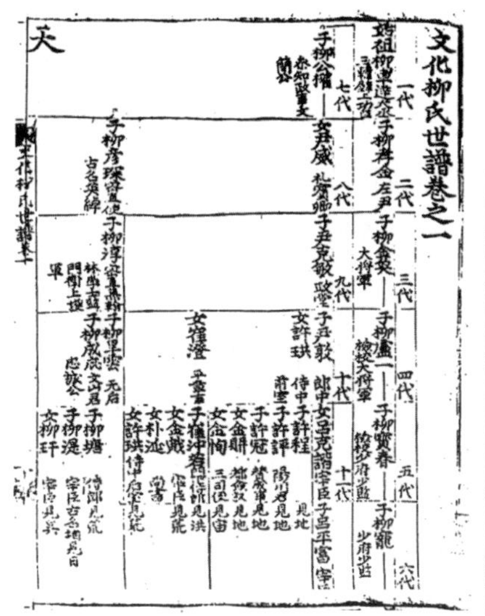

『문화유씨가정보』(1565)

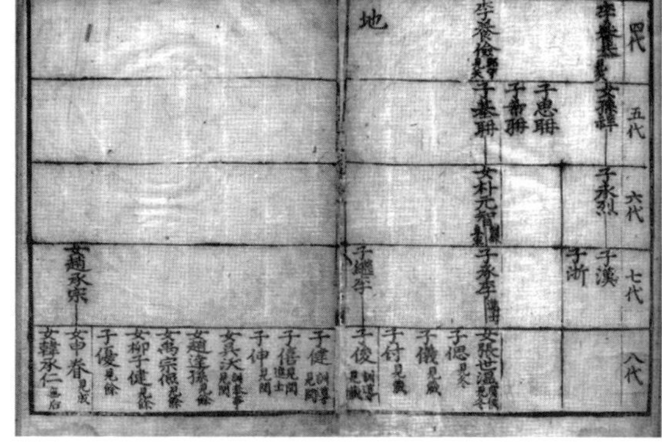

『진성이씨경자보』(1600)

가에 대한 친근감이 본가本家보다 못하지 않았음을 나타낸다. 조선 전기의 족보 편찬자들은 중국의 보첩문화를 접하고 있었고 중국의 유명한 소씨蘇氏 족보를 모범으로 삼았다.[36] 그러나 수록의 범위는 고조高祖의 부계 후손만을 수록 대상으로 삼는 '소종법小宗法'을 채택한 중국의 족보와 달리, 남녀의 계보를 구분하지 않고 추적 가능한 범위까지 무제한 수록하는 방식이었다. 이러한 방식은 내외손內外孫을 구분하지 않는 당시의 친족 관념을 반영하는 것이었다.

하지만 외손을 기록할 때 사위의 모든 자녀를 망라하여 기재하지 않았다. 수록 기준은 사위의 소생이 아니라 딸의 소생이냐 아니냐에 있었다. 여자 집안에서 본다면, 당시 딸 이름을 적지 않는 관행으로 인해 사위의 이름을 대신 적어 넣었으나, 자손들을 적는 하단은 자기 집안의 여자가 낳은 자손을 수록하는 자리로 인식하고 있었음을 보여준다. 때문에 『성화보』와 『가정보』에서는 사위의 이름을 적고 반드시 그 옆에 초실初室, 전실前室, 후실後室, 삼실三室 등의 주기註記를 덧붙였다. 이는 자신의 딸이 낳은 외손을 중심으로 기재했음을 보여주는 것이다.

여기서 주목할 것은 『을축보』(1565)에는 외손이 기재되지 않았다는 점이다.[37] 『가정보』와 『성화보』에서는 친손과 외손을 구분하지 않고 동등한 자격으로 기록한 반면, 『을축보』에서는 사위 이름만 기록하고 있다. 친손만을 기록하고 외손은 기록하지 않은 것이다.[38] 하지만 10년 뒤인 1575년에 간행된 『을해보』는 친손과 외손 모두를 기록하고 있는 내외보內外譜다. 이어 1600년에 간행된 『경자보』 역시 외손까지 수록한 내외보다. 15세기의 『성화보』, 그리고 16세기의 『가정보』, 『을축보』, 『을해보』, 『경자보』 중에서 『을축보』 만이 다른 독특한 형태다. 부계 중심으로 기록한 강릉김씨 『을축보』가 예외적인 것으로 여겨질 수도 있겠지만, 외손을 같이 기재하던 족보 양식이 16세기를 거치면서 점차 친손 중심으로 변화하는 양상을 보여주는 것이라 하겠다.[39] 17세기에 접어들면서 종법宗法 의식이 강화되고 동성同姓이 동족同族이라는 동족 관념이 확대되면서 족보에서 이성친異性親인 외손이 배제되기 시작한다. 유교적 가족 의례와 종법적인 친족 관념이 확산된 결과라 할 수 있다.

그런데 『성화보』에는 양자 기록이 보이지 않는다. 시집간 여성이 아이를 낳지 못하는 것은 칠거지악에 속했다. 대를 잇기 위해 씨받이, 씨내리라는 것이 있었다. 이는 남계 중심의 혈통주의를 단적으로 말해주는 것이다. 그래도 자손이 없을 경우에는 양자를 들일 수 있었다. 이는 가부장적인 씨족 구조의 산물이라 하겠다.[40] 『성화보』에 수록된 9,120명의 인물 중

「평생도 돌잔치」

딸만 있는 경우에도 양자를 들이지 않았으며, 또 소생이 없어 "무후无後"라 기재된 경우에도 양자를 들이지 않았다. 하지만 90년 뒤에 간행된 『가정보』에서는 적은 수이기는 해도 양자 사례를 확인할 수 있다. 어느 시점에선가 생겨난 것으로 여겨진다. 그래서 조선이 건국한 지 170년이 지난 시점에서도 양자제도는 극히 제한된 범위에서만 실시되었던 듯하다. 『가정보』에 수록된 4만 2,000명 중에서 양자를 들인 경우는 126건이며, 그중 문화 유씨 집안에서 양자를 들인 것은 7건에 지나지 않는다.[41] 양자제도를 흔히 확인할 수 있는 조선 후기 족보와는 확연히 다른 모습이다. 그리고 126건 중에서도 4건만이 중종 대이며, 나머지 122건은 모두 인종, 명종 대에 나타난 것이다. 요컨대 1476년에 간행된 『성화보』에는 양자 사례가 한 건도 보이지 않다가 90년 뒤인 1565년에 간행된 『가정보』에는 126건이 나타나는데, 그중에서 96.8%(122명)가 인종대 이후인 1544년에서 1565년 사이에 보인다는 점이다. 다시 말해서 16세기 중반 이후에 집중적으로 나타나기 시작했다.

하지만 양자제의 출현도 극히 제한된 범위 내에서 보인다는 점을 주시할 필요가 있다. 양자제의 출현과 더불어 여성의 지위 역시 변화하고 있음을 알 수 있다. 이는 1600년에 간행된 『경자보』에서 무후와 계系가 혼재되어 나타나는 점에서도 뒷받침된다. 조선 전기에 남계 혈통을 이어가기 위한 방편으로 행해진 양자제도가 실제로 거의 나타나지 않는다는 사실은 친족구조 내에서의 여성의 지위와 역할이 후기와는 상당히 달랐음을 말해주는 것이다.

법제적으로 양자제도가 없었던 것은 아니다. 고려시대에도 법제적으로는 아들이 없는 사람은 형제의 아들이나 동종지자 또는 3세 전에 유기된 어린아이를 입양하도록 했다.(『고려사』 권64, 지18, 흉례, 오복제도) 그러나 실제로 고려조의 입양은 아들의 유무에 구애되지 않았다. 더욱이 입양 사례를 검토해보면 양자보다는 양녀의 비율이 높고 그 입양의 목적도 제사나 가계 계승을 위한 것이 아니라 주로 보은과 아부, 출세와 존경 때문이었다. 조선 전기에도 동종지자의 입양제도가 확립되어 있었지만 현실적으로는 전혀 기능하지 못했다. 『세종실록』을 보면 "지금 세상의 풍속에는 비록 봉사奉祀할 아들이 없더라도, 만약 딸의 자손이 있으면 다른 사람의 아들을 빌려서 후사를 삼는 사람은 한 사람도 없다."고 밝히고 있다.[42] 이러한 경향은 조선 전기까지도 지속되었다. 하지만 조선 후기가 되면서 당연히 남편 쪽, 다시 말해 친족에서 양자를 받아들였다.[43] 이런 현상은 부계 혈연 집단으로서의 문중門中, 종중宗中, 종족宗族 등이 형성되고 그들이 힘을 얻게 되면서 나타난 현상이라 할 수 있다.

「평생도 회혼식」

3-2. 혼인과 제사의 풍속과 변화

남자가 여자 집으로 장가들다

이 문제는 혼인한 뒤 가나 본가 어디서 살았는가 하는 것과 관련되어 있다. 당연히 본가에서 살았을 것으로 생각하기 쉽지만, 조선 전기에는 그렇지 않았다. 결혼해서 처가에서 사는 남귀여가혼男歸女家婚이 일반적이었다. "우리나라의 풍속은 처가에서 자라니 아내의 부모 보기를 오히려 자기 부모처럼 하고 아내의 부모 또한 그 사위 보기를 오히려 자기 아들처럼 했다."고 한다.[44] 처갓집에서 결혼식을 올린 후 처가살이를 했던 것이다. 그러다 보니 아들과 사위 또는 친손과 외손을 크게 구별하지 않았다. 『성종실록』에 다음과 같은 기사가 보인다.

우리나라의 풍속에 남자가 여자의 집으로 장가드니, 이성의 친함과 은혜로움이 동성과 차이가 없다. 외조부가 계시면 종형제들이 한 집에서 길러지고, 외증조부가 계시면 재종형제가 한 집에서 길러지니, 어려서부터 장년에 이르기까지 서로를 일컬어 형제라 하고, 숙질이라 하며, 또한 조손祖孫이라고 칭한다. 그 은혜와 정이 동성同姓의 친족과 다르리오.(『성종실록』 2년 5월 20일)

국가에서는 친영親迎, 다시 말해 신랑이 신부를 맞아들이기 위해 신랑 집에서 혼례를 행하게 했다. "혼례는 삼강三綱의 근본이요, 정시正始의 도이므로, 성인이 대혼의 예[大婚之禮(대혼지례)]를 중히 여겨 친영 의식을 마련했는데, 남자가 여자의 집으로 장가가는 풍속의 유래가 오래되어, 인정人情이 이를 편안하게 여기고 있었기 때문이다." 이에 세종은 1434년(세종 16) 예조로 하여금 친영의 의식에 맞는 왕자와 왕녀, 그리고 사대부의 혼례의 예를 정하라고 명했다.

하루아침에 갑자기 변하게 한다면 젖어 내려온 습관을 버리지 아니하고, 반드시 싫어하고 꺼리는 마음이 생길 것이니, 억지로 명령을 내려 거행하게 함은 불가할 것이나, 이제부터는 왕자와 왕녀의 혼인에는 한결같이 옛 제도를 따라서 처음 시작하는 도리를 삼가 행할 것이니, 친영의주親迎儀註를 옛 것을 참작하여 시의에 맞게 상정詳定하여 아뢰라. 혹 사대부의 집에서도 이를 행하고자 한다면 의주儀註가 없을 수 없으니, 아울러 정하여 아뢰라.(『세종실록』 16년 4월 17일)

그리고 이듬해(1435) 파원군坡原君 윤평이 숙신옹주를 친히 맞아 가니, 우리나라에서의 친영이 이로부터 비롯되었다고 한다.[45] 그러나 친영제는 잘 시행되지 못했다. 1510년(중종 5) 성균관의 생원 이경 등이 올린 글을 보자.

> 세종대왕께서 인심의 민멸을 슬프게 여기시어, 친영의 예를 제작하시고 왕궁에서부터 시행하셨으니, 먼저 실행하시어 아랫사람들을 따르게 하고자 한 것입니다. 사대부의 집에서는 옛 습속에 젖어서 이것을 행하지 못하고, 세대를 지냄이 이미 오래되자 성자신손聖子神孫이 다시는 조종의 뜻을 본받아 거듭 밝히는 이가 없었습니다. 그런 까닭에 혼인하고 장가가는 집에서 바른 예법을 따르지 않고, 남자가 어두운 밤을 타서 여자의 집에 이르러 면목도 보기 전에 정의가 이미 친압親押하게 되니, 예물을 갖고 서로 보는 예절이 어디에 있습니까?
> 초례醮禮를 마치면 남편은 아내의 집에 기우寄寓하여 마치 머슴이 부잣집에서 호구糊口하고 있는 것 같으니, '너의 집으로 가라.'고 한 경계가 어디 있습니까? 그런 까닭에 며느리가 시부모 섬기는 일을 알지 못하여 업신여기는 마음이 생기며, 남편이 집안을 다스리지 못하여 부부의 도가 어그러지게 되고, 존비가 서로 업신여기며 음양이 서로 저항하여 하늘과 땅이 거의 위치를 바꾸는 지경에 이르게 되니, 작은 사고가 아닙니다.
> (『종중실록』 5년 12월 19일)

위의 상소문을 볼 때 남귀여가혼의 풍속이 일반적이었음을 알 수 있다. 조선시대 개국과 함께 왕조가 바뀌었다고는 하지만, 실제의 일상생활에서는 고려의 유풍이 여전히 그대로 남아 있었던 것이다. 조선 후기가 되어서야 반친영半親迎이 이루어졌다. 신랑이 신부집에서 혼례를 행하되 오래 머물지 않았다. 3일째 되는 날, 신랑 집에서 폐백을 행하는 삼일우귀혼三日于歸婚이 사대부들을 중심으로 행해졌기 때문이다. 유교적인 혼례 방식이 정착되어간 것으로 볼 수 있다. 따라서 "겉보리 서 말만 있어도 처가살이는 하지 않는다."라거나, "처가와 뒷간은 멀수록 좋다.", "출가외인" 등은 조선 후기에나 나올 수 있는 말이다.

상속과 제사도 아들 딸 균등하게

족보는 재산상속 등과 관련된 경제적인 측면을 전해주지는 않는다. 그런 부문은 재산의 상속과 분배에 관한 문서인 분재기分財記 같은 고문서, 법전을 통해서 알 수 있다. 『경국대전』 형전形典을 보면, 노비와 토지를 적자녀에게 균급均給하도록 했다.[46] 다시 말해 아들과 딸 구별 없이 균등한 재산상속이 이루어졌다는 것이다.

조선 전기의 경우 딸에게도 재산상속이 균등하게 이루어졌을 뿐 아니라, 상속받은 몫에 대한 재산권이 보장되었다. 딸이 결혼했다고 해서 재산상속권이 소멸되는 것이 아님을 뜻한다. 남편의 것과는 구분되는 독자적인 명의의 재산을 가지고 있었다. 실제로 조상 전래의 재산인 조업祖業은 부변전래父邊傳來의 재산과 모변전래母邊傳來의 재산으로 구분되었다. 아들과 딸에게 균분상속이 이루어졌다는 것, 그것은 곧 상속에 따른 의무도 균등했음을 말해준다. 그 의무란 부모가 살아 있을 때는 봉양을 잘하고, 부모가 죽은 후에는 제사를 잘 지내는 것이라 할 수 있다. 그런데 조선 전기의 경우, 딸과 사위가 처가에서 함께 사는 경우가 많았으므로 부모 봉양에서도 딸의 역할이 컸다. 그래서 제사도 오로지 아들의 몫만은 아니었다. 윤회봉사라 하여, 아들과 딸이 몇 해씩 돌아가면서 부모의 제사를 모셨다. 외손봉사도 가능했다는 것이다.

하지만 조선 후기에 접어들면서 부모에 대한 봉양과 제사는 전적으로 장남의 몫이 되었다. 종법의 실행으로 딸이 제사를 윤행輪行하지 못하게 되었다. 그리고 재산상속 역시 균분상속均分相續에서 차등상속差等相續으로, 장자 중심으로 상속이 이루어져갔다.[47] 그런 의무와 상응해서 봉사奉祀라는 명목으로 봉사조를 단독으로 갖게 되고, 재산상속 역시 다른 형제들에 비해 더 받게 되었다. 제사는 장자의 의무이자 동시에 권리가 된 것이다.

요약과 정리

기본적인 사회 성격에서 고려와 조선은 확연히 구분된다. 남녀관계 역시 예외는 아니다. 부부 사이에서 태어난 자녀들 사이에도 아들과 딸의 구분은 그리 심하지 않았다. 현재 전하는 조선 전기, 15~16세기 족보를 보면 남녀를 구분하지 않고 출생 순서에 따라 기재하고 있다. 또한 현재 남아 있는 고려시대의 호적을 보더라도 기록된 형제자매의 서열은 출생 순서였다.

그 같은 상대적 평등성은 여성의 재혼에 대해서도 일반적으로 관대한 편이었다. 심지어 고려 왕비 중에도 재가녀가 있었다. 재가녀라고 해서 사회적으로 차대나 불이익을 받았던 것은 아니었다. 또한 재산상속과 제사 등에서 아들과 딸의 지위는 크게 다르지 않았다.

하지만 신유학을 표방하는 조선의 건국과 더불어 유교사회로의 지향성이 분명하게 드러났다. 그렇다고 하루아침에 유교사회로 탈바꿈할 수는 없었다. 조선 전기에 간행된 족보에서 선남후녀 원칙이 아니라, 아들과 딸 구별 없이 출생 연령순으로 기록한 것은 그런 맥락에서 이해할 수 있다. 고려시대의 유풍이 그대로 남아 있었던 것이다. 또한 양반 부녀자의 재가 사실이 기록되어 있는데('후부'), 재가 사례는 『성화보』(1476)와 『가정보』(1565)에서 확인할 수 있다.

『성화보』와 『가정보』에서는 친손과 외손을 구분하지 않고 동등한 자격으로 기록하고 있다. 외손의 경우, 수록 기준은 사위의 소생이 아니라 딸의 소생이냐 아니냐에 있었다. 『을해보』(1565)와 『경자보』(1600) 역시 친손과 외손 모두 기록했다. 반면에 『을축보』(1575)에서는 사위의 이름만 기록하고 외손은 기록하지 않았다. 『을축보』는 부계 중심으로 족보를 작성했으며, 조선 후기 족보를 간행하는 형식으로 변화하는 양상을 보여준다. 부계 중심, 남성우위의 원칙이 점차 자리 잡게 되는 것이다.

또한 『성화보』에는 양자 기록이 보이지 않는다. 하지만 90년 뒤에 간행된 『가정보』에서는 적은 수이기는 하지만, 양자 사례를 확인할 수 있다. 그리고 35년 뒤에 간행된 『경자보』에서는 무후와 양자의 사례가 동시에 보인다. 양자제는 어느 시점에선가 생겨난 것으로 여겨지며, 16세기 중반 이후 집중적으로 나타난다. 남계 혈통을 이어가기 위한 방편으로 행해진 양자제도 자체가 이미 남성 중심의 가족관을 상징적으로 말해주고 있다. 부계 혈연집단으로서의 문중, 종중, 종족 등이 형성되고 그들이 힘을 얻게 되면서 나타난 것으로 보인다.

이 같은 양상은 혼인 양식에서도 확인된다. 고려시대의 경우, 결혼해서 처가에서 사는 남귀여가혼이 일반적이었다. 이 같은 풍속은 조선 건국 후 국가에서 친영을 주장했음에도 불구하고 상당한 기간 동안 유지되었고, 조선 후기에야 반친영이 이루어졌다. 신랑이 신부 집에서 혼례를 행하되 오래 머물지 않았다. 3일째 되는 날, 신랑 집에서 폐백을 행하는 삼일우귀혼이 사대부 양반들을 중심으로 행해졌다. 남성 중심의 유교적인 혼례 방식이 점차 정착된 것으로 볼 수 있다.

조선 전기까지는 재산상속 역시 균등하게 이루어졌을 뿐만 아니라 상속받은 몫에 대한 재산권이 보장되었다. 딸이 결혼했다고 해서 재산상속권이 소멸되는 것은 아니었다. 아들과 딸에게 균분상속이 이루어졌다는 것, 이는 상속에 따른 의무도 균등했음을 말해준다. 그 의무란 부모가 살아 있을 때는 봉양을 잘하고, 부모가 죽은 후에는 제사를 잘 지내는 것이었다. 딸과 사위가 처가에서 함께 사는 경우가 많았으므로, 부모 봉양에서도 딸의 역할이 컸다. 제사도 아들의 몫만은 아니었다. 윤회봉사라 해서, 아들과 딸이 몇 해씩 돌아가면서 부모의 제사를 모셨다. 외손봉사도 가능했던 것이다. 그러나 조선 후기에 접어들면서 부모에 대한 봉양과 제사는 전적으로 장남의 몫이 되었다. 그런 의무와 상응해 봉사라는 명목으로 재산상속 역시 다른 형제들에 비해 더 받았고, 제사는 장자의 의무이자 권리가 되었다.

요컨대 조선 사회의 유교화가 본격적으로 이루어짐과 더불어 여성의 정절이 강조되기 시작했다. 특히 『경국대전』에 포함된 재가녀 아들에 대한 차별 규정은 중요한 하나의 전환점이 되었다. 성종 때 간행된 『경국대전』 과거시험 조목에 다음과 같이 규정했다. "재가하거나 실절한 부녀의 아들 및 손자는 문과, 무과, 생원, 진사 시험에 응시할 수 없다." 과거 금지라는 규제의 영향력은 지대한 것이었다. 게다가 임진왜란 이후 사회 전반에 걸친 유교화의 심화 과정, 다시 말해서 주자학적 예학禮學 윤리의 정착, 그리고 종법적 부계 친족 중심의 문중, 종중이 형성되는 과정과 더불어 조선사회는 부계 남성 중심 사회로 변해갔다. 족보에서도 외손을 기재하지 않고, 아들을 먼저 적는 방식이 굳어졌다. 이후 그런 추세는 더욱 가속화되었으며, 재가 금지의 윤리가 양반 사대부는 물론이고 평민에까지 확산되었으며, 점차 수절이 당연한 것으로 여겨졌다.

여성의 정조 강조와 재가 금지는 안과 밖으로 서로 짝을 이루면서 법적인, 사회적인 제재를 넘어서 심리적인 제재까지 가하는 일종의 거대한 족쇄와 같았다. 그 같은 족쇄는 1894년 갑오경장 때 신분제도의 철폐 및 "부녀의 재가는 귀천을 막론하고 그 자유에 맡긴다."는 결정과 더불어 사라졌다. 하지만 그 관성이 바로 사라질 수는 없었으며, 사회적으로 여전히 짙은 그림자를 드리우고 있었다. 『경국대전』 이래 부녀자들의 재혼을 구속하던 법적인 족쇄가 풀렸지만 그런 '자유'가 실효를 갖기 위해서는 역시 더 많은 시간이 지나야만 했다. 그것은 지금까지도 조선시대 여성을 바라보는 시각마저 은연중에 그런 것처럼 규정하고 지배해왔던 것이다.

3장

조선의 여성들은 재혼을 했을까?

1. 『안동권씨성화보』와 여성 재가

1-1. 가장 오래된 족보

현재 전해지는 가장 오래된 족보는 1476년(성종 7)에 간행된 『안동권씨성화보』다.[1] 『성화보』는 안동 권씨의 내외손을 다 적은 족보다. 족보는 사문서지만 동시에 공적인 문서의 구실도 했다.[2] 그래서 한 성씨의 가족사 차원을 넘어서 조선시대 사회사와 신분사를 이해하는데 유용한 자료적 가치를 가진다고 하겠다.

족보는 개인이나 문중에서 편찬하기 때문에 미화되거나 조작 가능성 또한 지닐 수 있어 신빙성의 문제를 가진다. 이런 점은 특히 조선 후기에 간행된 기록에 대해 제기된다. 그러므로 족보를 역사 자료로 이용할 때는 엄밀한 사료 비판이 선행되어야 한다는 점이 강조되기도 한다. 하지만 고려 초부터 조선 초기에 관한 기록인 『성화보』는 "정확성과 탁월한 연구 자료로서의 가치"[3]를 가지며, "신뢰도가 높은 자료"라는 평가를 받는다.[4] 그래서 『성화보』를 활용해서 그 시대 내외손의 수록 범위, 남녀 기재 양식, 양자와 종족 의식, 내외봉사外孫奉祀 등에 관한 사회사적인 연구가 진척되어 왔으며,[5] 『성화보』에 기재된 직위職位, 관직을 토대로 한 제도사 연구도 이루어지고 있다.[6] 이 같은 연구와 더불어 『성화보』의 체재, 구성 내용, 자료적 성격 등에 대해서는 상당한 부분이 밝혀졌다.

이 글에서는 『성화보』에 수록된 부녀자들의 재가 기록에 주목하고자 한다. 이는 『성화보』를 통해 조선시대 사회사를 연구하려는 시도의 연장선 위에 있다. 양반 부녀의 재가 사실이 기록되어 있다는 점은 일찍부터 알려져왔다.[7] 그런데 기존 연구에서는 재가 사실이 기재되어 있다는 점만 부각된 측면이 없지 않다. 재가에 대한 본격적인 분석과 검토는 이루어지지 않았다고 할 수 있겠다. 『성화보』에 수록된 기간이 고려시대부터 조선 초기까지라는 점을 감안해 재가 기록의 방식, 회수, 분포에 대해 논의해보고자 한다. 먼저 재가를 기재한 양식에 대해 살펴보겠다. 족보는 단순하게 족원族員들의 혈연관계도가 아니라, 수록 방식이나 양식에서 시대상과 사회상을 반영한다고 보기 때문이다. 족보가 가지는 사회적 기능의 하나라고 할 수 있으며, 자료로서의 족보를 주목할 점이라 하겠다.

이어 『성화보』의 재가 기록이 가지는 사회적 의미에 대해 다루고자 한다. 조선 초기 재가, 삼가 논의와 『경국대전』 재가녀 자손의 과거 금지 법규화가 이루어지는 시대적 상황에서, 족보에 부녀자의 재가 기록이 어떻게 반영되었는가에 대한 검토다.[8] 『성화보』를 통해 조선 초기 사회적 쟁점의 하나였던 여성의 재가 문제를 고찰해보려는 것이기도 하다. 실록, 법전 등 문헌에 나타나는 재가 논의와 대비해가며 『성화보』의 재가 기록에 대해 심도 있게 이해하려는 것이다.

2. 재가 기록에 나타난 조선사회

2-1. 혼인과 여부女夫

『성화보』의 재가 기재 양식과 그 특징에 주목해서 논의를 진행하고자 한다. 우선 남편인 '여부'에 대해 살펴본 다음, 이어 재가한 남편을 나타내는 용어로서의 '후부'에 대해 검토할 것이다.

『성화보』에서는 딸의 이름 대신 사위의 이름을 적고 있다. 이는 전통시대 족보 편찬의 일반적 여성 기재 방식이다. 『성화보』는 그 가장 이른 사례를 보여주는 셈이다. 『성화보』에서는 딸의 자리에 딸의 남편이라는 의미의 '女夫'를 적고 그 아래에 사위의 성과 이름을 적었다. 관직을 덧붙인 경우도 있다. 아들은 이름만 기재했지만, 사위의 경우에는 성과 이름을 모두 적었다. 하지만 본관은 적지 않았다. 그래서 그들을 족보와 사서史書에서 확인하는 데 어려움이 적지 않다.

딸 대신 사위를 기재하는 방식은 1401년(태종 1) 작성된 해주 오씨 「건문삼년신사족도建文三年辛巳族圖」를 통해서도 엿볼 수 있다.[9] 족도는 세계

『안동권씨성화보』 표지

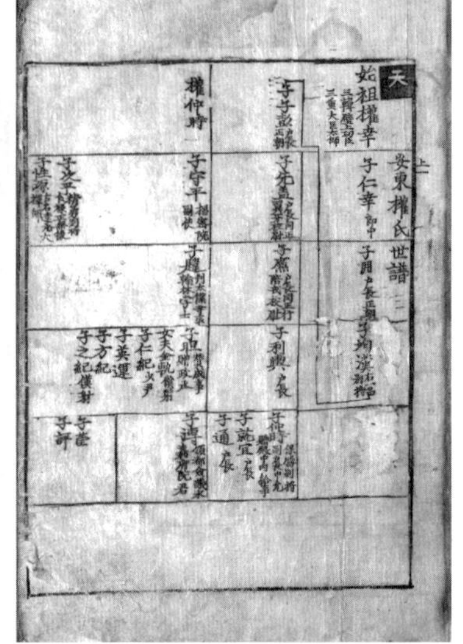

『안동권씨성화보』 본문

도世系圖로 족보는 아니지만, 『성화보』 이전에 가계 구성원을 어떤 형식과 방법으로 기록했는지를 파악할 수 있는 자료다. 「해주오씨족도」를 보면 사위를 기록하면서 '女夫' 또는 '壻', '女子夫'를 써서 표기하고 있다. 『성화보』에서는 '女夫'라는 용어를 쓰고, 표현 방식도 크게 세 가지 형태가 보인다. '女夫+성명', '女夫+성', 그리고 '女夫'라고만 되어 있다. 그러니까 성과 이름이 모두 있는 경우, 성만 있는 경우, 혼인했다는 사실만을 말해주는 경우에 해당된다. 예컨대 인人 자 면 4단을 보면[10] 안동 권씨 18세손 권재權滓의 자녀 6명이 "女夫柳湘/女夫柳/女夫/子漢/子塘/女夫李吉長"이라고 기재되어, 세 유형이 동시에 보인다.

중요한 사실은 여부와 함께 '女'도 보인다는 점이다. 이는 기존 연구에서 주목하지 않은 부분이라 할 수 있다. 이때 '女'는 '女夫'와 대비되면서, 시집 안 간 미가녀未嫁女로 보인다. 예컨대 탕湯 자 면 6단을 보면 안동 권씨 외손 상장군上將軍 이부李敷의 소생으로 "女夫/女/女/女" 4명이 기재되

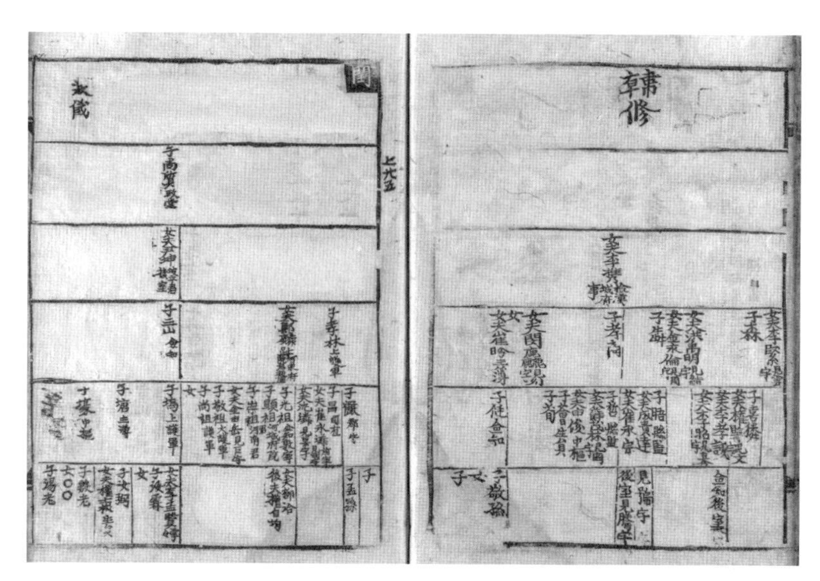

『안동권씨성화보』 윤 자 면閏字面

어 있다. '女夫'와 '女'가 나란히 있는데, 이는 딸 4명 중에서 첫째 딸만이 혼인했음을 말해주는 것으로 여겨진다. 그런데 『성화보』를 보면 의외로 '女'로 표시된 경우가 적지 않다. 이들이 모두 미가녀인지에 대해서는 확언하기 어렵다. 다만 이처럼 여부와 여가 나란히 기재된 경우로 미루어 볼 때,[11] '女'는 미가녀를 지칭한 것으로 볼 수 있지 않을까 한다.[12] 딸 대신 사위를 기재하기 때문에 미가녀의 경우 족보에 이름을 기록하지 않고, 다만 '女'라고만 적었던 것 같다.

특별한 경우로 왕실에 출가한 경우에는 "女○○"라 적고 해당 면 첫째 칸에 작호爵號를 적었다. 예컨대 『성화보』(95쪽 참고) 윤閏 자 면을 보면 중추부사中樞府使 윤호尹壕 아랫단에 "女○○"라고 쓰여 있다. 그리고 첫째 칸에 "淑儀"라고 적어두었다. 이는 딸이 숙의가 되었음을 말해주는 것이다. 그녀가 훗날 성종비 정현왕후다.

한편 1565년에 간행된 『가정보』에서는 '女夫' 대신 '女' 자를 쓴다.[13]

여기서 혼인한 여자를 기재하는 양식이 '女夫, 壻, 女子夫' 등의 형태에서 '女夫'로, 그리고 다시 '女'로 변화하여 정착해갔음을 추정할 수 있다. 그리고 이후 족보에서 혼인한 딸을 표기할 때에도 주로 '女'를 쓰게 되었다.[14]

또 하나 『성화보』에서 주목할 것은 시집간 딸의 혼인 형태에 대해 적었다는 점이다. 초실初室, 중실中室, 후실後室, 삼실三室 혹은 부실副室 등을 명기해 처음 한 혼인인지, 아니면 두 번째 세 번째 혼인인지를 밝히고 있다. 그러니까 출가한 딸의 혼인 양상을 말해주는 특징을 보인다. 이처럼 출가한 딸의 혼인 형태를 밝히는 것은 직계 후손, 그러니까 안동 권씨 족원의 입장에서는 안동 권씨 외손 혈통을 보여주는 중요한 방식이었다.

『성화보』에는 안동 권씨 집안의 딸이 낳은 외손만을 수록 대상으로 삼았다. 중실이나 후실, 삼실 등으로 출가한 경우, 사위의 모든 자식을 다 기재하지 않고 자기 딸이 낳은 외손을 기록한 것이다.[15] 자녀를 모두 망라하지 않은 것은 자기 딸의 소생들만 적었다는 것이다.[16] 수록 기준은 사위의 모든 소생이 아니라 그 딸의 소생이냐 아니냐에 달려 있었다. 이런 점은 『성화보』를 이용할 때 유의해야 할 사항이다. 여자 집안에서 본다면, 자손들을 적는 하단은 자기 집안 여자가 낳은 자손을 기록하는 자리로 인식하고 있었음을 보여준다. 때문에 사위의 이름을 적고 그 옆에 초실, 전실, 후실, 삼실 등의 주기註記를 덧붙인 것이다. 이 같은 기재 방식은 족보를 통해 당시 출산율, 인구 분포 등을 연구할 때 감안해야 할 중요한 측면이다.

2-2. 재가와 후부

『성화보』에는 딸의 남편에 관한 기록으로 여부 외에 후부가 보인다. 후부는 재가한 남편을 가리킨다. 후부라 쓰고 재가한 남편의 성명을 적고 있다. 수록 위치는 '女夫' 뒤에 '後夫'를 기록한다. 앞서 언급한 전실, 후실, 삼실 등의 기록이 남편 쪽 입장에서 가녀嫁女의 혼인 형태를 적은 것이라면, 후부는 혼인한 여성의 입장에서 남편과의 혼인 형태를 말해주는 것이다.

후부라는 용어는 실록에도 보인다. 역시 두 번째 남편을 후부라 칭하고 있다.[17] 그러면 부인이 재가한 경우 첫 번째 남편은 어떻게 칭했을까? 공拱 자 면 3단을 보면 호군護軍 이거李琚의 첫째 딸이 재가녀인데, "女先夫金/後夫閔壽山"이라는 기록이 있다. 이를 보면 첫 남편은 '선부先夫'로 칭했음을 알 수 있다. 같은 용례를 실록에서 찾아볼 수 있다.

- 어찌 선부先夫의 통호通好하던 예禮를 잊어버리겠습니까(『태조실록』 4년 8월 28일)

- 외조모 전부前夫의 소생인 천구賤口와 사헌부에 가산家産을 다투는데(『태종실록』 10년 2월 4일)

- 아내 전부前夫의 아들인 김원경(『세종실록』 6년 5월 20일)

위의 사례를 볼 때 첫 번째 남편을 선부先夫와 함께 전부前夫로 칭했음을 알 수 있다. 그런데 전부라는 호칭이 더 많이 쓰였던 듯하다. 『대명률

大明律』「남녀혼인조男女婚姻條」에서는 "만약 다른 사람에게 두 번 혼인하기를 허락하고서 성혼成婚이 되지 않은 사람은 장杖 70대를 때리고, 이미 성혼이 된 사람은 장 80대를 때리며, 여자는 전부前夫에게 돌아간다."고 했다.[18] 법조문에서 전부前夫라 칭했던 것이다.

한편 후부가 다른 면에 기재될 때는 후부가 아닌, 여부로 적고 있어 주목된다. 『성화보』에서는 다른 면에 해당 인물이 기재된 경우에는 아래에 "見玄(견현)", "見身(현신)" 등과 같이 해당되는 '현'자와 '신'자 면을 참조하도록 했다. 그런데 다른 면에 기재할 때는 후부가 아닌 "女夫"로 적었다. 참조한 해당 면만 보았을 때는 후부인지를 알 수가 없다. 하지만 그 면에 후부가 여부와 같이 기재되는 경우는 "後夫"라고 밝혀서 구분했다. 여부에 이어 여부를 적으면 딸이 2명인 셈이 되기 때문이다.

현존하는 족보에서 후부가 보이는 것은 『성화보』와 그로부터 90년 뒤에 간행한 『가정보』뿐이다. 흥미로운 점은 후부 기록 방식에서 두 족보 사이에 약간의 차이가 있다는 것이다. 『성화보』와 『가정보』 모두 전부 뒤에 후부를 기록한 점은 같다. 즉 『성화보』는 "女夫" 다음에 "後夫", 『가정보』는 "女" 다음에 "後夫"를 적고 있다.

하지만 『성화보』는 '女夫'와 '後夫'를 동일 선상線上에 기재하지만, 『가정보』는 '女' 다음에 '後夫'를 한 글자 내려 기재했다. 이는 두 족보 사이의 시간적 격차와 시대 상황의 변화, 특히 뒤에서 보게 될 『경국대전』의 재가녀 자손의 과거 금지 법규화 등이 반영되었기 때문일 것이다. 『성화보』에서는 여부와 후부에 차이를 두지 않았지만, 『가정보』에 이르러 재가와 후부에 대한 사회적 인식의 변화로 후부를 기록할 때 첫 남편보다 한 글자 낮추어 기재한 것으로 보인다. 이는 『가정보』 범례에서 후부를 어쩔 수 없어 적는다고 한 점으로도 뒷받침된다.

> 개가한 딸의 경우 전부前夫, 후부後夫의 이름을 숨기지 않고 직서直書한 것은 누구나 다 아는 사실을 덮어둘 수 없기 때문이다. 또한 이렇게 하여 경계警戒를 삼고자 함이다.(『문화유씨가정보』 범례)

재가와 후부에 대한 인식의 변화가 족보 기재 양식의 변화를 가져온 것으로 볼 수 있다. 이는 기존의 연구에서 지적되지 않았던 족보 기재 양식의 변화라고 할 수 있을 것이다. 이 같은 후부 기재 양식의 변화는 무엇보다 법제화된 『경국대전』의 재가녀 자손 과거 응시 제한에서 원인을 찾을 수 있다.[19]

법전에 수록된 재가녀 아들에 대한 차별 규정은 중요한 전환점이 되었다. 재가녀의 남편 '후부'에 대한 사회적 인식 역시 급격하게 변화했다. 재가녀와 그 남편에 대한 사회적 인식의 급격한 변화가 자연스레 후부에 대한 기재 양식의 변화를 가져다 준 것이다. 『가정보』와 같은 시기인 1565년에 간행된 『강릉김씨을축보』에는 후부 기록이 보이지 않는다.[20] 이후 족보에서 후부 기록 자체가 보이지 않게 된다.[21]

3. 재가 기록과 분포가 말해주는 것들

3-1. 파별·세대별 분포 양상

『성화보』에 수록된 재가 기록의 회수와 분포, 그리고 그것이 가지는 사회적 의미는 무엇일까? 먼저 재가 기록이 보이는 재가자들에 대해 파별 분포와 세대별 분포로 나누어 검토하고, 이어서 재가 기록과 그것이 어떤 사회적 의미를 지니고 있었는지에 대해 살펴보겠다.

추밀공파와 복야공파

안동 권씨는 시조 권행權幸으로 시작해서 10세손에서 15개 파로 나뉜다. 『성화보』에는 시조부터 21세손까지 수록되어 있다. 9세까지는 상계上系로 11명, 10세부터 21세까지 하계下系로 9,109명이 수록, 상계와 하계를 합하면 모두 9,120명(중복자 제외)이다.[22] 그런데 수록된 자들을 보면 9세 권중시權仲時, 권취의權就宜, 권통權通의 후손만 실려 있다. 그들 중에서도 권중시의 두 아들 10세 추밀공파[守平]와 복야공파[守洪]가 9,066명(99.4%)으로 대부분을 차지한다. 권통 후손은 10세 별장공파[英正] 38명, 권취의 후손은 3명이 수록되어 있다.[23]

그런데 추밀공파 중에서도 추밀공의 증손인 13세 권부權溥, 복야공파는 복야공의 증손인 13세 권한공權漢功의 직계를 중심으로 수록되어 있다. 『성화보』는 이들에 의해 간행되었음을 알 수 있다. 『성화보』는 편찬 당시까지의 모든 자손이 수록된 대동보가 아니라 일부 현달한 자손들이 중심이 되어 간행한 파보라 하겠다.

『성화보』에서 후부는 14세 염제신廉悌臣부터 나타나기 시작해서 21세 권자균權自均에 이르기 까지 모두 17건이 기록되어 있다. 이들 17건을 파별로 정리하면 〈표 2〉와 같다.[24]

표 2 『성화보』 수록 재가녀의 파별 분포(하계, 10~21세대)

파	재가 건수(%)	수록 인원(%)
추밀공파樞密公派	14건(82.4%)	5,408명(59.4%)
복야공파僕射公派	3건(17.6%)	3,658명(40.1%)
별장공파別將公派	0건	38명(0.4%)
기타	0건	5명(0.1%)
계	17건(100%)	9,109명(100%)

〈표 2〉에서 보듯이 추밀공파(5,408명)와 복야공파(3,658명)의 수록 인원의 비율이 6:4인데 비해, 재가 건수는 14건과 3건으로 8:2의 비율을 차지하고 있다. 추밀공파(82.4%)에 집중되어 있는 것이다. 재가 기록은 추밀공파 중에서도 13세 권부 직계에서 처음 나타난다. 나머지 복야공파 3건 역

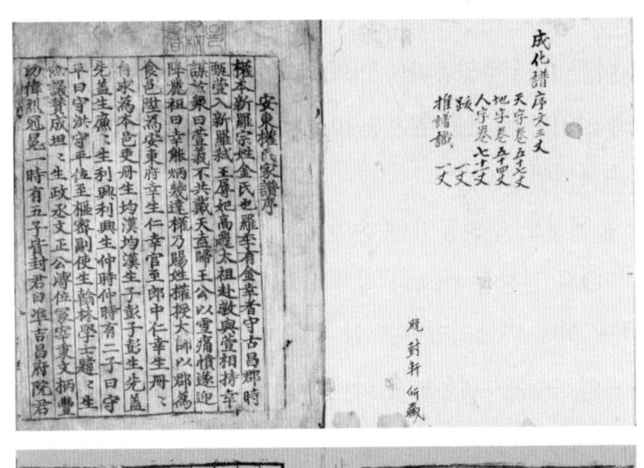

成化譜序文三丈
天字卷 五十七丈
地字卷 五十四丈
人字卷 七十丈
跋 一丈
推譜識 一丈

觀對軒所藏

安東權氏家譜序

權本新羅宗姓金氏也羅季有金幸者守古昌郡時
甄萱入新羅弑王辱妃高麗太祖赴救與萱相持幸
謀於衆曰萱義不共戴天盍歸王公以雪痛憤遂迎
降麗祖曰幸能炳幾達權乃賜姓權授大師以郡爲
食邑陞爲安東府幸生仁幸官至郞中仁幸生冊〻
自求爲本邑吏冊生均漢均漢生子彭子彭生先蓋
先蓋生廉〻生利興利興生仲時仲時有二子曰守
平曰守洪守平位至樞密副使生翰林學士韙〻生
僉議贊成坦〻生政丞文正公溥位冢宰秉文柄豊
功偉烈冠冕一時有五子皆封君曰準吉昌府院君

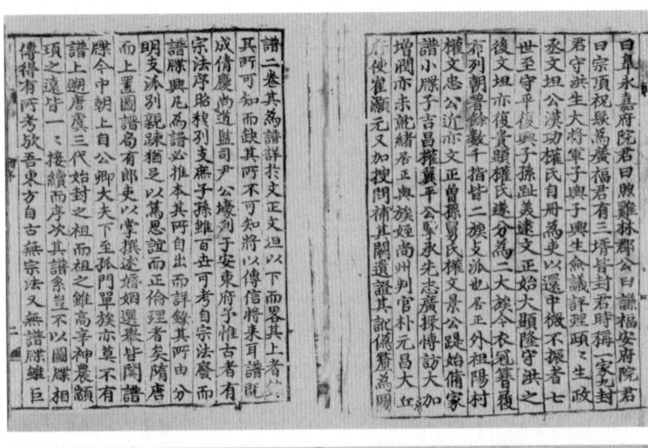

曰皐永嘉府院君曰煦雞林郡公曰謙福安府院君
曰宗頂祝縣爲廣福君有三壻皆封君時稱一家九封
君守洪生大將軍子興子興生僉議評理頙〻生政
丞文坦公漢功權氏自冊爲吏以還中微不振者七
世至守平復興子孫趾美逮文正始大顯隆守洪之
後文坦亦復貴顯權氏遂分爲二大族今衣冠簪纓
布列朝着餘數千指皆二族支派也居正外祖陽村
權文忠公近亦文正曾孫冐氏權文景公踶始備家
譜小牒子吉昌權纂平公擥承先志廣採博訪大加
增潤亦未就緖居正與族姪尙州判官朴元昌大
府使崔灝元又加搜問補其闕遺證其訛僞鋟爲[illegible]

譜二卷其爲譜詳於文正文坦以下而畧其上者
其所可知而缺其所不可知將以傳信將來耳譜既
成倩慶尙道監司尹公壕刊于安東府予惟古者有
宗法序昭穆列支庶子孫雖百世可考自宗法廢而
譜牒興凡爲譜必推本其所自出而詳錄其所由分
明支派別親疎猶是以篤恩誼而正倫理者矣隋唐
而上置圖譜局有郞吏以掌撰述婚姻選擧皆閱譜
牒今中朝上自公卿大夫下至孤門單族亦莫不有
譜上遡唐虞三代始封之祖而祖之雖高辛神農顓
頊之遠皆一〻接續而序次其譜系豈不以圖牒相
傳得有所考歟吾東方自古無宗法又無譜牒雖巨

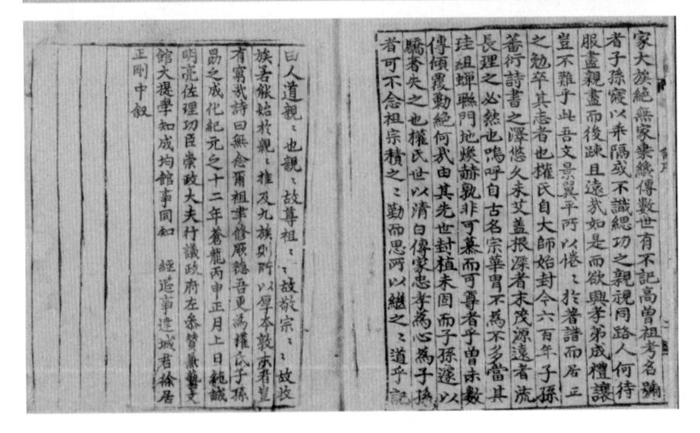

家大族絶無家乘纔傳數世有不記高曾祖考名諱
者子孫寢以乖隔或不識緦功之親視同路人何待
服盡親盡而後踈且遠哉如是而欲興孝弟成禮讓
豈不難乎此吾文景公所以惓〻於著譜而居正
之勉卒其志者也權氏自大師始封今六百年子孫
蕃衍詩書之澤悠久未艾蓋根深者末茂源遠者流
長理之必然也嗚呼自古名宗華胄不爲不多當其
珪組蟬聯門地赫赫孰非可慕而可尊者乎曾未數
傳傾覆勤絶何哉由其先世封植未固而子孫遂以
驕奢失之也權氏世以淸白傳家忠孝爲心爲子孫
者可不念祖宗積之〻勤而思所以繼之〻道乎記

曰人道親〻也親〻故尊祖〻〻故敬宗〻〻故收
族君能始於親〻推及九族則所以厚本敦末者豈
有窮哉詩曰無念爾祖聿修厥德吾更爲權氏子孫
勗之成化紀元之十二年蒼龍丙申正月上日純誠
明亮佐理功臣崇政大夫行議政府左參贊兼藝文
館大提學知成均館事同知　經筵事達城君徐居
正剛中敍

『안동권씨성화보』 서문

시 13세 권한공의 직계에 보인다. 추밀공파 권부 가계에서 14건으로 재가 사례가 많았다는 점을 알 수 있다. 흥미로운 것은 『성화보』를 편찬하는 데 중도적 역할을 담당한 서거정徐居正(1420~1488)은 추밀공파 권부의 외손이라는 점이다. 외조부인 권근權近(1352~1409)은 권부의 증손자이며, 서거정은 안동 권씨 18세손이다. 서거정은 『성화보』 편찬 과정에 대해 족보 서문에서 다음과 같이 적고 있다.

> 나의 외조부 양촌 문충공 권근 역시 문정공의 증손이다. 외삼촌 문경공 권제가 처음으로 가첩家譜 소첩자를 만들었고 익평공 권람이 선대의 뜻을 이어 널리 문헌을 찾고 여러 사람에게 물어서 많이 증보하였으나 그래도 완성하지는 못하였다. 내가 족질 상주 판관 박원창과 대구 부윤 최호원과 더불어 또 수소문하여 빠진 것은 보충하고 잘못된 것은 바로 잡아서 겨우 도보圖譜 두 권을 만들었다. 이 족보는 문정공과 문탄공 이하는 상세하지만 그 이상은 소략한데, 그것은 아는 것은 기록하고 모르는 것은 빠뜨린 탓으로 곧 진실을 장래에 전하려 한 까닭이다. 족보가 이루어졌기에 경상감사 윤호에게 청하여 안동에서 간행하였다.(『안동권씨성화보』 서문)

『성화보』가 문정공 권부와 문탄공 권한공 이하는 상세해도 그 이상은 소략한 것이, 아는 것은 기록하고 모르는 것은 생략한 탓이라고 밝혔다. 그래서 『성화보』는 이 두 가계의 구성원이 96%로 전체의 대부분을 차지하고 있다.

원래 『성화보』는 권제權踶가 중국의 『소씨보蘇氏譜』를 모방하여 처음으로 안동 권씨 가보家譜를 만든 것이다.[25] 권람權擥(1416~1465)이 일을 마치지 못하고 죽자 권제의 생질인 서거정에 의해 마무리되었다. 서거정은 상주판관 박원창朴元昌과 대구부사 최호원催灝元의 도움을 받아 편집, 교열한 뒤에 경상감사 윤호尹壕로 하여금 1476년(성종 7) 안동부에서 간행하게 했다. 그러니까 『성화보』는 외손들에 의해 편찬 작업이 마무리, 간행되었다. 이는 90년 뒤에 간행된 『가정보』가 친손의 주도로 편찬되고, 내외손의 경제적인 도움을 받아 간행이 이루어진 것과 좋은 대비를 이룬다.

권부와 권한공이 명문名門으로 부상한 것은 이들 당대에 집안이 번성한 것과 관련이 있다. 문정공 권부는 정승政丞 벼슬을 지내고 안동 권씨 최초의 부원군府院君에 봉군되었으며, 다섯 아들과 네 사위[五子四婿]와 함께 일가구봉군一家九封君의 명문가를 이루었다.[26] 문탄공 권한공은 다섯 아들과 일곱 사위[五子七婿]를 두었으며, 둘째 아들 권중화가 태종 때 영의정을 지냈다.[27] 『성화보』는 이들 두 가계를 중심으로 구성되어 있다. 후부 기록은 그중에서도 권부 가계에 집중되어 있다.

고려 말 조선 초에 집중된 재가

『성화보』는 시조부터 21세손까지 수록하고 있는데 재가의 기록은 14세손부터 보인다. 1세에서 13세까지는 재가 기록이 없다가 14세에 1건, 15세 2건, 16세 3건, 17세 2건, 18세 5건, 19세 3건, 그리고 21세에 1건 나타나고 있다. 이렇게 14세손에서 21세손까지 모두 17건이다. 이를 각 세대별로 정리하면 〈표 3〉과 같다.

표 3 **『성화보』 수록 재가자 세대별 분포**

세 대	상계	하계												합계
	1~9	10	11	12	13	14	15	16	17	18	19	20	21	
재가 수	0	0	0	0	0	1	2	3	2	5	3	0	1	17

재가 기록이 수록되어 있는 점도 중요하지만, 그와 더불어 재가 기록이 어느 시기에 나타나는지에 대해서도 주목할 필요가 있다. 앞서 살펴본 바와 같이 『성화보』 편찬이 처음으로 권제에 의해 세종조에 시작되어, 1476년(성종 7) 외손으로 18세손인 서거정에 의해 완성되었다. 이러한 시대적 상황과 족보 편찬에는 당시 사대부들의 여성 재가에 대한 인식이 반영되어 있을 것이다. 따라서 조선 초기 여성들의 재가 논의와 관련하여 중요한 의미를 찾아낼 수 있다고 하겠다.

이제 17건의 사례를 세대별로 검토해보자. 이들 사례 중에서 사서에서 확인되지 않은 인물도 있기 때문에 시기를 추정하기가 쉽지 않다. 생몰년을 알 수 있다 하더라도 언제 재가가 이루어졌는지를 파악하기 어렵다. 각 세대별 분포를 통해 사서에서 확인되지 않는다고 하더라도 시기를 추정해볼 수 있을 것이다.[28]

- 14세(1명): 처음 후부 기록이 나타나는 사례는(106쪽 참고) 정승政丞 염제신廉悌臣(1304~1382)이다.[29] 본관은 서원瑞原(파주坡州). 권한공의 사위로, 큰딸 권씨가 이수득李壽得[30]에게 출가했으며, 그 뒤에 염제신에게 재가했다. 권한공의 딸 권씨가 첫 번째 남편이 죽은 뒤에 재가한 것인지 아니면 첫 번째 남편과 이혼한 후에 재가한 것인지는 현재로서는 파악하기 어렵다.

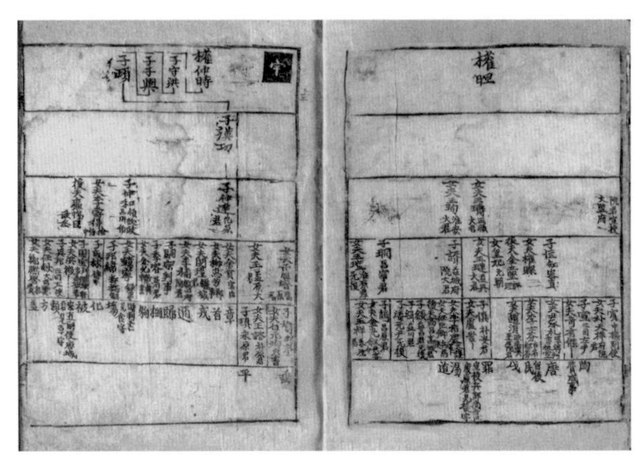

안동 권씨 염제신 사례

하지만 염제신은 상처한 뒤에 권씨와 재혼한 것으로 보인다. 염제신은 처음에 완산 이씨와 혼인했지만 자식 없이 지냈다. 그러다 권씨 부인에게 장가들어 4남 5녀를 낳았다.[31] 권씨가 상처한 염제신에게 재가한 것이다.

• 15세〔2명〕: 후부 평리評理 김입견金立堅과 후부 한성판윤漢城判尹 변남용卞南龍. 김입견은 권부의 아들 권겸權謙의 사위다. 권겸의 둘째 딸 권씨가 권가權賺에게 출가했으며, 그 뒤에 김입견에게 재가했다. 김입견(1340~1396)은 복산福山 사람으로 여말선초 무신이다. 아버지는 원나라의 순방만호巡訪萬戶를 지낸 김어진金於珍이다. 1363년(공민왕 12) 홍건적의 침입으로 안동으로 피난할 때, 대호군으로 어가를 호종한 공이 있어 이등공신이 되었다. 1392년 조선이 개국되자, 참지문하부사參知門下府事를 거쳐 참찬문하부사參贊門下府事를 역임했다. 시호는 양평良平이다.[32]

변남용卞南龍의 흥미로운 점은 앞서 살펴본 염제신이 장인이다. 후부 염제신의 딸 역시 재가녀라는 것이다. 2대에 걸친 재가 기록은 『성화보』에서도 유일하다. 염제신의 다섯째 딸 염씨는 판서 이송에게 시집가서 2남 2

녀를 낳았다. 남편 이송이 죽자 변남용에게 재가했다.[33] 염제신의 딸 염씨 부인이 변남용에게 재가한 사실은 『태조실록』에서 확인할 수 있다. 1395년(태조 4) 간관諫官이 이혼을 요청하는 기사가 그것이다.[34] 전前 개성부윤開城府尹 변남용이 죽은 판서 이송의 아내 염씨에게 장가들고, 변남용의 아들 변혼이 또 이송의 딸에게 장가들자, 간관의 요청에 따라 변혼의 처와 이혼하도록 했다. 아들이 아버지의 재취 부인의 딸과 혼인하여 이혼하도록 한 것이다. 이로써 15세손 염씨 부인의 재가가 적어도 1395년(태조 4) 이전에 이루어졌음을 알 수 있다. 그리고 재가녀의 경우 상대[후부]가 처음 혼인인 경우보다는 이미 한 번 혼인한 상태였음을 짐작할 수 있다.

- 16세〔3명〕: 후부 고성군高城君 고여高呂. 본관은 제주. 익성부원군益城府院君 왕서王諝의 딸 왕씨가 병마사兵馬使 임거신任臣卿에게 출가한 뒤에 고여에게 재가한 것이다. 아버지는 개국원종공신開國原從功臣 병마절제사兵馬節制使 고영수高永壽, 어머니는 개국원종공신 찬성사贊成事 권현權鉉의 딸이다. 1380년(우왕 6) 황산대첩 때 삼도도순찰사三道都巡察使 이성계의 휘하에서 전공을 세웠고, 1385년 북청 등에서 왜적을 섬멸했다. 조선 개국공신에 책록되었고, 고성군에 봉해졌으며, 1402년(태종 2)에 죽었다.[35] 고려 말 조선 초의 무신이다. 이 외에 후부로 판서判書 정수도鄭修道, 밀직密直 김자충金自忠이 있는데 사서에서 확인되지 않는다.

- 17세〔2명〕: 후부로 서윤귀徐允貴와 목사牧使 박사제朴思齊 2명이 수록되어 있는데, 이들은 사서에서 확인되지 않는다. 이들의 장인은 김한金翰과 이척李隲이다. 김한, 이척, 서윤귀의 관직은 기록되어 있지 않지만 박사제

의 관직은 목사다. 그리고 김한의 첫 번째 사위 이휘李彙의 관직이 고려시대 지방의 군현에 파견되어 1413년(태종 13) 현감으로 개칭된 감무監務인 점을 볼 때, 이들 후부도 같은 시기인 여말선초 인물로 여겨진다.

- 18세〔5명〕: 후부 영흥군永興君 왕환王環. 본관은 개성이다. 장군將軍 권정주權定柱[36]의 딸 권씨가 밀직부사 최운해崔雲海에게 출가한 뒤에 왕환에게 재가했다.[37] 후부 영흥군 왕환은 고려의 왕족으로 신종의 6세손. 할아버지는 익양후益陽侯 왕분王玢, 아버지는 보성군寶城君 왕희王熙. 공양왕이 신종의 7세손이고 익양후 왕분王玢의 증손자이므로 공양왕에게는 종숙從叔이 된다. 왕환에게는 첫째 부인 신씨가 있었다.[38] 왕환 역시 권씨 부인을 재취로 맞아들인 것이다. 권씨는 왕환과의 사이에서 소생이 없었으며, 왕환이 죽자 전부 최운해의 소생 최윤복의 봉양을 받으며 살았다.[39] 이 외에 후부 영우사領樞事 이순몽李順蒙(1386~1449)은 조선 초기의 무신으로 1417년(태종 17) 무과에 급제했다. 후부 첨지僉知 유균柳均은 『예종실록』에서 졸년(1468년)이 확인되며,[40] 후부 이의문李義文과 현감縣監 민수산閔壽山은 사서에서 확인되지 않는다.

- 19세〔3명〕: 후부 3명이 수록되어 있는데 통찬通贊 조계평趙季平과 첨정僉正 고태익高台翼, 그리고 성명 미상자다. 현감縣監 김암金巖의 딸 김씨가 최崔○○에게 출가한 뒤에 조계평에게 재가했으며, 유수留守 이계전李季專의 딸 이씨가 이종관李種幹에게 출가한 뒤에 고태익에게 재가했으나, 이들은 사서에서 확인되지 않는다. 그런데 후부 미상자의 장인이 도절제사都節制使 이등왕李澄王(?~1453)이다. 장인 이징옥은 1453년(단종 1) 수양

대군이 계유정란을 일으켜 그를 김종서의 일당으로 몰아 파면시키자, 이에 반란을 일으킨 인물이다.

- 20세〔없음〕

- 21세〔1명〕: 후부 권자균權自均. 정광조鄭光祖의 딸 하동 정씨鄭氏가 유흡柳洽에게 출가한 뒤에 권자균에게 재가했다. 권자균은 사서에서 확인되지 않는다. 그런데 장인 정광조가 하동부원군河東府院君 정인지鄭麟趾(1396~1478)의 아들이다. 그런데 실록의 정인지 졸기에는 4명의 아들이 언급되고 있지만[41] 정광조는 보이지 않는다.

이렇게 볼 때 17세까지는 고려조라고 할 수 있을 것이다. 14세손에서 17세손에 해당하는 8명은 고려 말 인물들이며, 18세손의 경우에는 다소 편차가 있겠지만 고려 말에서 조선 개국 직후에 해당하는 것으로 여겨진다. 이들 18세손 5명을 포함하여 본다면 여말선초에 해당하는 인물은 13명(14~18세손)으로 전체 재가자 17명 중 76.5%에 달한다. 요컨대 『성화보』에 수록된 재가 사례가 대부분 고려 말에 집중되어 있으며, 조선 건국 초에는 일부였다.

19세손 이후는 19세손 3명, 21세손 1명으로 4건에 그친다. 이들은 조선 초기 이후 인물로 파악된다. 이는 무엇을 말해주는가? 『성화보』의 재가 기록 대부분은 고려 말, 조선 건국 직후의 것이라는 점이다. 다시 말해 『성화보』 간행이 1476년(성종 7)임을 감안할 때 편찬이 이루어진 조선 초기 안동 권씨 문중에서 부녀자의 재가수가 극히 적었다는 것이다.

3-2. 재가 기록과 사회적 의미

재가에 대한 인식의 변화

기존 연구에서는 『성화보』에 후부 기록이 기재되어 있다는 점만을 지적한 듯하다. "후부 역시 17건이나 표시되어 있다"거나,[42] "'후부'의 기록이 17군데나 나타난다. 고려시대와 조선 초기에는 개가하는 풍속이 빈번하였던 까닭에 많은 후부가 생겨나는 현상을 볼 수 있다"고 했다.[43] 재가하는 풍속이 빈번해서 많은 후부가 생겨났다는 것이다. 하지만 『성화보』에 수록된 여성 인원에 비해 후부 건수는 오히려 적지 않은가 하는 의문이 든다. 이러한 입장에서 『성화보』 재가 기록에 담겨 있는 사회적 의미를 검토해보고자 한다.

앞서 살펴본 바와 같이 『성화보』에 수록된 인물은 중복 인원을 제외하면 9,120명이다. 친손이 867명, 외손이 8,233명이다. 이들 중 여성은 어느 정도의 비중을 차지하고 있을까? 이를 표로 만들어보면 〈표 4〉와 같다.[44]

표 4 『성화보』에 수록된 여성의 수

구분	여성	남성	합계
친손	327	540	867
외손	2,938	5,315	8,253
합계	3,265	5,855	9,120

친손 867명 중에서 여성이 327명으로 37.7%를 차지하며, 남성은 540명으로 62.3%이다. 여성과 남성의 비율이 약 4:6이다. 외손 8,233명 중에서

여성은 35.6%(2,938명), 남성은 64.4%(5,315명)로 거의 같은 비율을 보인다. 친손과 외손을 합해서 보면 모두 3,265명의 여성이 『성화보』에 수록되어 있다. 그런데 그들 부녀자 중에서 17명만이 재가했다는 것이다. 전체 인원 대비 재가율은 0.5% 정도에 그친다. 1,000명 중 5명 정도로 낮은 비율이다. 『성화보』에 수록된 17건의 재가 숫자가 가지는 의미를 검토해보아야 하는 이유가 바로 여기에 있다. 이를 세대별 여성 인원과 대비해서 재가녀 분포 상황을 표로 만들어 살펴보면 더욱 잘 드러난다.

표 5 **『성화보』의 세대별 여성 수록 인원과 재가녀 분포도**

세대	1~13	14	15	16	17	18	19	20	21	합계
여성 수록 인원	22 (0.7%)	25 (0.8%)	68 (2.1%)	156 (4.8%)	373 (11.4%)	685 (21.0%)	991 (30.3%)	741 (22.7%)	204 (6.2%)	3,265 (100%)
재가 건수	0 (0.0%)	1 (5.9%)	2 (11.8%)	3 (17.6%)	2 (11.8%)	5 (29.4%)	3 (17.6%)	0 (0.0%)	1 (5.9%)	17 (100%)

대체로 18세손까지는 여성의 수가 증가함에 따라 재가 건수의 비중도 같이 높아지고 있다. 하지만 19세손 이후로는 수록 여성의 수에 비해서 재가 건수가 급격히 감소한다. 16세손과 19세손에 각각 3명의 부녀자 재가 기록이 나타나지만 수록된 여성, 즉 모집단의 경우 16세손은 156명, 19세손은 6배에 달하는 991명이었다. 재가 비율이 급감했다고 하겠다. 20세손 수록된 여성의 수가 741명인데 재가 건수가 한 건도 없다는 점 역시 그 같은 추세를 뒷받침해준다. 21세손의 경우에도 204명 중에서 단 1건의 재가 기록이 보일 뿐이다. 여전히 낮은 비율이다. 요컨대 재가 기록을 세대

별로 보면 전반적으로 낮은 비율이지만 특히 18세손을 기점으로 전체적으로 급격하게 감소함을 알 수 있다.

한 집안에서 대략 몇 명의 여자들이 재가했는지에 대해서는 일률적으로 말하기 어려울 것이다. 자료의 제한과 함께 각 가문의 지체, 여성 개인의 개별적인 상황 등에 따라서 달라질 수 있기 때문이다. 그런데 다음의 『태종실록』 기사를 볼 때, 그 당시 재가가 적지 않게 행해졌었음을 알 수 있다.

> 이원계와 이화는 모두 환왕桓王 비첩婢妾의 소생이었다. 이원계는 아들 넷을 낳았는데, 양우良祐·천우天祐·조朝·백온伯溫이었다. 큰딸은 장담張湛에게 시집갔고, 둘째 딸은 변중량卞仲良에게 시집갔다가 다시 유정현柳廷顯에게 시집갔고, 막내딸은 홍로洪魯에게 시집갔다가 다시 변처후邊處厚에게로 시집갔다. 이화는 아들 일곱을 낳았는데, 지숭之崇·숙淑·징澄·담湛·교皎·회淮·점漸 등이었고, 1녀女는 고려 종실 왕씨에게 시집갔다가 다시 최주崔宙에게 시집을 갔다.(『태종실록』 12년 10월 26일)

이원계와 이화의 경우 이원계는 딸 3명 중에서 2명, 이화는 딸 1명이 재가녀다. 이원계의 둘째 딸 이씨는 변계량의 형인 변중량에게 출가했다가 유정현(태종 때 영의정)에게 재가했다. 셋째 딸은 홍로에게 시집갔다가 다시 변처후에게 재가했다. 이화의 외동딸은 고려의 종실인 왕씨와 혼인했다가 다시 최주에게 출가했다. 명문 집안의 경우에도 재가가 이루어지고 있었다는 것이다. 물론 이들 집안의 재가 배경에는 태조 이성계의 서형제庶兄弟라는 왕실 집안의 후광이 있었을 것이다.[45] 이렇게 볼 때 여말선초의 경우 재가가 사회 전반에 걸쳐서 적지 않게 행해졌음을 알 수 있다.

하지만 여성의 재가와 관련해 하나의 중요한 전환점은 주지하듯이 1477년(성종 8) 7월 17일 조정에서 이루어진 조정 대신들의 재가녀, 삼가녀 규제에 대해 의견을 개진한 것이다. 그런데 1447년이면 『성화보』가 간행된 바로 다음 해다. 『성화보』 편찬 당시의 재가녀에 대한 사회적 인식을 파악할 수 있는 자료라 하겠다. 성종이 명해 일찍이 정승을 지낸 이와 의정부 · 육조 · 사헌부 · 사간원 ·한성부 · 돈녕부 2품 이상과 충훈부의 1품 이상을 불러 부녀자 재혼의 금지에 대해 의논하게 한 것이다.[46]

논의 결과를 보면 재가에 대해 부덕不德하게 보지만, 의견을 개진한 46명 중에서 42명이 재가가 아닌 삼가녀에 대해서만 법제적으로 규제해야 한다는 의견을 밝힌다. 좌참찬 임원준, 예조판서 허종, 무령군 유자광, 문성군 유수 등 4명만이 재가 금지를 찬성했다. 이들은 재가를 금지하지 않는다면 어느 곳이든 이르지 않음이 없을 것이니 지금 이후로는 재가한 자를 한결같이 모두 금하고, 만일 금령을 무릅쓰고 재가한 자가 있으면 실행失行한 것으로 치죄하고 그 자손 또한 입사入仕를 허락하지 말아서 절의를 가다듬게 함이 좋겠다는 의견을 밝힌다. 재가 규제에 반대하는 42명 모두 조정의 고위 관료들이었다.

이러한 논의로 미루어볼 때 우선 『성화보』 편찬 당시 재가에 대해서는 부정적인 인식이 있어 부덕하다고 보았다. 이는 조선사회의 전반적인 '유교화'와도 무관하지 않을 것이다.(『예종실록』 1년 6월 22일) 불교 중심의 고려사회와 주자학을 정치이념으로 내세우고 국가 차원에서 유교를 장려한 조선사회는 기본적인 성격에서 크게 달랐던 것이다. 하지만 사회의 근간이 달라졌다고 해서 일상생활 자체가 갑작스레 바뀌는 것은 아니다. 관습은 오랜 관성을 지니고 있어 계속 유지되기 때문이다. 그것이 결정적으로 바뀌게 된 것은 재가 금지가 국가의 법으로 정해졌기 때문이다. 그 이전 단계에서는 아직 재가에 대해 본격적인 법적인 규제가 이루어지지 않았다. 그 법제화는 『경국대전』(1485)에 이르러서 실행되었다.

고려 및 조선 초기 사회에서는 개가녀 당사자에 대한 실제상의 규제는 재가녀는 물론이거니와 삼가녀의 경우에도 미미했다.[47] 개가녀에 대한 규제로 삼가녀에 대한 자녀안恣女案 녹적 규정과 재가녀부터 적용되는 봉작의 추탈과 수신전의 박탈이 있었으나, 성종 대까지 재가는 사회적으로 별로 금기시 되지 않았다. 성종 대 이전에도 재가로 처벌을 받은 경우는 남편이 죽은 지 3년 이내에 재가한 경우였다.[48] 또한 재가녀의 자손이라도 관로 진출하는 데 어려움이 없었다. 우宇 자 면 재가녀 서원瑞原 염씨廉氏의 사례가 참조가 된다. 염씨는 고려 말 권신權臣 염제신의 딸로서 재가녀의 소생이었다. 어머니 권씨가 첫 번째 남편 이수득에게 출가한 뒤, 두 번째 남편인 염제신과의 사이에서 태어난 딸이었다. 염씨는 전에 이송의 아내였다. 염씨가 첫 번째 남편 이송과의 사이에서 낳은 두 아들 가운데 하나는 1401년(태종 1) 문과 시험에 합격했으며, 그 사이에서 낳은 딸들 가운데 하나는 1399년 문과에 합격한 정안지鄭安止에게 출가했다. 염씨가 두 번째 남편 변남용과의 사이에 낳은 두 아들도 모두 문과 시험에 합격했다. 변효경은 1419년(세종 1) 증광시 문과에 합격하여 후에 이조참판이 되었고[49], 변효문은 1414년(태종 14) 알성시謁聖試 문과에 합격하여 예문관 직제학까지 이르렀다.[50]

다음은 현玄 자 면 재가녀 죽산竹山 안씨安氏 사례다. 안국서安國瑞의 딸 안씨는 처음에는 대호군大護軍 최인부崔仁富에게 출가했다. 전부 최인부와

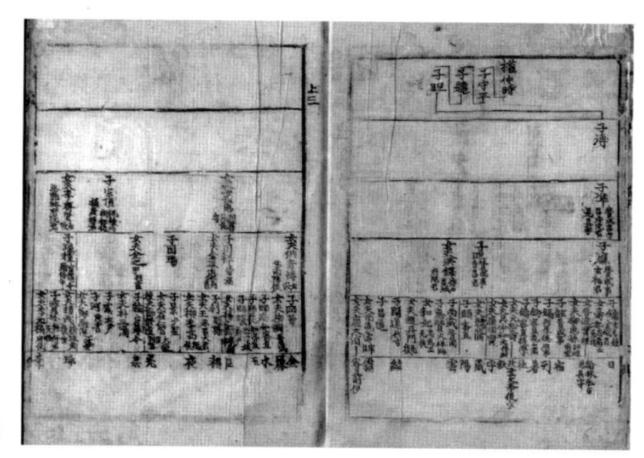

안동 권씨 안국서 사례

의 사이에 아들 1명을 두었다. 그가 군사軍事 호滈다.[51] 최호의 차남 산원散員 최상하崔尙河의 아들 최린崔麟은 1460년(세조 6) 평양별시平壤別試 문과에 합격했다.[52] 최린은 19세손으로 『성화보』에 수록되어 있다. 최호의 외손자 구덕손具德孫은 무과에 합격했다. 그 뒤 안씨는 다시 판서 정수도鄭修道(본관 초계草溪)에게 재가했다. 그리고 후부 사이에서 2명의 아들을 두었다. 정회鄭澮와 군사 정주鄭澍가 그들이다. 정회의 손자 정창鄭昌은 1438년(세종 20) 무오 식년시 문과에 합격했다.[53] 정창은 19세손으로 『성화보』에 수록되어 있다.

이들 재가녀 자손들의 관로 진출에 불이익이 있었을까? 『경국대전』 재가녀 자손 과거 금지 법규화가 나오기 이전이므로 시험 응시에 대한 제재는 없었을 것이다. 하지만 『경국대전』 예전에서는 "재가하거나 실절한 부녀의 아들 및 손자는 문·무과, 생원·진사 시험에 응시할 수 없다."고 했다. 그리고 성종은 재가녀 소생을 서용하지 않는 법은 『경국대전』 입법 후의 재가에 한정시키도록 했다.[54] 이러한 규정은 그대로 지켜져 입법 전에 재가한 경우에는 청요직清要職이라 할지라도 그 자손이 어떤 제한을 받지는 않았다.

이처럼 『성화보』 편찬 당시 재가에 대한 규제가 없었고 재가녀 자손에 대한 제재 조치가 없었음을 감안한다면, 『성화보』의 전체 여성 수록자 중 0.5% 정도만 재가 사실이 기록되어 있다는 점, 게다가 대부분이 고려 말 인물들이라는 점, 그리고 이후 재가 비율이 급격하게 감소한다는 점은 주목할 만하다. 이를 어떻게 이해해야 할까? 1477년(성종 8) 재가녀 규제가 법제화되기 이전에는 재가가 행해지고 있었다는 실록 기사를 비추어 볼 때, 이를 어떻게 받아들여야 할까?

『성화보』의 세대별 재가녀 기록 회수와 분포에서 언급했듯이, 조선 초에 안동 권씨 문중에서 재가녀가 거의 없었다는 것인가? 아니면 실제로는 재가가 이루어졌으나 재가녀들이 족보에 수록되지 않은 것인가? 현재 이용 가능한 자료의 제한으로 명확하게 판단하기가 쉽지 않다. 하지만 이 같은 족보 기록과 조정의 논의를 통해서 알 수 있는 재가 사실 사이에 일종의 어긋남이 있음은 분명하다. 와그너의 경우 재가 관습이 조선 초기에는 이미 급속히 사라져가고 있었다는 사실을 의미한다고 보았다.[55] 하지만 이 글에서는 전반적으로 조선사회가 유교화되고 있었다는 점을 감안해서 후자의 경우에 무게를 두고자 한다. 현상적으로는 재가가 있지만, 그에 대해 점차로 비판적이고 부정적인 견해가 강해졌음을 추론해볼 수 있다. 양반 가문들 사이에서는 그러한 추세가 강했을 것이다. 다시 말해서 재가에 대한 폄하가 행해지는 가운데, 법적인 규제는 없었다 하더라도 재가 사실을 굳이 적으려 하지 않았을 것이라는 점이다.

그리고 중종조에 이르면 『경국대전』 입법 전 재가 소생이라도 청요직의 경우에는 제한을 가하려는 사례가 나타난다.[56] 1528년(중종 23)에는 재가

한 사족 부녀를 추문推問하여 그 가장家長을 치죄治罪하도록 명하기에 이르렀다. 따라서 1565년(명종 20)에 간행된 『가정보』에는 4만 2,000명이 수록되어 있으나 18건의 후부 기록만이 나타나게 된 것으로 보인다. 그중에서 14건이 『성화보』와 일치한다. 즉 새롭게 기록된 재가 기록은 4건뿐이다. 앞에서 언급한 바와 같이 『가정보』 범례에 누구나 다 아는 사실을 덮어둘 수 없어 직서直書한다는 원칙을 밝히고 있으나 실제로는 그렇지 않았음을 말해주는 것이 아닐까 한다. 재가녀 자손의 규제가 『경국대전』 이전의 족원까지 소급되어 사로仕路 진출에 불이익을 받을 수 있는 상황에서 그들의 가계家系를, 재가녀 사례를 족보에 굳이 수록하지 않았을 것으로 여겨진다. 이는 앞에서 언급한 바와 같이 『성화보』 이후에 편찬되는 안동권씨 족보 범례에 후부 기재에 관한 사항이 삭제되는 것에 의해서도 뒷받침된다.

또한 『성화보』 후부 17건을 보면 그중에 10건이 무후다. 다시 말해 후손이 기재되어 있지 않다. 그런데 차此 자 면에 있는 이계몽李啓蒙의 딸 영천永川 이씨李氏 사례를 보면,『성화보』에는 전부와 후부가 모두 무후로 되어 있으나 실록을 보면 다른 내용이 있다. 『예종실록』에 영천 이씨 졸기가 수록되어 있는데, 그것을 보면 "영양군永陽君 이응李膺의 손녀인데, 10여 명의 자식을 낳고 갑자기 죽었다."는 것이다.(『예종실록』 1년 6월 22일) 그런데 왜 『성화보』에는 무후라고 적었을까?[57] 무후라는 기록이 『성화보』 편찬자의 실수를 의미하는 것일까, 아니면 또 다른 의미를 지니고 있는 것일까? 이에 대해서는 앞으로 연구가 요망된다.

덧붙여 두자면 『성화보』의 재가 기록과 관련해서 기존 연구에서 주목하지 않았던 점은 삼가녀 기재 건수가 하나도 없다는 것이다. 실록을 보면 삼가녀에 대한 제재 조치가 계속 보인다. 문종은 사대부의 아내가 세 남편[三夫]에게 개가한 사람은 자녀안에 기록하여 뒤에 오는 사람들이 경계하도록 했다.[58] 이 같은 규제 조치가 마련된 점은 당시의 삼가녀의 존재를 말해주는 것이라 하겠다. 하지만 『성화보』에는 한 건의 삼가 기록도 보이지 않는다.

면밀하게 검토해보면 『성화보』에 수록된 재가녀 중에는 실은 삼가와 관련한 사례가 없지는 않다. 앞서 언급한 재가녀 영천 이씨의 사례를 계속해서 보자.[59] 영천 이씨는 첫 번째 남편 단양군사丹陽郡事 남의南儀가 죽자 과부로 살다가 첨지僉知 유균柳均에게 재가했다. 그 뒤 몇 년이 못 되어 유균 또한 죽으니, 이씨는 또 시집갈 뜻이 있었다. 이씨의 사주를 봐준 맹인의 점괘에 의하면 "마땅히 세 남편을 맞이해야 되는데, 뒤에 만나는 사람이 반드시 백년해로할 것"이라 했다. 이씨는 유균이 죽자 곁에서 탄식하며 말하기를, "신이여, 맹인의 말대로 저이가 또 죽었으니 뒤에 만나는 자는 과연 백년해로하겠습니까?"라고 했다. 영천 이씨는 다시 혼인할 뜻을 가지고 있었던 것이다. 그런데 삼가까지는 하지 못했다. 두 번째 남편 유균이 죽고 1년이 되지 않아 영천 이씨가 죽었기 때문이다. 의지는 있었으나 갑작스런 죽음으로 실현되지 못한 것으로 여겨진다. 하지만 삼가가 가능했음을 보여준다고 하겠다.

『세조실록』 대사헌 양성지가 올린 상소문의 "김개金漑의 어미 왕씨王氏가 처음에는 조기생趙杞生에게 시집갔다가, 장철張哲에게 재가한 다음에 또 김정경金定卿에게 시집갔습니다."라는 기사를 통해 삼가가 있었음을 확인할 수 있다.[60] 김개의 어미니 왕씨의 삼가 사건은 조정의 논란거리가 되었다. 삼가녀 어머니 왕씨의 실절을 이유로 김개의 직책을 거두어 달라는 사건이 발생했다. 세조는 조정 대신들의 상소를 받아들이지 않았지만,

그 이후 자손들의 사환로仕宦路 진출에서 논란의 대상이 된다.

이러한 상황은 『경국대전』의 재가녀 규제 법규가 제정되기 이전이어서 재가녀 자손들이 과거시험을 통해 관직에 진출할 수 있었지만, 청요직에 제수할 때는 문제가 야기될 수 있었던 것이다. 그러니 삼가 사례가 있었다 하더라도 족보에 수록해야 할 당위는 없었을 것이다.

요약과 정리

현존하는 족보 중에서 가장 오래된 『안동권씨성화보』(1476년)에 나타난 부녀자들의 재가 기록에 주목해보고자 했다. 『성화보』에는 딸의 이름 대신 사위의 성명을 적고 있다. 딸의 자리에 딸의 남편이라는 '여부女夫'를 적었다. 하지만 본관은 적지 않았다. 사위를 표기하는 양식은 여부, 여女, 서壻, 여자부女子夫 등 다양한 형태에서 여부로, 그리고 다시 여로 변화해 정착되어가는데, 『성화보』는 그 중간 형태를 보여준다. 아울러 『성화보』에서는 초실初室, 중실中室, 후실後室, 삼실三室 등을 명기하여 시집간 딸의 혼인 형태를 밝히고 있다.

또한 『성화보』에는 안동 권씨 집안의 딸이 낳은 외손만을 수록 대상으로 삼았다. 중실이나 후실, 삼실 등으로 출가한 경우 사위의 자식을 모두 기재하지 않고 자기 딸이 낳은 외손만을 기록했다. 족보를 통해 당시 출산율, 인구 분포 등을 연구할 때 감안해야 할 중요한 측면이다.

『성화보』에서는 딸이 재가할 경우, 남편을 '후부後夫'라 하고 재가한 남편의 이름을 적는다. 수록 위치는 첫 번째 남편 '여부' 바로 뒤다. 첫 번째 남편은 전부前夫 혹은 선부先夫로 칭했다. 이는 전실, 후실, 삼실 등의 주기註記가 남편 쪽 입장에서 부인의 혼인 형태를 말하는 것이라면, 후부는 부인의 입장에서 남편과의 혼인 형태를 나타내는 것이다. 『가정보』에도 후부 기록이 보인다. 하지만 『성화보』가 '여부'와 '후부'를 동일한 선상에 기재하는데 비해, 『가정보』는 '여' 다음에 '후부'를 한 글자 내려서 기재하고 있다.

『성화보』에는 시조 권행으로부터 21세손까지 중복자를 제외하면 9,120명이 수록되어 있으며, 권중시의 두 아들 10세손 추밀공파와 복야공파가

9,066명으로 대부분을 차지한다. 이는 『성화보』가 일부 현달한 자손들이 중심을 이룬 파보라는 점에서 그 원인을 찾을 수 있다. 그중에서 후부 기록은 14세손 염제신부터 나타나기 시작해 21세손 권자균에 이르기까지 모두 17건이 기록되어 있다.

세대별로 재가의 기록을 보면 14세손부터 보인다. 1세손에서 13세손에 이르기까지는 재가 기록이 없다가 14세손에 1건, 15세손 2건, 16세손 3건, 17세손 2건, 18세손 5건, 19세손 3건, 그리고 21세손에 1건 이 보인다. 따라서 재가 기록 대부분은 고려 말을 중심으로 조선 건국 직후라는 점을 알 수 있다. 여말선초에 해당하는 인물은 13명(14~18세손)으로 전체 17명 중 76.5%에 달한다. 다시 말해 『성화보』 간행이 1476년(성종 7)임을 감안할 때, 편찬이 이루어진 조선 초기 양반 부녀자의 재가 수록자 수는 지극히 적었다는 것이다. 게다가 『성화보』에는 친손과 외손을 합해 모두 3,265명의 여성이 수록되어 있다. 그런데 그들 부녀자 중에서 17명만이 재가했다는 것이다. 전체 인원 대비 재가율을 보면 0.5% 정도에 그친다. 천 명 중 5명 정도로 낮은 비율이다.

기존 연구에서는 『성화보』에 후부 기록이 기재되어 있다는 점 자체에 주목해 재가하는 풍속이 빈번해 많은 후부가 생겨났다고 한다. 하지만 이 글에서는 『성화보』에 수록된 인원에 비해 후부 기재 건수가 오히려 적지 않는가 하는 의문을 제기해보았다. 이는 무엇을 시사하는 것일까? 그 사회적 의미에 대해 다음과 같은 점들을 정리할 수 있다.

첫째, 거시적으로 볼 때 조선사회의 유교화 과정이 이루어지고 있었다는 점이다. 불교가 지배적인 이념이었던 고려사회에 비해, 조선사회는 주자학을 지배 이념으로 택한 만큼 기본적인 방향성을 달리했다. 따라서 여말선초의 경우, 현상적으로는 그리고 현실세계에서는 복합적인 혼재된 양상을 보여주고 있지만 지향성이라는 측면에서 유교의 약진이 분명하게 두드러지고 있었다는 점이다.

둘째, 자료에서 확인할 수 있듯이 조선 초기에도 재가와 삼가가 현상적으로 분명히 존재했다. 1478년(성종 8) 조정에서 이루어진 조정 대신들의 재가녀 및 삼가녀 규제에 대한 논의가 이를 말해준다. 논의 단계에서는 삼가에 대해 부정적인 견해가 지배적이었던 반면—『성화보』에는 삼가 사례가 하나도 보이지 않는다—재가에 대해서는 부덕하게 보지만 그래도 현실적으로 인정해야 한다고 생각했던 것으로 여겨진다. 조정의 논의에 참여한 46명 중에서 42명이 재가가 아닌 삼가녀에 대해서만 규제해야 한다는 의견을 밝혔다. 또한 재가녀의 자손들에 대해서도 구체적인 사례를 통해 알 수 있듯이 과거 급제와 관직 진출 시 불이익이 따르지는 않았다.

셋째, 앞에서 말한 거시적인 조선의 유교화 과정과 두 번째 현상으로서의 재가와 삼가 현상 사이에 배치되는 측면이 없지 않다. 다시 말해 현실적으로 재가가 행해졌지만, 그에 대해서 점차로 비판적이고 부정적인 견해가 강해졌음을 추론해볼 수 있다. 특히 주자학을 지향하는 양반 가문들 사이에서는 그러한 추세가 더 강했을 것이다. 재가와 삼가를 둘러싼 조정의 논의가 역설적으로 이를 뒷받침해준다. 성종 8년에 이루어진 양반 부녀자의 재가 금지와 재가녀 자손들의 관직 진출에 제한을 두는 『경국대전』의 법제화는 중요한 계기가 되었다. 그것은 조선의 유교화 과정과 재가와 수절에 대한 가치판단이 현상으로서의 재가와 삼가를 억누르고 규제하기 시작했다는 것을 의미한다. 그 같은 논의 위에서 법제화가 가능했을 것이다. 따라서 법제화 이전에도 재가에 대한 부정적인 평가가 있었던 것이다.

넷째, 『성화보』는 고려 말 조선 초라는 변혁기, 다시 말해서 유교적인 사회질서가 굳어져가는 과도기적인 양상을 말해주는 족보라 할 수 있다. 그래서 서로 모순되는 것처럼 보이는 양상이 공존하는 측면도 없지 않다. 삼가 기록은 보이지 않지만, 재가 기록은 17건이 보인다. 하지만 앞에서 본 것처럼 대부분 고려 말이다. 편찬이 이루어지는 조선 초기의 기록이 없지는 않지만, 4건에 지나지 않는다. 어쩌면 재가 기록을 피하고 싶었을 수도 있다. 유교화와 법제화 사이에 걸쳐 있는 양상을 보여주는 것이다. 재가 기록 자체에 대해서도 그대로 믿기보다는 자료의 사실성에 대해 의문을 던져보는 것이 필요하다.

요컨대 『경국대전』의 법제화를 통해 굳어진 재가녀 자손의 과거 응시 제한 규정은 이후 조선사회 양반층의 의식과 행동에 큰 영향을 미쳤다. 이후 조정에서 재가자 논의가 있었지만, 부녀자들의 재가와 수절守節에 대한 논의에 덧붙여서 이제 법규를 지켜야 한다는 입장까지 가세했다. 이는 양반 가문의 족보 양식에도 반영되지 않을 수 없었다. 현실적으로 이루어지는 재가에 대해 규제하는 것은 자연스러운 일이었다. 재가 자체를 꺼려했으니, 재가 사실을 굳이 기록할 이유는 없었을 것이다. 그 연장 위에서 재가녀 자녀들을 족보에 싣지 않았을 것이다. 현실에서 재가가 있었다 하더라도 족보 편찬에서는 누락시켰을 수도 있다. 이후의 족보에서 '후부'라는 용어 자체가 사라지고, 『성화보』에 수록되어 있던 후부와 그 가계가 이후 간행되는 안동 권씨 족보에서 사라지는 것 역시 그 같은 맥락과 무관하지 않을 것이다.

4장

조선의 지식인 여성, 여성선비와 여중군자

1. 한문을 읽고 쓸 수 있었던 여성들

1-1. 조선 후기와 지식인 여성

사회 전반에 걸친 체제와 성격을 살펴보았을 때, 조선사회는 기본적으로 유교문화에 바탕을 둔 남성 중심 혹은 남성 우위의 사회였다고 할 수 있다. 조선 건국 초부터 시행된 유교화 정책이나 각종 윤리서의 간행, 열녀, 정표旌表 정책 등도 그런 측면에서 이해할 수 있다. 그들은 유교의 가부장적 권위주의, 억압적 이데올로기, 그리고 다양한 사회적 기제들과 맞물려 있는 것이기도 했다. 하지만 조선 후기에 접어들면서 사회변동과 더불어 다른 양상이 나타난다는 것 또한 부인할 수 없다. 특히 임진왜란과 병자호란을 거친 후, 사회 전반에 걸쳐서 의미 있는 다양한 변화 역시 많이 나타났다. 서로 상반되는 현상들이 거의 동시적으로 병행해서 나타나기도 했는데, 그 같은 복합성이야말로 전환기 내지 사회변동기의 특징이라 할 수 있다.

이른바 양난 이후 전반적인 사회의 보수화와 더불어 전통적인 여성상을 강조하는 교육과 정책은 이전과 다를 바 없이 여전히 이루어지고 있었다.[1] 오히려 더 강화되는 측면도 없지 않았다. 그러나 그 같은 틀 안에 안주하지 않는 여성들도 나타나기 시작했다. 그 시대에 유행했던 여성들의 책읽기와 글쓰기 열풍에 힘입어 그들은 점차 다양한 지식과 정보를 얻을 수 있었다. 양인 출신으로 혼인을 했으면서 여느 남성 못지않은 지식과 식견을 가진 여성들도 등장했다.

그런 여성 중에는 언문을 넘어서 한문을 읽고 쓰는 것이 가능한 이들도 있었다. 물론 그들 역시 일차적으로 예의범절을 비롯한 교양 습득과 가정관리 같은 제한된 교육을 받았으며, 따라서 기존의 여사서女四書나 『내훈內訓』 등 교양서를 접하고 있었다.[2] 또한 봉제사접빈객奉祭祀接賓客에 따라 제사를 모시거나 손님 접대 등의 가정사를 해내야만 했다. 자연히 그들에게는 안팎의 많은 어려움이 있을 수밖에 없었다. 어려서부터 남녀차대에 부딪혀야 했으며, 특히 혼인 이후의 부부관계, 친정과 시댁, 그리고 육아 등의 문제도 비켜갈 수 없었다. 그럼에도 지식인 여성의 경우 자신들의 지식과 학문을 바탕으로 자신을 둘러싼 생활세계와 사회에 대해 독자적인 의식을 가지고 비판적인 견해를 지니고 있었다. 그들은 자신들의 목소리를 당당하게 내기도 했으며, 독자적인 학문세계를 구축해서 문집을 남긴 사람도 있었다.[3] 무엇보다 한문으로 글 쓰는 것이 가능했기 때문이었다. 그들은 예능과 한시漢詩에 능숙했던 기녀와도 구분되었으며, 또한 시문을 자유롭게 짓는 데 머물렀던 일반 양반 집안의 여성들과도 달랐다.

사실 그들의 수는 많지 않았다. 하지만 그들은 남성들은 물론이고 다른 여성들과도 확연히 구분되는 존재들이었다. 개인 문집 『윤지당유고允摯堂遺稿』를 남긴 임윤지당任允摯堂(1721~1793), 『의유당일기意幽堂日記』를 남긴 남의유당南意幽堂(1727~1823), 『태교신기胎教新記』를 저술한 이사주당李師朱堂(1739~1821), 수학자이자 시인으로 문집이 전해지는 서영수각徐令壽閣(1753~1823), 『규합총서閨閤叢書』와 『청규박물지淸閨博物誌』를 남긴 이빙허각李憑虛閣(1759~1824), 『정일당유고靜一堂遺稿』가 전해지는 강정일당姜靜一堂(1772~1832), 시문집을 남긴 김호연재金浩然齋(1681~1722), 시집을 남긴 김삼의당金三宜堂(1769~1823) 등을 들 수 있다. 그렇다면 그들을 과연 어떤 범주로 파악할 수 있을까? 그리고 어떻게 접근해야 그들이 지녔던 사회적 위상을 적확하게 파악할 수 있을까?

그들은 한문을 읽고 쓸 수 있는 능력을 지녔고, 나아가 유교적 소양을 갖추고 있었으며, 개인 문집을 남겼다. 그런 행위와 측면은 남성 선비에 해당하는 것이다. 그렇다면 이들을 '여성선비[여사女士]'라 할 수 있을까? 그들은 또한 독서와 학문을 통해 유교가 추구하는 인격적인 완성을 추구하고자 했다. 그렇다면 그들을 군자君子, 다시 말해 '여중군자女中君子'라 할 수 있을까? 실록 등의 관찬사료, 문집 등에서 "女士"와 "女中君子" 용례를 확인할 수 있다.[4]

조선 후기에 등장하는 그들 지식인 여성의 사회적 위상을 파악하고 연구하기 위한 시론적 검토로서, 그들을 하나의 독자적인 범주로 설정하고 여성선비와 여성군자라는 개념을 통해 파악해보고자 한다. 일종의 개념사the conceptual history적 접근을 시도해보는 것이다.[5] 또한 조선 후기 문헌에 나오는 여사와 여중군자에 대해 새롭게 조명해보려는 작업이라고도 할 수 있다.

2. 여성선비와 여중군자

2-1. 여성도 선비가 된다

선비 하면 거의 남성을 떠올린다.[6] 그러면 여성은 선비가 될 수 없는가, 여성이면서 선비가 될 수 있는가? 이른바 '여성선비'가 가능한가? 가능하다면 그 덕목은 무엇인가? 일반적 선비에 대해서는 몇 개의 단계를 설정할 수 있겠다.[7] 성리학의 이념을 실천하는 학인인 '사士'의 단계, '수기修己'를 하여 '치인治人'하는 '대부大夫' 단계로 나아가는 것이다. 따라서 수기치인을 바탕으로 학자 관료인 사대부가 되는 것이 최종 단계다. 여성선비는 치인하는 대부의 단계로 나갈 수 없었기 때문에 '학인學人으로서 사'의 단계에 해당한다고 할 수 있다.

자기 자신의 학문과 인격을 닦아서 남을 다스릴 수 있는 데까지 갈 수 있는 사람, 그런 사람이 선비라면 그 선비는 남성과 여성 누구나 될 수 있다. 다시 말해서 그 같은 선비에는 남성도 있으며 여성도 있다. 강조점은 '선비'에 찍혀 있으며, 따라서 여성은 단순한 성별 구분에 지나지 않는다는 것이다. 이는 단어의 구조로 본다면 현재 쓰고 있는 여류시인, 여의사, 여교수, 여선생, 여자 변호사 등과 크게 다르지 않다고 하겠다.[8]

그러면 여성선비는 어떻게 표현되었을까? '여사女士'가 그것이다. 그런데 흥미롭게도 여사라는 용어는 오래전부터 쓰였다. 고대 중국의 경서 『시경詩經』「대아大雅」, 생민지십生民之什, 기취편旣醉篇에 이미 '여사'가 나온다.

其僕維何	어떠한 식구인가
釐爾女士	훌륭한 여자 주시었다네
釐爾女士	훌륭한 여자 주시어
從以孫子	여기서 자손 낳게 되었다네

8장 4구로 되어 있는 시다. 이에 대한 주석을 보면, "부賦이다. 이釐는 줌이다. 여사女士는 여자로서 사행士行이 있는 자이니, 숙원淑媛을 얻어서 비妃를 삼는 것을 이른 것이다. 종從은 따름이니 또한 현철賢哲한 자손을 낳은 것을 이른 것이다."라고 했다. 기원전부터 '여사'라는 용어가 사용되었음을 확인할 수 있다.

조선 후기 실록과 『승정원일기』에서 그런 용례를 찾아볼 수 있는데, 그 내역을 보면 편차가 없지 않다. 실록의 경우 자신의 결백을 밝히기 위해 죽은 14세 홍처민의 딸[9], 왕후[10]와 왕대비[11] 및 대왕대비[12], 감사監司 김보택의 아내[13], 이조吏曹 참의參議 박신규의 아내[14], 병사兵使 이헌의 처[15], 순종의 계비繼妃 황태후[16]에 대해서 쓴다. 전체적으로 여사라고 할 만하다는 평가가 두드러진다. 14세 여자아이에서 왕후와 대왕대비에 이르며, 구체적으로 제시된 덕목으로는 "천성이 부드럽고 아름다운 덕을 타고나서 일찍부터 공손하고 검소한 마음", "친족을 안보하고 가정을 다스림에 항상 자비롭고 화목한 생각이 간절하였고, 홀몸이 되어서 절개를 지키는 데 오로지 한결같은 마음이 더욱 굳건"한 것, "수렴청정을 하여 몹시 곤란했던 사세를 크게 구제"한 것과 "현비賢妃로서 도와준 것이 컸고 성모聖母로서 성취시킨 것이 많다"는 것, "천지 일월같이 넓고 밝음으로 성인聖人의 배필이 되어 유유 한정하게 부도婦道를 다하였으며, 단일 성장한 덕으로 내치內治를 다한 것", "일상생활에서 행실이 아름다운 것" 등을 들고 있다.

『승정원일기』에서는 실록에 나온 문신 김보택의 처 이씨[17] 외에 양성陽城의 사인士人 권두용의 처 이씨[18] 사례가 보인다. 목숨을 끊어 마침내 큰 절개를 세운 김보택의 처 이씨의 사례와 같이 권두용의 처 이씨 또한 어려서부터 여사의 지조가 있었으며, 남편의 병으로 가세가 기운 데다가 남편이 죽자 그 애달픔으로 인해 죽었다는 것이다. 그리고 순조 대 수렴청정을 한 정순왕후와 조선에서 유일하게 헌종과 철종 2대에 걸쳐 수렴청정을 한 순원왕후에 대해서도 '여사'라고 칭하고 있다.[19]

아울러 주목되는 것은 위에서 본 『시경』 대아 생민지십 기취편의 "이이여사釐爾女士, 종이손자從以孫子"라는 구절에 대한 언급과 더불어 관련된 논의가 많다는 점이다.[20] 그 과정에서 여사에 대해서 여중지사女中之士[21], 여자로서 사행士行이 있는 자[22]라 하기도 했다. 용어가 '사士'에 '여女'를 붙인 것이므로, 사士의 시대적 사회적 성격에 따라서 여사의 의미도 조금씩 변해왔다고 할 수 있다.[23] 그럼에도 불구하고 "여중지사"로서의 여사, 그리고 여자로서 사행이 있는 자라는 점은 근본적으로 달라지지 않았다. 따라서 핵심은 그 '사행'의 내역이다. 때문에 여러 가지 다양한 의미가 담길 수도 있다.

주목할 점은 사행의 내역이 여성 신분에 따라 다르다는 점이다. 앞서의 왕비, 대비, 왕대비 등의 왕실 여성에 대해서는 "두 번이나 수렴청정을 하여 몹시 곤란했던 사세를 크게 구제했다. 현비로서 도와준 것이 컸고 성모로서 성취시킨 것이 장원長遠하였다", "선대 임금을 대신하여 정사를 볼 때에는 부인에게 잘 다스리는 신하가 있었다"라고 하여 수렴청정의 치인을 강조하고, 수렴청정이 아닌 경우에는 "시와 예를 행하는 훌륭한 여사로 내치를 다했다", "지위가 높다고 해서 분노의 기색을 아랫사람에게 드러내지 않고 21년 동안 궁정에서 나쁘게 평가하는 말이 없었다"라고 하여 모범적인 행실을 칭하고 있다.

사대부 집안의 부녀자에 대해서는 "청렴한 명성과 곧은 절개", "남편이 죽고 장사를 지낸 뒤에 가사를 처리하고 의연히 자결", "남편이 참화를 당하자 마침내 자살" 등 수절, 절개의 사례로 여사를 칭하고 있다는 점이다. 심지어 열네 살짜리를 여사로 칭한 사례에서도 "추악하게 무함하는 정신병자의 말을 한 번 듣고 자살하여 절개를 지켰다"는 것이다. 이 점은 실록과 『승정원일기』에 나타나는 여사 용례의 특징이라고 하겠다.[24]

이는 임진왜란 이후의 사회 전반에 걸친 유교화의 심화과정, 다시 말해서 주자학적 예학禮學 윤리의 정착, 그리고 종법宗法적 부계 친족 중심의 문중이 형성되는 과정과 더불어 조선사회는 부계 남성 중심 사회로 변해간 사회현상과 관련이 있는 것으로 여겨진다. 수절이 사대부가는 물론이고 평민에까지 확산된 것과 관련한 것으로 보인다.[25]

이렇게 본다면 문헌에서 여사란 표현은 내용적으로 광범위하게 포괄적으로 쓰였다는 것을 알 수 있다. 이러한 표현들은 조선 후기 문집에서도 나타난다. 거기서 여사로 평가되는 여성들의 덕목을 보자면 예와 법칙에 맞는 바른 생활[26], 정절과 순절[27], 효도와 공경[28], 내조와 근검절약[29] 등을 거론한다. 문자를 공부하지는 않았다는 표현도 보인다.[30] 따라서 이들 역시 '넓은 의미의 여성선비'라 할 수 있다. 뒤에서 보게 될 임윤지당이나 강정일당처럼 한문으로 글쓰기가 가능한 여성이면서, 시문詩文을 넘어서 유교적인 소양을 갖추었던 지식인 여성들은 어떻게 보아야 할 것인가? 그들은 넓은 의미의 여성선비에도 속한다고 할 수 있다. 하지만 일반 여성으로서 지식과 학문을 갖추고 있었다는 점에서 그들은 실록, 승정원일기에 나오는 여사들과는 다소 구별된다. 그들은 '좁은 의미의 여성선비'라 할 수 있지 않을까 한다.[31]

2-2. 유교적 인격을 갖춘 여중군자

여성선비가 존재한다면 여성으로서의 군자, 다시 말해서 여성군자 역시 가능할 것이다. 주지하듯이 군자君子란 유교에서 도덕적으로 완성된 인격자를 가리키는 말이다. 성인聖人에 가까이 간 사람이라 할 수 있다. 일찍이 공자는 "성인은 내 아직 보지 못하였지만, 군자만이라도 만나 보았으면 한다."고 했다.[32] 따라서 군자는 높은 도덕성을 지닌 존재로서 다른 사람들의 본보기가 된다.

일반적으로 여성으로서의 군자에 대해 '여중군자女中君子'라는 용어를 사용하고 있다. 수십 명의 종손宗孫과 종부宗婦와의 인터뷰를 기반으로 명문종가名門宗家를 연구한 이순형의 지적은 참조할 만하다.[33] 거기에 따르면 종갓집에는 여중군자라는 용어가 전해진다. 아들이 크면 서울로 보내고 고향에 있는 며느리에게 사서오경四書五經 등 공부를 시켰다. 그래서 어머니가 더러 아들하고 토론을 하기도 했는데 아들이 이기지 못하는 경우도 있었다고 한다. 그런 여성을 가리켜 여중군자라 불렀다. 사대부 집안에서는 허난설헌과 같은 이들이 많았다. 흔히 전통사회에서는 여성들에게 교육을 시키지 않았다고 하지만 이는 공교육이 없었다는 것이다. 사대부 집안의 여성들은 한글만 공부한 것이 아니라 한문도 학습했다.

유교적인 틀 안에서의 그것이라는 한계가 없지 않지만, 여중군자라는 용례는 조선왕조실록과 『승정원일기』, 그리고 문집 등에서 확인된다. 먼저 실록부터 살펴보기로 하자. 『정조실록』에 어머니 혜경궁 홍씨의 환갑을 맞아 경축하는 치사에 나온다.

> 삼가 생각건대 우리 태모太母의 아름다운 법도는 진정 옛날 훌륭한 후비后妃들의 뛰어난 생각을 능가하고 계신다 하겠다. 충신忠信한 곤덕坤德으로 존엄한 건극乾極의 배필이 되심에 무녀성婺女星에 상서로움이 응하였고, 여관女官이 궁중 다스리시는 덕을 드러냄에 여중군자女中君子라는 칭송이 널리 전해지게끔 되었다. 선조先朝 때에는 훌륭한 계책으로 협찬하셨고, 오늘날에는 하늘과 같은 자애로움을 입게 하고 계신다. 그리하여 만세토록 종묘사직이 공고해지게 하면서 덕이 모자란 나를 보우하시고, 세밀한 내용으로 교시하시어 대의大義를 일으켜 세우셨다.(『정조실록』 19년 1월 17일)

이어 『승정원일기』에서도 확인할 수 있다. 그들은 춘추시대 위衛 나라 군주 장공의 처 장강莊姜[34], 후한 5대 황제 상제의 어머니 등태후鄧太后[35], 후한시대의 학자 양홍의 아내로서 거안제미擧案齊眉[36] 고사의 주인공 맹광孟光[37], 그리고 월성도위 김한신[38]의 아내 화순옹주[39]다. 세 사람은 중국

화순옹주 홍문, 충청남도 유형문화재 제45호, 충남 예산군(위, 아래)

여성인 반면, 화순옹주는 조선 여인이다.

여기서 흥미로운 것은 화순옹주 사례다. 화순옹주는 영조의 첫째 딸로서 효장세자의 동복 누이동생이다. 왕의 딸이었던 그녀는 남편이 죽자 따라 죽기를 결심하고서 물 한 모금도 먹지 않았다. 왕이 그 말을 듣고 가서 설득했으나 듣지 않았다. 먹기를 중단한 지 14일 만에 세상을 떠났다.[40] 정조는 화순옹주가 살던 마을 어귀에 정문旌門, 열녀문을 세웠다.[41]

그녀는 남성이 여성을 통제하기 위한 수단으로 만들어낸 열녀 개념에 얽매여서 강요당한 것이 아니었다. 유학에서 최고의 목표로 여기는 도덕적인 실천 내지 도덕적 인격체의 완성이라는 커다란 틀 안에서 죽음을 주체적으로 그리고 자발적으로 선택한 것이다. 부부의 의리를 중히 여겨 같은 무덤에 묻히려고 결연히 뜻을 따라 죽었다. 여염의 일반 백성들도 어렵게 여기는데 더구나 제왕의 가문이겠는가. 거기에 비장미가 있다고 하겠다. 정조가 "참으로 매섭도다. 옛날 제왕의 가문에 없었던 일이 우리 가문에서만 있었으니, 동방에 곧은 정조와 믿음이 있는 여인이 있다는 근거가 있을 뿐만이 아니라, 어찌 우리 가문의 아름다운 법도에 빛이 나지 않겠는가" 하면서, 그녀를 '여중군자'라 높이 평가한 것 역시 그 때문이다.[42]

이렇듯이 장강, 등태후, 맹광과 같이 중국 역사에서 부덕婦德의 전범典範으로 여겨지고 있는 여성들, 그리고 정조의 모후와 화순옹주 등이 구체적인 인격으로서 여중군자로 칭송되고 있었음을 알 수 있다. 따라서 여중군자는 유학적 세계관 속에서 지극한 목표로 여기는 도덕적인 실천 내지 도덕적 인격체의 완성이라는 커다란 틀 안에서 살다가 간 여성들에 대한 최대의 찬사일 것이다. 그래서인지 여중군자라는 용어는 20세기에 들어선 이후에도 여전히 쓰였던 듯하며[43], 오늘날까지도 종갓집에서 그 흔적을 찾아볼 수 있다.

2-3. 유교적 소양을 갖추다, 여성선비와 여중군자

조선 후기에 등장하는 지식인 여성들, 언문을 넘어서 한문으로 글쓰기가 가능한 여성이면서 시문을 넘어서 유교적인 소양을 갖추고 있던 여성의 존재에 주목하고자 했다. 그들은 자신들의 목소리를 당당하게 내기도 했으며, 독자적인 학문세계를 구축해서 문집을 남기기도 했다.

그들 지식인 여성들의 사회적 위상을 파악하고 연구하기 위한 시론적 검토로서, 그들을 하나의 독자적인 범주로 설정하고서 여성선비와 여성군자라는 개념을 통해서 파악해보고자 했다. 이는 실록, 『승정원일기』, 문집 등에 보이는 여사와 여중군자 용례에 대해 개념사적으로 새롭게 조명해보려는 작업이기도 하다.

여성으로서의 '사士'가 곧 여성선비[女士]라 할 수 있다. 여사女士라는 용어는 기원전부터 쓰였는데 고대 중국의 경서 『시경』 대아, 생민지십, 기취편에 나온다. 거기서는 "여사는 여자로서 사행이 있는 자"라 했다. 실록과 『승정원일기』에도 그런 용어가 보이지만, 문맥에 따라 약간의 편차가 없지 않았다. 여사라 할 만하다고 제시된 덕목 역시 다양했다. 『승정원일기』에서는 다른 사례도 보였다. 전반적으로 여사에 대해서 "여중지사女中之士,

여자로서 사행이 있는 자"라 하기도 했다.

용어를 보자면 사士에 여女를 붙인 것으로, '사'의 시대적 사회적 성격에 따라서 여사 의미도 조금씩 변했다. 그럼에도 여중지사로서의 여사, 그리고 여자로서 사행이 있는 자라는 점은 달라지지 않았다. 핵심은 그 '사행의 내역'이다. 왕비, 대비, 왕대비 등의 왕실 여성에 대해서는 수렴청정의 치인이나 모범적인 생활을 칭한다. 사대부 부녀자의 경우, 수절과 절개를 높이 평가하면서 여사라 칭했다. 여성의 신분에 따라 사행의 내역이 달랐다. 이들은 '넓은 의미의 여성선비'다. 그리고 조선 후기 지식인 여성들의 대표적 사례로 꼽히는 임윤지당과 강정일당처럼 한문으로 글쓰기가 가능한 여성이면서, 시문을 넘어서 유교적인 소양을 갖추었던 지식인 여성들은 '좁은 의미의 여성선비'라 할 수 있다.

여성선비와 마찬가지로 여성으로서의 군자, 여성군자 역시 가능하다. 실록과 『승정원일기』, 그리고 문집 등에서 여중군자라는 용례가 확인되는데, 『정조실록』에는 어머니 혜경궁 홍씨의 환갑을 맞아 경축하는 치사에 나온다. 장강, 등태후, 맹광, 화순옹주, 혜경궁 등을 여중군자라 했다.

그러므로 여성선비의 경우 좁은 의미로는 한문으로 글쓰기가 가능한 여성이면서 시문을 넘어서 유교적인 소양을 갖추고 있던 지식인 여성들, 그리고 넓은 의미로는 좁은 의미의 여성선비에다가 다양한 형태의 사행(수렴청정, 규범적인 생활, 수절, 절개, 효도와 공경, 내조와 근검절약 등)을 지녔던 여성들을 가리켰다. 그 연장선 위에서 여중군자는 유학적 세계관 속에서 지향하던 도덕적인 실천 내지 도덕적 인격체의 완성이라는 커다란 틀 안에서 살다가 간 여성들에 대한 최대의 찬사다. 그래서인지 여중군자라는 용어는 20세기에 들어선 이후에도 여전히 쓰였던 듯하며, 그 흔적은 오늘날까지도 종갓집에서 찾아볼 수 있다.

이렇게 본다면 조선 후기에 들어서면서 기본적으로 유교적인 세계관이라는 큰 틀 속에서이긴 하지만 여성들, 특히 여성 지식인들에 대해 중대한 인식의 변화가 일어났다고 할 수 있다. 여성에게도 학문을 통해서 수신하고 실천하는 존재로서의 선비, '여사'를 인정하게 되었고, 나아가서는 유교에서의 이상적 인간으로서의 군자가 될 수 있다고 여겼다.

3. 읽고 쓰고 자각하는 지식인 여성들

3-1. 조선 후기 사회변동과 여성의 자각

조선사회는 유교 문화에 바탕을 둔 남성 중심 혹은 우위의 사회였다. 건국 초부터 시행된 유교화 정책과 더불어 간행된 각종 윤리서 및 국조오례의 등의 의례서 간행이나 부녀자 재가 금지 정책도 그런 측면에서 이해할 수 있다. 그래서 조선시대의 여성 하면 흔히 삼종지도, 출가외인, 여필종부, 일부종사 등을 떠올리곤 한다. 유교의 가부장적 권위주의, 억압적 이데올로기, 그리고 그들을 위한 여러 가지 사회적 기제들을 강조해왔다고 해도 지나친 말은 아닐 것이다. 하지만 그 같은 삶이 조선시대 500년, 그리고 그 시대를 살았던 여성들의 모든 것은 아니었다. 구체적으로 들어가 보면 상당히 다른 양상을 찾아볼 수 있다. 특히 임진왜란과 병자호란을 거친 후 이른바 조선 후기에 접어들면서 사회적으로 의미 있는 다양한 변화가 많이 나타났으며, 얼핏 보면 서로 상반되는 현상들이 거의 동시적으로 나타나고 있었다. 이른바 사회변동기의 복합적인 특성이라 할 것이다.

한편에서는 조선 후기 전반적인 사회의 보수화와 더불어 전통적인 여성상을 강조하는 교육과 정책이 여전히 이루어지고 있었다. 열녀烈女와 정표旌表 정책으로 오히려 더 강화되는 면이 없지 않았다. 그와 함께 그런 틀 안에 갇히지 않는 여성들이 나타나기 시작했다. 당시 유행하던 여성들의 책읽기와 글쓰기 열풍에 힘입어 다양한 지식과 정보를 얻게 된 여성들이다. 양반 집안 출신의 현모양처로 살면서 지식과 식견을 겸비한 여성들도 등장했다. 이 같은 현상은 문집이나 관찬사료에서 보이는 여사女士(여성선비)와 여중군자女中君子라는 용어에 의해서도 뒷받침된다.

여성을 위한 공식적인 교육기관으로서의 학교는 없었지만 실제 생활에서는 여성들의 교육이 중요한 위치를 차지했다. 제사를 모시고 손님 접대 등 가정사에 머물러야 했으며 혼인 이후 부부관계, 친정과 시댁, 그리고 가정 육아 등의 문제를 감당했다. 지식인 여성들은 지식과 학문을 바탕으로 자신을 둘러싼 생활세계와 사회에 대해 독자적인 의식과 비판적인 견해를 가지고 있었다. 그중에는 독자적인 학문세계를 구축해 문집을 남긴 사람도 있어, 선각적인 그들의 학문과 삶에 대한 검토를 통해 조선시대 여성에 대한 인식의 한계를 넘어 조선 후기의 여성상에 대한 균형 잡힌 이미지를 얻어내고자 한다.

이 글에서는 조선 후기에 글을 읽고 쓸 수 있으며 나아가 유교적 소양을 지녔던 지식인 여성이 일상적인 생활 속에서 어떤 생각을 하고 어떠한 사회의식을 가졌는지에 초점을 맞추어보겠다. 그들은 그림이나 시문을 짓는 단계를 이미 넘어서고 있었으며, 유교의 본령에까지 들어서 있었다. 구체적인 사례로 앞에서 언급한 임윤지당, 이사주당, 강정일당의 학문과 삶을 검토할 것이다. 윤지당과 정일당은 50년 정도의 차이가 있어 직접 교류한 적은 없었다. 하지만 정일당은 자신의 학문이 윤지당의 영향을 많이 받았다는 점을 밝히고 있다. 사승師承 관계로 볼 수 있겠다. 이들의 문집을 토대로 성장과 혼인, 가정과 부부 사이, 그리고 친정과 시댁 같은 생활세계와 사회에 대해서 가졌던 비판적 의식에 관해 검토해보고자 한다. 이 같은 검토는 조선 후기 유교사회의 특질과 더불어 그 사회가 겪고 있던 변화의 성격을 이해하는 데에도 도움을 줄 수 있을 것이다. 여성은 남성과 더불어 유교 문화의 한 축을 이루고 있으며 역시 조선사회를 구성하는 주요한 구성원이었기 때문이다. 따라서 조선 후기의 지식인 여성을 통해서 그 시대 유교사회와 문화의 한 단면을 파악해보려는 것이기도 하다.

조선사회는 임진왜란과 병자호란을 거치면서 급격한 사회변동을 겪게 되었다. 그들 두 난을 기점으로 조선사회를 전기와 후기로 나누는 데에는 이견이 없다. 가장 급격한 사회변동으로서의 전쟁과 그 여파는 사회적으로 다양한 변화 양상들을 가져다주었다. 여성과 관련해서 본다면, 전반적인 사회의 보수화와 여성의 자각이라 할 수 있다. 전쟁 이후 두드러진 조선사회의 보수화[44] 현상은 왜란과 호란을 겪은 후 야기된 사회적인 혼란과 무질서를 넘어서 질서 회복과 더불어 안정을 추구하고자 하는 바람 때문이었을 것이다. 그와 동시에 남성 우위하에서의 전통적인 여성상을 강조하는 교육과 정책이 여전히 이루어지고 있었다. 이 같은 점은 다음과 같은 두 가지 측면을 통해 확인할 수 있다.

우선 여성의 부덕을 정책적으로 강조하며 윤리서 간행 및 보급이 활발해졌다. 이미 세종 대에 『소학』의 보급과 더불어 『삼강행실도』(1434), 『언문삼강행실도諺文三綱行實圖』(1481), 『속삼강행실도續三綱行實圖』(1514), 『이륜

행실도二倫行實圖』(1518) 등을 간행했으며, 소혜왕후는 『내훈內訓』(1475)을 저술하기도 했다.[45] 인문지리서인 『신증동국여지승람新增東國輿地勝覽』(1530)에서도 효녀나 정절을 지닌 여성들의 행적을 수록했다. 임진왜란 이후 1617년(광해군 9)에는 전란 때의 효자·충신·열녀들의 행적을 기린 『동국신속삼강행실도東國新續三綱行實圖』를 발간했다. 이어 1736년(영조 12)에는 중국의 여성 교육서인 『여계女誡』, 『여논어女論語』, 『내훈』, 『여범女範』 4책을 합본한 『여사서女四書』의 언해본이, 1797년(정조 21)에는 『오륜행실도』가 간행되었다. 개인의 저술 역시 활발하게 이루어졌다. 송시열의 『우암계녀서尤庵戒女書』를 비롯해 이형상의 『규범선영閨範選英』(1694), 사도세자의 생모 영빈 이씨의 『여범』, 이덕무의 『사소절士小節』(1775), 김종수의 『여자초학女子初學』(1797), 박문호의 『여소학女小學』(1882) 등이 나왔다.

게다가 부녀자의 정절을 장려하기 위해 건국 초부터 시행되었던 정표 정책이 한층 더 강화되었다.[46] 정표는 그 집이나 마을 앞에 붉은 문을 세워주는 것이다. 『경국대전』에 효도, 우애, 절의 등의 선행을 행한 자를 해마다 연말에 예조에서 정기적으로 선정하여 국왕에게 보고해 장려하도록 했다.[47] 여성의 재가는 성종 대에 금지되었다.[48] 정절을 지키는 여자를 열녀라 하여 정려문을 세워 그들의 행적을 널리 세상에 알리거나 부역 등 세금 면제, 상물賞物 하사, 천인의 경우에는 노비 신분에서 벗어나게 해주어 신분 상승을 가능하도록 하는 등 실제 생활에 이익을 주어 권장했다. 이 같은 혜택을 줌으로써 여성의 행실이 가문의 영예뿐만 아니라 생활에 보탬까지 되자 주변 사람들에 의해 여성의 희생이 강요되기도 했다. 수절하는 여성이 주로 정표의 대상이었으나, 후기가 되면 남편을 따라서 혹은 남편을 위해 죽는 여성들이 포상되었다.[49] 조선 후기로 가면서 열녀의 수가 급증하는 것 역시 그와 무관하지 않다. 삼강윤리의 보급과 국가의 적극적인 정표정책으로 열녀 풍속이 양반층 여성에서 일반 백성으로 퍼져나가게 된 결과다. 이처럼 조선 후기 사회 전반에 걸친 유교화의 심화로 조선사회는 부계 중심 사회로 변해갔다. 족보에서도 외손을 기재하지 않게 되고, 선남후녀 방식이 굳어졌다. 그런 추세는 이후 더욱 가속화되었다. 재가 금지의 윤리가 양반 사대부는 물론이고 평민에까지 확산되었다. 수절이 당연하게 여겨졌던 것이다.

하지만 양난 이후의 여성에 관한 한, 위와 같은 사회의 보수화가 전부는 아니었다. 그와 동시에 여성의 자각 역시 이루어지고 있었다. 조선 후기는 정치, 경제, 사회, 문화 모든 분야에서 역동적인 변화가 확산되던 시기였다. 특히 경제적으로 여성의 비중이 높아지고 있었다.[50] 이와 함께 그 시대에 유행했던 여성들의 책읽기와 글쓰기 열풍으로 그들은 다양한 지식과 정보를 얻을 수 있었다. 이 같은 경향은 18세기 영·정조 대 문예부흥 이후 한층 더 가속화되고 있었다.[51] 사회 전반의 생산력 증가와 생활수준 향상에 힘입어 서민문화가 꽃을 피웠다. 또한 사회 모순의 시정을 추구하는 진보적 지식인들은 국학의 진흥에도 지대한 관심을 보였다. 언문이라 경시했던 한글에 관한 연구 역시 활발해졌고, 이에 힘입어 언문으로 된 국문 문학이 성장할 수 있었다. 생활수준의 향상과 국문 문학의 발달은 새로운 문화지평을 열어주었고, 그것은 여성에게도 예외가 아니었다.

여성들 역시 책을 읽기 시작했으며 그 수가 점차 늘어났다. 국가정책으로 한글로 번역된 여성 수신서修身書를 보급한 것도 크게 한몫했던 듯하다. 일차적으로 교화를 위한 목적이었겠지만, 책읽기는 여성들의 의식을 향상시키는 결과를 가져다주기도 했다. 여성들은 수신서나 교화서를 읽음으로써 지식을 습득하고, 그렇게 습득된 지식을 통해 자의식을 고양시켰다. 그 같은 추세는 당연히 사대부 집안에서도 일어나고 있었다. 그들은 어렸을 때 남자형제들과 같이 공부하기도 했다. 뒤에서 보겠지만 윤지당은 둘째 오빠 임성주에게 글을 배웠다. 공부하는 분위기 속에서 어머니의 비중은 더 커졌다.[52] 이덕무는 『사소절』에서 여성들의 학문 내용을 자세하게 언급하고 있다.[53] 거기서 여성들의 언어구사와 편지 쓰기에 필요한 한글의 습득, 경서 · 역사서 · 『시경』 · 『소학』 · 『여사서』 등의 독서, 상식으로 여러 집안의 성씨, 조상의 계보 등을 알 것을 강조했다. 여성에게 요구되던 교양의 수준 역시 조선 전기의 그것에 비해 높아질 수밖에 없었다. 여성들은 『사기』 · 『논어』 · 『시경』 등과 함께 성씨, 조상의 계보, 역대 나라 이름, 성현의 이름과 자字 등도 습득했다.

책을 읽는 여성들이 늘어남과 더불어 나타난 큰 변화는 마침내 여성들도 글을 쓰기 시작했다는 점이다. 스스로 글을 쓴다는 것 자체가 이미 글 읽기를 전제로 한 것이며, 그것은 또한 자의식을 표현하는 것이기도 했다. 글을 쓴다고 하더라도 한문으로 쓰는 것과 한글로 쓰는 것 사이에는 큰 차이가 있었다. 이 글에서 특히 주목하고자 하는 범주는 한문으로 글쓰기가 가능한 지식인 여성들이다. 더 나아간다면 그 내용에서 시문을 넘어선 유교적인 글쓰기라 할 수 있다. 이는 여성들 자신의 의식 성장이 이루어지고 있음을 반영하는 것이다.

3-2. 여성선비들은 어디서 왔나

조선 후기에 접어들어 경서와 역사서 등의 고전을 읽고 수많은 한문 전적들을 섭렵하면서 필요한 자료를 선별하고 사유하고 한문으로 글을 쓴 여성들이 있었다. 예컨대 개인 문집 『윤지당유고』를 남긴 임윤지당, 『의유당일기』를 남긴 남의유당, 『태교신기』를 저술한 이사주당, 『규합총서』를 남긴 이빙허각, 『영수합고』를 남긴 서영수합, 『정일당유고』가 전해지는 강정일당, 시문집 『호연재유고』를 남긴 김호연재, 『삼의당고』를 남긴 김삼의당 등이다. 시문을 넘어서 유교적인 소양을 갖추고 있던 지식인 여성들이었다. 이들은 실록, 승정원일기에 나오는 여사들과는 다소 구별된다. 후자를 넓은 의미의 여사라고 한다면 이들은 좁은 의미의 여사라고 할 수 있다. 이 책에서 다루고자 하는 지식인 여성들은 좁은 의미의 여사에 해당된다.

특징은 그들의 사유가 자신들의 삶 자체를 기반으로 한다는 것이다. 여성들의 임신, 출산은 물론 가사노동까지도 새롭게 접근하고 있다. 그리고 그런 것들을 자신의 고유한 지적 자원으로 전환시키고 재생산해내게 된다.[54] 『태교신기』를 저술한 이사주당이나 『규합총서』를 남긴 이빙허각이 여기에 해당한다. 개인적인 삶에서 드러나는 전통 윤리와의 조화 속에서 논의가 나타난다는 점 역시 발견된다.

그렇다고 그들의 저술이 여성의 문제에 한정된 것은 아니었다. 인간과 자연, 고전과 사대부 지식인들에 대한 담론들도 없지 않았다. 예를 들면 정일당은 남편에게 보낸 편지에서 평소 사숙하던 윤지당의 말을 빌려 "비록 부인들이라도 큰 실천과 업적이 있으면 가히 성인의 경지에 이를 수 있습니다."[55]라고 했다. 남녀는 하늘에서 부여받은 성품에서 차이가 없으며, 나아가 부인들이라 할지라도 열심히 노력하면 요·순·주공·공자와 같은 성인의 경지에 이를 수 있다는 윤지당의 명제를 받아들였다. 이러한 지식인 여성들의 자의식은 단지 자기 개인에 관한 것만이 아니라 여성들 전체의 능력에 대한 확신으로, 그리고 여성들의 영역으로 한정지어진 구속에 대한 과감한 탈피로 그 모습을 보여주고 있다.

종래에는 소수의 양반 부녀자들이나 일부 기녀들이 읽고 쓸 수 있었지만, 점차로 글을 읽고 쓰는 것이 가능한 양반 부녀자들이 늘어나기 시작했다. 조선 후기에 들어서 발달한 문화적 융성은 여성들에게도 큰 영향을 안겨주었다.

한문으로 글쓰기가 가능한 여성이면서 시문을 넘어서 유교적인 소양을 갖추고 있던 지식인, 나아가 혼인해서 가족적인 삶을 꾸렸던 여성들은 많지 않았다 할지라도 남성 및 다른 여성들과 확연히 구분되는 존재들이었다. 그들은 예능과 시에 능숙했던 기녀들과도 구분되었으며, 또한 자유롭게 시문을 짓는 데 머물렀던 양반 집안의 여성들과도 달랐다. 그들 중에는 여성으로서 성리학 연구를 한 이들도 나타나기 시작했다. 비슷한 시대를 살았던 임윤지당과 강정일당, 이사주당 등이다. 그들의 성장과 혼인, 가정과 부부 사이, 그리고 친정과 시댁 같은 생활세계와 사회에 대한 인식에 주목해보자.

4. 임윤지당,
성인의 뜻을 사모하다

4-1. 고기 맛이 입을 즐겁게 하듯 학문도 즐거이

여성 학자이며 도덕 실천가로 일컬어지는 임윤지당(1721~1793). 윤지당의 아버지는 풍천豊川 임씨 임적任適(1685~1728), 어머니는 파평 윤씨 윤부尹扶의 5남 2녀 중 넷째로 태어났다. 조선 후기 기학으로 유명한 녹문鹿門 임성주任聖周의 여동생이다(『녹문집』 참조). 아버지가 일찍 세상을 떠난 탓에 오빠들 특히 성리학자인 임성주의 영향을 많이 받았다.[56] 윤지당이란 당호 역시 임성주가 지어준 것이다.[57] 여러 오빠들을 따라 경전과 역사 공부를 옆에서 배웠다. 임성주는 이를 기특하게 여기고 『효경』, 『열녀전』, 『소학』, 사서 등의 책을 가르쳤다. 형제들이 어머니 곁에 모여 앉아 때로는 경전과 역사책의 뜻을 논하기도 하고 고금의 인물과 정치의 잘잘못을 논평할 때도 있었는데, 사람들을 놀라게 하는 말이 많았다. 윤지당은 한마디 말로 그 시비를 결단했는데 모든 것이 착착 들어맞아, 대장부로 태어나지 못한 것을 오빠들은 한스럽게 여겼다. 경전과 역사 공부를 하면서도 생활세계 속에서 여성이 해야 할 일은 게을리하지 않았다. 자신의 학식을 내세우거나 자랑하지도 않았다.

19세(1739) 때 원주의 선비 신광유申光裕(1722~1747)와 혼인했다. 하지만 일찍이 27세 때 남편과 사별하고 한집에서 남편의 친어머니와 양어머니를 봉양하며 효성과 공경을 다했다. 남편의 생가 쪽에는 시동생이 두 명 있었는데 늙도록 한집에서 같이 살았다.

윤지당은 스스로 "어릴 때부터 성리의 학문이 있음을 알았다. 조금 자라서는 고기 맛이 입을 즐겁게 하듯이 학문을 좋아하여 그만두려 해도 할 수 없었다. 이에 감히 아녀자의 분수에 구애되지 아니하고 경전에 기록된 것과 성현의 교훈을 마음을 다해 탐구했다. 수십 년의 세월이 지나자 조금 말을 할 만한 식견이 생기게 되었다."[58]고 했듯이, 그녀는 학문 그중에서도 성리의 학문, 즉 신유학에 깊은 관심을 가졌다. 유교 경전과 관련해서는 신유학의 사서에서도 핵심에 해당하는 『대학』과 『중용』에 대해서 깊이 빠져들었으며[59], 나아가 조선 유학의 특징적인 논쟁이라 할 수 있는 이기심성론理氣心性說, 인심도심론論人心道心, 사단칠정설四端七情說에까지 들어서고 있었다. 이에 대해 『윤지당유고』의 발문을 쓴 신광우申光祐는 다음과 같이 말했다.

> 모두가 경전을 담론하고 성리를 설파한 것으로서, 도심道心 가운데 말하고자 한 바를 서술한 것이다. 유인은 예법을 애호하고 경전과 역사에 침잠하였다. 옛날의 현철한 부녀들을 손꼽아 본다면 아마도 경강과 반소를 겸했다고 할 만하다. 사색은 정밀하고 존심存心은 철저하며, 지혜는 밝고 행실은 수양되어 표리가 한결같았다. 순수하고 평화로운 경지를 성

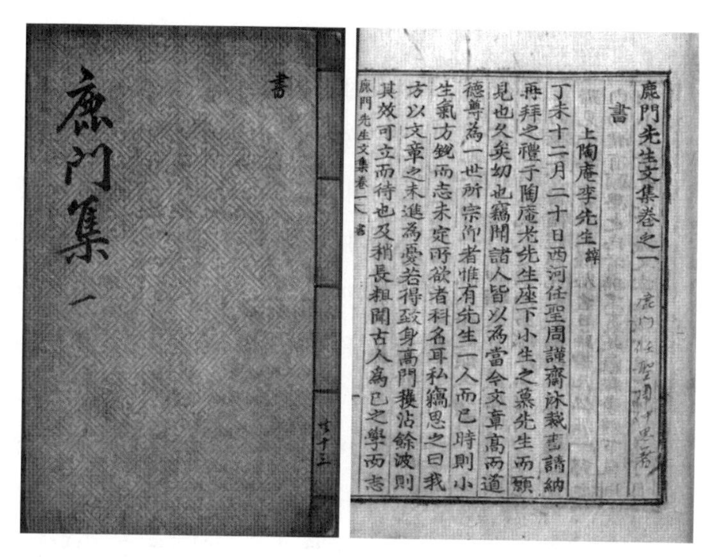
鹿門集 一

書

鹿門先生文集卷之一

書

上陶菴李先生 縡

丁未十二月二十日西河任聖周謹齋沐裁書請納再拜之禮于陶菴老先生座下小生之慕先生而願見也久矣切也竊聞諸人皆以為當今文章高而道德尊為一世所宗仰者惟有先生一人而已時則小生氣方銳而志未定所欲者科名耳私竊思之曰我方以文章之末進為憂若得致身高門獲沾餘波則其效可立而待也及稍長粗聞古人為己之學而志

鹿門先生文集卷一 書

『녹문집』

취하신 것이 오래 덕을 쌓은 큰선비와 같았다.(『윤지당유고』「후기後記」)

이렇듯 그 시대 학자들은 윤지당을 중국의 경강敬姜이나 반소班昭와 같은 여성학자들에 비견했으며, 이규상은 『병세재언록幷世才彦錄』의 규수록閨秀錄에 윤지당을 소개하기도 했다.[60] 성리학이 윤지당 학문의 본령이라 해야겠지만, 남기고 있는 역사와 인물평론을 보면 알 수 있듯이 원시유학과 경전, 그리고 춘추전국시대의 역사에 대해서도 조예가 깊었음을 알 수 있다. 그러면 윤지당의 이 같은 학문은 어떻게 가능했으며 또 어디에서 비롯되었을까? 『윤지당유고』 편찬을 맡았던 임정주는 이렇게 말해주고 있다.

누님의 학문은 유래가 있다. 고조부 평안감사 금시당今是堂(임의백)은 사계 선생 문하에서 수학하여 마음을 스승으로 삼으라는 교훈을 들었다. 선친인 함흥판관 노은공老隱公(임적)은 백부 참봉공參奉公(임선)과 함께 황강黃江(권상하) 선생의 문하에 출입하여 정직에 대한 가르침을 받았다. 둘째 형님 성천부사 녹문공은 도암陶庵(이재) 선생의 문하에서 도는 잠시도 떠날 수 없다는 철학을 천수받았고, 누님은 형님에게서 수학하였다. 가문에서 전승된 학문 연원이 유구하고 그 영향이 이와 같이 심원하였다.[61]

임정주가 밝힌 학문적 연원을 참고하여 정리하면 이이→김장생→송시열→권상하→이재→임성주→임윤지당으로 이어짐을 알 수 있다. 윤지당은 가문에서 전승된 학문 연원의 연장선 위에 있었다.[62] 그 시대의 여성으로 가문의 영향에서 벗어날 수는 없었다. 뛰어난 자질과 노력이 있다고 할지라도 집안에서 학문의 길을 열어주지 않았더라면 거의 불가능했을 것이다.

4-2. 천지간에 있을 수 없는 글 『윤지당유고』

여성 성리학자로 평가받는[63] 임윤지당의 학문과 삶은 현전하는 『윤지당유고』를 통해서 엿볼 수 있다.[64] 이는 윤지당이 세상을 떠나고 나서 3년 후인 1796년(정조 20년) 동생 임정주와 시동생 신광우[65]가 같이 편찬한 것이다. 실린 글들 중에 「문집 초고를 정서하여 지계로 보내며」가 있는 것으로 보아[66], 스스로 문집을 간행할 생각이 있었음을 알 수 있다. 그 시대를 산 여성으로 그런 발상을 했다는 것 자체가 이미 파격적이었다. 발문에서 임정주는 다음과 같이 적고 있다.

> 부인들의 저술이 예로부터 얼마나 많았겠는가. 그러나 의미와 이치를 분석한 변론과, 성품과 천명을 논한 오묘함과 경의經義와 성리에 대한 담론은 마치 차 마시고 밥 먹듯이 자유로웠다. 이와 같이 집대성한 일은 아마도 문자가 생긴 이래로 찾아보지 못할 것이다. 그러니 이를 두고 천지간에 있을 수 없는 글이라고 해도 지나치지 않을 것이다.(『윤지당유고』「우지又識」)

초고는 본래 40편이었으나 간추려서 30편으로 만들었다가 다시 5편을 추가해 넣어 총 35편이 되었다. 처음의 10편이 누락된 셈이다. 글이 그다지 많지 않아서 일반적인 문집의 체제로 편차하기가 어려웠다. 이 때문에 초년 중년 만년의 저작 순서대로 정리했고, 그중에서 중년 만년의 편차하기 쉬운 것은 문장의 종류별로 모았다. 저작년도를 쓰지 않은 것은 상세히 알 수 없었기 때문이다. 실린 글은 모두 한문으로 쓰인 것들이다. 언문으로 쓰인 편지글들은 제외되었다. 상·하 2편 1책, 서문은 없으며 권말에 부록으로 신광우가 기록한 「언행록言行錄」과 임정주가 지은 「유사遺事」, 그리고 「후기後記」 등이 붙어 있다.

문집의 내용을 보면, 상편에는 인물의 전기라 할 수 있는 「전傳」 2편[宋氏(能相)傳, 崔洪二女], 역사·인물평론에 해당한 「논論」 11편[論豫讓, 論輔果, 論未生高乞醯, 論顏子所樂, 論子路, 論賈誼, 論李陵, 論溫嶠絶裾, 論司馬溫公, 論王安石, 論岳飛奉詔班師], 책의 후기라 할 수 있는 「발跋」 2편[續書先夫子所寫詩經後, 續書先夫子所寫楚辭後], 철학적인 논문에 해당하는 「설說」 6편[理氣心性

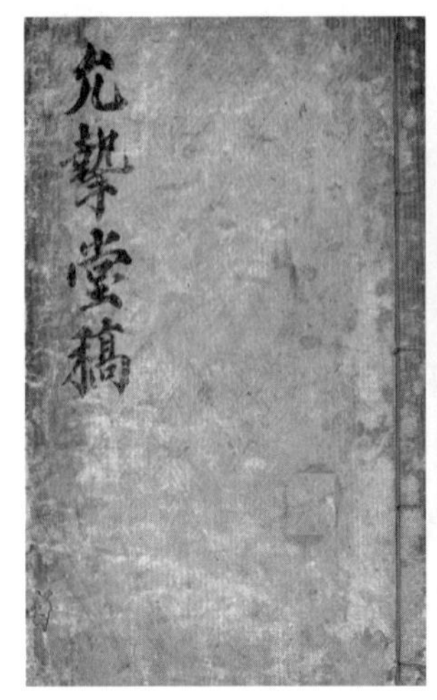

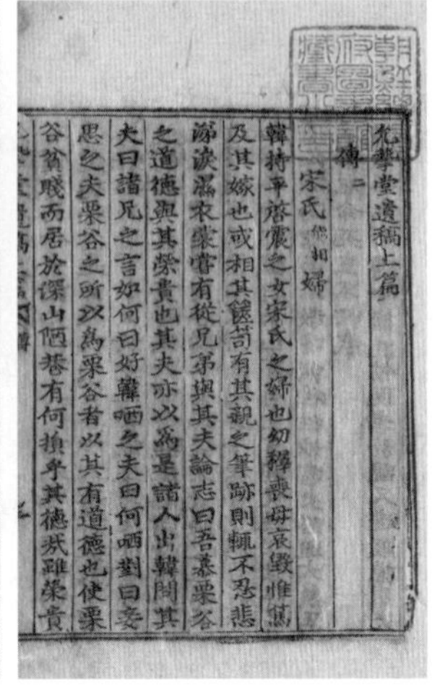

允摯堂遺稿上篇
傳 二
宋氏婦
韓持平啓震之女宋氏之婦也幼釋喪母哀毁惟恤
及其嫁也或相其篋笥有其親之筆跡則輒不忍悲
涕淚濕衣裳嘗有從兄弟與其夫論志曰吾慕栗谷
之道德與其榮貴也其夫亦以爲是諸人出韓聞其
夫曰諸兄之言如何曰好韓哂之夫曰何哂對曰妾
思之夫栗谷之所以爲栗谷者以其有道德也使栗
谷貧賤而居於深山陋巷有何損乎其德然雖榮貴

『윤지당유고』

說, 人心道心四端七情說, 禮樂說, 克己復禮爲仁說, 治亂在得人說, 吾道一慣說] 등이 실려 있다. 하편에는 스스로 훈계하는 글이라 할 수 있는 「잠箴」 4편[心箴, 忍箴, 時習箴, 勸學箴]과 「명銘」 3편[鏡銘, 匕劍銘, 尺衡銘], 인물을 기리는 글로서의 「찬贊」 1편[顔子好學讚], 가족을 위해 쓴 「제문祭文」 3편[祭伯氏正言公文, 祭仲氏鹿門先生文, 祭亡兒在竣文], 저자 서문에 해당하는 「인引」 1편[文草謄送溪上時短引], 유학 경전의 해석과 관련된 「경의經義」 2편[大學(六條), 中庸(二十七條)] 등이 실려 있다.

4-3. 종부이자 여중군자의 삶

시집간 이후에는 부인의 덕성과 부인의 일에서 완비되지 않은 것이 없었고 성품은 장중하고 단정했다. 그런데 서적을 가까이하는 기색을 보인 적이 없었고 일상생활 속의 대화에서도 문장에 관해 말하는 일이 없이 오직 부인의 직분에만 힘썼다.[67] 멀리 가 있는 시동생 신광우에게 소식을 전할 때에도 한문이 아닌 언문으로 크고 작은 일들을 빠짐없이 기록해서 보냈다. 문학과 경학에서는 깊이 감추고 밖으로 드러내지 않았음을 알 수 있다.

윤지당은 일찍이 부녀자들이 서적에 몰두하고 문장을 짓는 데 노력하는 것은 법도에 어긋나지만, 소학이나 사서 등의 책을 읽고 심신을 수양하는 자산으로 삼는다면 무방하다고 여겼다. 그녀가 다시 학문세계에 전념한 것은 시부모가 모두 돌아가시고 본인 또한 늙었을 때였던 것으로 보인다. 집안일을 하다가 여가가 나면 밤이 깊은 후에 보자기에 싸두었던 경전을 펴놓고 낮은 목소리로 읽곤 했던 것이다. 학식을 깊이 감추어 비운 듯이 했기 때문에 친척들 중에서도 그러한 사실을 아는 사람이 드물었다고 한다.[68]

결혼생활은 순탄하지 않았다. 난산 끝에 아이를 낳았으나 어려서 죽었으며, 이어 남편과 사별했다. 시동생 신광우의 큰아들 재준在竣(1760~1787)을 양자로 받아들였으나 그도 28세로 세상을 떠나버렸다.[69] 이처럼 어려서 아버지를 여의고 남편도 일찍 죽고 자식도 없는 상황에서 입양한 아들조차 젊은 나이로 죽는 등 개인적인 고통을 겪었다. 윤지당은 이를 학문으로 승화시켰던 것이다. 개인적인 고통 속에서도 시집과 남편과의 관계에서 자신의 직분을 다하고자 했다. 삼강오륜을 인정했으며 사람이 귀한 것은 그 때문이라 했다. 그러면서도 남녀관계에 대해서는 차별이 아니라 타고난 성품은 같지만 역할분담이라는 입장을 취했다.[70] 남자의 원리는 씩씩한 것이고, 여자의 원리는 유순한 것이니 각기 그 법칙이 있다는 것이다.

윤지당은 1793년(정조 17) 73세의 나이로 세상을 떠났다[71]. 자신에 대해서 이렇게 토로하기도 했다.

> 나는 본래 성질이 조급하여 어릴 때부터 마음에 불편한 것이 있으면 잘 참지 못하였다. 자라나면서 스스로 그 병폐를 알고 힘써 극복하고자 하였다. 그러나 병의 뿌리는 아직도 남아 있어 때때로 조금씩 발동하기도 하나 어찌할 수 없다.(『윤지당유고』「인잠」)

병폐를 알고서 힘써 극복하고자 하는 것. 그것이야말로 수양, 즉 수신修身이 아니겠는가. 그렇다면 윤지당을 여성선비[72]라 할 수 있지 않을까. 앞에서 언급했듯이 여성선비는 '치인'하는 '대부'의 단계로 나갈 수는 없었다. 하지만 자신의 학문과 인격을 닦아서 남을 다스릴 수 있는 데까지 가는 사람이 선비라면, 여성도 선비가 될 수 있다고 하겠다. 그런데 흥미롭게도 윤지당은 자신이 전기를 기록한 송능상宋能相의 부인 한씨—혼자서 사서삼경의 경서와 역사책들을 배우고 그 뜻을 깨우쳤지만 불행히도 일찍 죽은—에 대해 '여성선비'라 칭하고 있다. 그녀를「기리는 글」에서 이렇게 노래한다.

宋氏婦韓	송씨 댁의 부인인 한씨여
令德孔飾	아름다운 덕성에 행실도 단정하였네
旣孝於親	어버이에 효성을 다하였고
又達厥識	그 식견도 뛰어났네
引夫當道	부군을 이끌어 정도로 가게 하고
勵志爲學	뜻을 분발시켜 학문하게 하였네
古稱女士	예로부터 여성선비 칭송하였으니

임윤지당묘, 강원도 원주시

非是之謂	바로 이런 사람이 아닐런지
不極其年	명이 짧아 오래 살지 못하니
未見其止	그 성취함을 다 보지 못하였네[73]

한씨는 시부모 섬길 때 며느리의 도리를 다했으며 남편의 잘못된 판단을 교정하는 등 여성으로서 맡은 일을 잘했다. 윤지당은 무엇보다 한씨가 혼자서 학문을 통달했다는 점을 중요한 덕목으로 보았다. 학인으로서의 '사'의 단계라고 하겠다.

그녀의 남동생이자 『윤지당유고』의 편찬자 중 한 사람인 임정주는 윤지당에 대해 '규중지도학閨中之道學, 여중지군자女中之君子'라 평가하고 있다. "아, 누님 같은 사람은 진실로 규중의 도학道學이오, 여인들 중의 군자라 할 만하다."[74]고 했다.

일생 동안 윤지당이 나아가고자 했던 지향점을 덧붙여두고자 한다.

"내가 비록 부녀자이기는 하지만 천부적으로 부여받은 성품은 애당초 남녀 사이에 다름이 없다. 비록 안연이 배운 것을 능히 따라갈 수는 없다고 하더라도, 내가 성인을 사모하는 뜻은 매우 간절하다."[75] 나아가 그녀는 성인과 우리는 같은 부류에 속하는 존재라는 것[76], 보통 사람도 요·순과 같은 성인이 될 수 있다는 것[77], 따라서 우리도 요·순·주공·공자와 같은 성인이 될 수 있다고 믿었다. 이처럼 윤지당은 종부로서 여중군자라는 평가를 들었으며 봉제사의 예법을 충실하게 시행했고, 또한 종가 살림을 관장하여 친족의 화목과 가문의 흥기를 도모하는 역할에도 힘을 다했다. 그러면서도 여성 성리학자로서의 면모를 가졌던 것이다.

윤지당은 개인적인 고통 속에서도 일생 동안 끊임없는 학문과 수양을 통해서 극복하고 또 승화시켜 갔다고 할 수 있다. 유교적인 틀 안에서 주어진 여성과 부인이라는 자신의 현실을 부인하지 않았다. 그렇다고 해서 거기에만 안주하지 않았다. 이상적인 여성상은 예절과 품행을 닦는 데만 있는 것이 아니라, 끊임없는 심성의 수련과 도덕적 실천을 수행하는 데 있다고 보았다. 그러기 위해서는 여성들도 공부하고 배워야 한다고 여겼다. 공부하지 않으면 도리를 알지 못한다고 생각했기 때문이다. 또 여성과 남성은 그 분수는 다르지만 본질에서는 다르지 않다는 것, 하늘로부터 부여받은 본성은 같다는 것, 천리는 동일하다는 것을 주장했다.

윤지당이 꾸려갔던 삶은 학문을 통해서 수신하고 실천하는 존재로서 선비의 그것이었다. 말하자면 여성선비였던 것이다. 여성선비 혹은 여성학자로서의 인간은 과연 어떻게 살아야 할 것인가 하는 본질적인 문제로부터 출발했던 것이다. 그 연장선 위에서 여성 역시 유교에서의 이상적인 인간으로서의 군자가 될 수 있다고 믿었다. 이미 그 시대의 학자들에게 여

임윤지당길, 강원도 원주시

성군자, 군자 등의 평가를 받고 있었다. 여성선비이며 성리학자인 임윤지당, 그녀는 끊임없는 심성의 수련과 도덕적 실천을 통해서 현실에서의 여성을 넘어서 보편적인 인간으로 나아가고자 했다. 그런 측면에서 남성과 여성은 다르지 않다는 것, 그런 강한 의지의 인식과 실천을 통해 자아의식을 구축해가고 있었다.

조선 후기에 들어서면서 유교적인 세계관이라는 큰 틀 속에서이긴 하지만 여성들, 특히 지식인 여성들에 대해서 인식의 변화가 일어나고 있었다. 여성에게도 학문을 통해서 수신하고 실천하는 존재로서의 선비, 여성선비를 인정하게 되었고 나아가서는 유교에서의 이상적인 인간으로서의 군자가 될 수 있다고 여기게 되었다. 임윤지당은 그 같은 시대정신을 대표하는 지식인 여성이었다고 할 수 있겠다.

5. 이사주당,
오로지 주자를 스승으로 삼다

5-1. 널리 알려진 고결한 성품

사주당師朱堂의 본관은 전주全州이며 1739년(영조 15) 12월 5일 유시酉時(오후 5~7시) 청주에서 태어났다. 부친은 정5품 통덕랑通德郎 이창식李昌植, 어머니는 정6품 좌랑佐郎 강덕언姜德彦의 딸이다. 조부나 부친 모두 과거시험에 합격한 전력이 없으며 벼슬길에도 나가지 못했다. 선대를 보면 사주당은 태종의 서자인 경령군敬寧君 이배李裶가 있다. 증참의贈參議 이성李鋮이 사주당의 증조부다.

사주당은 25세(1763)에 유한규柳漢奎(1718~1783)와 혼인했다. 유한규의 본관은 진주晋州, 자는 서오瑞五다. 부친 유담柳紞은 1723년(경종 3) 계묘 식년 생원시에 합격했으며, 조부 유응운柳應運은 통훈대부通訓大夫 회양진관병마절제도위淮陽鎭管兵馬節制都尉, 증조부 유연柳埏은 1665년(현종 6) 을사 별시 문과에 합격한 뒤 통훈대부 행사헌부장령行司憲府掌令, 세자시강원필선世子侍講院弼善 등을 지냈고, 고조부 유시정柳時定은 통훈대부, 남원도호

부사南原都護府使, 남원진병마절제사南原鎭兵馬節制使 등을 역임했다.[78]

유한규는 김종직의 문인으로 중종반정에 참여하여 정국공신에 책봉되고 영의정을 지낸 유순정柳順汀의 10세손이다. 대대로 서울 및 경기 일원에 사회경제적 기반을 확보하며 경화사족 가문으로 성장, 발전해왔다. 학문적으로는 기호학파, 정치적으로는 서인에 속했다.[79] 조부 유응운 때부터 용인에 정착했다.

유한규는 『규합총서閨閤叢書』의 저자 빙허각 이씨(1759~1824)의 외삼촌, 그러니까 사주당은 빙허각의 외숙모가 된다. 사주당의 고결한 성품에 대한 소문을 듣고 유한규는 적극적으로 혼인을 추진했다.[80] 사주당은 19세 때(1757) 부친상을 당해 장례를 예법대로 치르기 위해 고기를 먹거나 솜옷을 입지 않고 상복을 제대로 갖춰, 명성이 널리 퍼졌다. 이 소문이 유한규에게도 알려져 사주당을 부인으로 맞아들인 것이다.

사주당은 유한규의 네 번째 부인인데,[81] 유한규는 세 부인과 모두 사별했다. 45세의 유한규가 사주당을 맞이했을 때, 그녀의 나이는 25세였다. 유한규와 사주당은 3녀 1남을 두었다. 장녀는 병절랑 이수묵에게 출가해 아들과 딸을 두었으며, 둘째는 진사 이재녕에게 출가해 아들을 두었고, 셋째는 박윤섭에게 출가해 두 아들을 두었다. 그리고 아들 유희柳僖는 딸 하나와 서자 둘을 두었다. 혼인 후 사주당의 품성에 대해 시댁 일가가 만족한 것은 다음의 기록에 나온다.

> 세 번이나 아내를 잃음에 이르러서는 다시 장가들지 않으려 하였다. 청주에 처자가 있어 경전과 역사서에 통달하고 행실과 재능이 훌륭하다는 것을 듣고는 기뻐 말하길, "이 사람은 틀림없이 늙으신 우리 어머님을 잘 모실 것이다."라고 하고 마침내 그에게 장가들었는데 과연 그러하였다. 모부인母夫人께서 늘 편치 않으신 때가 많았는데 부군夫君과 이부인은 옷을

풀지 않고 모시니, 음식도 주신 것이 아니면 입에 넣지 않았고, 말씀도 묻지 않은 것은 입 밖에 내지 않으시며 8년을 하루같이 하였다.[82]

선친께서 실질이 이름과 부합하는 것을 기뻐하시며 공경으로 대우하셨지 그저 한 나라 안의 딴사람처럼 대하지 않으셨다. 어머니가 초抄하여 엮은 책에 서문을 적어, "『내훈』이나 『여범』과 비슷하다."고 하셨다. 어머니가 이미 시집에 오시자 문학과 역사에 밝으신 재능을 숨기시고, 술과 음식에 대해서만 의론하시면서 뜻을 다하고 받들어 기쁘게 해드렸으며, 오랜 시간이 지나도 조금도 게으른 점이 없었다. 시집오신 지 8년에 이르러 시댁의 유씨들이 모두 "신부는 자기의 수고로움을 자랑할 줄도 모르고, 화낼 줄도 모르며, 남을 부드럽게 대하고 잘 대우한다."라고 하였다.[83]

유한규는 성품이 지극히 효성스러웠는데, 스스로 말하길 일찍 아버지를 여의고 모시는 분은 오직 어머니 한 분뿐이라고 하며 봉양에 힘을 다했다. 어머니가 80세를 지나며 종종 기쁨과 노함이 정도를 지나쳤지만 유한규는 한 번도 간언을 드려 어머니의 뜻에 어긋나지 않았다. 사주당은 그녀의 나이 32세(1770)에 시어머니가 작고한 이후로도 상복을 벗지 않고 잇몸을 보이지 않으며 담제禫祭, 3년 탈상에 이르렀다.[84]

유한규는 27세 때 1744년(영조 20) 갑자 식년式年 진사시進士試에 3등 23위로 합격했다.[85] 그러나 나이 육십이 다 되도록 이렇다 할 관직에 나가지 못하다가 1779년(62세) 비로소 목천현 현감으로 부임했다. 유희의 회고에 따르면 사주당은 남편의 봉급을 초개와 같이 여기고 사방 100리의 관직을 헌 신발처럼 여기도록 격려하면서 가난하지만 깨끗한 삶, 청한清寒을 본분으로 여기도록 했다. 하지만 유한규의 관직 생활은 계속 이어지지 않았다. 조카 이병정李秉鼎이 관찰사였기 때문에 유한규는 피혐을 받아 3개월 만에 목천 현감직을 그만두었다.

1783년 유한규가 죽은 후 사주당은 가족과 함께 경기도 용인으로 돌아갔다. 자식들이 모두 어려 가산家産이 금방 고갈되자, 사주당은 부지런히 일해 자식들의 먹을 것을 구했다. 변변한 호미도 없이 밭을 일구고, 촛불도 없으면서 길쌈을 했다. 그러면서도 사주당은 자식 교육에 힘썼으며 아들과 딸을 구분하지 않았다. "아들에게는 멀리 유학遊學하게 하고 딸에게는 아궁이 불 때는 일을 시키지 않았다"고 한다.[86] 본인은 거북 등처럼 갈라진 손으로 새끼를 꼬고 소금을 구워서 조강糟糠의 먹을 것을 얻었으니 그 고단함을 가늠할 수 있다. 그렇지만 인척이 도와주는 것은 한사코 사양하는 등 청빈한 모습으로 사람들을 감탄하게 했다.[87]

사주당은 71세(1809)에 아들 유희를 따라 단양으로 갔다가 10년 후 남한南漢의 선영先塋 근처로 다시 돌아왔다. 1821년 9월 22일 83세 나이로 세상을 떠났다. 그해 11월 20일 유한규의 묘를 옮겨 용인 모현촌 관청동 당봉산에 합장했다. 지금의 한국외국어대학교 용인캠퍼스 뒤 단봉산 중턱이다.

5-2. 시문보다는 유교 경학서와 역사서를 탐독하다

사주당의 저술로는 『태교신기』가 유일하게 전한다. 1800년(정조 24) 사주당이 임산부를 위해 한문으로 쓴 글에, 이듬해인 1801년

사주당 이씨 합장묘, 경기도 용인시

(순조 1) 아들 유희가 음의音義와 언해諺解를 붙인 것이다.[88] 『태교신기』는 원문 26장, 언해 43장, 합 69장으로 수고본手稿本이 유일본으로 성균관대학교 동아시아학술원의 존경각에 소장되어 있다. 1938년 경상북도 예천에서 찍어낸 석판본은 국립중앙도서관과 서울대학교, 연세대학교도서관 등이 소장하고 있다.

사주당이 남긴 저술은 적지 않을 것으로 여겨지지만 현재 『태교신기』 외에는 전해지지 않는다. 사주당이 유희에게 그간의 저술들을 모두 모아 소각하라고 했기 때문이다. "글에 있어서는 경과 사經史는 있었지만 자와 집子集은 없었다. 늘 궁구하여 풀어낼 뿐 스스로 한 저작은 드물었다."[89] 고 한 것을 감안하면 유교 경전이나 역사서에 대한 저술이 있었던 것으로 여겨진다.

사주당은 "평소 아녀자가 어려서 배운 것은 커서 쓸모가 없는데 단지 태교만은 그 일이 태임太任과 태사太姒 이래로 기술된 바가 없으니 어찌 빌려서 볼 것인가.", "이 책은 내가 이미 네 번 경험한 것이다. 너희들의 형기形氣가 크게 잘못된 부분이 없으니 이것을 의당 후손에게 남기지 않을 수 없다."고 했다.[90] 어린아이를 가르치는 것 하나만은 여러 고서에 갖추어져 있어 잘라 마지막에 붙여 원문을 윤색하고 다듬어 빠진 것을 보완하여 신기新記라고 한 것이다.

당시 여성들은 성장하는 과정에서부터 남녀 차대에 부딪혔다. 혼인은 하나의 분수령이었다. 부부 관계, 친정과 시댁, 그리고 출산과 육아 등을 감당했으며 제사를 모시거나 손님 접대도 여성들의 몫이었다. 당연히 안팎으로 많은 어려움이 있었다고 해야 할 것이다. 그런데 이들 여성 지식인들의 특징은 지적知的 사유가 자신들의 삶 자체를 기반으로 하고 있다는 것이다. 이들은 여성의 임신, 출산은 물론 가사노동에까지도 새롭게 접근했으며, 이를 자신의 고유한 지적 자원으로 전환시키고 재생산해냈다.[91] 『태교신기』를 저술한 이사주당이나 『규합총서』를 남긴 이빙허각이 여기에 해당된다. 그렇다고 그들의 저술이 여성의 문제에 한정된 것은 아니었다. 인간과 자연, 고전과 사대부 지식인들에 대한 담론들도 포함하고 있었다.

『태교신기』에는 약 20여 종의 책이 등장한다. 서명을 직접 밝혔거나 유희가 주해註解를 달고 전거를 밝혀 제시한 것도 있다. 예를 들어 『논어』, 『중용』, 『대학』, 『상서尙書』, 『시경』, 『대대례大戴禮』, 『전국책戰國策』, 『여범첩록女範捷錄』, 『예기禮記』, 『열녀전』, 『가훈家訓』, 『가씨신서賈氏新書』, 『수세보원壽世保元』, 『의학입문醫學入門』, 『의학정전醫學正傳』, 『득효방得效方』, 『단계심법丹溪心法』, 『격치여론格致餘論』 등이다.[92]

『태교신기』의 부록을 통해 그녀의 생활세계와 사회의식의 일단을 살펴

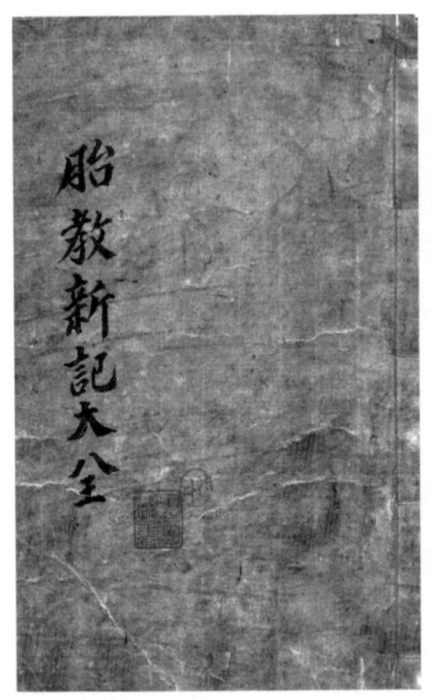

胎敎新記大全

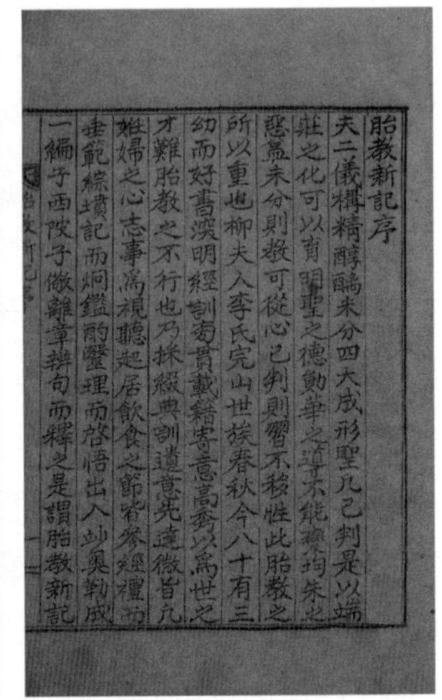

胎敎新記序
夫二儀構精醇醨未分四大成形聖凡已判是以端
莊之化可以育明聖之德動華之道不能移均朱之
惡蓋未分則敎可從心已判則習不移性此胎敎之
所以重也柳夫人李氏完山世族春秋今八十有三
幼而好書淡明經訓旁貫載籍寄意高遠以爲世之
才難胎敎之不行也乃採綴典訓遺意先達微旨凡
姙婦之心志事爲視聽起居飮食之節皆參經禮而
垂範綜墳記而炯鑑酌醫理而啓悟出入玅奧勒成
一編子西陂子儆離章辨句而釋之是謂胎敎新記

『태교신기』

볼 수 있다. 부록에는 신작申綽이 쓴 「사주당이씨부인묘지명師朱堂李氏夫人墓誌銘」, 유희가 쓴 발문을 비롯해 큰딸과 작은딸의 발문, 후손 권상규, 이충호, 권두식, 유근영이 쓴 발문 등이 묶여 있다. 남성의 발문은 한문으로 쓰인데 비해 여성의 발문은 국한문 혼용으로 되어 있다. 또한 아들 유희의 문집 『문통文通』에 남아 있는 「선비숙인이씨가장先妣淑人李氏家狀」과 「황고가장皇考家狀」이 참조가 된다. '행장'은 가족들이 남긴 것이기 때문에 다소 과하게 포장되었을 수도 있다. 유희도 그 점을 염려하는지 "여러 가지 자잘한 행실을 다 적을 것은 없으며 큰 것을 세워서 아름답게 여겨 혹시나 지나치게 넘치지 않도록 하기 위해 피눈물을 흘리며 먹을 찍어 글을 썼다"고 밝히고 있다.

「문통」

5-3. 밤에 길쌈 불로 글을 읽어 문리를 깨치다

사주당은 학문의 열정이 대단해서 큰 경전을 삼대三代까지 넓혔고, 전하지 않던 태교로 만세를 아름답게 했다. 당대 사대부들이 사주당에게 학문을 청한 것을 보면, 그녀가 상당한 경지에 이르렀음을 확인할 수 있다.

아녀자였음에도 호서지역의 선배인 남당南塘 한원진과 역천櫟泉 송명흠 등과 같은 이들은 그 소문을 듣고 탄복하며 친척이 아니라 만나지 못함을 한스럽게 여겼다. 덕을 이어줌에 있어서도 근기近畿 지역의 후학인 상사上舍 이면눌과 처사處士 이양연과 같은 이들은 당에 올라 절하고 직접 훈도薰陶 받음을 행운이라 여겼으며, 소릉少陵 이창현과 법은法隱 강필효 등과 같은 이들은 사람을 중간에 대어 자신의 글을 전달하여 그 문의文疑를 질정質正 받음에 이르렀다.[93]

남당 한원진韓元震(1682~1751)과 역천 송명흠宋明欽(1705~1768)은 사주당의 총명함을 듣고 탄복하여 한 번 만나보지 못함을 한스럽게 여겼을 정도다. 그들의 생몰년을 감안한다면 이는 사주당이 혼인하기 이전 일이 아닌가 여겨진다. 먼 친척이기도 한 이면눌李勉訥(1761~?)과 이양연李亮淵(1771~1853)은 직접 가르침을 받았다. 이면눌은 유학幼學으로 1792년(정조 16) 임자 식년 생원시에 합격했으며, 이양연은 후에 동지중추부사와 호조참판 등을 역임했다. 이창현과 강필효(1764~1848)는 글을 통해 지도를 받았다.

사주당은 처음에 당호를 희현希賢이라 했다가 후에 사주師朱로 바꾸었으니, '반드시 성리학이 아니면 익히지 말라는 뜻'이라고 한다.[94] 당호에 따르면 주자 성리학에 심취했다는 것을 알 수 있다. 이수묵도 애문哀文에서 다음과 같이 밝히고 있다.

> 아아! 아직 시집가기 전부터 여범이며 내칙을 배워 뜻은 맹자의 어머니를 사모하고 의례는 가례를 준수하였네. 노인을 봉양하고 아이에게 자애로워 지극히 공손하고 지극히 부지런하였으니 안으로부터 밖에 이르기까지 온 집안이 화목했네. 고금을 꿰뚫고 순수함과 잡박함을 분별하여 의리가 은미하면서도 정밀하였는데 오직 주자만을 스승으로 삼았다.[95]

또한 사주당의 묘지명을 지은 신작은 "평생 말하고 토론하던 것이 주자를 본받아 기질이 본연의 성품에서 벗어나지 아니하고 인심이 도심의 밖에 있지 않다고 주장하니 근거가 정확했다."고 평가했다.[96] 하지만 사주당은 주희의 학설에만 머물지 않고 왕양명 이래의 양명학적인 심학心學의 영향을 받기도 했다.[97]

사주당은 어려서부터 길쌈과 바느질을 잘한다고 이름이 났다. 그러던 어느 날 길쌈을 그만두며, "사람으로 태어나 사람 노릇 하는 것이 이것에 있다는 것인가"라고 탄식했다.[98] 『주자가례朱子家禮』, 『소학언해小學諺解』, 『여사서』를 가져다가 밤이 깊으면 홀로 길쌈하는 불을 빌려 본 지 1년 만에 문리文理가 통하자 마침내 사서와 『시경』, 『서경』을 읽었다. 혼인하기 이전에 사주당은 이미 고전과 경서에 능통한 것이다.

집안에서 오빠는 사주당의 공부를 말리기도 했지만, 부친은 옛날 유명한 선비의 어머니치고 글 못하는 사람이 없다고 격려했다. 나이 열다섯 즈음에는 이씨 남자 중에 그를 앞서는 이가 없었다. 행동거지는 예절과 가르침을 따랐고 옷이며 패물은 옛 제도를 비추어 착용해 일신一身에 범절凡節을 세워 교화가 이웃에까지 미치니, 시속時俗에 빠진 자들은 깜짝 놀라고 지식에 통달한 자들은 탄복했다. 그 덕과 명성이 날로 알려져 시골부터 고을 안까지 이르렀다.

나이가 들면서 사주당은 고질병이 있었으나 손에서 책을 놓지 않았다. 1821년 9월 그녀는 세상을 떠나면서 아들 유희에게 2축의 편지와 1권의 책으로 광壙 안을 채울 것을 부탁했다. 친정어머니 편지 1축, 남편 유한규와 성리性理를 논한 글 1축, 그리고 『격몽요결』을 손수 베낀 책 1권이었다. 그녀가 종신토록 사모한 것과 죽을 때까지 배운 것을 엿볼 수 있다.

큰딸과 작은딸은 어머니 사주당에 대해 "큰 도에 뜻을 두어 사서오경과 『춘추春秋』 등 역사서를 널리 공부하여 이기성정理氣性情의 학문을 넓히시고 속된 책을 읽지 않으시며, 시를 좋아하지 않으시니 세속과 다름이 있으셨다."고 평했다.[99] 사주당은 유학 경전에 심취했으며 시나 소설은 선호하지 않았다. 조선시대 이름난 여성 시인이 많았던 것과 달리 사주당은 유교경전이나 의례서, 교육 서적에 큰 관심을 보였다. 구체적으로는 『소학』, 『가례』, 『여사서』, 『논어』, 『맹자』, 『대학』, 『중용』, 『모시毛詩』, 『상서尙書』 등을 정밀하게 연구했다.[100]

사주당은 조선 후기 노론과 소론의 다툼에 대해 다음과 같이 정치적 의견을 제시하기도 했다. 그녀의 고조부는 우암尤庵 송시열의 동서였으므로 친정 집안은 회론懷論을 도왔고, 유희의 종조부는 약천藥泉 남구만의 향로鄕老였으므로 니론尼論을 높였다.[101]

> 노론과 소론의 분쟁은 윤휴의 제문에서 비롯하였다. 윤휴는 미촌美村 윤선거가 평소에 자기와 절교한 것에 대해 원한을 품고 제문으로 두 집안의 교유를 끊고자 한 것이다. 지금 그 제문을 보면 단지 교유交遊를 말한 것으로 그 정의 돈독함을 두텁게 하려는 것이어서 예론禮論 한 가지 일 외에는 달리 칭송한 말이 없었다. 이것은 조조가 한수韓遂와 마초馬超를 이간질한 술책이다. 두 선생은 모두 그 계책을 깨닫지 못하였다. 그래서 송시열은 윤선거가 평생의 도의道義의 벗이었음에도 다른 사람의 글 하나로 의심이 저승에까지 미쳤으니 문하 제자의 한 번 잘못을 용서하는 것이 좋았을 것이다. 그런데 이내 시비是非를 따져서 윤증尹拯으로 하여금 먼저 절교하게 한 것은 송시열의 잘못이다. 윤증은 선친이 절교하였

던 사람이 제사에 제주祭酒를 따르러 왔으면 당장 받아들였어야 하는데, 송시열의 노여움을 기성사실로 여겨서는 완곡하게 사양하여 그 의심을 풀 줄 모르고 도리어 잠규箴規로 그 병통病痛을 성토하였으니 이것은 윤증의 잘못이다.[102]

송시열은 도덕과 문장으로 그 명성이 환히 빛났지만 반은 남인으로 잃고 또 반은 소론으로 잃어 한 나라의 종사宗師가 될 수 없었으니 이는 불행한 일이라 여겼다. 윤증은 도덕과 문장으로 담박淡泊하고 온화한 기질을 지녔건만 그 스승에게 한 번 양보하지 못하여 끝내 생삼사일生三事一의 가르침을 어기고 말았으니 이는 불행한 일이라고 평했다.[103] "옛날의 군자는 그 은택恩澤이 천하에 미치지만 지금의 군자는 남을 이기고 남을 원망하는 행실이 세도世道에 해를 끼치니 어찌 애석함을 이길 수 있겠는가."라고 탄식했다.[104] 사주당은 언제나 공정하고 정직하게 평가하는 모습을 보여주었다.

6. 강정일당,
학문으로 고통을 승화한 여성선비

6-1. 가학의 전통을 잇다

정일당 강씨의 이름은 강지덕姜至德(1772~1832)이며, 1772년(영조 48) 충청도 제천 근우면近右面 신촌新村의 외가에서 태어났다. 그녀는 명문 집안의 후손으로 태어나긴 했지만 가세가 기울어 경제적으로 매우 곤궁했다. 본관은 진주晉州. 아버지는 강재수姜在洙, 어머니 안동 권씨는 청강 권서응權瑞應의 딸이다. 부계를 보면 세조 때의 공신이며 의정부 좌찬성을 지낸 강희맹姜希孟(1424~1483)이 10대조, 어머니는 저명한 성리학자 권상하權尙夏(1641~1721)의 동생 참판 권상명權尙明의 현손玄孫이다.

어머니 안동 권씨가 임신했을 때 꿈에 돌아가신 두 어머니가 나타나 어린 동자를 가리키면서 이렇게 말했다. “여기 지극한 덕을 가진 인물이 있으니 너에게 부탁한다.” 그 꿈을 꾸고 얼마 지나지 않아 딸을 낳았으며, 꿈에 나온 ‘지극한 덕’이라는 뜻으로 ‘지덕至德’이라 불렀다.

아버지 강재수는 가난했지만 어린 딸에게 글을 가르쳤다. 총명한 정일당은 책 읽는 것을 좋아해 글을 가르치지 않으면 혼자서 읽었는데 때때로 끼니도 잊을 정도였다. 8세가 되자 강재수는 “나쁜 일도 하지 말고, 훌륭한 일도 하지 마라(무비무의無非無儀, 『시경』)”, “밤에는 반드시 등불을 밝히고 다니라(야행이촉夜行以燭, 『예기』)”는 등 경전의 구절을 강조하여 가르쳤다. 부친은 정일당이 글 읽는 모습을 보고 탄복했다. 집이 가난했기 때문에 어머니와 함께 삯바느질을 하고 베를 짜면서도 그녀는 틈틈이 글을 읽었다. 정일당의 품성에 대해 「행장行狀」에서는 다음과 같이 적고 있다.

> 성품이 곧고 조용하며 단정하였고 기쁘고 노여움을 안색에 나타내지 않았다. 어릴 때부터 여러 아이들과 더불어 놀지 않고 발은 문지방 밖을 나가지 않았다. 비록 가냘프고 병이 많았으나, 정력은 다른 사람들보다 지나쳐 여성의 본분을 가르치지 않아도 잘하였다. 청소하고 심부름하는 일에도 조심하여 부모의 가르침을 받드니 보는 사람들이 혀를 차며 천성이라고 여겼다.(『정일당유고』「행장」)

정일당의 어머니가 유명한 성리학자 권상하의 동생 권상명의 현손이었고, 외가의 친척들과 교유가 많았으며, 문집인 『정일당유고』 부록에도 안동 권씨의 글이 많이 실려 있다. 아무래도 외가 쪽의 성리학적 학풍이 영향을 주었을 것으로 보인다.[105] 그리고 친가인 진주 강씨는 저명한 문신이었던 10대조 강희맹 이래 시와 문장으로 이름난 가문이었다. 따라서 정일당의 학문에는 그러한 가학家學적 전통 역시 상당한 영향을 미쳤을 것이다.

6-2. 남편이 아내의 문집 『정일당유고』를 편찬하다

정일당은 자신이 살았던 그 시대에 이미 여성선비로 평가받았다. 그녀의 학문과 삶은 현전하는 『정일당유고』를 통해 살펴볼 수 있다.[106] 정일당에게는 유교 경전 연구를 위시해 수십 책의 저술이 있었다. 하지만 안타깝게도 생전에 대부분 유실되었다. 경서차변經書箚辨, 서序, 기記, 잠箴, 명銘과 같은 부류의 글은 쓰는 대로 없어져버렸으며, 세상을 울릴 만한 명문은 모두 잿더미가 되고 말았다.[107] 임진년(1832, 순조 32) 가을 병이 심해졌다. 그해 9월 14일, 그녀는 서울 약현리 집에서 세상을 떠났다. 향년 61세. 10월 30일 경기도 광주 청계산 동쪽 대왕면大旺面 둔퇴리屯退里에 안장했다.

남아 있는 글들을 모은 『정일당유고』는 그녀가 죽은 지 4년 후인 1836년(헌종 2) 남편 윤광연尹光演에 의해 간행되었다. 윤광연은 가문 밖의 외부 인사들에게 서문과 발문, 묘지명을 써달라고 부탁했다. 외부 인사들이 지은 만시輓詩를 부록으로 덧붙였다. 여성의 문집으로는 아주 파격적인 구성과 편집을 취했다. 경제적으로 넉넉하지 않았던 남편이 그 시대에 아내의 문집을 간행해주었다는 사실 자체가 특기할 만하다.

『정일당유고』는 내용상 크게 세 부분으로 구성된다. 윤제홍尹濟弘이 쓴 서문, 정일당이 쓴 글들의 모음과 새로 찾아낸 부분, 그리고 부록이다. 『정일당유고』에는 한시 38수, 서간문 7편, 쪽지 편지[척독尺牘] 82편, 별지別紙 2편, 기문記文 3편, 제발提拔 2편, 묘지명墓誌銘 3편, 행장行狀 3편, 제문祭文 3편, 명문銘文 5편, 잡저雜著 2편 등이 수록되어 있다. 이들을 통해 정일당이 시詩,

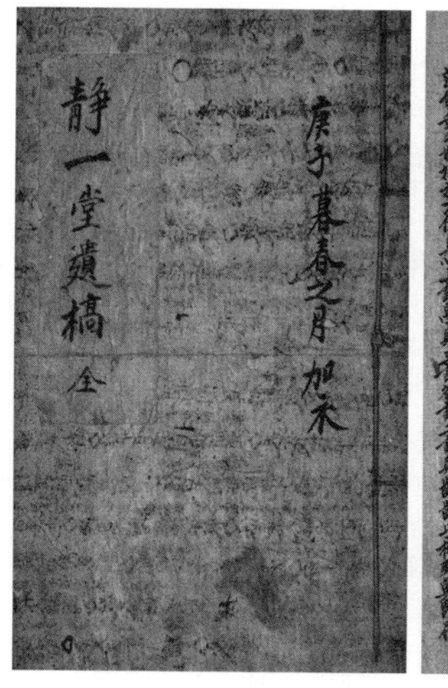

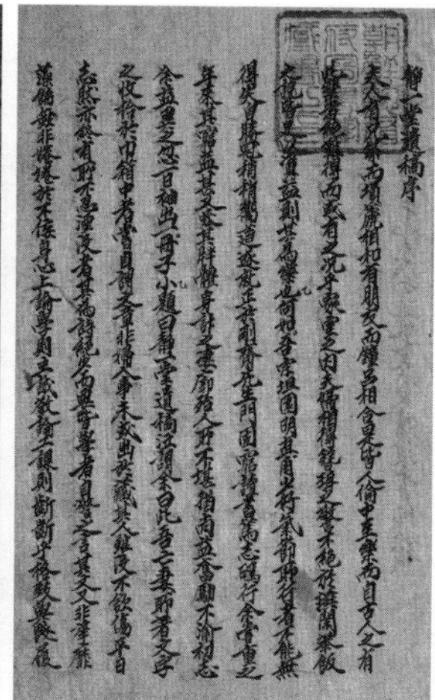

「정일당유고」

서書, 기記, 제발, 묘지명, 행장, 제문, 명銘, 잡저 등 다양한 글쓰기를 시도했음을 알 수 있다. 특히 시문을 즐겨 썼던 듯하다. 시의 주제는 학문에의 집념, 심성 수양, 자신과 남들에 대한 도덕적 훈계, 안빈낙도의 생활, 자연 속의 관조 등과 같은 도덕적 문제에 집중되어 있다.[108] 그녀가 시문에 주력하게 된 것은 친가 쪽의 가학적 전통과 한시에 능했던 시어머니 지일당只一堂의 영향으로 보인다. 남편에게 보냈던 82편의 쪽지 편지는 두 사람 사이의 깊은 애정을 엿볼 수 있게 해준다.

부록에는 삼종형제 강원회姜元會가 쓴 행장, 대사헌을 지낸 대유학자 홍직필洪直弼이 쓴 묘지명, 남편이 쓴 세 편의 제문, 강원회의 뇌문誄文, 여러 사람들이 쓴 만시挽詩, 시 발문과 필첩발筆帖跋, 남편의 스승이었던 강재剛齋 송치규宋穉圭의 편지, 유고遺稿의 후기와 발문 등이 실려 있다. 이를 통해 당시 남편의 지인들과 유학자들이 정일당을 어떻게 인식하고 있었는지를 가늠해볼 수 있다.

6-3. 『중용』을 기반으로 심성을 닦다

도리를 알려면 여성도 공부해야 한다

정일당은 스무 살(1792) 때 여섯 살 어린 충주의 선비 탄재坦齋 윤광연과 혼인했다. 윤광연의 본관은 파평坡平, 자는 명직明直이다. 고려시대 명장 윤관尹瓘의 먼 후손이다. 부친 윤동엽尹東燁(1734~1793)은 대학자 김원행의 제자였다. 모친 천안天安 전씨全氏는 생원 전여충全汝忠의 딸로 호를 지일당이라 했는데 시문으로 명성이 높았다.

정일당은 어른을 섬기는 데 효도와 공경을 다했다. 아침저녁 문안 때는 반드시 절을 올렸다. 나아가 가난한 살림과 집안의 크고 작은 일들을 도맡았다.[109] 바느질과 베 짜는 솜씨가 탁월해 그것으로 생계를 유지했으며 재산을 모을 수 있었다.[110] 경기도 광주부 대왕면에 산을 사서 3대 조상 일곱 분의 묘를 천 리나 되는 곳으로 이장했으며, 형제와 친족들을 위해 입후入後를 해준 것이 7~8인이었다. 친척들의 혼례와 상례를 치러준 것도 많았는데 모두 정일당이 힘쓴 덕분이었다.

하지만 개인적으로 그리고 인간적으로는 불행한 삶이었다. 9남매를 낳았으나 하나도 제대로 키우지 못했다. 5남 4녀가 모두 말을 배우기 전에 죽어서 부부가 "어머니" "아버지" 소리를 들어보지 못한 것이다.[111] 자녀들의 거듭되는 불행이 정일당 부부에게 얼마나 큰 고통이었을지 충분히 상상할 수 있다. 이러한 개인적 고통을 정일당은 학문에 전념하며 학문을 통한 수양으로 승화시켜 나갔다.

앞에서 언급한 바와 같이 그녀는 혼인 전에 이미 어느 정도 교육을 받았지만, 본격적으로 학문을 하게 된 것은 시집간 이후였다. 생계를 위해 이리저리 다니던 남편에게 생활에 얽매이지 말고 학문하기를 권한 것도 정일당이었다. 학문에 대한 정일당의 생각을 읽을 수 있는 단면이다.

> 배우지 않으면서 사람의 도리를 할 수 없습니다. 정도를 버리고 생계를 도모하는 것은 학문을 하면서 빈한하게 사는 것만 못합니다. … 비록 재주가 없지만 결코 의식의 문제로 당신의 마음을 얽매이게는 하지 않겠습니다. 모름지기 학문을 하기로 결심하여 바라는 성의에 부응해주십시오.
> (『정일당유고』「제망실유인강씨문祭亡室孺人姜氏文」)

이 말에 감동한 남편은 사서와 주자의 책을 공부하기 시작했다. 정일당은 언제나 구석에서 바느질을 하면서 남편의 글 읽는 소리를 들었다. 글자의 획수를 묻기도 하고, 혹은 글자의 음과 뜻을 묻기도 했다. 그런데 정일당은 한 번 보기만 하면 그것을 외워버렸고 깊은 뜻을 알아차렸다. 남편은 그런 모습을 보고 깜짝 놀랐다. 그래서 같이 강론하게 되었다. 남편은 정일당에게서 날마다 새로운 것을 들었다. 몇 년 후 정일당은 남편에게 대학자 송시열宋時烈의 6세손 송치규宋穉圭(1759~1838) 문하에서 공부하도록 했다. 혼자서 학문을 익히기만 하고 스승과 벗을 교유하지 않으면 고루함을 면할 수 없다고 여겼기 때문이다. 송치규는 이조참판 등을 역임했으며 많은 제자를 배출한 당대의 대학자였다.

이처럼 정일당의 학문은 남편과 더불어 진척되었다. 문집에 수록되어 있는 많은 쪽지 편지들은 남편에게 학문을 권면하는 내용을 담고 있다. 정일당은 마치 스승과도 같은 존재였다. 냉정하게 보자면 정일당의 학문적 성취가 더 돋보이는 듯하다. 특히 그녀는 『주례周禮』, 『이아爾雅』, 『좌씨

춘추左氏春秋』, 『근사록近思錄』, 『격몽요결擊蒙要訣』 등의 책을 좋아했다.[112] 또한 성품과 정서의 바른 것은 『시경』의 「관저關雎」에서 얻었으며, 학문의 성실함은 『중용』에서 얻은 것이었다. 안빈낙도하는 품성은 안회의 단표누항簞瓢陋巷에 부끄럽지 않았다고 한다.

정일당이 연마한 학문의 폭은 넓었다. 천지인天地人 삼재三才와 자연 만물에서부터 경전과 제자백가와 일상생활의 의심나는 것에 이르기까지 연구하지 않은 것이 없었다. 유교의 13경을 두루 읽으면서 깊이 침잠하여 연구하고 매번 홀로 앉아 읊조렸다.[113] 여러 전적典籍들을 널리 보아서 고금의 정치변동 상황을 손바닥처럼 밝게 알았다. 평생토록 학문에 독실하여 천지와 사람의 이치를 탐구하면서 성품과 천명의 근원을 연구했다.

여러 경서들 중에서 정일당이 제일 주력한 것은 『중용』이었다. '계신戒愼'이나 '공구恐懼'는 마음이 발동하기 전에 깊이 수양하여 마음이 발동한 후에 근신하는 것으로, 다른 사람은 알지 못하고 본인만 아는 때의 가장 긴요한 공부라고 설명했다.[114] 계신과 공구의 공부가 활발할 때와 고요할 때의 공부를 겸하여 말하는 것인지, 고요할 때의 공부만을 의미하는 것인지에 대해 그녀는 남편의 스승 강재 송치규와 편지로 문답을 주고받기도 했다.[115] 정일당에 의하면 하늘이 부여한 성품이란 도덕의 근원으로서 경계하고 두려워함을 가르쳐서 공부할 곳을 알게 한다고 보았다. 『중용』을 기반으로 심성 수양과 도덕 실천에 주력한 것이다.

정일당은 글씨 쓰기를 좋아했다. 더러 등불 아래에서 붓글씨를 썼는데, 필획이 씩씩하고 단정했다. 서예에도 나름 일가를 이루었던 듯하다. 시율詩律에 정교하여 별로 힘들이지 않고도 자연스레 글을 지었다. 사람들이 남편에게 글 지어주기를 청했으나 미처 응하지 못하고 있으면, 정일당이 대신 지어주기도 했다. 그 글에 대해 사람들이 칭찬하자 이후에는 내보이지 않았다. 『정일당유고』에는 남편을 대신해서 쓴 글들이 많이 실려 있다. 정일당의 시에서 보이는 '대부자작代夫子作' 같은 것들이다.[116] 남편을 대신해서 짓는다는 명분을 내세우면서 사실상 여성에게 금지된 공개적 발화의 기회를 적극적으로 누렸다고 할 수도 있겠다.

정일당은 도리를 알기 위해서는 여성들도 역시 공부를 해야 한다고 보았다.[117] 부모들이 세속의 말을 듣고 딸에게 공부시키는 것을 큰 금기로 여겨서 부녀자들 중에는 전혀 도리를 알지 못하는 사람들이 있으니 매우 가소로운 일이라는 것이다. 이 같은 정일당의 학문에 대해 홍직필은 다음과 같이 언급하고 있다.

> 옛적에 선왕이 가르침을 베푸실 때에는 애당초 남녀의 차별이 없었으나 여자들은 스승에게 나아가 배우지 않게 되었다. 진실로 한 마디 말이라도 취할 만한 것이 있으면 성인도 버리지 않았다. 이것은 위나라 장강과 허목부인의 시가 『시경』「국풍편」에 나열된 까닭이다. 시도 오히려 깎아 버리지 않는데 하물며 학문에 전심하여 자연과 인간의 성품과 운명의 근원에까지 연구한 것이겠는가. 이제 정일당의 글을 읽으니 그 학문에 돈독하고 세상에 혜택을 주는 것이 근대의 여성들 중에는 제일가는 분이요, 부인들 중에 말 잘하는 사람 정도가 아니다.(『정일당유고』「유인정일당강씨묘지명」)

나아가 정일당에 대해 신사임당申師任堂(1504~1551)과 임윤지당 두 사람이 능한 것을 겸비했다는 평가도 나왔다.[118] 우리나라에서는 사임당과 윤지당 두 부인이 모두 덕행이 있었는데, 사임당은 시에만 전념했고 윤지당은 저술이 널리 전파되어 가장 칭송되고 있다. 정일당은 시뿐만 아니라 사서를 즐겨 읽어 주석을 붙인 것이 많으니, 두 부인이 능한 것을 겸비했다. 홍직필이 지은 묘지명에는 다음과 같은 구절도 보인다.

永安且固　길이 편안하고 굳건하여
以藏女士　여성선비를 안장하라
德音孔嘉　덕음이 크고 아름다우니
昭示無止　밝게 보여 그치지 마라[119]

정일당이 여사, 여성선비임을 말한 것이라 하겠다. 이 외에도 정일당을 가리켜 여성선비라 칭한 글들이 더 보인다.

城南有女士　한양 성 남쪽에 여성선비 있으니
堂靜座無塵　집은 고요하고 자리에 먼지 하나 없네
模範三千禮　삼천 가지 예법에 모범이 되었고
簞瓢四十年　사십 년을 안빈낙도하였네
名門有女士　명문가에 여성선비 있으니
純粹得天全　순수하고 온전한 천성을 얻었네
欲識孺人德　유인의 덕을 알고자 하면
能令夫子賢　남편의 어진 덕을 보게나
堂名可以知其德　당호에서 쌓은 덕을 알겠고
我用爲唫女士風　여성선비의 풍모에 입을 다물었네[120]

그 당시 정일당에 대해 여중군자라는 평가도 있었다. "재능과 덕망을 겸비한 사람을 군자라고 하니 후일 역사가들은 정일당을 위하여 전기를 지으며 여인들 중의 군자라고 할 것이다."[121], "비로소 정일당의 덕행이 실로 부인들 중에서 군자임을 알게 되었다."[122] 한 걸음 더 나아가 여중군자에 그치지 않는다고도 한다. "정일당과 같은 이가 어찌 여인들 중의 군자에만 그치겠는가. 실로 여성사에서 그 전례가 없다."[123] 아울러 '여중군자'에서 여중女中이란 단어를 떼고서 '군자'라고 평가한 사례도 보인다.

> 마음을 잡아 성찰하는 법이나 행실에 법도를 지키는 법을 깊이 연구하고 꿰뚫으며, 성품과 예능의 오묘한 경지에 깊이 나아간 사람은 우리 유학자들에서도 쉽게 찾아볼 수 없다. 하물며 여성들 중에서이랴. 어찌 군자라고 아니하겠는가.[124]

그런데 정일당은 자신보다 앞선 시대를 살았던 임윤지당을 평소 사숙하고 있었다. 남편에게 보낸 편지에서 "윤지당께서 말하기를, '효도라고 하는 것은 백 가지 행실의 근원이다. 근본적인 행실에서 이미 과오를 범하게 되면, 그가 아무리 천하에 유능한 사람이라고 하더라도 그 나머지 행실은 볼 것이 없다'고 하였습니다. 또 '어버이에게 불효하면서도 임금에게 충성할 사람은 없다'고 하였으니, 이는 참으로 정확한 논설입니다."[125] 라고 했다. 효도에 관한 것만이 아니었다. 정일당은 하늘에서 부여받은 성품은 남녀의 차이가 없으며, 부인들도 열심히 노력하면 요·순·주공·공자와 같은 성인의 경지에 이를 수 있다고 했다.[126] 여성이라도 큰 실천과 업적이 있으면 가히 성인의 경지에 이를 수 있다는 놀라운 의식 세

강정일당묘와 사당, 성남시 향토문화재 제1호, 경기도 성남시

계를 보여주었다. 이에 대해서는 다음 장에서 좀 더 깊게 다루겠다.

홍문관제학과 정순황후의 애책문 제술관을 역임한 김재찬金載瓚은 정일당에 대해 "아녀자다운 행실이 있으면서 군자의 덕이 있으면 이를 일러 여사"라고 했다.[127] 그렇다면 학문과 수양을 통해서 그녀가 궁극적으로 지향하였던 것은 무엇이었을까? 그것은 성인이 되는 것이었다. 송치규가 『정일당유고』 후기에서 "여성으로서 성인이 되기를 기약한 노력은 대장부로 태어나 뜻을 세우지 못한 자들에게 부끄러움을 줄 만하다."[128]고 한 말은 상징적이라 하겠다.

인식의 혁명적 전환과 여성군자

유교사회에서 선비는 이념적인 인간상에 가깝다. 선비라고 할 경우 성리학의 이념을 실천하는 학인學人인 사士의 단계, 수기修己 치인治人하는 대부大夫 단계로 나누어볼 수 있다.[129] 수기치인을 바탕으로 학자관료인 사대부가 되는 것, 다시 말해서 정치에 참여하는 것이 최종 단계라 할 수 있다.

여기서 이론적인 문제 하나가 생겨난다. 여성이 선비가 될 수 있는가 하는 것이다. 설령 여성이 선비가 될 수 있다 하더라도 남성 중심의 조선 사회에서 여성선비의 행동 반경은 제한될 수밖에 없었다. 선비의 등용문인 과거에 응시할 수 없었기 때문이다. 그렇기 때문에 여성선비는 치인하는 대부의 단계로 나아가지 못하고 학인으로서의 '사'에 머물 수밖에 없었다. 하지만 자신의 학문과 인격을 닦아서 남을 다스리는 데까지 갈 수 있는 사람, 그런 자격을 갖춘 사람을 선비라고 정의한다면, 이론적으로 남성과 여성 누구나 선비가 될 수 있다는 것이다. 그런 측면에서 정일당을 새롭게 바라볼 수 있지 않을까.

정일당은 여성선비로 일생을 살았다. 대부 단계로 나아갈 수 없었기 때문이다. 세상을 떠난 후에는 여중군자, 나아가 군자라는 평가를 받기에 이르렀다. 여느 여인들처럼 혼인해서 이른바 현모양처로 살아가면서도, 정일당은 거기에 머물지 않았다. 유교적인 지식과 소양을 쌓는다거나 적극적으로 주자학의 본령에까지 들어서고 있다. 그래서 문집을 남겼다. 그녀의 삶은 끊임없는 학문과 수양으로 특징지어진다. 그 핵심에는 마음공부가 자리하고 있었다. 아홉 명의 자녀를 낳았으나 모두 한 살이 되기 전에 세상을 떠났던 개인적 고통과 인간적 슬픔은 정일당을 비켜가지 않았다. 어쩌면 그녀를 정면에서 덮치고 또 가혹하게 시험했다고 할 수 있다. 그렇지만 원망하는 마음이 없었다. 하늘을 원망하지 않았으며, 사람을 탓하지 않았다(불원천不怨天, 불우인不尤人, 『논어』). 과천에 살던 어느 해, 흉년이 들어 3일간 아무것도 먹지 못한 적도 있었다. 하지만 근심하는 빛이 없었다.

이런 일도 있었다. 어느 날 남편이 수백 냥의 돈을 잃고 근심하는 기색을 보였다. 그녀는 남편을 다음과 같이 위로했다. "재산을 얻고 잃는 것은 운수에 매인 것이니, 어찌 꼭 마음속에 새겨두겠습니까. 하물며 어머님께서 '항아리가 이미 깨어졌으면 쳐다본다고 무슨 득이 되겠느냐'고 하시지 않았습니까. 대장부가 이와 같이 작은 일로 우울해하실 것이 아닙니다."[130] 남편의 동반자이자 조언자, 나아가 스승과도 같은 면모를 보여주기도 했다.

그녀가 생각하기에 가난은 선비의 분수이고 검약함은 경제생활의 기본이니, "자기 분수를 편안히 여기고 근본을 지켜서 내가 좋아하는 대로 살면 즐거움이 이보다 더 클 수 없다"는 것이다.[131] 비록 영의정, 좌의정, 우의정 등 삼정승의 귀함이나 만종의 부유함이 있더라도 진실로 바른 도가 아니라면 마음속에 담아두지 말라고 했다.

무엇보다 정일당은 유교적인 틀 안에서 주어진 여성으로서의 직분과 거기에 합당한 일들을 도리에 맞게 다하고자 했다. 여성과 부인이라는 자신의 현재 상황을 부인否認하지 않았다. 전통적인 여성상에 도전하거나 반항하지 않았다. 제사를 모시거나 손님 접대 등의 가정사에도 성심을 다했다. 손님을 접대하는 예법은 조상 제사 다음으로 중요한 집안의 큰일로 절대 소홀히할 수 없다고 여겼다.

그러면서도 전통적인 여성상에만 안주하지 않았다. 이상적인 여성상은 예절과 품행을 닦는 데만 있는 것이 아니라, 끊임없는 심성의 수련과 도덕적 실천을 수행하는 데 있다고 했다. 그러기 위해서는 여성들도 공부하고 배워야 한다고 여겼다. 공부하지 않으면 도리를 알지 못한다고 생각했기 때문이다. 공부하고 배워야 한다는 것, 그것은 여성을 넘어서 인간으로서의 수양과 실천을 다하는 것이기도 했다. 그렇기 때문에 그녀는 여성과 남성은 그 분수는 다르지만 본질에서는 다르지 않다고 했다. 하늘로부터 부여받은 본성, 즉 천리는 동일하다는 것을 주장했다.

> 윤지당께서 말하기를, "나는 비록 부인이지만 하늘에서 받은 성품은 애당초 남녀의 차이가 없다고 하였고, 또 부인으로 태어나서 태임과 태사와 같은 성녀가 되기를 스스로 기약하지 않는 사람들은 모두 자포자기한 사람들이다."라고 하였습니다. 그렇다면 비록 부인들이라도 큰 실천과 업적이 있으면 가히 성인의 경지에 이를 수 있습니다.(『정일당유고』「척독」 42)

성인과 우리는 같은 부류에 속하는 존재라는 것, 보통 사람도 요·순과 같은 성인이 될 수 있다는 것, 따라서 다름 아닌 우리도 요·순·주공·공자와 같은 성인이 될 수 있다고 믿었던 것이다. 그 점에서는 여인이라 해서 달라질 것은 없다. 부인들이라 할지라도 궁극적으로 끊임없는 학문과 수양을 통해 큰 실천과 업적이 있으면 성인의 경지에 이를 수 있다는 것이다.

정일당 역시 윤지당과 마찬가지로 학문을 통해 수신하고 실천하는 선비의 삶을 살았다. 또한 여성도 유교의 이상적 인간상인 군자가 될 수 있다고 믿었다. 지식인 여성으로서 끊임없이 마음을 수련하고 도덕적 실천을 통해 보편적 인간으로 나아가고자 했다. 이는 커다란 하나의 성인과도 같은 것이었다. 그녀의 사례는 유교적 세계관이라는 큰 틀 속에서이긴 하지만 여성들 특히 지식인 여성들 사이에서 혁명적인 인식의 변화가 일어나고 있었다는 것을 말해준다.

학문으로 수신하고 실천하는 존재로서의 선비, 그런 선비에 남녀의 차별이 있어야 하는 것은 아니다. 그녀는 여성선비를 인정할 뿐만 아니라 나아가 군자가 될 수 있다고 여겼다. 실제로 정일당은 여성 군자라는 평가를 들었다. 기본적으로 예법을 충실히 시행하고 살림을 관장하며 친족의 화목과 가문의 흥기를 도모하는 데 힘썼다.

하지만 그녀가 보기에 이상적인 여성상은 예절과 품행을 닦는 데 그치지 않고 심성 수련과 도덕적 실천의 수행에 있다고 여겼다. 한 마디로 여성선비였던 것이다. 그녀는 자신이 여성임을 굳이 부인하지 않았으며, 그 위에서 군자가 될 수 있다는 비전을 보여주었다. 그러한 삶을 살았기 때문에 그 시대의 학자들 역시 여성군자, 군자 등의 평가를 했을 것이다.

그런 측면에서 정일당이 걸었던 삶은 그 시대를 앞서가는 지식인 여성으로서의 성격을 지닌다. 여성선비이자 성리학자였던 강정일당. 여성도 군자가 될 수 있으며 '성인'이 될 수 있다고 했다. 이는 '성인은 배워서 이를 수 있다'는 주자학의 유명한 명제를 여성에게까지 확대해간 것이다. 이 같은 그녀의 인식과 생각은 유교적인 세계관이라는 큰 틀 안에서 보편적인 인간이란 의미를 이끌어낸 것으로 볼 수 있다. 그녀는 그 같은 시대정신을 품은 선각자였다.

성인이 되는 길로서의 마음공부

앞에서 보았듯이 정일당의 자의식과 식견은 유교적인 세계관이라는 큰 틀 안에서 보편적인 인간이라는 위상과 의미를 과감하게 도출해낸 것이다. 그러면 그 같은 혁명적인 발상의 전환은 어디서 비롯된 것일까? 그 연원은 어디에서 찾아야 할까? 정일당의 그 같은 생각은 심성수양론心性修養論, 즉 마음공부에서 비롯된다고 할 수 있다.

성리학에서의 심성론心性論은 주자가 중시한 사서의 한 권인 『중용』에 압축되어 있다. 그래서 사서 중에서도 제일 나중에 읽으라고 한 것이다. 율곡 역시 『격몽요결』에서 같은 입장을 취하고 있다. 아마 조선 후기의 유학자들은 그런 가르침에서 크게 벗어나지 않았을 것이다. 정일당 역시 『중용』을 유학 도통의 핵심으로 인식했다. 다음의 「독중용讀中庸」 시문에서 알 수 있다.

一編思聖傳	자사께서 전하신 중용 한 편은
千載繼開多	수천 년 성현을 잇고 후학들의 길을 열었네
體立無偏倚	본체가 정립되니 기울어짐이 없고
用行不謬差	활용이 행해지니 잘못이 없네
始能存戒愼	처음에 경계하고 삼갈 수 있으면
終可致中和	마침내 중용과 조화를 이룰 수 있다네
達道關三德	도를 이룸은 지인용智仁勇 삼덕三德에 있으니
誠哉理孰加	그렇다, 이보다 더한 이치가 있겠는가[132]

일찍이 주자는 『중용장구中庸章句』 서문에서 다음과 같이 말했다.

> 상고시대에 성신聖神이 하늘의 뜻을 이어 극極을 세움으로부터 도통道統의 전함이 유래가 있게 되었다. 경서에 나타나는 것으로는, '진실로 그 중中을 잡으라'는 것은 요임금이 순임금에게 전수해 주신 것이요, '인심人心은 위태롭고 도심道心 은미하니, 정精히 하고 한결같이 하여야 진실로 그 중을 잡을 수 있다.'는 것은 순임금이 우임금에게 전수해 주신 것이니, 요의 한 말씀이 지극하다고 하였거늘, 순이 다시 세 말씀을 더한 것은 요의 한 말씀을 반드시 이와 같이 한 뒤에야 거의 할 수 있기 때문이다.[133]

게다가 주자는 마음을 중시하면서, 인심과 도심을 구별하고 도심이 인심을 억누를 수 있어야 한다고 보았다. 그런 측면에서 마음공부가 필요한 것이다. 주자는 이어서 이렇게 설명했다.

> 일찍이 논하건대, 심心의 허령지각虛靈知覺은 하나일 뿐인데, 인심과 도심의 다름이 있다고 한 것은, 혹은 형기形氣의 사私에서 나오고 혹은 성명의 올바른 것에서 근원하여 지각을 한 것이 똑같지 않기 때문이다. 이러므로 혹은 위태로워 편안치 못하고 혹은 미묘하여 보기가 어렵다. 그러나 이 형체를 가지고 있지 않은 이가 없으므로 비록 상지上智라고 인심이 없지 못하고, 또한 이 성性을 가지고 있지 않은 이가 없으므로 비록 하우下愚라도 도심이 없지 않으니, 이 두 가지가 마음의 사이에 섞여 있어서 다스릴 바를 알지 못하면 위태로운 것이 더욱 위태로워지고, 은미한 것이 더욱 은미해져서 천리天理의 공변됨이 끝내 인욕人欲의 사사로움을 이기지 못할 것이다. 정精은 두 가지의 사이를 살펴 섞이지 않게 하는 것이요, 일一은 본심의 올바름을 지켜 잃지 않게 하는 것이니, 이에 종사하여 조

금도 간단間斷함이 없어, 반드시 도심으로 하여금 일신의 주장을 삼고 인심이 매양 명령을 듣게 하면, 위태로운 것이 편안하게 되고 은미한 것이 드러나게 되어 동·정과 말하고 행하는 것이 저절로 과過·불급不及의 잘못이 없게 될 것이다.[134]

정일당은 학문과 수양의 기본적 원리를 『중용』에서 찾았다. 『중용』에서 말하는 '계구'나 '신독愼獨'의 수양을 쌓으면 마침내 '중화中和'의 경지에 이를 수 있다고 보았다. 이는 『중용』의 내용과 합치한다. 좀 더 정확하게 말하자면 아래에서 인용한 『중용』 제1장을 요약 정리한 것이라고 하겠다.

하늘이 명하신 것을 성性이라 이르고, 성을 따름을 도道라 이르고, 도를 품절해 놓음을 교敎라 이른다. 도란 것은 잠시도 떠날 수 없는 것이니, 떠날 수 있으면 도가 아니다. 이러므로 군자는 그 보지 않는 바에도 계신戒愼하며 그 듣지 않는 바에도 공구하는 것이다. 은밀한 것보다 드러남이 없으며 미묘한 것보다 나타남이 없으니, 그러므로 군자는 그 홀로를 삼가는 것이다. 기뻐하고 노하고 슬퍼하고 즐거워하는 정情이 발하지 않은 것을 중中이라 이르고, 발하여 모두 절도에 맞는 것을 화和라 이르니, 중이란 것은 천하의 큰 근본이요, 화란 것은 천하의 공통된 도이다. 중과 화를 지극히 하면 천지가 제자리를 편안히 하고, 만물이 잘 생육될 것이다.[135]

정일당은 마음을 수양하는 '성誠'과 '경敬'을 중요시했다. 성실은 사람의 근간이며 공경은 사람의 존재 근간이라고 보았는데, 특히 경을 강조했다.[136] 마음이 모든 성정性情을 통괄하는 것인데 공경으로서 마음의 주체를 세우지 않으면 수행의 과정을 갈 수 없다고 보았다. 성실과 공경의 공부야말로 성현들이 전수한 수양의 요체로 인식하여, 거동할 때나 쉴 때나 한결같았다. 그 실천을 위해 평생토록 노력한 것이다.

정일당은 일찍이 주자의 "동안同安에 있을 때, 종소리 한 번 듣는 사이에 이 마음을 끊지 못하여 잡념이 저절로 날뛰기 시작하였다."는 글을 읽고, 매번 아침저녁으로 종소리를 들으면 묵묵히 그것을 체험하곤 했다. 서당 아이들이 두레박을 치면서 놀이를 했는데, 치는 수에 절도가 없었다. 정일당은 그 치는 소리를 고르게 치면서 놀게 하고, 그 소리를 들으면서 마음이 잡히고 놓이는 경지를 시험하기도 했다. 또 어떤 때는 바느질을 하면서 여기서부터 저기에 이를 때까지 잡념이 일어나지 않도록 기약하기도 했다.[137] 이러한 수양을 통해 정일당은 마침내 자신의 본래 심성을 회복하고 마음을 자유자재로 조종해 태연한 경지에 이르렀다. 마침내 안심입명安心立命의 경지에 이를 수 있었던 것이다.

정일당의 시에는 이러한 경지를 그린 것이 적지 않다. 아래의 시문에도 나타나 있다. 성현이 전수한 도의 실체는 모든 사람들이 가지고 있는 것으로 마치 밝은 달이 물에 미치는 것과 같다고 표현했다.

古聖傳斯道	옛 성현이 이 도를 전하시니
人人所共由	사람마다 함께 실천할 바이네
心月印寒水	마음의 달이 찬물에 비치니
精光炯千秋	정기의 광채는 천추에 빛나네
相傳一敬字	공경의 정신을 서로 전해오니

關鍵孰能抽	그 핵심을 누가 잡아내랴
騖遠徒虛勞	먼 것을 추구하면 헛수고나 할 뿐이니
力進須近求	힘써 나아가 가까이서 구하리
終身宜自强	종신토록 스스로 노력할 것이니
望道敢遲留	어찌 도를 바라보고 우물쭈물하리오[138]

18~19세기를 살았던 여성 성리학자로서의 정일당. 그녀는 여성으로서의 직분과 위상을 거스르거나 당시의 전통적인 여성상을 부인하지 않고, 그 위에서 학문과 실천에 힘썼다. 그녀는 철저하게 유학적인 세계관 안에 머물러 있었다. 결코 다른 틀, 예컨대 서학이나 천주교 같은 가르침에 기대지 않았다. 하지만 그 틀 안에서 여성도 군자가 될 수 있으며 성인이 될 수 있다는 새로운 해석과 지평을 찾아냈다. 불행했던 개인의 삶을 학문과 수양을 통해 승화시키면서, 거기서 여성과 남성이 동등하다는 인식, 보편적인 인간으로서의 존재와 의미 같은 측면을 읽어냈다. 남녀평등과 보편적인 인권의 가능성을 말해주는 것이기도 하다. 그 같은 과감한 인식의 혁명은 『중용』에 의거해 정일당이 밀고 나갔던 마음공부가 바탕이 되었다. 그런 의미에서 그녀는 한 사람의 훌륭한 선각자요 탁월한 지식인이었다. 그녀가 했던 마음공부는 오늘날에도 시사하는 바가 크다.

요약과 정리

조선 후기에 글을 읽고 쓸 수 있으며 나아가서는 유교적인 소양을 지녔던 지식인 여성들이 일상적인 생활세계 속에서 어떤 생각을 가졌으며, 또한 어떠한 사회의식을 가졌는지에 초점을 맞추었다. 그들은 혼인해서 이른바 현모양처로 살아가면서, 거기에만 머무는 것이 아니라 유교적인 지식과 소양을 쌓는다거나 적극적으로 주자학의 본령에까지 들어가서 문집을 남기는 등의 활발한 학문과 삶의 모습까지 보여주었다.

사회사적으로 볼 때 양난 이후 조선사회는 부계 중심의 종법질서 강화, 열녀와 정표정책 등 보수화하는 경향을 보여주었다. 전통적인 여성상을 강조하는 교육과 정책이 여전했으며, 한층 더 강화되는 측면마저 없지 않았다. 하지만 그와 동시에 여성의 자각 역시 이루어지고 있었다. 여성의 경제적 비중의 증가와 함께 그 시대에 유행했던 여성들의 책 읽기와 글쓰기 열풍에 힘입어, 다양한 지식과 정보를 얻을 수 있었다. 사대부가 출신으로 지식과 식견을 가진 여성들이 등장했다.

그 같은 지식인 여성들은 '여성선비'와 '여중군자'라는 범주로 파악할 수 있다. 이 책에서는 그 범주에 해당하는 구체적인 사례로서 임윤지당과 이사주당, 그리고 강정일당의 삶과 학문에 대해서 살펴보았다. 그들은 서로 다르면서도 통하는 부분 역시 없지 않았다. 이제 그들 세 사람의 사회적 인식과 그것이 갖는 지성사적 의미에 대해서 간략하게 정리하는 것으로 이 장을 마무리하겠다.

우선 여성 지식인 임윤지당과 이사주당은 거의 같은 시대를 살았다. 동시대인이라 해도 좋을 것이다. 그들은 그 시대에 이미 여성선비와 여중군자로 평가았으며, 한문으로 된 저작을 남겼다. 그들이 남긴 문집과 관련된 글을 통해서, 우리는 자신들의 생활세계와 사회에 대한 그들의 비판적 의식에 대해서 알 수 있다. 조선 후기 선비 사회의 특질과 더불어 그 사회가 겪고 있던 변화의 성격을 이해하는 데도 도움이 된다.

임윤지당과 이사주당은 조선 후기 사회 전반의 생산력 증가와 생활 수준 향상에 힘입어 서민문화가 꽃을 피우는 영·정조 대의 문예부흥 시기를 거쳤다. 시대적인 분위기도 있었겠지만, 그들이 여성선비가 될 수 있었던 데는 가학적 배경이 크게 작용했다. 그 시대의 여성으로 가문의 영향에서 벗어날 수는 없었다. 뛰어난 자질과 노력이 있다고 할지라도 집안에서 학문의 길을 열어주지 않았다면 거의 불가능했을 것이다.

그들은 형제들과 함께 경전과 역사 공부를 했으며 때로는 토론에 참여하기도 했다. 윤지당은 둘째 오빠 임성주에게 글을 배웠다. 윤지당은 가문에서 전승된 학문 연원의 연장선 위에 있었다. 사주당은 『주자가례』·『소학언해』·『여사서』를 가져다가 일 년 만에 문리가 통하자 마침내 사서와 『시경』·『서경』을 읽었다. 부친은 "옛날 유명한 선비의 어머니치고 글 못하는 사람이 없다."며 격려했다. 나이 열다섯에 즈음에는 이씨 남자들 중에 혹 앞서는 이가 없었다고 한다.

둘째, 그들의 개인적 삶은 고단했지만 여성으로서의 생활 역시 충실히 하고자 했다. 윤지당의 결혼생활은 순탄치 않았다. 난산 끝에 아이를 낳았으나 어려서 죽었으며, 이어 젊은 나이에 남편과 사별했다. 한집에서 남편의 친어머니와 양어머니를 봉양하며 효성과 공경을 다했다. 부인의 덕성과 부인의 일에서 완비되지 않은 것이 없었고 성품은 장중하고 단정했다. 시동생 신광우의 큰아들 재준을 양자로 받아들였으나 그 역시 28세로 세상을 떠났다. 어려서 아버지를 여의고 남편도 일찍 죽고 자식도 없는 상황에서 입양한 아들조차 젊은 나이로 죽었다. 그 같은 인간적 고통을 수신과 학문으로 이겨낼 수 있었다.

사주당은 어려서부터 길쌈과 바느질을 잘한다고 이름이 났다. 그녀는 25세에 유한규의 네 번째 부인이 되었다. 그는 진사시에 합격했지만, 나이 육십이 다 되도록 이렇다 할 관직에 나가지 못했다. 62세에 목천 현감을 역임했으나 3개월 만에 그만두었다. 남편이 죽은 후, 가솔을 이끌고 용인으로 돌아왔다. 자녀들이 모두 어리고 남은 가산이 별로 없었지만 생활을 잘해냈다. 여성은 결혼과 함께 제사를 모시거나 손님 접대 등의 가정사를 처리해야만 했다. 당연히 안팎의 많은 어려움이 있었다. 하지만 윤지당과 사주당은 그 같은 생활세계에서도 칭송을 받았다.

셋째, 이들의 여성관에서 흥미로운 점은 아들과 딸의 교육에 차이를 두지 않았다는 것이다. 남녀평등관이라 해도 좋다. 사주당은 거북 등처럼 갈라진 손으로 자리를 짜고 거친 밥에 소금으로 간을 맞추었을 정도로 그 고달픔이 심했다. 하지만 열심히 자식 교육에 임했으며, 아들과 딸을 구분하지 않았다. 아들에게는 양식을 싸가지고 가서 유학하게 했고, 딸들에게도 밥하는 일을 시키지 않았다고 한다.

자식과 양자마저 잃어버린 윤지당의 교육관은 드러나지 않는다. 하지만 남녀관계에 대해서는 차별이 아니라 타고난 성품은 같지만 역할 분담이라는 입장을 취하고 있다. 성녀 태사와 성인 문왕께서 한 업적이 달랐던 것은 서로 그 분수가 달랐기 때문이다. 다 같이 천성대로 최선을 다했던 것은 그 천리가 같기 때문이라 한다. 남녀가 하는 일은 다르지만 하늘이 부여한 성품은 같다는 것이다.

넷째, 그들은 굳이 글을 남기고자 하지 않았다. 윤지당은 부녀자들이 서적에 몰두하고 문장을 짓는 데 노력하는 것은 법도에 어긋난다고 보았다. 그녀가 다시 학문세계에 전념한 것은 시부모가 모두 돌아가신 후, 본인도 늙었을 때였다. 여가가 나면 밤이 깊은 후에 보자기에 싸두었던 경전을 펴놓고 낮은 목소리로 읽곤 했다. 학식을 깊이 감추어두고 비운 듯이 했기 때문에 친척들 중에서도 그러한 사실을 아는 사람이 드물었다.

사주당은 『태교신기』만 남기고 다른 저술은 모두 소각하게 했다. 그 연유를 이렇게 말했다. "평소 아녀자가 어려서 배운 것은 커서 쓸모가 없는데, 단지 태교만은 그 일이 태임과 태사 이래로 기술된 바가 없으니 어찌 빌려서 볼 것인가." 아들 유희는 「행장」에서 "글에 있어서는 경사는 있었지만 자집은 없었다. 늘 궁구하여 풀 뿐 저작은 드물었다."고 적었다. 시문에 관한 것보다는 유교 경전이나 역사서에 대한 저술에 치중했음을 알 수 있다.

다섯째, 그들은 어떤 형태로든 선비 교육에 관여했다고 할 수 있다. 윤지당이 세상을 떠난 지 삼 년 후인 1796년 동생 임정주와 시동생 신광우가 같이 문집을 편찬했다. 윤지당의 동생 임정주는 어린 시절 나쁜 친구들과 사귀어 방탕한 생활을 했다. 그러다 윤지당에게 감화를 받아 형 녹문 임성주의 학설을 잇는 대학자가 되었다. 사주당의 아들 유희는 11세 때 아버지를 여읜 뒤 사주당의 훈도를 받았다. 어머님의 뜻에 따라 관직에 나가지는 않았다. 하지만 『언문지』와 『물명유고』 등 백 여 권의 저서를 남긴 실학자로 대성했다. 생전의 사주당은 당대의 사대부들을 지도했다. 이면눌과 이양연은 직접 가르침을 받기도 했으며, 이창현과 강필효 같은 이들은 자신의 글을 전달해 그 문의를 질정받기도 했다.

한편 윤지당과 사주당이 살았던 시대로부터 50여 년이 지난 시점에 지식인 여성 강정일당이 나왔다. 그들의 지적, 사상적 후배가 되는 셈이다. 정일당은 자신보다 앞선 시대의 여성선비로서의 윤지당을 평소에 사숙私淑하고 있었다. 윤지당의 삶과 학문을 일종의 이정표로 삼았다고 해도 좋겠다. 50여 년이라는 시간적 차이도 있었지만, 그들이 꾸려간 삶과 학문에는 다양한 차이가 있었다. 예컨대 윤지당은 시를 쓰지 않았지만, 대조적으로 정일당은 시문을 즐겨 쓰고는 했다. 또한 정일당은 학문과 수양의 이론적 원리를 『중용』에서 찾았다. 개인적 상황과 기호嗜好의 차이는 자연스러운 것이다. 독립된 주체로서의 삶과 학문을 꾸려가려고 했기 때문이다.

하지만 중요한 것은 남성 중심의 유교사회에서 그들이 어떻게 살아갔으며 또 어디로 나아가려고 했는가 하는 지향점이라 하겠다. 정일당은 윤지당을 존경해마지 않았으며, 그런 만큼 자신의 삶과 학문을 꾸려가는 과정에서 일종의 지표처럼 여겼던 듯하다. 앞서 간 사람, 선각先覺이 있는 만큼 그 삶의 궤적을 충실히 따라가고자 했던 것처럼 보인다. 뿐만 아니라 학문의 본질에 대한 탐구에서도 윤지당의 선례는 좋은 지침이 되어주기도 했다. 자신의 주장을 펴는 논지의 근거로 윤지당의 학설을 즐겨 인용하기도 했다.

정일당은 윤지당의 말을 토대로 삼아, 여성도 성인이 될 수 있다고 했다. "윤지당께서 말하기를, '나는 비록 부인이지만 하늘에서 받은 성품은 애당초 남녀의 차이가 없다고 하였고, 또 부인으로 태어나서 태임과 태사와 같은 성녀가 되기를 스스로 기약하지 않는 사람들은 모두 자포자기한 사람들이다.'라고 하였습니다. 그렇다면 비록 부인들이라도 큰 실천과 업적이 있으면 가히 성인의 경지에 이를 수 있습니다."

이렇게 본다면 조선 후기에 들어서 주자학적 세계관이라는 큰 틀 속에서이긴 하지만 여성들, 특히 지식인 여성들에 대해서 인식의 변화가 일어나고 있었다고 해야 할 것이다. 여성에게도 학문을 통해서 수신하고 실천하는 존재로서의 선비, 여성선비를 인정하게 되었고 나아가서는 유교에서의 이상적 인간으로서의 군자가 될 수 있다고 여기게 되었다. 실제로 지식인 여성 이사주당, 강정일당이 걸어간 길은 학문을 통해 수신하고 실천하는 선비의 삶이었다.

여성선비 혹은 여성학자로서의 그들은 과연 인간은 어떻게 살아야 하는가, 라는 본질적인 문제로부터 출발했다. 그들은 주자학적 세계관을 받아들였으며, 그 틀 안에서 생각하고 행동하고 있었다. 우선 그들은 당시 여성들에게 기대하는 직분과 역할을 외면하지 않았다. 그러면서도 여성들 도리를 알기 위해서는 역시 공부하고 배워야 한다고 했다. 그 연장선 위에서 여성들도 이상적인 인간으로서의 군자가 될 수 있다고 보았다. 하늘이 부여받은 본성이 같은 만큼, 남성과 여성을 넘어서는 보편적인 인간이라는 전망에 이를 수 있었다. 나아가 끊임없이 노력하면 성인의 경지에도 이를 수 있다고 생각했다. 선비와 군자 그리고 성인이라는 유교의 인간론은, 여성을 포함해서 누구에게나 열려 있다는 것을 주장하게 되었다.

요컨대 조선 후기를 살았던 지식인 여성들은 여성으로서의 직분과 위상을 결코 부인하지 않았다. 다만 거기에 얽매이지는 않았다. 오히려 분수는 다르지만 본질은 다르지 않다는 식의 독자적인 해석으로 나아갔다. 당시의 전통적인 여성상을 받아들이면서 그 위에서 학문과 실천에 힘썼던 것이다. 그런데 그들은 철저하게 주자학적인 세계관 안에 머물러 있었다. 당시 민간에서 유행하고 있던 서학이나 천주학 같은 가르침에 기대지 않았다. 안타깝게도 그들의 삶은 불행한 편이었다. 그럼에도 그런 삶의 고단함을 학문과 수양을 통해서 이겨낼 수 있었고 나아가 정신적으로 승화시켰다. 보편적 인간으로서의 존재와 의미 같은 전망을 읽어내고 있다. 그것은 남녀평등과 보편적인 인권의 가능성을 말해주는 것이기도 하다. 조선 후기 지식인 여성의 자의식과 사유세계는 오늘날에도 시사해주는 바가 여전히 크다고 하겠다.

5장

왕실 속 여중군자들

1. 소혜왕후,
당대 최고의 지식인 여성

1-1. 소혜왕후 한씨와 『내훈』

소혜왕후昭惠王后 한씨韓氏[1437(세종 19)~1504(연산군 10)]. 그녀는 세조의 맏며느리, 의경세자[덕종으로 추존]의 세자빈[추존 왕비], 성종의 어머니, 연산군의 할머니로서 일곱 왕대에 걸쳐서 파란만장한 삶을 살았다. 여러 칭호가 그녀의 그러한 삶을 말해준다. 군부인郡夫人(1450), 세자빈世子嬪, 정빈貞嬪(1455)→수빈粹嬪(1465), 인수왕비仁粹王妃(1470), 인수왕대비仁粹王大妃(1475), 덕종비德宗妃·회간왕비懷簡王妃(1475), 소혜왕후昭惠王后(1504). 시호는 인수자숙휘숙명의소혜왕후仁粹慈淑徽肅明懿昭惠王后. 타계한 후에 소혜왕후로 불리게 되었다. 그 직전까지는 인수대비 내지 인수왕대비로 불렸다. 『내훈內訓』의 발문을 쓴 상의尙儀 조씨曹氏는 인수왕대비 전하로 적었다.[1]

성종 대에는 중전 윤씨를 폐서인시키고 나아가 사사賜死시키는 데에 이르게 했다. 특히 며느리를 내쫓고 사약까지 내려 죽게 한 가혹한 시어머니 이미지 때문인지 조선 왕실과 여성, 그리고 정치(권력)를 배경으로 하는 다양한 역사 드라마, 영화, 소설의 소재가 되기도 한다. 하지만 그것이 전부는 아니다. 소혜왕후는 '조선 왕실 최고 여성 지식인'[2], '강직한 지식인'[3]으로 『내훈』을 펴낸 '15세기 최고의 여성 지식인'[4]이기도 했다. 말하자면 '15세기 조선의 여성이 도달할 수 있었던 최고의 지성을 대변하는 인물'[5]이었다. 따라서 '우리나라 최초의 여성 저술가'[6], '조선왕실 최고 여성 지식인'[7]으로서 여성에 의해, 여성을 위한 여성 교훈서를 저술했다.

소혜왕후와 『내훈』에 대해서는 일찍부터 주목해 상당한 연구가 이루어져왔다.[8] 그들 연구는 세 가지 범주로 나누어볼 수 있다. 첫째 소혜왕후의 가문 배경 및 그녀의 역동적인 삶에 관한 서술, 둘째 텍스트 『내훈』과 관련된 분석과 연구, 셋째 폐비 윤씨, 사사사건과 관련된 연구가 그것이다. 이들 연구는 그 대상과 시기를 달리하는 듯 보이지만, 서로 이어져 있다. 그 연결고리이자 정점에 『내훈』이 자리하고 있다.[9] 『내훈』은 유교 문명권의 주변부 조선에서 중심부의 '성별지식'을 적극적으로 수용하고 재구성해 문자화한 최초의 문헌이기 때문이다. 따라서 소혜왕후의 『내훈』은 조선 초기 정치사, 여성사는 물론 사회사, 사상사적 의미도 동시에 지니고 있다.

이 글에서는 젠더[성별지식]와 관련해서 소혜왕후와 『내훈』이 갖는 사회사, 사상사적인 위상과 함의에 대해 검토해보고자 한다. 사회사, 사상사적인 독해와 재음미라 하겠다. 먼저 『내훈』의 구조와 특성에 대해서 살펴본다. 저술 시기와 의도, 저술 방식과 특성에 대해 검토한 다음, 『내훈』에 담겨 있는 젠더 관련 명제들[남녀칠세부동석, 부내부천夫乃婦天, 불경이부不更二夫, 삼종지도와 칠거지악]을 제시할 것이다. 오늘날 우리에게 낯설지 않은 명제들이다.

그리고 소혜왕후가 『내훈』에서 제시한 젠더 명제가 당시 사회사, 사상사적인 측면에서는 어떤 의미를 지니고 있는가에 대해 논의할 것이다. 『내훈』과 『소학』의 관계는 어떠했는가, 특히 주자학과 '열녀' 이데올로기 문제에 초점을 맞춘다. 소혜왕후가 젠더 관련 명제들을 제시하면서도 주자학적이고 극단적인 '열녀' 이데올로기에까지 이르지 않은, 혹은 이르지 못한 내역은 과연 무엇인가 하는 것이다. 이를 통해서 소혜왕후와 『내훈』의 지향점이 어떤 선에까지 이르고 있는지 가늠해볼 수 있지 않을까 한다. 소혜왕후와 『내훈』이 조선 사상사와 사회사에서 어떤 위상을 차지하고 있는지 보다 입체적으로 드러날 수 있을 것이다.

1-2. 『내훈』은 어떤 책인가

저술 시기와 의도

소혜왕후가 문자와 지식으로 우리 역사에 등장한 최초의 여성, 최초의 여성 저술가로 평가되는 것은 『내훈』 때문이다. 그녀는 언문에 대비되는 개념으로서의 '문자文字'를 알고 유교 고전을 읽은 지식인 여성이었을 뿐만 아니라, 불교에 대해 상당한 지식을 지니고 있었다. 24세 때 『능엄경楞嚴經』 언해 작업에 참여하기도 했다. 수양대군(훗날의 세조)이 구결토를 단 한문 경전을 소리 내어 읽으면서 교정 작업을 진행했다.

15세기 조선의 여성이 도달할 수 있었던 최고의 지성을 대변하는 인물이라는 평가에 걸맞게, 1475년(성종 6) 소혜왕후는 『내훈』을 내놓았다. 그 시점이 갖는 의미가 크다. 그에 앞서 '1475년'이라는 구체적인 시점을 어

內訓 卷第一

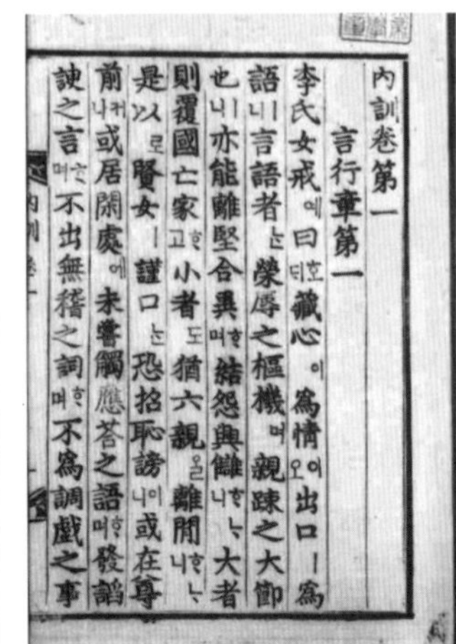
內訓卷第一

言行章第一

李氏女戒예 曰호되 藏心이 爲情이오 出口ㅣ 爲語ㅣ니 言語者는 榮辱之樞機며 親疏之大節也ㅣ니 亦能離堅合異며 結怨興讎ᄒᆞᄂᆞ니 大者ᄂᆞᆫ 覆國亡家ᄒᆞ고 小者도 猶六親을 離間ᄒᆞᄂᆞ니 是以로 賢女ㅣ 謹口ᄂᆞᆫ 恐招恥謗이니 或在尊前커나 或居閑處에 未嘗觸應荅之語ᄒᆞ며 發諂諛之言ᄒᆞ며 不出無稽之詞ᄒᆞ며 不爲調戲之事

敦睦章第六

廉儉章第七

內訓目錄 終

『내훈』

떻게 알 수 있는가. 『내훈』을 저술한 후에 쓴 서문 「내훈서內訓序」 말미에 '성화을미맹동유일成化乙未孟冬有日'이라 적어놓았다. '성화'는 명나라 현종 대의 연호(1465~1487)다. 때문에 을미년이 1475년임을 알 수 있다. 맹동은 초겨울, 유일은 어느 날을 가리킨다. 1475년이라는 시점은 『내훈』 말미에 붙여놓은 정5품 상의 조씨의 발문 「내훈발內訓跋」에서 다시 확인된다. 상의 조씨는 '성화을미맹동십유오일成化乙未孟冬十有五日'이라 적어놓았다. 더욱이 '十有五日' 즉 십오일, 자신이 발문을 썼다는 것까지 밝히고 있다. 초겨울 십오일, "신 상의 조씨는 삼가 발문을 바칩니다(상의신조씨경발尙儀臣曹氏敬跋)"라고 했다.[10] 그러면 『내훈』이 간행된 성종 6년(1475)이라는 시점은 과연 어떤 의미를 가질 수 있는가. 다시 말해서 1475년 『내훈』이 저술되었다는 사실은 무엇을 말해주는가, 우리는 무엇을 읽어내야 하는가.

1475년은 조선의 건국(1392) 이후 약 80여 년이 지난 시점에 해당한다. 역성혁명을 표방한 조선 건국이라는 급격한 정치변동은 그 내역을 살펴보면 '주자학을 위한 혁명'이라는 성격이 강했다.[11] 불교 중심의 고려사회

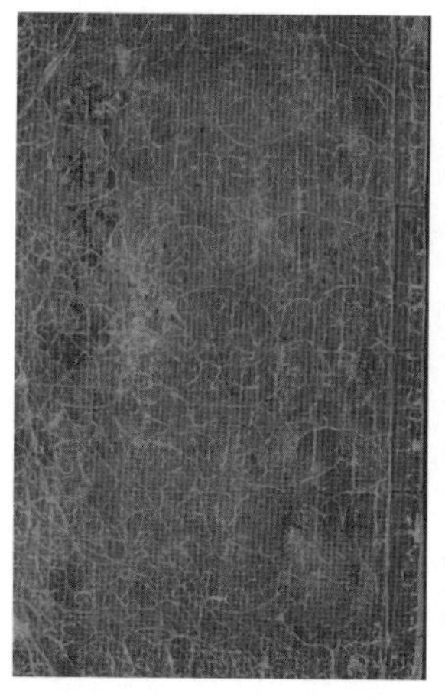

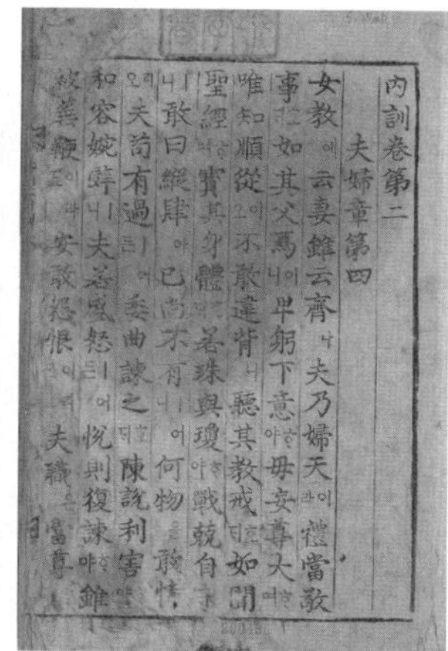

內訓卷第二
夫婦章第四
女教云妻鉾云齊夫乃婦天禮當敬
事如其父焉卑躬下意毋妄尊大
唯知順從不敢違背聽其教戒如聞
聖經實其身體若珠與瓊戰兢自守
敢曰縱肆己尚不有何物敢惜
夫苟有過委曲諫之陳說利害
和容婉辭夫若盛怒悅則復諫鉾
殺義鞭安敢怨恨夫職當尊

『어제내훈』

에서 주자학 중심의 조선사회로 이행하고자 했다. 무엇보다 사상계에서의 주선율主旋律이 '대승불교에서 주자학으로' 바뀌는 거대한 전환이 이루어지고 있었다.[12]

위진남북조와 수당시대를 거치면서 만연했던 불교, 도교 등의 종교, 신앙을 넘어서 새로운 유교적인 사회질서와 윤리를 구축하고자 했으며 실제로 성공했다는 점에 주자학의 시대적 상징성이 있다고 하겠다. 하지만 도입된 새로운 사상체계로서의 주자학이 사회 전 영역에 걸쳐서 그 모든 것을 하루아침에 다 바꾸어놓을 수는 없었다. 오랜 세월에 걸쳐서 유지되어온 사회적 습속이 지니는 관성 나름대로의 힘이 있었기 때문이다. 건국 이후 조정에 의한 『주자가례』와 『소학』, 『삼강행실도』 등의 적극적인 보급과 장려는 그런 측면에서 이해할 수 있다.[13]

그 같은 사상계의 변화는 실제 인간관계의 모든 측면, 특히 남녀관계에 대해서도 필요한 것이었다. 이미 세종시대에 이루어진 『소학』의 보급과 장려가 그 역할을 하고 있었다. 하지만 이론과 현실 사이의 거리가 없지 않았다. 그런 간격을 간파한 여성 지식인이 소혜왕후였다. 그녀가 저술한 『내훈』은 그 같은 거대한 시대적 전환 속에서 '여성' 스스로에 의해 자각적으로 이루어진 작업이라는 의미를 갖는다.

무엇보다 '내훈內訓'이라는 이름 자체가 상징적이다. 안과 밖, 그리고 남과 여라는 구분을 담고 있다. 그런데 소혜왕후가 자신의 저작에 붙인 『내훈』이라는 이름이 역사적으로 최초는 아니다. 그에 앞서 『내훈』이라는 책을 쓴 여성이 있었다. 명나라 제3대 황제 성조成祖 영락제永樂帝의 황후 인효문황후仁孝文皇后(1362~1407)다. 인효문황후는 연왕비에 봉해졌다가(1376), 황후에 올랐다(1403). 그녀는 『고금열녀전』 편찬을 요청했으며, 이어 스스로 20장으로 구성된 『내훈』을 저술해 1407년에 간행하고 반포했다. 1407년 7월 그녀가 세상을 떠났을 때 영락제가 무척 슬퍼했다고 전해진다. 소혜왕후의 『내훈』과는 68년이라는 시간차가 나지만, 두 사람은 거의 비슷한 문제의식을 가졌던 것으로 여겨진다. 원나라에서 명나라에로의 이행 역시 라마불교를 숭상했던 원나라와 주자학을 중시하는 명나라의 대비가 가능하기 때문이다. 중국과 조선에서의 15세기의 문제의식—새로이 성립된 왕조에서 여성들을 어떻게 가르칠 것인가—이라 해도 좋겠다.

소혜왕후는 인효문황후의 『내훈』을 보았을까? 뒤에서 보듯이 소혜왕후가 『내훈』을 쓰면서 참고한 문헌에는 『고금열녀전』 역시 포함되어 있다. 따라서 실제로 참조했을 가능성이 크다. 또한 그 두 사람을 이어주는 인물도 있다. 소혜왕후의 큰고모 한씨, 즉 한확韓確(1400~1456)의 여동생은 1417년(태종 17) 명나라에 공녀로 가서 영락제의 후궁으로 여비麗妃가 되었다. 인효문황후는 영락제가 무척이나 아낀 황후였다. 황후가 세상을

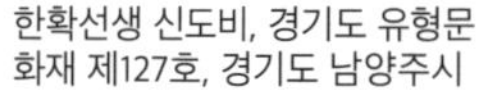

한확선생 신도비, 경기도 유형문화재 제127호, 경기도 남양주시

한확선생묘와 신도비각

떠난 후 그녀의 빈자리를 여비가 대신할 정도였다. 후궁으로서의 여비 한씨는 정실부인 인효문황후의 위상과 업적을 당연히 인지했을 것이며, 그 정보는 소혜왕후에게도 전해졌을 것으로 여겨진다.[14]

1475년이라는 시점은 소혜왕후 개인사에서도 중요한 의미를 갖는다. 소혜왕후는 청주 한씨, 한확의 여섯째 막내딸이다. 고려에서도 청주 한씨는 원나라와의 관계 속에서 가문을 키웠으며 조선 건국 과정에도 적극 참여해 명문 가문으로 등장했다. 더욱이 한확과 한명회(1415~1487)가 세조의 계유정난과 왕위찬탈에 가담해 그 정변을 주도해감으로써 위상이 굳건해졌고, 한명회와 한백륜(1427~1474)은 세조와 사돈이 됨으로써 왕실의 '외척'으로 자리 잡았다. 예종의 비 장순왕후 한씨(1445~1461)와 성종의 비 공혜왕후 한씨(1456~1474)는 한명회의 딸, 예종의 계비 안순왕후 한씨(미상~1498)는 한백륜의 딸이다. 한확, 한명회, 한백륜은 먼 친척간이

기도 했다. 한확의 둘째 딸은 세종의 후궁 신빈 김씨의 소생 계양군桂陽君 이증李璔(1427~1464)과 혼인했다. 한명회와 한확은 9촌, 한확과 한백륜은 7촌, 한명회와 한백륜은 10촌이 된다.

한확의 막내딸 소혜왕후는 1455년(단종 3) 수양대군의 맏아들로 한 살 아래인 도원군桃源君 장暲(1438~1457)과 혼인했다. 수양대군이 왕위에 오르자 의경세자와 세자빈이 되었으며, 2남(월산대군과 자을산군) 1녀(명숙공주)를 두었다. 하지만 1457년(세조 3) 9월 의경세자가 20세의 나이로 요절했다. 현재 경릉敬陵에 모셔져 있다.[15]

그녀는 21세에 청상과부가 되었다. 그녀는 아이들을 데리고 사가私家로 물러나야 했으며, 세조의 둘째 아들 해양대군이 세자가 되었으며, 이어 왕위에 올랐다. 그가 예종이다. 예종의 비 장순왕후 한씨(한명회의 딸)는 인성대군을 낳았으나 17세 나이로 세상을 떴다. 인성대군 역시 세 살 때 죽었다. 계비 안순왕후 한씨는 제안대군과 현숙공주를 낳았다. 그런 상황이다 보니 소혜왕후는 궁궐에서 한층 더 멀어질 수밖에 없었다.

하지만 예종이 갑작스레 승하하자 많은 것들이 달라졌다. 그의 아들 제안대군(1466~1525)이 있음에도 불구하고(당시 네 살), 왕위는 의경세자와 소혜왕후의 둘째 아들 자을산군에게 돌아갔다. 당시 13세였던 그가 성종이다. 첫째 월산대군이 아니라 자을산군이 왕위에 오를 수 있었던 데에는 세조비 정희왕후의 의중과 자을산군의 장인 한명회의 정치적 배경이 작용한 것으로 여겨진다. 왕위 계승 자체만 본다면, 건국 이후 내세웠던 주자학의 명분론과 종법 질서가 제대로 작동하지 않았다. 이미 왕자의 난, 계유정난, 그리고 세조의 왕위찬탈 자체가 그러하다. 아들이 왕위에 오름으로써 소혜왕후는 13년 만에 궁궐로 돌아온다.

덕종 경릉, 사적 제198호, 경기도 고양시

소혜왕후 경릉

당시 왕실에는 세조비 정희왕후(대왕대비)가 최고 어른이었으며, 예종의 비 안순왕후(왕대비) 도 있었다. 소혜왕후의 위상을 어떻게 해야 하느냐 하는 문제가 잠재되어 있었다. 소혜왕후는 실제 왕비는 아니다. 약간의 논란이 없지는 않았으나 소혜, 안순왕후는 정희왕후에게는 첫째, 둘째 며느리이기도 했으므로 결국 그 서차에 따랐다. 정희왕후의 의중이 크게 작용했던 것이다. 정희왕후는 소혜왕후의 시어머니이자 동시에 궁중의 후원자이기도 했다. 정희왕후는 그녀가 문자를 알고 사리도 잘 알며 총명하다는 것을 인정해주었다. 정희왕후는 성종이 즉위한 후 수렴청정垂簾聽政 요청에 대해 이렇게 말하기도 했다.

> 대비가 전교傳敎하기를, "내가 복이 적어서 이러한 자식의 흉사凶事를 당했으므로, 별궁別宮으로 나아가 스스로 보양하려고 한다. 더구나 나는 문자文字를 알지 못해서 정사政事를 청단聽斷하기가 어려운데, **사군嗣君의 어머니 수빈粹嬪은 글도 알고 또 사리事理도 알고 있으니, 이를 감당할 만하다.**" 하였다.[16]
> 대왕대비가 전지하기를, "국가의 기무機務를 내가 부득이하여 임시로 함께 청단하는데, 무릇 시위施爲가 천심天心에 합하지 않아서 이 한재旱災를 가져왔으니, 장차 어떻게 할 것인가? **인수왕비가 총명하고 사리에 밝아서 사체事體를 아니, 내가 큰일을 전하여 맡기고자 하는데 어떠한가?**" 하였다.[17]

소혜왕후와 안순왕후는 같은 청주 한씨로 먼 친척이기도 했다. 그들은 흔히 '삼전三殿'으로 불리게 된다. 한편 성종은 명나라에 사신을 보내서 의경세자와 소혜왕후 존호 및 추봉과 관련된 고명을 받아왔다. 이어 성종은 아버지 의경세자는 의경대왕으로, 어머니 소혜왕후는 인수왕비에서 인수왕대비로 올렸으며, 1475년(성종 6) 2월 선정전에서 인수왕대비는 책봉을 받게 된다.[18] 마침내 인수왕대비로 책봉을 받는 1475년은 소혜왕후에게 의미 있는 시점이라 하겠다. 일찍 과부가 되긴 했지만 아들이 왕이 되고 자신은 왕대비가 되었으니 인생의 정점에 이르렀다고 할 수도 있다. 물론 1475년 10월 회간왕悔簡王이란 시호를 덕종에게 올리게 됨으로써 소혜왕후는 덕종비로 불리기도 했으며, 그해 10월에는 회간왕비로 일컬어지게 되었다. 그때 그녀 나이 39세였다.

한편 1475년은 당시 왕실에 중요한 시점이었다. 소혜왕후의 둘째 아들 자을산군(성종)이 왕위에 오르는 데 일조했던 부인 공혜왕후 한씨가 1474년(성종 5) 4월 병으로 갑작스레 세상을 떠났다. 그러다 보니 갑작스레 왕비 자리가 빈 것이다. 누가 왕비가 될 것인가, 어떻게 간택할 것인가 하는 문제는 조정의 큰 관심사였다. 실은 성종에게는 공혜왕후 외에도 여러 후궁들이 있었다. 그들 역시 왕비 간택 문제에 촉각을 세우지 않을 수 없었다.

그 같은 상황 아래 소혜왕후는 『내훈』을 저술했던 것이다. 왕대비로 승격된 소혜왕후의 발언권이 가장 강한 시점이었다. 때문에 그 시점은 『내훈』의 저술 의도와도 깊이 연관되어 있다. 「서문」에서 그 일단을 읽어낼 수 있을 것이다.

> 내가 글을 읽다가 달기妲己의 웃음과 포사褒姒의 총애와 여희驪姬의 울음과 비연飛燕의 참소에 이르러서는 일찍이 글월 읽기를 그만두고 마음에 섬뜩하게 여기지 않은 적이 없다. 이것으로부터 볼 때, **(한 나라가) 다스려지며 어지러우며 흥하고 패망하는 것이** 비록 남자의 어질며 나쁜 것

에 관련이 있다고는 하나 **또한 여자의 어질며 나쁜 것에도 관련이 있는지라 가르치지 않을 수 없다.** …여자는 그렇지 않아 한갓 길쌈의 굵고 가는 것만을 달게 여기고 **덕행의 높음을 알지 못하니 이것이 내가 날마다 한스럽게 여기는 것이다.** … 요堯와 순舜은 천하의 큰 성인이셨으나 단주丹朱와 상균商均이 있으니, 엄한 아버지가 부지런히 가르치는 앞에도 오히려 어질지 못한 자식이 있거늘 하물며 **나는 홀어미인지라 능히 '옥 같은 마음을 지닌 며느리'를 보겠는가.**[19]

우선 한 나라의 치란흥망과 같은 큰 사안 역시 여자의 어짐과 나쁨과 관련이 있다는 것, 그래서 가르치지 않을 수 없다는 것이다. 그 가르침의 핵심은 높은 '덕행'에 관한 것이다. 그러니 일곱 장으로 된 이 책, 『내훈』을 보고 잘 배우라는 것, 그렇게 해서 '옥 같은 마음을 지닌 며느리(옥심지부玉心之婦)'가 될 수 있으면 좋겠다는 식의 간절한 바람을 표현하고 있다.

저술 방식과 특성

1475년(성종 6) 『내훈』이 처음 간행되었다는 것은 알 수 있지만, 그 초간본은 현재 전해지지 않는다. 1573년(선조 6) 이전에 중간된 것으로 보이는 일본 나고야 호사문고蓬左文庫[20] 소장본이 가장 오래되었으며, 상태가 좋은 선본善本으로 여겨진다. 그 판본은 1969년 연세대학교 인문과학연구소에서 영인한 바 있으며[21], 우리말로 번역 간행된 『내훈』에서 축소 영인된 형태로 볼 수 있다.[22] 현재 『내훈』 판본은 다섯 종이 전해진다. 호사문고본[보주을해자 후인본] 외에 1573년(선조 6) 보주을해자 초인

본, 1611년(광해군 3) 목활자본, 1656년(효종 7) 목판본, 영조의 소지小識가 있는 1736년(영조 12) 금속활자본이 있다.[23]

『내훈』의 구성과 체계를 보면 3권 4책[인의예지], 그리고 전체 7장[언행言行, 효친孝親, 혼례婚禮, 부부夫婦, 모의母儀, 돈목敦睦, 염검廉儉]으로 되어 있다(〈표 6〉 참조). 「부부」 장이 분량이 제일 많을 뿐만 아니라 인仁, 의義, 예禮, 지智로 나누면서 2권을 상하로 나누었다. 그녀가 가장 심혈을 쏟은 부분임을 알 수 있다.

표 6 『내훈』의 체제와 내역

목차	권	내역	장
인(仁)	1권	내훈 서 내훈 목록 언행장 제1 효친장 제2 혼례장 제3	1~9장 1장 1~38장 39~73-1장 73-2~87장
의(義)	2권(상)	부부장 제4	1~59장
예(禮)	2권(하)	부부장 제4	1~76장
지(智)	3권	모의장 제5 돈목장 제6 염검장 제7 발	1~39-1장 39-2~54-1장 54-2~70장 1~2장

그러면 소혜왕후는 『내훈』을 어떻게 저술했는가. 그 방식은 또 어떤 특성을 보여주고 있는가. 역시 소혜왕후 자신의 말을 들어보는 게 좋겠다.

『소학』, 『열녀』, 『여교』, 『명감』이 지극히 적절하고 명백하되 그 권수가 자

못 많아 쉽게 알지 못하므로 **이 네 글 가운데 가히 중요한 말을 취하여 일곱 장을 만들어 너희에게 주노라.**[24]

『소학』, 『열녀』, 『여교』, 『명감』의 권수가 너무 많아 쉽게 알 수 없기 때문에 그들에서 중요한 말들을 뽑아 7장으로 만들었다는 것이다. 발문을 쓴 상의 조씨 역시 거의 비슷한 취지로 말한다. 다만 상의 조씨는 그 7장을 언문으로 옮겨서 쉽게 이해할 수 있도록 했다는 말을 덧붙이고 있다.

인수왕대비 전하께서는 궁중에서 양궁을 모시는 여가에도 부녀자들의 무지함을 근심하여 부지런히 가르치고 깨우쳐 주셨습니다. 그런데 **『열녀』, 『여교』, 『명감』, 『소학』 등의 책은 권질이 많고 번다하여 처음 배우는 자들이 이를 괴로워하니,** 친히 잘라낼 것은 잘라내고 **절실한 요체만을 취하여 총 7장을 만들고, 또한 이를 언문으로 옮겨서 쉽게 이해할 수 있게** 하셨으니, 비록 어리석은 자라도 한 번 보면 환하게 깨달을 수 있습니다.[25]

편찬자 서문과 발문에서 밝히고 있는 만큼, 그 부분에 대해서는 오랫동안 거의 그대로 받아들여져 왔다. 하지만 조금 더 들어가 보면 네 권의 책에서 『내훈』은 과연 어떤 부분을 어떻게 가져왔는가 하는 구체적인 의문에 부딪히지 않을 수 없다. 『내훈』 편찬과 텍스트의 성격에 관한 문제다. 지금까지의 연구 성과에서 주목되는 연구는 이경하(2008)라 할 수 있다[26] 소혜왕후가 『내훈』 편찬을 위해서 참고했다는 네 권(『열녀』, 『여교』, 『명감』, 『소학』)이 실제로 『내훈』에 어떻게 그리고 얼마나 이용되었는지 그 구체적인 양상을 밝히고자 했기 때문이다. 참고문헌의 간행 시기와 판본을 고려해서 실질적인 인용 텍스트를 추정하고, 그것을 『내훈』 116개 항목과 대조해 각각의 출전을 추적했다. 『내훈』 서문에서 말한 "취사서지중가요지언取四書之中可要之言"의 의미는 전대의 문헌들 가운데 중요한 대목의 문장을 발췌하는 직접인용 방식을 가리킨다. 『내훈』 서문과 발문에서 밝힌 바 "취사서지중가요지언取四書之中可要之言", "촬기절요撮其切要" 했다는 것은 참고문헌 4종에서 중요한 대목의 문장을 발췌하는 직접인용 방식을 가리킨다. 『내훈』이 참고문헌 4종에서 취한 것은 내용만이 아니라 문장까지를 포함한다. 소혜왕후의 『내훈』은 그 전체가 『열녀』, 『여교』, 『명감』, 『소학』에서 발췌한 인용문 116개 항목으로 이루어진 텍스트라는 것이다.

이는 『내훈』의 편찬과 관련해서 다분히 부풀려 말하는 부분에 대한 반성이 필요하다는 말이다. 『내훈』에서 유교의 주요 경전(예컨대 사서오경)이나 송대 유학자들의 언설이 보이기는 하지만, 소혜왕후가 그 원전들을 다 보았다는 것이 아니라 참고문헌 네 권에 수록된 내용 중에서 필요한 부분을 그대로 가져왔다는 것이다.[27] 소혜왕후는 그 책들을 읽어가면서 그런 독서 카드를 만든 것처럼 보이기도 한다. 하지만 아무 생각 없이 116개의 독서 카드를 만든 것은 아니며, 또한 아무렇게나 배열한 것도 아니다. 그들을 7개의 범주(장)로 나누고 적절하다고 생각하는 순서대로 배열한 것이 편집과 재구성 작업이 이루어진 셈이다.

그렇다고 해서 소혜왕후의 지식이나 지성이 훼손당하거나 하는 것은 아니다. 소혜왕후가 참고한 『소학』이 그러하듯이, 주요 경전이나 어록에서 중요한 부분을 발췌해 재구성하는 방식은 동아시아 전통시대 저술 방식의 하나다. 『근사록近思錄』 역시 그렇게 이루어졌다. 공자가 말한 "술이부작述而不作"에 가까운 방식이라 해도 좋겠다. 나아가 소혜왕후는 한문 원문을 읽어가는 데 도움이 되는 '구결토'를 붙이고 있으며, '언해문'까지 만들어 넣었다. 그리고 조금 설명이 필요한 부분에 대해서는 언해본에 '세주細註'까지 붙여놓았다. 그런 점들을 감안해야 할 것이다.

이제 소혜왕후가 참조한 네 권의 책과 관련해서, 필자의 견해를 덧붙이는 것으로 저술 방식과 특성을 마무리하고자 한다.

우선 ① 『소학』을 많이 참조했다는 점은 충분히 예상할 수 있다. 『소학』에서 발췌한 문장이 73~82개로 『내훈』의 63~71%를 차지한다.[28] 『내훈』은 『소학』 386조목 가운데 최대 82개 항목, 즉 『내훈』의 21%를 발췌 인용한 셈이다. 『소학』은 주자학의 입문서라 할 수 있으며, 사서의 핵심 『대학』과도 짝을 이룬다. 이미 세종 대부터 『소학』을 보급, 장려했으며 명나라에서 『소학집성』 100권을 사오게 했다. 구입해온 『소학집성』을 주자소에 내려 인쇄하기도 했다.[29] 『소학』 주석서와 관련해서 『내훈』 조목을 대조해본 결과 『소학집성』의 주해에서 인용한 항목이 있음을 발견했다. 그 항목은 『소학집주』의 주해에는 빠져 있다는 점도 확인된다.[30] 그러면 『내훈』은 구체적으로 『소학』의 어떤 부분을 가져왔고, 또 어떤 부분은 왜 가져오지 않았을까 하는 의문을 제기해볼 수 있다.

② 『열녀』와 관련해서는 역시 유향이 편찬한 『열녀전』과 명나라시대에 편찬된 『고금열녀전』을 같이 참고했던 것으로 보인다. 『고금열녀전』은 『내훈』의 저자 인효문황후의 요청에 힘입어 편찬된 것이라는 점 역시 시사적이다. 『내훈』에서는 그들을 구분하지 않고 『열녀』라 불렀다. 『내훈』은 『열녀전』과 『고금열녀전』을 모두 참고했으나 공통 항목이 있는 경우 『고금열녀전』을 인용하고, 『고금열녀전』에 없는 항목은 『열녀전』을 인용

한 것으로 보인다.[31] 그런데 『열녀전』을 참조하되 조금 표현을 달리하거나 문장을 생략한 부분도 없지 않다. 미리 덧붙여 두자면 소혜왕후는 주자학적 여성관 내지 그와 관련된 젠더 관련 명제를 분명하게 제시하면서도 '열녀' 개념 및 이념에 대해서 그렇게 주목하지 않았다.

여전히 그 실체가 잡히지 않는 것이 ③ 『여교』라 하겠다. 그 이름대로 여성들을 위한 가르침 내지 여성 교육을 위해 편찬한 책 정도로 여겨지지만, 문헌이 전해지지 않기 때문이다. 『내훈』에서 『여교』는 두 가지 용례로 쓰인다. 하나는 소혜왕후가 참조한 (네 권 중의) 한 권으로서의 『여교』, 다른 하나는 『내훈』 본문에서 인용한 것으로 나오는 원래 출전이다. 그들 둘이 어떤 관계인지 정확하게 알 수가 없다. 역대 문헌을 조사해보면 '여교'라는 용어가 들어가 있는 책들이 확인된다. 『여교십편女教十篇』(송대, 방징손方澄孫), 『여교서女教書』(원대, 허희재許熙載), 『여교속편女教續編』(명대, 왕직王直) 등이 그런 예라 하겠다. 『내훈』에도 『여계女誡』, 『방씨여교方氏女教』, 『이씨여계李氏女誡』 등이 등장한다. 『내훈』에서 "여교女教" "방씨여교" "이씨여계"를 언급한 항목들을 『여교』에서 인용한 것으로 간주했는데[32], 이는 설득력 있는 추정이라 생각한다. 참고로 『선조실록』에 다음과 같은 기사가 확인된다.

> 유희춘이 아뢰기를, "지난번 『내훈』 제2권의 '분소의야分所宜也'의 분分 자는 공公 자로 잘못 인쇄되어 있었습니다. 위에서 **『여교』의 본문을 살펴야 한다고 분부하셨으므로, 신이 물러가서 홍문관弘文館의 『방씨여교』를 살펴보니** 과연 분자였습니다. 『내훈』에 이미 오자가 있으니, 대내大內에 들일 건수件數를 다시 더 박는 것이 어떠하겠습니까?" 하니, 상이 이르기를,

> “대내에 들일 건만이 아니라 반사頒賜한 건도 적으니, 다시 더 들이도록 하라.” 하였다.[33]

한편 『여교』 및 『명감』과 관련해서 조금은 이색적인 견해도 제시되었다. “『여교』와 『명감』이 별개의 문헌이 아니라 ‘여교명감’이라 불리는 일종의 규훈서 선집일 가능성도 있다.”는 것이다.[34] “『내훈』의 서문과 발문에서 참고문헌으로 언급된 ‘여교명감’은 ‘여교’와 ‘명감’이라는 별개의 문헌이 아니라 규훈서 선집이란 뜻의 ‘여교명감’이라는 단독 문헌일 가능성도 배제할 수 없다.”[35] 하지만 필자가 보기에 이 같은 입장은 다소 애매하며 이중적이다. “요컨대 여교명감을 단일한 문헌으로 간주할 수 있는 확실한 증거가 현재로서는 하나도 없다.”[36]고도 했기 때문이다.

필자로서는 ‘여교’와 ‘명감’은 마땅히 별개의 문헌이었으며, 또 그렇게 보아야 한다고 생각한다. 『내훈』 「서문」을 보면, 소혜왕후 스스로 “取四書之中可要之言”, 즉 “이들 **네 권** 가운데 가히 중요한 말을 취하여”라고 했기 때문이다. 책을 마무리한 다음 서문을 쓰면서 참조한 서적이 ‘네 권’인지 ‘세 권’ 인지 잘못 적을 수는 없다.

마지막으로 ④ 『명감』에 대해서는, 먼저 『명심보감』을 가리킨다는 견해가 나와 있다.[37] 그런데 『내훈』의 항목들 중에는 『명심보감』과 『소학』에다 들어 있는 항목이 8개 있다. 그들 항목이 『소학』과 『명심보감』에서 같이 확인된다면 가장 많이 인용한 『소학』 쪽으로 보는 것이 타당하지 않을까 한다. 『내훈』 116개 항목 가운데 『소학』이나 다른 참고문헌에는 없고 『명심보감』에만 있는 항목은 없기 때문이다.[38] 원대에 편찬된 『명심보감』 역시 (주자학의 영향하에서) 『소학』을 참조, 인용했다고 보아야 할 것이다.

한편 『명감』은 『후비명감后妃明鑑』을 가리킨다는 견해도 있다.[39] 『성종실록』에 의하면, 성종의 지시에 따라 선악의 모범과 경계가 될 만한 역대 제왕과 후비에 관한 기록을 모아서 1472년(성종 3)에 『제왕명감帝王明鑑』과 『후비명감』이란 책을 편찬했다.[40] 소혜왕후가 보았을 가능성도 있지만, 『내훈』보다 앞서 편찬되었다는 사실만으로 『후비명감』이 곧 『명감』이라 단정하기에는 무리가 없지 않다. 『후비명감』은 현재 전해지지 않는다.

그리고 조금 다른 맥락에서 『명감』은 『명황계감明皇誡鑑』을 가리킨다는 견해도 있다.[41] 『명황계감』은 세종의 명으로 1441년(세종 23) 편찬되었다.[42] 세종은 『명황계감』의 편찬을 명하면서 이렇게 말했다. "명황은 영특한 임금으로 이름났건만 늘그막에는 여색에 빠져 끝내 패하고 말았으니, 처음과 끝이 이와 같이 달랐다. … 나라를 가진 자가 마땅히 경계해야 할 바이므로 너희들은 편찬해 들이라."[43] 그 후 1462년(세조 8)에 다시 증보 편찬되었다.

> 충순당에 나아가 필선 홍응을 불러들여 말하기를, "『명황계감』은 내가 세종의 명을 받고 처음으로 찬집하였고, 뒤에 또 가사歌詞를 정하였다. 계양군[리증] 등에게 명하여 여러 책을 고증하여 주를 달게 하였더니, 잘못된 것이 많다. 네가 그 출처와 주를 더 달 수 있는 곳을 고증하여서 아뢰어라." 하였다.[44]

세조는 『명황계감』을 수정·증보해서 편찬할 것을 명했다. 그 보급을 더욱 확대하기 위해 세조는 언해본까지 간행했다.[45] 세종과 세조가 특별히 주목했던 『명황계감』에 대해, 세조의 며느리로 『능엄경』 언해본 작업을 돕기도 했던 소혜왕후로서는 충분히 인지하고 있었을 가능성이 크다. 그 구체적인 내용에 대한 『내훈』과 『명황계감』의 실증적이고 문헌적인 비교 검토가 필요하다고 하겠다.

1-3. 『내훈』의 젠더 관련 명제들

『내훈』은 성종 대에 소혜왕후가 생각하는 남녀관계에 관한 바람직한 성별지식[젠더]을 분명하게 제시하고자 했다. 그 세부적인 사항 하나하나를 소혜왕후가 직접 서술한 것은 아니다. 하지만 참고한 문헌들에서 116개 항목을 뽑아왔다는 것은, 그녀 자신이 그들 항목에 동의했다는 것을 의미한다. 나아가 보다 적극적으로 그런 내용을 현실에서 구현하고자 했던 것으로 여겨진다. 그에 대해서는 다음과 같은 몇 개의 명제로 정리해보자.

남녀는 유별하다, 남녀칠세부동석

인간은 태어나면서 성별, 남성과 여성을 부여받는다. 누구도 피해갈 수 없다. 그에 따라 성별 구분과 그에 따른 역할이 기대된다. 때문에 일찍부터 그런 측면에 주목했으며 『예기』「곡례편」에 나오는 "남녀가 일곱 살이 되면 자리를 같이하지 않는다."는 명제, 즉 '남녀칠세부동석男女七歲不同席'이 그 단적인 예다.[46] 그 명제는 『소학』「입교」 조목에 다시 실렸다. 그리고 『내훈』에서 가져와 거의 비슷하게 다루고 있다.

『내칙』에 이르기를, 대저 자식을 낳아 여러 유모와 마땅한 사람을 선택하되 모름지기 너그럽고 조용하며 자비롭고 은혜로우며 온화하고 어질며 공손하고 조심하며 삼가며 말이 적은 사람을 구하여 자식의 스승을 삼아야 할 것이다. 자식이 능히 밥을 먹을 만하거든 오른손으로 하도록 가르치며 능히 말을 할 만하거든 **남자아이는 재빨리 대답하도록 하고** [유唯는 응대함이 빠른 것이다] **여자아이는 조용조용히 대답하도록 하며** [유兪는 응대함이 조용조용한 것이다], **남자아이의 띠는 가죽으로 하고 여자아이의 띠는 실로 한다.** 여섯 살이면 셈과 동서남북 방위의 이름을 가르쳐야 할 것이다. **일곱 살이면 남자와 여자가 한자리에 앉지 않으며 밥을 함께 먹지 않아야 할 것**이다. 여덟 살이면 문에서 드나듦과 자리에 나아가 음식을 먹음에 있어서 모름지기 어른보다 후에 하여 비로소 사양함을 가르쳐야 할 것이다. 열 살이면 바깥에 나가지 않으며, 스승의 가르침을 온순하게 들어 따르며, 삼과 모시를 잡으며, 실과 누에고치를 다스리며, 베 짜고 띠를 땋아, 여자의 일을 배워 옷을 만들어야 할 것이다. 제사를 보아 술과 음료와, 대나무 그릇과 나무 그릇과, 김치와 젓갈을 들여 놓으며, 예절에 따라 제사 지내는 일을 도와야 할 것이다. 열다섯 살이면 비녀를 꽂으며, 스무 살이면 혼인을 해야 할 것이니, 연고가 있으면 스물 셋에 혼인해야 할 것이다. 예를 갖추어 맞이하여 가면 처妻가 되고, 중매 없이 스스로 가면 첩妾이 된다[빙聘은 예禮로 묻는 것이고, 분奔은 여자가 스스로 가는 것이다].[V-1][47]

하지만 그대로 다 가져온 것은 아니었다. 『내훈』에서는 여자가 해야 할 일에 초점을 맞추고 있는 만큼, 「내칙」이나 『소학』과는 달리 아홉 살에 날짜 세는 법을 가르쳐야 한다는 것, 열 살부터 남자가 배워야 할 것들에 대한 내용을 생략했다. 그 같은 생략과 발췌가 소혜왕후 자신에 의한 것인지, 아니면 다른 문헌을 따른 것인지는 정확하게 알 수 없다. 현재 『여교』는 전해지지 않는다.

남녀에 대해서 응대하는 방식이나 띠[帶]를 달리한다는 식의 구분은 일찍부터 이루어지고 있다. 그러다 "칠년七年이어든 남녀男女 부동석不同席하며 불공식不共食이니라", 즉 남녀가 일곱 살이 되면 같은 자리에 앉아서는 안 되며, 또 밥을 같이 먹어서도 안 된다는 것이다. 그리고 열 살이 되면 가르치는 내용이 확실하게 달라지기 시작한다. 남자는 열 살이 되면 정식으로 스승을 모시고 글씨와 숫자를 배우기 시작한다.[48] 여자는 "삼과 모시를 삼으며, 실과 누에고치를 다스리며, 베 짜고 띠를 땋아, 여자의 일을 배워"야 한다.

그 같은 언설 자체가 이미 남녀가 유별하다는 것을 상징한다. 『내훈』에는 남녀유별과 관련해서 다음과 같은 구절도 보인다.

> **남자와 여자가 서로 섞어 앉지 말며**, 옷걸이를 같이 쓰지 말며, 수건과 빗을 함께 쓰지 말며, 직접 전하지 말며, 형수와 시동생이 서로 말을 주고받지 말며[수嫂는 형의 아내이고 숙叔은 남편의 형제이다], 아버지의 첩에게 아래옷을 빨게 하지 말며, 바깥의 말들이 문안에 들게 하지 말며, 안의 말들이 문밖에 나가지 말아야 할 것이다. **여자가 혼인을 하였으면 큰 변고가 없는 한 친정 문에 들지 말아야 하며, 고모와 큰누이와 누이동생과 딸이 이미 결혼을 한 후에 돌아왔거든 남자형제와 어울려 한자리에 같이 앉지 말며 또한 한그릇에 먹지 말아야 한다.**[I-2-2][49]

남녀가 유별하니 거기에 맞는 행동을 해야 한다는 것이다. 뿐만 아니라 '혼인'은 다른 하나의 변수가 된다. 큰 변고가 없는 한 친정 문에 들지 말아야 한다는 것이다. 혼인한 후 일가친척 여자들이 왔을 때에는 자리를 같이해서는 안 되며, 음식을 같이 먹어서도 안 된다.

사실 남녀가 서로 다르며 차이가 있다는 것은 어떤 측면에서는 당연하다. 구별되기 때문에 남녀는 '혼인'을 통해 부부가 되고, 나아가 자식을 낳고 기르는 것이다.[Ⅲ-1][50] 『내훈』 역시 그 점을 인정한다. "부부의 도는 음과 양에 맞으며 신명에 사무친 것이니 진실로 하늘과 땅의 큰 의이며 인륜의 큰 마디이다(夫婦之道ᄂᆞᆫ參配陰陽ᄒᆞ며 通達神明ᄒᆞ니 信天地之弘義며 人倫之大節也ㅣ라)." 그러면서 여자에게도 가르쳐야 한다는 것을 주장하기도 한다. 흔히 그러하듯이 남과 여는 양陽과 음陰에 비견되는데, "음과 양이 성질이 다르고 남자와 여자는 행실이 다르니, 양은 강剛한 것으로 덕을 삼고 음은 부드러움으로 용用을 삼으며, 남자는 센 것으로 귀함을 삼고 여자는 약한 것으로 아름다움을 삼는다."[Ⅳ-1-2][51] 문제는 그 다음부터다. 서로 보완적인 관계가 아니라 음이 양을 따라야 한다는 경순敬順의 도道로 이어지기 때문이다. "몸을 닦는 데는 공경만 한 것이 없고 강한 것을 피하는 데는 순종만 한 것이 없다. 그러므로 이르기를 "공경하고 순종하는 도리는 부인의 큰 예의(敬과 順괏 道ᄂᆞᆫ 婦人의 큰 禮라)"[Ⅳ-1-3][52]라 한다.

남편은 아내의 하늘이다, 부내부천

남과 여, 남편과 아내의 관계에서 아내에게는 공경과 순종이 요청된다. 공경하고 순종하는 도리야말로 아내의 큰 예의라 한다. 그 끝에 이르면 마침내 "남편은 아내의 하늘"이라는 명제 '부내부천夫乃婦天'에 이른다.

> 『여교』에 이르기를, ① **아내가 비록 남편과 동등하다고 말하지만, 남편은 아내의 하늘이다. 아내는 남편을 예로 반드시 공경하여 섬기기를 그 아버지에게 하듯 할 것이니, 몸을 낮추고 뜻을 나직하여 거짓되이 높고 잘난 척 말 것이며, 오직 순종할 줄 알고 잠깐도 거스르지 말아야 할 것이다.** 가르치고 경계하는 말을 듣되 마치 성인들의 글을 듣는 것처럼 하여 몸을 보배로이 여기기를 구슬같이 하여 조심조심 도리를 지켜야 할 것이니, 잠깐이라도 마음을 놓아 함부로 하겠는가. 몸도 오히려 내 것이 아니거늘 무엇을 믿으리오. ② 남편이 진실로 허물이 있으면 자상히 간하되, 이로움과 해로움을 펴가면서 말하고 얼굴빛을 온화하게 하며 말을 순하게 해야 할 것이니, 만약 남편이 몹시 화를 내거든 기분이 풀린 후에 다시 간하고, **비록 때린다고 하여도 어찌 조금이라도 원망하며 애타하리오. 남편의 소임은 높고 아내는 낮으니 혹시 치며 혹시 꾸짖음이 있다 한들 의당한 것으로 여길 뿐, 내 어찌 잠깐이나 말대답을 하거나 성낼 것인가.** 서로 의지하여 함께 늙을 것이니 하루만 살고 말 것이 아니다. 터럭만 한 일도 반드시 알려야 할 것이니 어찌 잠깐이라도 제 마음대로 할 것인가. **제 마음대로만 한다면 사람이 아니다.** ③ 시댁의 허물을 친정 부모에게 말하지 말아야 할 것이니 다만 부모께 시름을 끼치는 일이 될 뿐이다. 이야기를 한들 무슨 보탬이 되겠는가. **시집을 가 이미 돌아가서는 죽고 사는 것으로 해야 할 것이니[여자는 남자의 집을 자기 집으로 삼기 때문에 시집가는 것을 '돌아간다'고 한다] 만약 어지럽게 하면 마소만도 못하다.** 집안을 일으키고자 한다면 화합함과 순종함뿐이니 무엇으로써 이를 미룰 것인가. 역시 공경함에 있느니라.[IV-1-1] [53]

우선 "처수운제妻雖云齊나 부내부천夫乃婦天이라" 했다. 아내는 "비록 남편과 동등하다고 말하지만, 남편은 아내의 하늘"이라 선언한다. 앞 구절을 통해서 아내는 남편과 동등하다는 이야기도 있었다는 것을 미루어 알 수 있다. 하지만 하늘[天]이라 선언한 이상, "남편은 하늘이니 하늘은 본래 도망칠 수 없는 것이고 남편은 본래 헤어지지 못할 것"[IV-1-4][54]이라는 논리로 이어진다. 뒤에서 보듯이 두 하늘이 있을 수 없다. 두 남편을 섬겨서는 안 된다[불경이부不更二夫]는 귀결에 이르게 된다.

그런데 하늘은 땅[地]과 짝을 이룬다. 하늘과 땅의 비유가 시사적이다. "남편의 소임은 높고 아내의 그것은 낮다(夫職은 當尊ᄒᆞ고 而妻ᄂᆞᆫ 爲卑라)." 존尊과 비卑로 대비된다. '하늘 같은 남편'에 대해서 아래의 낮은 '땅 같은 아내'는 마음을 다해서 공경하고 섬겨야 한다. 그래서 설혹 때린다 하더라도 조금이라도 원망하거나 속상해서는 안 된다고 한다. "혹시 치며 혹시 꾸짖음이 있다 한들 의당한 것으로 여길 뿐, 내 어찌 잠깐이나 말대답을 하거나 성낼 것인가." 그리고 무슨 일이든 자기 마음대로 해서는 안 된다. 이렇듯이 남편과 아내의 관계는 '하늘과 땅'에 비견되며, 더 나아가서는 '군주와 신하'의 관계에 비견되기도 한다.

게다가 일단 시집을 간 후에는 시집을 자신의 집으로 삼아야 한다는 것, 그래서 돌아간다[歸]고 하는 것이다. 출가외인出嫁外人이나 그 집의 귀신이 되어야 한다거나 하는 것 역시 같은 맥락이다. 때문에 혼인을 통해서 시집간—돌아간[歸]—여자가 내침[去]을 당하는 것은 지극히 불명예스러운 일이 아닐 수 없다. '칠거지악七去之惡'이 그 대표적인 것이라 할 수 있다. 『내훈』에는 다음과 같은 구절이 나온다.

『방씨여교』에 이르기를, 온갖 일은 대부분 여자들로부터 생겨난다. **이미 모질어 투기하고 또 독하게 성을 내면 크게는 집안을 망치고 작게는 제 몸을 망칠 것**이니, 눈을 들어 보건대 도도滔滔한 풍조가 다 그러하다. … **종이며 첩들에 이르러서도 반드시 인仁으로 다스릴 것**이니, 네 딸을 네가 사랑하나니 저들만 유독 사람이 아니란 말인가 … 다른 일은 더러 쉽거니와 아내 노릇 하기가 가장 어려우니 가히 힘쓰지 않아서 되겠는가?[Ⅳ-2][55]

실상은 그것만이 아니었다. 한 남자와 한 여자가 결합하는 것이 아니다. "예를 갖추어 맞이하여 가면 처가 되고, 중매 없이 스스로 가면 첩이 된다."[Ⅴ-1][56]고 했다. 처와 첩을 인정하는 것이다. 일부일처제가 아니다. 많은 첩을 두는 폐해를 지적하기는 하지만 존재 자체를 부인하지 않는다. 그런데 "귀한 이와 천한 이는 차등이 있으니 한 남편이 한 아내를 두는 것은 서민들의 직분이다."[Ⅲ-4-2][57]라 했다. 일부일처一夫一婦는 서민들에게나 해당하는 것이다. 때문에 높은 신분의 부인은 남편에게 다른 여인이 있다는 것을 받아들여야 한다. 그래서 질투, 투기가 문제가 된다[칠거에 들어 있다]. 다른 여인(들)도 바르게 대해야 한다. 그래서 아내 노릇하기가 쉽지 않다.

여성의 재가를 금지하다, 불경이부

유교적 세계관에서 흔히 쓰이던 상투적인 문구로 "충신은 두 임금을 섬기지 않고 열녀는 두 지아비를 바꾸지 않는다"는 말이 있다. 그 말은 『사기』에 처음 나온다. 원문은 "왕촉왈王蠋曰, 충신불사이군忠臣不事二君 정녀불경이부貞女不更二夫(『사기』권82 전단열전田單列傳 제22 「왕촉王蠋」조)."이다. '열녀烈女'가 아니라 '정녀貞女'로 되어 있다.

그런데 『자치통감』권4 주기周紀 난왕赧王 31년조, 『소학』「명륜편」 제2 '명군신지의明君臣之義', 그리고 『명심보감』「입교편」에 모두 "왕촉왈王蠋曰, 충신불사이군忠臣不事二君 열녀불경이부烈女不更二夫"로 되어 있다. 그러니까 북송시대 『자치통감』에 이르러서 '정녀'가 '열녀'로 바뀐 것이다. 이를 『소학』과 『명심보감』에서 답습한 것으로 보인다.

'정녀'에서 '열녀'로의 변화는 무엇을 의미하는가. 그것은 주자학에서의 남녀 인식, 특히 '열녀 이데올로기'의 생성과 긴밀하게 연결되어 있다. 오랜 시간이 지난 후에 재생산되는 과정에서 이데올로기적 터치가 이루어진 것이다. 그것은 남송시대의 문헌 『소학』에 이르러 그 절정에 이른다. 『내훈』을 편찬하면서 소혜왕후 역시 그것을 알았을 것이다. 하지만 그녀는 『소학』의 모든 것을, 특히 '열녀'와 관련된 사항을 다 받아들이지는 않았다(이에 대해서는 다음 절에서 자세히 다루기로 한다). 그렇지만 '불경이부' 부분에 대해서는 받아들이고 있다.[58] 「혼례장」에 다음과 같은 구절이 나오기 때문이다.

> 『예기』에 이르기를, 혼인하는 예는 만세의 시작이니, 다른 성姓을 취하는 것은 먼 것을 가까이하고 구별을 두터이 하려는 것이다. 폐백을 반드시 정성스럽게 하며, 옳은 말이 아니면 사용하지 아니하며 곧고 신의가 있게 고告하는 것이다. 신의는 사람을 섬기는 도리이며 신의는 아내의 덕이 된다. **한번 더불어 가지런히 짝지어진 다음에는 죽을 때까지 변하지 않으니 이런 까닭으로 남편이 죽어도 다른 남자에게 시집가지 않는다.** 혼인 때 남자가 친히 여자를 맞으러 가, 남자가 여자에게 우선하게 하는 것은

남자의 강직함과 여자의 유순함을 뜻하는 것으로, **하늘이 땅보다 우선하고 임금이 신하보다 우선한다고 하는 것과 같은 뜻이다. 지摯[기러기]를 잡아 서로 보는 것은 공경하여 남녀의 유별함을 밝히는 것**이다. 남녀의 구별이 분명해진 후에야 아버지와 아들이 친하게 되며, 아버지와 아들이 친한 후에야 의가 생기며, 의가 생기고 난 후에야 예가 이루어지며, 예가 이루어진 후에야 만물이 편안하니, 구별함이 없고 의가 없는 것은 짐승의 도리이다.[Ⅲ-2][59]

이 조목은 『소학』「명륜」 조목 제62와 일치한다. 『예기』「교특생郊特牲」의 일부분이기도 하다. 여기서 주목되는 구절은 한번 더불어 가지런히 짝지어진 다음에는 죽을 때까지 변하지 않으니 이런 까닭으로 남편이 죽어도 다른 남자에게 시집가지 않는다는 것이다. 원문은 이러하다. "一與之齊ᄒᆞ면 終身不改ᄒᆞᄂᆞ니 故로 夫死ᄒᆞ야도 不嫁ᄒᆞᄂᆞ니라." 남편이 죽으면 개가하지 않는다는 것이다. 앞에서 본 것처럼 남편이 하늘이라면, 천하에 두 하늘이 있을 수 있겠는가 하는 의미다.

바로 그 뒤에 이어지는 구절은 남자가 친히 여자를 맞으러간다는, 즉 친영제親迎制에 관한 것이다. 남자와 여자는 하늘과 땅, 군주와 신하의 관계와 같다는 것이다. 다시 말하자면 하늘이 땅보다 우선하고 임금이 신하보다 우선한다고 하는 것과 같은 뜻(男子ㅣ 親迎ᄒᆞ야 男先於女ᄂᆞᆫ 剛柔之義야ㅣ니 天先乎地ᄒᆞ며 君先乎臣이 其義一也ㅣ라)이라 한다. 중요한 것은 '개가금지'나 '친영제' 같은 사항이 과연 당시 조선에서의 혼인 양상과 일치했는가 하는 점이다. 뒤에서 다루겠지만, 그러해야 한다는 일종의 당위론적인 서술 내지 바람에 가까웠다는 것이 정확하다고 하겠다.

여성의 개가를 금지하는 부분, 불경이부는 「부부장」에서 다시 한 번 등장한다. 더욱이 문제는 남편은 다시 장가드는 의리가 있다는 것이다. 다시 혼인해도 된다는 것이다.

> **남편은 다시 장가드는 의리가 있고 아내는 두 번 시집가도 된다는 글월이 없으니, 그러므로 이르기를 남편은 하늘이니 하늘은 본래 도망칠 수 없는 것이고 남편은 본래 헤어지지 못할 것이다.** 행동이 신의 뜻에 어긋나면 하늘이 벌하시고, 예의에 허물이 있으면 남편이 매정하게 대한다. 그러므로 『여헌』[여자를 경계하는 글]에 이르기를 "한 사람에게 뜻을 얻으면 이것이 이른바 영원히 마침이며, 한 사람에게 뜻을 잃으면 이것이 이른바 영원히 마침이다." 하니, 이것으로 미루어 말한다면 **그 마음을 구하지 않으면 안 된다.** 그러나 그 구하는 바가 아첨하고 아리따운 척하여 구차히 친하게 됨을 말하는 것이 아니라, **마음을 온전하게 하고 얼굴빛을 바르게 하며 예의에 맞게 하여,** 귀에 더러운 일을 듣지 않고 눈에 사악한 것을 보지 말며 나가면서 모양을 곱게 꾸미지 아니하며 들어왔다고 꾸미는 것을 소홀히 하지 아니하며 무리를 짓지 말며 문에서 엿보지 않는 것만 같은 것이 없으니 이것이 이른바 마음을 온전히 하고 얼굴빛을 바르게 하는 것이다. 만약 동정動靜이 가벼우며, 보고 듣는 것이 일정하지 않으며, 집에 들어가서는 머리를 흩으며 모습을 꼴사납게 하고, 나가서는 곱게 모양을 꾸미며, 말하면 안 되는 것을 말하며, 보지 못할 바를 본다면, 이른바 마음을 온전히 하지 못하며 얼굴빛을 바르게 못함이다.[Ⅳ-1-4][60]

"夫有再娶之義ᄒᆞ고 婦無二適之文ᄒᆞ니", 그러니까 "남편은 다시 장가드는 의리가 있고 아내는 두 번 시집가도 된다는 글월이 없다."는 것이다. 남자는 두 번 장가갈 수 있지만 여자는 두 번 시집갈 수 없다는, 불경이부의 원리. 왜 그런가. "故로 曰ᄒᆞ딕夫者ᄂᆞᆫ 天也ㅣ니 天固不可逃ㅣ오 夫固不可離야ㅣ라.", 남편은 하늘이니 하늘은 본래 도망칠 수 없는 것이고 남편은 본래 헤어지지 못하는 것이라 한다. 그러면 어떻게 해야 하는가. 요컨대 여자는 남편 한 사람의 마음을 얻어야 한다는 것(由斯言之컨댄 不可不求其心이니)으로 귀착되지 않을 수 없다. 그러면 마음은 어떻게 얻는가. "마음을 온전하게 하고 얼굴빛을 바르게 하며 예의에 맞게"(固莫若專心正色ᄒᆞ야 禮義俱縶야) 해야 한다는 것이다.

소혜왕후 자신 역시 여성이었지만, 그럼에도 불구하고 '불경이부' 원리를 천명했던 것이다. 남편 의경세자[추존 덕종]가 세상을 떠난 후, 그녀는 실제로 그 원리를 끝까지 지켜낸 사람이기도 했다. 그랬던 만큼 어느 누구보다 더 분명하게 주장할 수 있었는지도 모르겠다.

삼종지도와 칠거지악

『내훈』「혼례」장에는 이른바 삼종지도와 칠거지악에 관한 내용이 실려 있다. '삼종지도'는 분명하게 나오지만 '칠거지악'의 경우 '칠거七去'로 표현되어 있을 뿐이다.[61] 이는 『내훈』이 참고했던 『소학』도 마찬가지다.

> 공자가 말씀하시기를, ① 부인은 남편에게 굽히는 것이니 이런 까닭으로 온전히 제멋대로 일을 처리하지 않으며 **세 가지 따라야 하는 도리**가 있

으니, 친정에서는 아버지를 좇고 시집가서는 남편을 좇고 남편이 죽으면 아들을 좇아 잠깐도 혼자 처리하는 바가 없어야 한다. 가르치는 말소리가 규방 밖으로 나가지 않게 하며, 하는 일이 음식 받드는 일에 있을 뿐이니라. 이런 까닭으로 여자는 규방 안에서 날이 저물고 백 리 밖으로는 거상을 입으러 가지 않는다. 일을 마음대로 하지 않으며, 행동을 혼자 하지 않으며, 다 안 뒤에야 움직이며, 가히 경험한 후에야 말하며, 낮에 뜰에 노닐지 않으며, 밤에 다닐 때에는 불을 밝혀야 하니, 이는 부덕婦德을 바르게 하는 것이다. ② 여자에게는 **다섯 가지 시집가서는 안 될 남자**가 있으니, 반역한 집안 아들은 취하지 말며, 어지러운 집안의 아들은 취하지 말며, 대대로 죄 지은 사람이 있으면 취하지 말며, 대대로 나쁜 병이 있으면 취하지 말며, 아버지를 잃은 집안의 맏아들은 취하지 말 것이니라. ③ 여자에게는 **일곱 가지 내쫓을 수 있는 것**이 있으니, 부모에게 순종하지 않으면 내쫓으며, 아들이 없으면 내쫓으며, 음란하면 내쫓으며, 질투하면 내쫓으며, 나쁜 병이 있으면 내쫓으며, 말이 많으면 내쫓으며, 도둑질을 하면 내쫓아야 할 것이다. ④ **세 가지 내쫓을 수 없는 것**이 있는데, 데려온 데는 있어도 보낼 데가 없으면 내쫓지 말며, 함께 부모의 삼년상을 지냈으면 내쫓지 말며, 먼저 가난하다가 후에 부유하게 되었다면 내쫓지 말 것이니라. 무릇 이는 성인이 남녀의 사이를 순하게 하시며 혼인의 시작을 중히 하는 바이시다.[Ⅲ-8][62]

이 조목은 『소학』「명륜」 조목 제 67과 일치한다. 원래 출전은 『대대례기』 권13 「본명本命」편, 그리고 『공자가어孔子家語』「본명해本命解」 편의 내용을 적절하게 조합한 것으로 여겨진다.[63] 『대대례기』「본명」 편에는 '공자왈孔子曰'이란 세 글자와 마지막 부분의 "범차성인소이신남녀지제凡此聖人所以愼男女之際, 중혼인지시야重婚姻之始也." 구절이 보이지 않는다. 그런데 『공자가어』「본명해」 편에서는 부분적으로 조금 다르며, 뒷부분도 "범차성인소이신남녀지제, 중혼인지시야"로 끝맺고 있다.

우선 첫 구절이 '공자왈'이라는 점이 눈길을 끈다. 내용은 ① 삼종지도 ② 오불취 ③칠거(지악) ④ 삼불거로 구성되어 있다. 실제로 공자가 그런 말을 했는지는 확인할 수 없지만, 오랫동안 유교 질서의 가부장적 질서를 대변하는 언명들로 간주되었다. 무엇보다 여성의 경우 다른 사람을 따라야 할 존재로서 시집가기 전에는 아버지, 시집가서는 남편, 남편이 죽은 후에는 아들을 따르라는 것이다.[64] 그것이 곧 삼종지도[삼종지덕이라 하기도 한다]다. 한편 ③ 칠거(지악)의 경우, 일정한 하자가 있으면 내보낼 수 있다는 것이다. 주관적인 판단이 아니라 내쫓아 보낼 수 있는 조건을 제시했다. 구체적으로 부모에게 순종하지 않는 것, 아들을 낳지 못하는 것, 음란함, 질투[투기], 나쁜 병[악질], 말 많은 것, 도둑질이 거기에 해당한다. 설령 그 같은 '칠거'에 해당한다 하더라도 세 가지 예외조항, 즉 ④ 삼불거가 있었다[삼불출이라 하기도 한다]. 즉 보낼 데가 없을 때, 함께 부모의 삼년상을 지냈을 때, 가난하다가 후에 부유해졌을 때가 그것이다.

그런데 ② 오불취와 관련해서 이경하(2011)는 조금 다르게 번역한다. "여자는 취하지 않는 다섯 가지 경우가 있다. 반역한 집안의 자녀를 취하지 않고, 음란한 집안의 자녀를 취하지 않으며, 대대로 형벌을 받은 사람이 있으면 취하지 않고, 대대로 나쁜 병이 있으면 취하지 않으며, 아버지를 여읜 맏딸을 취하지 않는다."[65] 취하지 않아야 할 여자의 범주 다섯 가지라는 것이다. 이는 인용문의 "아버지를 잃은 집안의 맏아들은 취하지 말 것"과 완전히 상반된다.

필자 역시 세종시대의 『소학』 장려에 대해 쓰면서 거의 비슷한 의미로 이해하고 있었다. "이미 우위가 전제된 남성이 부인을 맞아들일 경우, 즉 취하지 않는 다섯 가지 경우, 둘째 '오불취'가 나온다. 반역한 집안, 음란한 집안, 대대로 형벌 받은 집안, 대대로 몹쓸 병에 걸린 집안, 아버지가 없는 집안의 자식은 부인으로 맞아들이지 말라는 것이다."[66] 그 내용이 전반적으로 여성에 해당하는 서술로 보았기 때문이다.

그러면 소혜왕후는 어떻게 읽었을까. 한문 원문과 언해를 보면, 아래와 같이 되어 있다. "**여자에게는 다섯 가지 시집가서는 안 될 남자**"로 읽었다. 언해에서 분명하게 '아ᄃᆞᄅᆞ' '몯아ᄃᆞᄅᆞᆯ'이라 풀이하고 있기 때문이다.[67]

> 女ㅣ 有五不取ᄒᆞ니 逆家子ᄅᆞᆯ 不取ᄒᆞ며 亂家子ᄅᆞᆯ 不取ᄒᆞ며 世有刑人이어든 不取ᄒᆞ며 世有惡疾이어든 不取ᄒᆞ며 喪父長子ᄅᆞᆯ 不取ㅣ니라.
> 겨지비 다ᄉᆞᆺ 취티 아니호미 잇ᄂᆞ니 거슬 쁜 짓 아ᄃᆞᄅᆞᆯ 取티 말며 어즈러온 짓 아ᄃᆞᄅᆞᆯ 取티 말며 뉘마다 罪 니븐 사ᄅᆞ미 잇거든 取티 말며 뉘마다 모딘 病 잇거든 取티 말며 아비 일흔 몯아ᄃᆞᄅᆞᆯ 取티 마롤 디니라.

남성 중심의 가부장적 질서하에서 하자 있는 집안이나 성품을 가진 여자를 배우자로 들이지는 않으려 했을 것이다. 때문에 조금 다른 측면에서 이해해보면 '오불취'는 남녀 모두에게 해당되는 것, 다시 말해서 배우자로서 피해야 하는 유형을 말한 것으로 볼 수도 있지 않을까 한다.[68]

1-4. 『내훈』의 사회사적 의미: 조선의 『소학』화, 『소학』의 조선화

소혜왕후 『내훈』은 유교 문명권 중심부에서 전해진 지식의 수용과 소비, 나아가 재생산한 것으로 볼 수 있다. 특별히 주목한 것은 젠더 문제, 즉 성별지식이었던 것으로 여겨진다. 성별지식의 전거가 되었던 것은 그녀가 참고한 네 권의 책(『소학』, 『열녀』, 『여교』, 『명감』)이었지만, 역시 중요한 것은 『소학』이었다. 전체 116조목 가운데 약 70%가량을 『소학』에서 발췌, 인용하고 있기 때문이다. 『내훈』에서 받아들인 성별지식은 이미 앞에서 보았듯이 몇 개의 젠더 관련 명제로 요약될 수 있다. 문제는 『소학』에 나타난 성별지식 전체를 다 받아들였는가, 아니면 어떤 것은 받아들이고 어떤 것은 받아들이지 않았는가 하는 것이다.[69] 선택과 배제의 기준 문제라 해도 좋겠다.

『내훈』이 수용해서 정리한 성별지식은 주로 「혼례」 「부부」 장에서 보인다. 그런데 그들은 대부분 『소학』 「명륜」 「가언」 편에서 가져왔다. 「가언」 편에서 '부부지별'에 관해서 서술한 조목은 8개[39항에서 46항까지]에 이른다. 그들 중에서 『내훈』이 취하지 않은 조목은 44항과 46항이다.[70] 그 내용을 보면 다음과 같다.

> [가언 44] 어떤 사람이 물었다. "과부를 맞아들이는 것은 도리에 맞지 않을 듯한데, 어떻습니까." 이천 선생이 말했다. "그렇다. 무릇 아내를 취하는 것은 자신의 짝을 구하는 것이니, 만약 절개를 잃은 자를 취하여 자신의 짝으로 삼는다면, 그것은 자신이 절개를 잃는 것이다." 다시 물었다. "혹시 외로운 과부가 빈궁한 데다 의탁할 곳이 없으면 다시 시집[재가再嫁]

가도 됩니까?" (이천 선생이 말했다.) "그것은 다만 후세에 추위와 굶주림으로 인해 죽을까 두려워해서 생겨난 말이다. 그러나 **굶어죽는 것은 지극히 작은 일이요, 절개를 잃는 것은 지극히 큰일**이다."

[가언 46] 강동의 부녀자는 거의 사귀어 노는 일이 없으니, 혼인한 집들에서도 혹은 십수 년 동안 아직 서로 알지 못하고, 오로지 서신과 전언과 선물을 보내는 것으로 은근한 뜻을 통한다. 업하의 풍속은 오로지 부녀자가 집을 지탱하며, 다투어 소송해서 옳고 그름을 가리며, 바깥에 나가서 만나고 집에서 맞으며, 자식을 대신해서 벼슬을 구하며, 남편을 위해서 억울함을 호소한다. 그것이 곧 항대恒代의 유풍이다.

『내훈』에서 가언 46항을 취하지 않은 것은 바로 이해할 수 있다. 강동과 업하라는 먼 나라의 풍습에 관한 내용이기 때문에 적절치 않다고 생각했을 것이다. 문제가 되지 않는다. 역시 44항이 문제가 된다. 거기서는 '**아사사극소**餓死事極小**, 실절사극대**失節事極大', 즉 '굶어죽는 것은 지극히 작은 일이요, 절개를 잃는 것은 지극히 큰일'이라는 유명한 명제가 등장하기 때문이다. 그 같은 정이천의 엄격주의는 지독한 '명교名教', 명분의 가르침에 대한 집착을 말해주는 것이며, 그 바닥에는 주자학에 특유한 '천리天理'와 '인욕人欲' 사이의 고조된 긴장이 깔려 있다.[71]

『내훈』의 편찬자 소혜왕후 역시 앞에서 본 것처럼 남편은 아내의 하늘, 불경이부 같은 유교적 가부장적인 질서를 받아들였다. 하지만 "(忠臣不事二君) 烈女不更二夫"라는 구절은 보이지 않는다. 또한 '굶어죽는 것'보다 더 소중하게 여겨지는 '절개를 잃는 것'에 대해서는 받아들이지 않았다. 아니면 일단 '유보'했다고 할 수도 있겠다. 게다가 소혜왕후는

『소학』에서 볼 수 있는 '부부지별'과 관련된 '열녀들의 사적'을 하나도 취하지 않았다.[72] 열녀 서사를 배제했다고 볼 수도 있다.

결론부터 말하자면, 소혜왕후는 유교적 세계관에서의 가부장적 질서와 성별지식을 인정하고 내세우면서도 그런 성별지식의 극한, 말하자면 굶어죽는 것보다 절개를 중시하는 과도한 엄격주의는 받아들이지 않았다. 소혜왕후와 『내훈』은 극단적인 '열녀 이데올로기'에까지 이르지는 않았다. 하지만 『내훈』의 성별지식이 징검다리가 되어서, 그리고 주자학의 보급(주자학 근본주의)과 더불어 조선 후기에 이르게 되면 '열녀 이데올로기'가 자리를 잡고 힘을 발휘하게 된다.[73]

일찍이 과부(21세)가 되어 『내훈』을 쓰기까지(39세), 그리고 왕대비, 대왕대비가 되어 지내다 불행하게 세상을 뜰 때까지 소혜왕후는 열녀와도 같은 삶을 살았지만, 왕실의 여성으로 그것을 적극 내세우거나 여성들이 따라야 할 지상 과제로 생각하지는 않았다. 왜 그랬을까. 소혜왕후의 『내훈』은 문명권 중심부의 지식을 수용하고 재생산한 텍스트로서 유교적 성별지식의 보편성과 더불어 15세기 조선이라는 조건에서 기인한 특수성을 동시에 지닌다. 그녀로서는 당시 조선의 현실 상황을 외면할 수는 없었을 것이다. 유교적 가부장제를 적극 수용하면서도 극단적인 열녀 이데올로기까지 내세울 수는 없었다고 보아야 한다.

우선, 15세기 조선사회의 현실세계는 불교 사회로부터 주자학 사회로 이행해가는 도중에 있었다. 마르티나 도이힐러M. Deuchler의 '조선사회의 유교적 전환The Confucian Transformation of Chosun Scociety'[74]은 그런 과정을 상징적으로 표현한다. 왕조 교체를 넘어서 거대한 패러다임의 교체, 문명사적 전환이라 해도 좋을 것이다. '주자학을 위한 혁명'으로서의 조선 건국에 힘입어 사상계의 주선율은 '대승불교에서 주자학으로' 바뀌었다지만, 모든 것이 일순간 바뀔 수는 없었다. 오랜 시간에 걸쳐서 유지되어온 풍속과 습속이 지닌 관성의 힘 역시 만만치 않았다. 게다가 유교의 위상 역시 중국과는 달랐다. 삼국시대와 고려시대 말기 이전의 유교는 정치적인 영역보다는 '지식과 행정' 영역에 머물러 있었다. 북송시대를 거치면서 남송시대에 이르러 완성된 신유학으로서의 주자학, 그런 주자학의 핵심 경전 사서에 들어가기에 앞서 배우는 『소학』이 전해주는 모습과 체계는 유교 중심부에서 전해져온 것으로, 조선에서 앞으로 이루어야 할 새로운 문명체계였다.

둘째, 남녀의 성별지식, 젠더 관련 문제의 현실에서도 당시의 상황은 『소학』이나 그 후 남성 중심 일변도의 그것과는 다른 모습을 보여주고 있다. 관점에 따라서는 상대적으로 남녀가 평등한 측면도 없지 않았다. 예를 들면 조선 전기에 간행된 족보에서는 남자를 먼저 적고 여자를 나중에 적는 '선남후녀先男後女' 원칙이 아니라 아들과 딸을 구별 없이 출생한 순으로 적었다.[75] 또한 재산상속에서도 아들과 딸 구분 없이 균분상속이 이루어졌다. 제사 역시 아들만의 전유물이 아니었으며, 돌아가면서 제사를 모시는 윤회봉사輪回奉祀 방식이었다. 딸의 자식, 외손봉사도 가능했다.[76] 또한 『내훈』에서는 '친영親迎'을 말하고 있지만, 실은 상당히 낯선 것이었다. 조선시대 들어서 『주자가례』와 『대명률』에 근거해 새로운 혼례제도를 만들기도 했다. 『소학』 보급에 힘썼던 세종의 경우 숙신옹주의 혼례에서 친영제의 모범을 보이기도 했지만, 사대부들 사이에서 쉽게 받아들여지지 않았다. 오래전부터 한반도에서는 서류부가혼 내지 남귀여가혼으로 불리는 혼인풍속이 유지되고 있었기 때문이다.[77] 말하자면 그것은 남자가

'장가가는 것'을 의미했다. 이에 반해서 친영제는 여자가 '시집가는 것'을 주장하는 것이었다.

셋째, 여성의 불경이부나 재가 금지 등은 당시 조선사회에서는 상당히 낯설고 새로운 주장이었다. 오경五經의 한 권 『예기』가 일찍이 전래되어 있었지만, 고려 말에 이르기까지 그 책은 고전 문헌으로 여겨졌을 뿐이다. 거기서 많은 부분을 가져온 『소학』의 전래와 더불어 그 문제는 현재적인 것으로 떠올랐다. 왜 그런가? 고려시대의 경우 재혼이 일반적으로 자유로웠다. 심지어 왕비 중에도 재가녀가 있었다. 성종의 문덕왕후 유씨, 충열왕의 숙창원비 김씨는 과부였는데, 나중에 왕과 혼인했다. 재가녀라고 해서 사회적인 차대나 불이익이 없었다. 조선 전기의 경우 양반 가문에서도 재가가 이루어졌다. 3장에서 살펴보았듯이 『안동권씨성화보安東權氏成化譜』(1476)와 『문화유씨가정보文化柳氏嘉靖譜』(1565)에서도 재가 사실을 기록하고 있다. '후부後夫'로 기록된 것은 재가한 남편을 가리킨다. 『태종실록』을 자세히 보면 사대부 가문에서 재혼하는 모습을 생생하게 엿볼 수 있다.[78]

하지만 조선사회의 체제가 정비되면서 여성의 정절이 강조되기 시작했다. 소혜왕후의 『내훈』 역시 크게 기여했다고 할 수 있다. 성종 대에 이르러 유교 윤리에 입각한 여성에 대한 규범이 법적 차원에서 정비되기에 이르렀다.[79] 『경국대전』에서 두 번 결혼한 재가녀 아들에 대한 차별 규정은 중요한 전환점이 되었다. "재가하거나 실절한 부녀의 아들 및 손자는 문과와 무과, 생원 진사 시험에 응시할 수 없다(再嫁失行婦女之子孫 勿許赴文科生員進士試)."(『경국대전』 권3, 예전 제과조) 뒤집어보면 이전에는 재가녀의 아들이 문무과 등 과거에 합격해서 관직에 진출하는 데 장애가 되지 않았

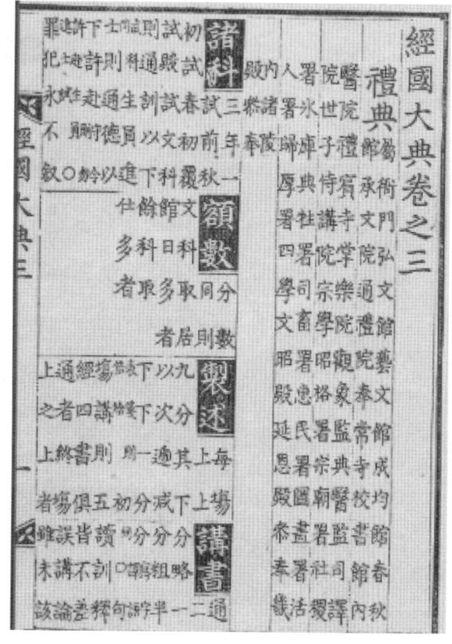

經國大典卷之三

禮典

諸科

額數

製述

講書

『경국대전』 예전 제과조

다는 것을 말해준다.[80]

이런 점들을 감안해야 비로소 소혜왕후의 『내훈』이 갖는 사회사적 의미와 위상을 가늠해볼 수 있다. 그녀는 기본적으로 주자학의 젠더 관련 논리에 공감했으며 또한 그 명제들을 수용하고자 했다. 여성들이 따라야 할 규범으로 적절하다고 보았던 것이다. 하지만 『소학』의 성별지식을 받아들이면서도, 당시 조선 상황을 감안해 『소학』에서 볼 수 있는 극단적인 '열녀 이데올로기'까지 받아들이려 하지는 않았다. 조선의 『소학』화와 『소학』의 조선화를 동시에 추구하고 있었던 셈이다.

요약과 정리

소혜왕후의 『내훈』은 성종 대에 유교 문명권 중심부의 성별지식을 적극적으로 수용하고 재구성해 문자화한 최초의 문헌에 해당한다. 그런 만큼 고려에서 조선사회로의 이행, 대승불교에서 주자학으로 이행해가는 전환기라는 관점에서 이해될 필요가 있다. 거시적으로 조선사회의 신유학적 전환 내지 주자학적 전환이라는 맥락에서 읽어야 한다는 것이다. 『주자가례』의 보급이나 세종 대에 이루어진 『소학』 보급 운동은 구체적인 생활세계나 풍속에서 이루어진 주자학화 노력으로 보아야 한다.

그런 맥락에서 보자면 『내훈』은 15세기 소혜왕후 한씨라는 지식인 여성에 의해서 새로운 여성의 교육을 위해 편찬된 책이다. 새로운 시대에 걸맞는 주자학적인 여성상을 분명하게 제시하고자 한 것이다. 『내훈』이 편찬된 1475년(성종 6) 시점은 여러 측면에서 중요한 의미를 갖는다. 건국 이후 80여 년이 흘렀으며, 소혜왕후 개인사적으로는 과부에 홀어머니로 살다가 인수왕대비 책봉을 받는 절정의 순간이기도 했다. 더욱이 성종의 비 공혜왕후가 세상을 떠나 왕비 자리가 비어 있었다. 그런 상황에서 『내훈』을 편찬했던 것이다.

『내훈』을 편찬하는 방식은 『소학』, 『열녀』, 『여교』, 『명감』 네 권에서 중요한 항목들을 가져오는 것이었다. 『소학』이나 『근사록』이 그러했듯이, 이런 방식은 유교 고전에서 적절한 항목을 발췌해 취지에 맞게 재구성하는 작업이기도 했다. 그런 과정을 거치면서 그녀는 젠더 문제와 관련해 종래의 유교 고전에는 있었지만 그때까지 거의 주목받지 못했던 유교적 명제들을 수용하면서 동시에 따라야 할 이념원칙 내지 원리로서 제시하고자 했다. 네 권 중에서 『소학』을 제일 많이 참조했다. 그녀는 남녀유별, 부내부천, 불경이부, 삼종지도와 칠거지악 같은 명제를 제시했다. 지금 우리에게도 낯설지 않은, 악명 높은 명제들이라 하겠다.

15세기 당대 최고의 지식인으로서의 소혜왕후는 주자학적인 남녀관계와 젠더 관련 명제를 바람직한 것으로, 여성이 따라야 규범으로 받아들여야 한다고 제시했지만, 『소학』에서 볼 수 있는 '열녀' 이념에 대해서는 일정한 거리를 두었다. 굶어죽는 것보다 절개를 중시하는 과도한 엄격주의에는 이르지 않았다. 다시 말해 극단적인 '열녀 이데올로기'까지 받아들이려 하지는 않았다. 소혜왕후 한씨와 『내훈』이 갖는 위상과 의미라고 하겠다. 소혜왕후로서는 당시의 상황과 여건을 충분히 고려한 신중한 선택으로 볼 수 있다. 당시 조선 상황에서 '열녀 이데올로기'를 끝까지 밀고 나가는 것은 무리라고 보았던 듯하다.

하지만 성종 대를 거치면서 점차 조선사회 체제가 정비되고 실생활에 주자학이 자리 잡게 되면서 여성의 정절이 강조되기 시작했다. 소혜왕후의 『내훈』 역시 한몫했다. 방향을 제시하고 물꼬를 터준 셈이었다. 게다가 성종 대에 이르러 주자학적 윤리에 입각한 여성에 대한 규범이 법적, 제도적 차원에서 정비되기 이르렀다. 『경국대전』에서 재가녀 아들에 대한 차별 규정은 중요한 전환점이 되었다. 재가하거나 실절한 부녀의 아들 및 손자는 문과와 무과 등 과거시험에 응시할 수 없게 했기 때문이다. 그 무렵 정계에 등장하기 시작한 신진사류 내지 사림파 인사들은 주자학적 세계관과 이념에 철저했다. 그들에 의해 주자학 근본주의 내지 원리주의가 싹트기 시작했다. 이후 활발하게 전개되는 사림파에 의한 '소학 보급 운동'이야말로 그 단적인 증거라 하겠다. 그런 운동에서는 『소학』의 조선화보다는 조선의 『소학』화에 더 많은 비중이 주어지고 있었다.

소혜왕후 한씨와 『내훈』, 그리고 젠더 관련 문제에 대해 사회사적, 사상사적 독해를 시도해본 것이다. 『내훈』을 그 시대 속에서 제대로 독파해내기 위해서는 아직 풀어내지 못한 부분들에 대한 탐구와 더불어 직간접으로 연관된 다른 측면들에 대한 검토가 뒤따라야 할 것이다.

2. 혜경궁 홍씨, 저술로 한을 풀어낸 여중군자

2-1. 사도세자의 부인, 정조의 어머니

혜경궁惠慶宮 홍씨洪氏는 조선 제22대 국왕 정조의 생모, 제21대 국왕 영조의 며느리, 그리고 사도세자의 빈이다. 1776년 아들 정조가 왕위에 오르자 혜빈惠嬪에서 혜경궁으로 격상되었다. 1899년(고종 36) 사도세자는 장조莊祖, 혜경궁 홍씨는 헌경왕후獻敬王后로 추존됐으나 혜경궁으로 널리 알려져 있다. 그녀는 영조 대에는 세자빈으로, 정조 대에는 왕의 생모로, 그리고 순조 대에는 왕의 조모로 70여 년을 궁중에서 지냈다.

혜경궁 홍씨가 널리 알려진 것은 그녀의 회고록 『한중록』 때문이라 할 수 있다. 『한중록』은 사도세자의 참사와 친정 가문의 신원 등을 중심으로 자신의 일생을 되돌아보면서 서술한 것이다. 자신의 삶을 되돌아보는 자전적인 내용을 담고 있다는 점에서 주목할 만하다. 그런데 잘 알려지지는 않았지만 『한중록』 외에도 한글로 쓴 편지[언간諺簡]와 한글로 된 교서

[언교諺教]가 전해지고 있다. 그들 언간과 언교는 그녀의 일생을 이해하는 데 중요한 자료다. 언간은 전통시대의 문자와 언어의 자료가 될 뿐만 아니라, 일상의 감정을 전하는 일반적인 수단으로 개인적이고 인간적인 삶의 결을 엿볼 수 있는 자료이기 때문이다. 언교는 대비와 왕비 등 왕실의 존엄한 여성이 한글로 내리는 교서다.[81] 공식적인 성격을 지닌다는 점에서 언간과 구별된다. 혜경궁 홍씨는 중요한 사안에 대해서는 언교를 내려서 자신의 의중을 드러내기도 했다. 이 책에서는 혜경궁 홍씨의 사적인 기록 언간과 공적인 기록 언교를 주요한 분석 자료로 삼고자 한다. 이들에 대한 검토를 통해 여성군자로 칭해졌던 그녀의 삶과 생활세계의 특징적인 한 측면을 살펴보자.

2-2. 보고 들은 것을 종신토록 기억하다

본관은 풍산豐山, 홍봉한洪鳳漢의 차녀다. 풍산 홍씨 가계를 보면 시조 홍지경洪之慶은 고려의 국학직학을 지냈으며, 그로부터 대대로 현인이 나왔다.[82] 조선에 들어서 홍이상洪履祥이 크게 현달해서 벼슬이 대사헌에 이르렀으며, 영의정에 증직되었다. 영안위永安尉 홍주원洪柱元은 선조의 딸 정명공주에게 장가들었다. 혜경궁 홍씨는 정명공주의 후손이라는 것을 무척 자랑스러워했다. 고조부 홍만용洪萬容은 예조판서, 증조부 홍중기洪重箕는 사복시첨정을 지냈으며 좌찬성에 증직되었다. 조부 홍현보洪鉉輔는 예조판서를 지냈으며, 영의정에 증직되었다. 어머니는 한산韓山 이씨李氏로 고려의 대학자 이색李穡의 후손이며, 관찰사 이집李潗의 딸이다.

장조로 추존된 사도세자와 헌경왕후의 융릉,
사적 제206호, 경기도 화성시
보통 합장릉은 상석을 두 개 놓는 것이
일반적인데 융릉은 상석을 하나만 놓았다

1735년(영조 11) 6월 18일 반송방盤松坊, 지금 서울 서대문 밖 평동에 있는 외가에서 태어났다. 위로는 오빠 홍낙인洪樂仁과 일찍 죽은 언니가 한 명 있고, 아래로는 홍낙신洪樂信, 홍낙임洪樂任, 이복일에게 시집간 여동생, 그리고 홍낙윤洪樂倫이 있다.

그녀는 작은어머니 평산 신씨에게 한글을 배웠다. 신씨는 편년체의 한국 역사서인 『동국역대총목東國歷代總目』을 한글로 번역할 정도로 문식이 높은 여성이었다. 『의유당관북유람일기意幽堂關北遊覽日記』의 저자 의령宜寧 남씨南氏가 평산 신씨의 올케인 것을 보아도 이 집안 여성들의 교양 수준을 짐작할 수 있다. 부친 홍봉한의 외조부는 조선 최초의 야담집인 『천예록天倪錄』의 편찬자 임방任埅이다.[83]

1744년(영조 20) 10세의 나이로 세자빈으로 간택되어 입궁했다. 영조를 대신해 1749년(영조 25)부터 대리청정을 하던 사도세자는 1762년(영조 38)

그의 노여움을 사서 뒤주에 갇혀 죽었다[임오화변]. 영조는 사도思悼라는 시호를 내리고 그녀에게는 혜빈이라는 존호를 내렸다.

그해(1762) 7월 세손 정조가 동궁에 책봉되고, 1775년(영조 51) 12월 8일 동궁 정조의 대리청정이 시작되었다. 1776년 3월 5일 영조가 승하하자, 3월 10일 정조가 즉위했다. 정조가 즉위한 뒤에는 혜경궁으로 존호를 올렸다. 일찍이 혜경궁 홍씨는 여성 중의 군자, 여중군자라는 칭송을 받았다.

> 백 가지 상서祥瑞가 모두 집결하여 대대로 아름다운 운세를 이어가게 되었고, 다섯 가지 경사를 한꺼번에 맞이함에 떳떳한 예전禮典을 빛나게 거행함으로써 그 아름다움을 드러내게 되었다. 이에 성대한 의식을 거행하게 된 데 따라 대대적으로 윤음綸音을 내리노라.
>
> 삼가 생각건대 우리 태모太母의 아름다운 법도는 진정 옛날 훌륭한 후비后妃들의 뛰어난 생각을 능가하고 계신다 하겠다. 충신忠信한 곤덕坤德으로 존엄한 건극乾極의 배필이 되심에 무녀성婺女星에 상서로움이 응하였고, 여관女官이 궁중 다스리시는 덕을 드러냄에 여중군자女中君子라는 칭송이 널리 전해지게끔 되었다.
>
> 선조先朝 때에는 훌륭한 계책으로 협찬協贊하셨고, 오늘날에는 하늘과 같은 자애로움을 입게 하고 계신다. 그리하여 만세토록 종묘사직이 공고해지게 하면서 덕이 모자란 나를 보우保佑하시고, 세밀한 내용으로 교시하시어 대의大義를 일으켜 세우셨다.[84]

여중군자는 유학적 세계관 속에서 지극한 목표로 여기는 도덕적인 실천 내지 도덕적 인격체의 완성이라는 커다란 틀 안에서 살다가 간 여성

장조와 헌경왕후 융릉

융릉 능침

창경궁 경춘전

들에 대한 최대의 찬사라고 해야 할 것이다. 혜경궁 홍씨는 한 번 보거나 들은 것은 종신토록 잊지 않아 궁중의 옛일부터 국가 제도, 다른 집 족보에 이르기까지 기억하지 못한 바가 없었다.[85] 정조가 의심스러운 바가 있어 질문하면 가르쳐주지 않은 적이 없어 총명과 박식함을 정조가 감히 따라갈 수 없었다고 한다.

1815년(순조 15) 12월 15일 혜경궁 홍씨는 81세의 나이로 창경궁 경춘전에서 승하했다. 경기도 화성의 융릉隆陵에 사도세자와 함께 합장되었다. 1899년(고종 36) 헌경의황후獻敬懿王后로 추존되었다.

2-3. 언간으로 뜻을 전하다

왕실의 여성들은 거의 평생을 궁궐에서 보내야만 했다. 자연히 행동과 그 반경에 많은 제약이 따랐다. 궁궐 바깥소식을 듣거나 자신의 생각을 바깥에 알릴 수 있는 방법이 그리 많지는 않았다. 바깥세상과 소통할 수 있는 방법 중 하나는 편지 주고받기였을 것이다.[86] 왕실 여성들은 글을 남기기도 했는데, 주로 언문을 사용했다. 그러니까 언문을 통해 자신의 삶의 단면들을 기록했다. 언문은 외부와의 소통 수단이자 자기표현 수단으로서 중요한 의미를 지닌다.

혜경궁 홍씨가 남긴 한글 편지는 현재 2편이 전한다. 두 언간은 수신자에 따라 다른 양상을 보여주고 있다. 화순옹주和順翁主(1720~1758)에게 보낸 편지가 개인적이고 일상적인 성격을 띠는 듯하지만 그 행간에는 정치적 의미가 담겨 있다. 한편, 채제공에게 보낸 편지는 공적인 데다 정치적 성격을 지니고 있다.

어린 나이에 대궐 안에 들어와 살았던 혜경궁 홍씨는 아침저녁으로 친정집과 서찰 왕복이 있었다.[87] 친정집에는 필적이 많이 있었을 것이다. 그의 경계대로 종이 머리에 답장을 써 보냈고, 집에서도 대궐에서 온 편지를 돌아다니게 하지 마라 훈계하고 편지를 모아 세초하여 글자를 다 씻어 내버렸다.[88] 때문인지 오고간 편지가 전하지 않는다. 현재 전해지는 혜경궁 홍씨의 언간은 2편이며, 다른 왕후들에 비해서 적은 편이다.[89] 하지만 적다고 해서 의미가 없는 것은 아니다. 문맥을 잘 살펴보면 더 큰 의미를 지니는 것일 수도 있다. 그것을 읽어내는 것이 역시 중요하다.

먼저 화순옹주에게 보낸 한글 편지를 보자. 그녀의 나이 20~24세, 화순옹주 35~37세, 그러니까 1754~1757년 사이에 보낸 것이다. 사도세자는

1749년(영조 25)부터 대리청정하기 시작했다. 사도세자의 대리청정 시기라는 점이 주목된다.

> [혜경궁 홍씨 언간 ①]
>
> 츄긔 고ᄅᆞ디 못ᄒᆞ온ᄃᆡ 긔후 평안ᄒᆞ오신 문안 아ᄋᆞᆸ고져 ᄇᆞ라오며 오래 봉셔도 못ᄒᆞᄋᆞᆸ고 나가ᄋᆞᆸ션디도 ᄃᆞᆯ포 되오니 암〃 그립ᄉᆞ와 ᄒᆞᄋᆞᆸ다니 뎍ᄉᆞ오시니 밧ᄌᆞ와 보ᄋᆞᆸ고 뵈ᄋᆞᆸᄂᆞᆫᄃᆞᆺ 든〃 못내 반갑ᄉᆞ와 ᄒᆞ오며 원손 남ᄆᆡᄂᆞᆫ 됴히 잇ᄉᆞᆸᄂᆞ이다 빙궁
>
> [가을 기운이 고르지 못하온대 기후 평안하신지 문안 아옵고져 바라오며 오래 봉서封書도 못 하옵고 나가신 지도 달포 되오니 암암 그립다고 하시며 적으시니 받아 보고 뵈옵는 듯 든든하여 못내 반갑사와 하오며 원손元孫 남매는 잘 있습니다. 빈궁嬪宮]

정조는 1752년(영조 28) 9월 22일에 출생했으며, 1759년(영조 35) 2월 세손에 책봉되었다. 원손이라는 지칭으로 미루어, 1759년 2월 이전에 쓴 편지임을 알 수 있다. '원손 남ᄆᆡ'라고 표현했으므로, 원손인 정조가 세손이 되기 이전으로 보아야 한다.[90] '츄긔'라는 표현을 보아 가을이라는 것을 알 수 있다. 화순옹주는 남편 김한신이 죽자 곡기를 끊고서 그 뒤를 따랐다. 1758년 봄의 일이다. 그러니 1757년 가을까지로 볼 수 있다. 남매라는 표현에서 정조의 동생이 태어난 것을 알 수 있다. 청연공주가 1754년 7월 14일에 태어났으므로, 작성 연대는 1754년 7월 여름에서 1757년 가을 사이로 파악된다.

1749년(영조 25) 1월 22일 혜경궁 홍씨가 관례를 올리고 합례를 치르기

로 한 날 영조는 세자의 대리청정을 공표했다. 대리청정이란 국왕을 대신하여 세자가 국정을 맡는 것으로 왕위를 물려주는 것에 버금가는 중요한 결정이다. 15세의 세자가 감당하기에는 힘겨운 일이었다. 그런데 1752년 10월 사도세자는 영조에게 크게 꾸지람을 들었다. 사건의 발단은 노론 정언 홍준해가 소론 영의정 이종성을 간교하고 언로를 막고 있다는 이유로 탄핵한 일이다. 당시 대리청정을 하던 세자는 상소를 되돌려주는 것으로 가볍게 처리했다. 뒤늦게 알게 된 영조는 세자를 책하여 엄하게 징계하지 않으면 임금이 제 구실을 하지 못하게 될 것이라며 홍준해를 귀양 보내라고 명했다.

그리고 그해(1752) 12월 영조는 사도세자에게 양위한다는 전위 소동을 일으켰다. 세자는 홍역이 회복되지 않은 몸으로 침식을 전폐하고 눈 속에서 꿇어앉자 용서를 빌어야 했다. 그로부터 세자의 병은 더욱 깊어갔다. 1755년(영조31) 나주괘서사건羅州掛書事件이 터졌을 때, 세자는 영조가 수많은 소론 인사를 살육하는 것을 곁에서 지켜보았다. 그는 계속해서 영조의 꾸지람을 들었다. 더욱이 1757년(영조 31) 초에는 세자의 뒷받침이 되어주었던 대왕대비 인원왕후와 정성왕후가 연이어 죽음을 맞이했다. 이런 과정을 겪으며 1757년 6월부터 세자는 마침내 사람들을 죽이기 시작했다.

혜경궁 홍씨가 손위 시누이 화순옹주에게 보낸 문안 편지는 바로 대리청정 시기, 그런 와중에 보낸 것이다. 일상적인 성격을 띤 문안 편지기는 하지만 정치적으로 소용돌이치는 시기에 보낸 언간인 만큼, 정치적 의미도 지녔던 것으로 여겨진다.

그 무렵 영조의 심사도 편치 않았던 듯하다. 영조는 영빈이씨 소생 화평옹주和平翁主를 지극히 사랑했다. 예조참판 박사정의 아들 금성위錦城尉

박명원朴明源과 혼인시켰다. 심성이 곱고 너그러웠던 화평옹주는 영조의 사랑을 받아 금성위와 함께 궁궐에서 살았다. 1748년(영조 24) 화평옹주는 22세의 나이로 요절했다. 영조는 딸의 죽음을 슬퍼하여 건강을 돌보지 않을 정도였다. 혜경궁 홍씨에 의하면, 영조가 세자에게 대리청정 시킨 이유가 화평옹주의 죽음으로 슬픈 마음을 가눌 길 없었기 때문이라고 했다.[91] 이후 영조의 사랑은 화순옹주를 향하게 된다.

화순옹주는 영조의 첫째 딸로 효장세자孝章世子의 동복 누이동생이다. 혜경궁 홍씨 언간이 추사 가문에 전해진 것은 화순옹주가 추사 김정희의 증조모이기 때문이다. 어머니는 정빈靖嬪 이씨李氏다.[92] 13세 되던 1732년(영조 8) 겸판서 김흥경金興慶의 아들 김한신金漢藎과 혼인했다. 김한신은 부마가 되어 월성위月城尉에 올랐다. 김한신은 추사 김정희의 증조부다.

1758년(영조 34) 김한신이 세상을 떠나자, 화순옹주는 따라 죽기를 결심하고 물 한 모금도 먹지 않았다. 그 말을 듣고 영조가 설득했으나 듣지 않았다. 그로부터 14일 만에 세상을 떠났다.[93] 영조는 화순옹주의 정절을 기리면서도 아비가 자식을 정려할 수 없다고 하여 열녀문을 내리지 않았다. 정조는 각도의 효열을 포상하는 때를 맞아, 화순옹주가 살던 마을 어귀에 정문旌門, 열녀문을 세우도록 했다.[94] 화순옹주홍문和順翁主紅門은 충청남도 예산군 신암면 용궁리 799-2에 있으며, 지방유형문화재 제45호로 지정되었다.

그녀는 남성이 여성을 통제하기 위해 만들어낸 열녀 개념에 얽매여 강요당한 것이 아니었다. 유교적인 덕목, 도덕적인 실천 내지 도덕적 인격체의 완성이라는 커다란 틀 안에서 주체적으로 그리고 자발적으로 죽음을 선택했다. 부부의 의리를 중히 여겨 같은 무덤에 묻히기 위해 결연히

화순옹주 홍문

죽음을 택한 것이다. 여염의 일반 백성들도 어렵게 여기는데 하물며 왕의 딸에 있어서랴. 정조가 여중군자라 높이 평가한 것 역시 그 때문이라 하겠다.[95]

화순옹주는 부도婦道를 가졌고 정숙하고 유순함을 겸비했다. 검약을 숭상하여 복식에 화려하고 사치함을 쓰지 않았으며, 남편과 더불어 서로 경계하고 힘써서 항상 깨끗하고 삼갔다. 사람들이 이르기를 어진 도위와 착한 옹주가 아름다움을 짝할 만하다고 했다.[96] 그런 평판을 받았으며, 또한 영조의 사랑을 받았던 화순옹주에게 혜경궁 홍씨가 편지를 보낸 것이다.

혜경궁 홍씨가 손위 시누이 화순옹주에게 문안 편지를 보내고 가까이 지내려 한 것은 당연한 것으로 여겨질 수 있다. 하지만 그 무렵은 사도세자가 대리청정하는 시기였고, 또한 영조의 꾸지람을 들으면서 대립과 갈등이 두드러지기 시작했다. 혜경궁 홍씨는 "억만사億萬事가 대리청정 후에 난 탈이니 어찌 섧고 섧지 않겠는가."라며 『한중록』에서 한탄하

「채제공 초상」, 보물 제1477-3호

정조어제채제공뇌문비, 경기도 유형문화재 제76호, 경기도 용인시

기도 했다.[97] 그 같은 시점에서 혜경궁 홍씨는 영조의 사랑을 받는 화순옹주를 통해 세자와 원손 남매의 안정을 도모하려는 간절한 마음이 작용했던 듯하다.

흔히 알려진 것과 달리 혜경궁 홍씨는 10세(1744) 때 세자빈으로 입궁한 이후 10여 년간 행복한 시절을 보냈다.[98] 그러다 28세인 1762년 임오화변으로 남편을 잃은 것이다. 세자가 죽은 뒤 영조는 왕세자 호를 회복시켜주고 세자빈에게는 혜빈이라는 존호를 내렸다. 그리고 이듬해(1763) 홍봉한을 영의정으로 임명했다.[99] 아들 정조가 동궁으로 확정되고 홍봉한이 그를 보호하는 임무를 맡았다. 이로서 혜경궁 홍씨는 안정을 얻었다. 아들 정조의 즉위와 더불어 그녀의 입지는 한층 더 굳건해졌다.

두 번째 「혜경궁 홍씨 언간」은 영의정 채제공蔡濟恭(1720~1799)에게 보낸 것이다. 정조가 즉위한 후에 그녀가 아들 정조의 건강을 걱정하면서 보낸 편지다. 편지는 혜경궁 홍씨가 55세 되던 1789년(정조 13), 정조가 사도세자의 묘를 화성으로 옮길 때 써서 보낸 것이다. 간송미술관에 보관되어 있다.[100]

> [혜경궁 홍씨 언간 ②]
>
> 주상이 지통 중 달포 심려로 지내시고 자주 편찮으셔서 성체聖體를 손상하시기에 이를 것이 없사온데, 주상이 사도세자의 관을 꺼내는 일을 보시게 하기가 몹시 절박하고 주상이 지통을 겸하여 병이 이렇듯 위중할 뿐 아니라 내가 성궁을 위하는 염려가 간절하여 붙들고 못 가시게 하는 대로 주상이 이제 즉시 가려 하시니, 지극한 정을 생각하셔서 주상이 거둥하시기 전에 성빈成殯하고 아뢰게 하십시오.

채제공은 사도세자와 영조의 사이가 악화되어 세자 폐위의 비망기가 내려지자 죽음을 무릅쓰고 막아 이를 철회시켰다. 정조가 즉위한 후 사도세자 죽음에 연루된 책임자들을 처단할 때, 그는 형조판서 겸 판의금부사로서 옥사를 처결했다. 1793년 영의정에 임명되었을 때는 사도세자를 위한 단호한 토역討逆을 주장했다. 그는 주로 화성 조성사업을 맡았으며, 1798년 사직했다. 시호는 문숙文肅이다. 그의 삶은 사도세자 및 정조와 깊이 얽혀 있다. 정조에게 그는 믿을 만한 원로대신이었다. 바로 그런 채제공에게 혜경궁 홍씨가 편지를 보낸 것이다.

혜경궁 홍씨는 아들 정조의 건강을 크게 걱정하고 있다. 이장하기 위해 사도세자의 현궁玄宮을 꺼내야 했는데 그 장면을 정조가 보지 못하게 하려는 것이다. 근래 건강이 좋지 않은 정조가 직접 개봉開封에 임하여 지나치게 슬퍼할까 염려된다며, 정조가 움직이기 전에 성빈成殯하라고 했다. 정조는 직접 개봉에 임하지 않겠다고 어머니에게 아뢴 후 비로소 출궁을 허락받았다. 아버지 사도세자의 능 이전을 손수 챙기려는 아들의 효심, 그리고 그런 아들의 몸이 상할까 걱정하는 혜경궁 홍씨의 모성애가 이 언간을 통해 생생하게 전해진다.

하지만 혜경궁 홍씨에게 정조의 죽음과 함께 다시 한 번 불행이 닥쳤다.[101] 그것은 정조가 갑작스레 죽고 어린 순조가 즉위해 정순왕후貞純王后가 수렴청정할 때였다. 정순왕후는 영조의 계비로 본관은 경주慶州, 김한구金漢耉의 딸이다. 1759년(영조 35) 15세 때 66세의 영조와 혼인하여 정성왕후에 이어 왕비가 되었으며, 어린 순조가 즉위한 후에는 대왕대비로서 수렴청정을 행했다.

2-4. 언교, 한글로 내린 교서

조선왕조실록에서 한글 사용의 주체로 많이 등장하는 신분은 주로 대비나 왕비다. 공적인 측면에서도 그러했다. 왕이 어린 나이로 즉위했을 때 대비가 수렴청정하면서 언교를 통해 국정에 참여했다는 기록이 보인다. 한글 문서를 통해 국정에 관여한 가장 이른 기록은 1458년(세조 4) 정희왕후의 언교에 관한 것이다.[102] 언교를 내리면 승정원 승지로 하여금 언문을 번역하게 했으며 그 번역을 토대로 국왕과 조정 대신들이 논의했다.[103]

무엇보다 공식적인 교서에 언문을 썼다는 점이 주목된다. 한문을 몰라서 그랬을 수도 있겠고, 한문을 알면서도 언문으로 썼을 수도 있다. 이에 대해 서로 다른 견해가 제시되었다. 대체로 왕비들은 한문에 통하지 못했다는 견해도 있고[104], 개인 간의 편차는 있겠지만 한문 소양이 상당했으리라는 견해도 있다.[105] 왕후가 반드시 언문으로 썼는가에 대한 근본적인 의문도 제기된다.[106] 요컨대 공식적인 글에서는 한글을 사용하도록 한 것이 아닐까 한다.[107] 본인 스스로 그렇게 하고 싶어 했을 것으로 생각한다. 다른 사람의 영향력을 배제함과 동시에 자신의 생각을 좀 더 분명하게 전달하고 싶다는 바람도 나름 작용했을 것으로 보인다.

혜경궁 홍씨가 내린 언교는 조선왕조실록에서 7건이 확인된다.[108] 이들은 모두 정조 대, 구체적으로는 1789년에서 1797년 사이에 내려진 것이다.

표 7 · **혜경궁 홍씨의 언교 현황**

연번	조선왕조실록	내용
①	『정조실록』 13년(1789) 10월 2일(갑인)	혜경궁이 금성위 박명원에게 봉서를 내리니 정조가 언교를 열람하다
②	『정조실록』 17년(1793) 11월 22일(신해)	영의정 홍낙성이 자전과 자궁의 탄신일 의례 문제를 혜경궁에 아뢰다
③	『정조실록』 18년(1794) 1월 20일(무신)	영의정 홍낙성 등 백관이 경모궁 참배를 중지하도록 혜경궁에 호소하다
④	『정조실록』 18년(1794) 1월 20일(무신)	시임·원임 대신들이 경모궁 참배를 중지하도록 혜경궁에 호소하다
⑤	『정조실록』 18년(1794) 6월 3일(무오)	빈청에서 혜경궁에게 글을 올려 탄신 진하 허락을 요청하다

⑥	『정조실록』 18년(1794) 6월 3일(무오)	빈청에서 혜경궁에게 글을 올려 탄신 진하 허락을 거듭 요청하다
⑦	『정조실록』 21년(1797) 윤6월 18일(무진)	홍낙신의 상사로 인해 날짜를 소급하여 혜경궁에 진찬하다

이는 왕의 생모라는 신분과 지위 때문에 가능했던 것이라 할 수 있다. 그 이전 영조 대에는 보이지 않는다. 뿐만 아니라 순조 대에도 기사가 보이지 않는다. 이를 순서대로 살펴보자.

①은 1789년(정조 13) 10월 2일자에 내린 언교다. 이는 앞에서 언급한 채제공 언간과 깊이 관련되어 있다. 혜경궁 홍씨가 박명원에게 봉서를 내리니 정조가 언교를 열람하고서 말했기 때문이다.[109] 정조가 직접 사도세자의 현궁을 꺼낼 때 살펴보느라 신경 쓰고 애태울 것을 염려한 것이다. 박명원이 아뢰기를, "자교慈教가 또 내렸습니다. 전하께서 환궁을 하지 않으시면, 장차 무슨 말로 복명하겠습니까."라고 했다. 궁을 지키던 각신 이복원도 "혜경궁의 신기가 자꾸만 어지러워지고 있는데 환궁하신 후에야 수라를 들겠다고 한다."고 급히 전했다. 마침내 정조는 채제공에게 이렇게 말했다. "반드시 내가 돌아올 때까지 기다리도록 하여 나로 하여금 천고에 슬픔을 머금게 하지 말라." 그러고는 궁궐로 돌아왔다. 그리고 이렇게 하교했다. "지금으로서는 자궁의 마음을 누그러지게 하는 일이 시급하다. 현궁을 내릴 때 직접 임하면 똑같은 것이다. 강 머리에 이르렀다가 도로 들어와 다음날 아침에 출궁하고 새 원소園所인 현륭원으로 나아가겠다."[110]

②는 1793년(정조 17) 11월 22일 내린 언교다. 영의정 홍낙성 등이 백관

을 거느리고 궁정에 나와서 탄신일 의례 문제를 혜경궁 홍씨에게 아뢰었다. 빈청에서 이미 여섯 차례나 아뢰었고 정조가 간절하게 청했다. 그 내용은 지극하고 정중하다. 조금 길긴 하지만 당시 그녀의 위상을 엿볼 수 있는 자료인 만큼 그 일부를 인용해두고자 한다.

> 우리 자궁께서는 여자 가운데 요·순이요 왕실의 태임·태사이십니다. 경애하고 유순한 덕은 선왕께서 그 독실함을 아름답게 여겼고 정숙하고도 속 깊은 교화는 백성들이 그 교훈에 감복하고 있습니다. 너무 겸양하여 왕실의 승용 수레와 말을 이용하지 않으셨고, 부지런하고 검소하여 손수 길쌈도 하셨습니다. 마침내 인자한 덕은 궁중에 두루 넘치고 자손을 두시는 경사도 보셨습니다. 전하를 낳아 길러서 만년 공고한 기반을 닦으시고 … 해는 어느덧 동지가 되었고 연세는 육순이 되셨으니 연세가 높으면 높을수록 길이길이 봉양하고 싶은 성상의 효성으로서야 비록 날마다 송축 의식을 거행하고 … 성상의 간곡한 효심을 받들어 뜰을 메워선 뭇 신하들의 심정을 올리기 위하여 이렇게 모두 나와 거듭 호소하는 것입니다. 꼭 허락을 내리시어 성대한 의식이 빨리 거행되도록 하소서.[111]

그러자 혜경궁 홍씨는 언서로 비답을 내렸다. "내 입장에서 오늘 청하는 내용을 듣고 나니 더욱 마음잡을 길이 없다. 그저 자전의 거룩한 뜻과 대전의 지극한 효성에 감격할 뿐이니 경들은 그리 이해하라."[112] 혜경궁 홍씨의 탄신일은 6월 18일이다. 11월에 탄신일 논의가 있는 것으로 보아 혜경궁 홍씨의 회갑연에 관한 의례 문제에 관한 것으로 보인다. 정조는 1795(정조 19)년 윤2월 9일부터 16일까지 화성 행궁에서 어머니의 회

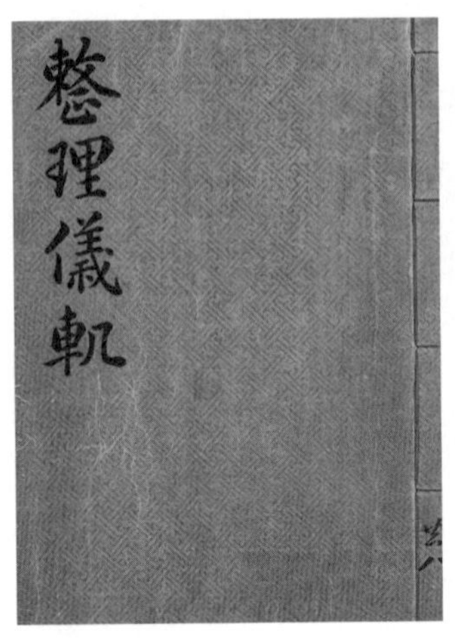

『원행을묘정리의궤』

「화성행궁도」

갑연을 기념하여 연8일간 성대한 잔치를 거행했다.[113] 이를 기록으로 남긴 것이 『원행을묘정리의궤園幸乙卯整理儀軌』다.

③과 ④는 1798년(정조 18) 1월 20일 내린 언교다. 같은 날에 두 번이나 혜경궁 홍씨가 언서를 내린 것이다. 1월 20일 영의정 홍낙성 등이 백관을 거느리고 와서 정조의 경모궁 참배를 중지하도록 혜경궁 홍씨에게 요청했다. "이해 이날 정조의 사모하는 마음이 더욱 새로워져서 경모궁에 참배한다는 명이 있었습니다. 타고나신 뛰어난 효성과 생신을 맞이한 느낌으로 인하여 몸소 참배하심으로써 조금이나마 정리와 예의를 펴려고 하시니, 오늘의 모든 신하들이 누군들 감동하여 체인體認하지 않겠습니까. 다만 모든 신하들의 마음이 매우 초조하고 절박한 점이 있어서 여러 차례 면대하기를 요청하였으나 접견을 허락하지 않으시므로 호소할 길이 없어 더더욱 어찌할 바를 모르겠기에 외람됨을 피하지 않고 다급한 말로 자궁께 우러러 진술합니다." 이에 혜경궁 홍씨는 언서로 비답을 내리

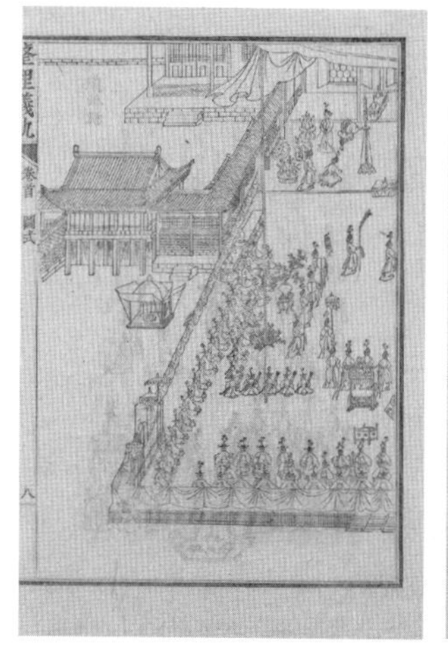
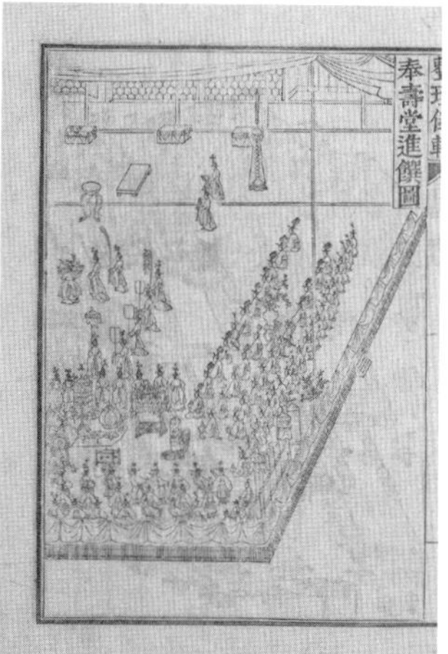

『원행을묘정리의궤』「봉수당진찬도」

기를, "이제 곧 내전에서 권고하겠다."고 했다.[114] 정조의 마음을 위로하는 것이 혜경궁 홍씨에게 달려 있다는 것이다.

정조의 효심과 정조의 어머니로서의 혜경궁 홍씨의 위상을 충분히 가늠할 수 있다. 같은 날 시임 원임 대신들이 그녀에게 정조의 경모궁 참배를 중지하도록 호소한 데서도 알 수 있다. 이에 대해서 혜경궁 홍씨는 언서로 비답하고 있다. "만일 세상에 살아 있는 나의 마음을 생각한다면 의당 환궁할 듯하니 이런 뜻으로 우러러 청하겠다."[115]

⑤와 ⑥은 같은 해(1798) 6월 3일 내린 언교다. 같은 날 두 번 언교를 내린 것이다. 삼정승을 비롯한 비변사 당상관 등이 탄일의 진하는 나라의 떳떳한 전례라고 하며 혜경궁 홍씨의 탄신 진하 허락을 요청했다. 이에 혜경궁 홍씨는 언서로 비답하기를, "이러한 때의 나의 심정은 하례를 받기가 난처한 것뿐이 아니다. 칭상의 절차는 대전의 성효誠孝로도 오히려 나의 뜻을 체득하여 크게 벌이고자 하지 않는 것이니 경들은 이 점을

유념하라."고 했다.[116] 혜경궁 홍씨는 원조元朝의 하례를 미리 거행했으므로 이날에 재차 거행할 필요가 없다는 것이었다. 이에 대신들은 원조의 하례는 한 해를 축하하는 것이고 이달 이날의 하례는 이달의 이날을 축하하는 것이며, 정조의 축하하는 심정이나 온 나라의 기대하는 정성으로 볼 때 원조의 하례를 이미 거행했다 하여 이달의 축하를 조금이라도 늦출 수 없다고 보았다. 같은 날 빈청에서는 축수의 환호 속에 칭상稱觴의 전례를 거행하자고 재차 요청했다. 혜경궁 홍씨는 다시 언서로 비답하기를, "나의 마음은 벌써 하유하였으니, 소청을 그만두라."고 했다.[117] 빈청이면 영의정, 좌의정, 우의정 3정승과 비변사 당상관이 모이는 곳이다. 고관 대신들이 혜경궁 홍씨의 탄신일 축하를 연이어 간곡하게 요청했다.

다음 ⑦은 1797년(정조 21) 윤6월 18일에 내린 언교다. 홍낙신의 상사喪事 때문에 날짜를 소급해서 혜경궁 홍씨에게 진찬進饌한 기사다. 홍낙신은 혜경궁 홍씨의 동생이다. 탄신일이 되면 반드시 소작小酌을 마련했는데, 지난 달(5월)에 있었던 홍낙신의 죽음으로 혜경궁 홍씨의 뜻을 받들어 이날 소급해서 설치했다. 혜경궁 홍씨는 정리소整理所의 제신에게 하교했다. "찬품饌品은 그 전에 비교하여 3분의 1을 줄이되 모두 정리소에서 마련하고 호조를 번거롭게 하지 말라."[118] 정리소는 1794년(정조 18) 12월 완성된 화성의 축조, 사도세자의 현륭원 정화, 화성행궁의 정비, 영흥본궁의 수리 등을 기념하기 위한 화성에서의 대규모 국왕친림 행사를 준비하기 위해 설치되었다.

지금까지 살펴본 혜경궁 홍씨 언교에서 주목해야 할 점들을 몇 가지 지적해두고자 한다. 우선 언교와 언서에서 언서가 훨씬 더 많다는 점이다. 7건 중에서 6건이 언서에 해당한다. 언교와 언서의 구분이 명확하지 않을 뿐더러 혼동해서 쓰기도 했던 듯하다. 언교 쪽이 더 권위를 가졌던 것으로 여겨진다. 둘째, 혜경궁 홍씨는 3대 왕조에 걸쳐서 70여 년간 궁중생활을 했다. 하지만 언교는 정조 연간에만 나타나고 있다. 영조 대에는 세자빈으로 내릴 위치가 아니었다. 정순왕후가 수렴청정했던 순조 대에도 보이지 않는다. 정조 연간에만 보이는 것은 혜경궁 홍씨가 정조의 생모였기 때문이다. 정치적 권위는 정조로부터 비롯된 것이었다. 셋째, 정치적인 성격을 지닌 언교가 보이지 않는다. 앞에서 본 것처럼 조정 대신들의 요청에 대해 언서로 비답을 내리는 정도에 그치고 있다. 또한 7건 중에서 5건, 즉 1793년과 1794년의 언서는 실질적으로는 혜경궁 홍씨의 탄신 진하, 구체적으로는 회갑연과 관련된 것이다. 주지하듯이 1795년 정조는 어머니 혜경궁 홍씨의 회갑연을 화성에서 8일에 걸쳐서 성대하게 치렀다.

언교와 관련해서 혜경궁 홍씨가 보여준 양상과 의미는 영조의 계비 정순왕후와 비교해보면 한층 더 분명하게 드러난다. 혜경궁 홍씨와 정순왕후 김씨 두 가문에는 정치적 갈등과 대립이 있었다. 정순왕후의 경우, 영조 대 2건, 정조 대 19건, 순조 대 21건 등 모두 42건의 언교를 내렸다. 언교와 언서의 차이와 관련해서, 정순왕후는 영조 대에는 왕비 자격으로 언서를 내리고 있다.[119] 그렇지만 정조 대에는 대비, 그리고 순조 대에는 수렴청정하는 대왕대비 자격으로 정치적 성격을 강하게 지닌 언교를 내렸다.[120] 정조 대에 정순왕후가 언문 교서를 통해 관여한 내용을 보면 죄인의 처벌에 관한 기사 등 국가 정무에 대한 것이 많다. 뿐만 아니라 자신의 교서 내용이 받아들여지지 않자 탕약과 수라를 거부하는 모습도 보여주었다.[121] 혜경궁 홍씨는 대비나 대왕대비의 위상은 아니었다. 어디까지나 세자빈, 그리고 왕의 생모일 뿐이었다. 왕실 내에서의 정치적 위상과 권위가 달랐으며, 국정 간여 역시 그와 무관하지 않았다고 하겠다.

2-5. 궁중문학의 대표작 『한중록』

흔히 궁중문학 작품으로는 『계축일기癸丑日記』, 『인현왕후전仁顯王后傳』, 『한중록』을 꼽는다. 그들은 삼대 궁중문학으로 불리면서 소설문학의 발달에 크게 이바지했다고 할 수 있다. 이 글의 관심사와 관련해서 이들 작품이 언문으로 쓰였다는 점이 중요하다. 여기서는 작자 문제와 관련해서 이설이 있는 『계축일기』와 『인현왕후전』에 대해서는 간략하게 언급하겠다. 그렇다고 그들이 지닌 가치를 과소평가하는 것은 아니다. 저자가 분명하게 드러나 있는 『한중록』을 중심으로 살펴보고자 한다.

우선 『계축일기』의 원래 제목은 「계튝일긔」다. 인목대비仁穆大妃 폐비사건이 시작된 1613년(계축년, 광해군 5)부터 궁중에서 일어난 일들을 기록한 글이다. 작자에 대해서는 몇 가지 설이 있다. 대비, 인조반정 이후 대비의 측근 나인, 정명공주와 그의 나인들의 합작이라는 설 등이다. 저자를 구체적으로 확증할 수는 없겠지만 왕실 내부의 여성과 언문 사용이라는 점에서 주목할 만한다.

인목대비는 선조의 계비가 되어 정명공주와 영창대군을 낳았다. 광해군이 세자에 이어 왕위에 오르자 갈등이 빚어졌다. 인목대비의 부친 김제남과 영창대군은 참혹한 죽음을 당했다. 인목대비는 경운궁으로 쫓겨나가 폐비가 되기에 이르렀다. 이후 갖은 고초를 겪었지만 인조반정과 더

『한중록』

불어 복위되었다. 『계축일기』는 언문으로 그간의 곡절과 사정을 적은 것으로, 후세 사람들에게 궁중의 풍속과 생활 등을 전해준다. 생활사의 귀중한 일차 자료가 됨과 동시에 당시 전개된 정치사[선조→광해군→인조의 즉위와 교체]와 정치변동[인조반정]과 연계해서 다시금 조명해볼 수도 있다.

『인현왕후전』은 조선 후기에 등장한 전기체傳記體 소설이다. 궁중 내에서 인현왕후가 겪어야 했던 일생을 소설체로 엮은 것이다. 저자에 대해서는 궁인이라는 설, 왕후 폐출에 반대했던 박태보의 후예 혹은 왕후의 친정 가문에서 지은 것이라는 설 등이 있다. 분량과 내용에서 조금씩 이본과 이칭[인현왕후민씨덕행록 · 민즁뎐덕행녹 · 민즁전긔 등]이 있는 걸로 보아서 인기 있는 작품이었다고 하겠다.[122] 왕실 내 총애와 질투, 그리고 폐비와 복위라는 파란만장함이 흥미로울 뿐 아니라 권선징악이 담겨 있는 일종의 교훈서로서도 읽혔다. 마찬가지로 이를 통해 당시의 궁중 풍속과 생활 의식을 엿볼 수 있는 귀중한 작품이다.

혜경궁 홍씨의 『한중록』은 가장 대표적인 작품이다. 『한중록』은 앞에서 본 『인현왕후전』, 『계축일기』와 더불어 궁중문학을 대표한다. 그녀는 유려한 궁체의 달필가이기도 했다. 그런데 흥미로운 사실은 『한중록』에 대한 최초의 문헌적인 기록은 『고종실록』에서 찾아볼 수 있다는 점이다.

> 상이 이르기를, "혜경궁의 『한중만록閒中漫錄』은 언문으로 사실을 직접 기록한 것이어서 실로 오늘날의 확증이 된다." 하니, 윤용선이 아뢰기를, "삼가 『한중만록』을 보니 정조가 혜경궁에게 묻고 고한 것을 확증할 수 있는 문헌이 될 수 있습니다." 하였다.
>
> 이중하가 아뢰기를, "신들이 일찍이 대내大內에 『읍혈록泣血錄』이라는 전해오는 책이 있다는 말을 들었는데, 요즈음 『한중만록』을 보았습니다. 이것이 바로 『읍혈록』입니까?" 하니, 상이 이르기를, "외간에서 전하는 바에 혜경궁이 피눈물을 흘리면서 썼기 때문에 『읍혈록』이라고 하는데, 이는 그런 것이 아니다. 정조가 일찍이 이 글을 보고서 피눈물을 흘렸기 때문에 혜경궁이 이 글의 이름을 『읍혈록』이라고 하였다는 것이 옳다. 이때는 이것이 궁중의 평상시의 이야기였지만 외간에 전해진 바는 이와 같았던 것이다. 이 책을 혜경궁이 효의왕후에게 전했고 효의왕후는 순원왕후에게 전했으며, 순원왕후는 신정왕후에게 전했는데 신정왕후가 살아계셨을 때 나도 이 말씀을 직접 들었다. 신정왕후는 젊었을 때 아무 해의 늙은 궁인이 아직도 살아 있는 것을 보았기 때문에 그때의 일을 자세히 들을 수 있어서 그렇게 된 것이다." 하였다.
>
> 윤용선이 아뢰기를, "연조年條로 계산해볼 때 아무 해와의 거리는 참으로 멀지 않습니다." 하니, 상이 이르기를, "이 책은 경인년(1830) 화재에 없어졌는데 그 후 영성위永城尉의 집에서 나와 다시 대궐로 들어왔던 것

이다." 하였다.

이중하가 아뢰기를, "오늘 성상의 말씀을 듣고서 『읍혈록』이라는 이름은 사실 정조가 피눈물을 흘린 데에서 연유하였다는 것을 비로소 자세히 알았습니다." 하였다.[123]

혜경궁은 자신이 쓴 그 책을 효의왕후에게 전했고 효의왕후는 순원왕후에게 전했으며, 순원왕후는 신정왕후에게 전했다가 경인년(1830) 화재에 없어졌다. 그 후 사도세자의 동복누이 화협옹주의 부마 영성위永城尉 신광수의 집에서 나와 다시 궁궐로 들어왔다고 한다.[124]

혜경궁 홍씨가 남긴 『한중록』은 일종의 회고록이라 할 수 있다. 『한중록』은 남편 사도세자의 참사와 친정 가문의 신원 등을 중심으로 자신의 일생을 되돌아보면서 서술한 것이다.[125] 자신의 삶을 되돌아보는 자전적인 내용을 담고 있다는 점에서 주목할 만하다. 하지만 엄격한 의미에서 『한중록』은 어떤 단일한 책에 붙여진 책 제목이 아니며 출판된 책도 아니었다. 이본에 따라 『한듕록』, 『한듕만록』, 『한중록閑中錄』, 『한중만록閒中漫錄』, 『읍혈록泣血錄』, 『보장寶藏』 등 다양한 이칭으로 전하며 여러 기관과 개인이 소장하고 있다. 이 같은 여러 제목의 책들을 통칭해서 『한중록』이라 부른다.

흔히 혜경궁 홍씨 하면 『한중록』을 떠올리게 되고, 『한중록』이 혜경궁 홍씨의 모든 것인 것처럼 여겨진다. 하지만 시기적으로 보면 혜경궁 홍씨는 『한중록』을 집필하기 이전에도 앞에서 살펴본 바와 같이 언간과 언교를 쓰기도 했다. 이 점 역시 중요하다. 언간에는 수신자가 분명하게 있고, 언교는 조선왕조실록에 수록되어 있다. 그렇다면 혜경궁 홍씨는 언간과 언교 이후에 자신의 일생을 돌아보면서 『한중록』을 썼다는 것이 된다. 그 중요한 시점은 1795년(정조 19) 정조의 수원 행차와 혜경궁 홍씨의 회갑연이다. 그녀 자신은 회갑을 맞았으며, 아들은 강력한 왕으로 자리 잡아가고 있었다. 인생의 절정기였다고 해도 좋을 것이다. 때마침 회갑을 맞은 혜경궁 홍씨에게 조카 홍수영이 일생을 회고하는 글을 써달라는 요청을 했다.

하지만 혜경궁 홍씨에게 다시 한 번 파고가 닥쳐왔다. 아들 정조가 갑작스레 승하한 것이다. 나이 어린 순조가 그 뒤를 이었으며, 실권은 수렴청정하게 된 정순왕후에게 가 있었다. 그런데 순조의 생모 가순궁嘉順宮 수빈綏嬪 박씨는 혜경궁 홍씨에게 사도세자 죽음의 시말을 알려줄 것을 요청했다. 어린 순조가 사건의 진상을 알 수 있도록 해달라고 부탁한 것이다. 혜경궁 홍씨는 1802년(68세) 봄, 동생 홍낙임이 사사된 이후 초를 잡기 시작해 1805년(71세) 4월에 완성했다. 정순왕후가 타계한 후에 탈고했다는 점은 시사적이다. 또한 그 무렵 혜경궁 홍씨는 자기 친정(풍양 홍씨)의 원통함과 정순왕후 오빠 김귀주金龜柱[126] 등의 모략을 알리기 위해 1802년(68세) 7월에 전편을 썼다. 그리고 정순왕후가 사망한 지 1년 후인 1806년(72세) 다시 보충해서 『병인추록』을 썼다.[127] 친정의 신원에 관한 글이다. 이전에 못한 말을 할 수 있는 시기가 된 것이다. 이처럼 혜경궁 홍씨가 1795년부터 1896년에 이르는 동안 글들은 저작 시기만 하더라도 10년 이상의 차이가 나며, 대상 독자도 서술 동기도 모두 다르다.[128] 한 책으로 묶여 있지만, 같은 성격의 글로 보기는 어렵다. 하지만 지금도 『한중록』으로 불리고 있다.

요약과 정리

혜경궁 홍씨의 사적인 기록 편지와 공적인 기록 교서를 주요한 분석 자료로 삼아서, 혜경궁 홍씨의 삶과 생활세계를 살펴보았다. 그녀가 남긴 언간과 언교를 토대로 역사학적인 관점에서 바라보면서 재구성해보았다. 이는 지금까지 주로 한중록을 통해서 혜경궁 홍씨의 일생을 이해해온 것에 대한 보완으로서의 의미를 가질 수 있지 않을까 한다.

우선, 혜경궁 홍씨가 남긴 언간은 2편이 전해진다. 손위 시누이 화순옹주에게 보낸 언간은 일상적인 성격을 띠지만, 사도세자가 대리청정하면서 영조와 갈등하는 시기에 보낸 것이다. 영조의 사랑을 받는 시누이에게서 세자와 원손 남매의 안정을 도모하려는 마음이 담겨 있었던 것으로 정치적인 성격을 지닌다. 채제공에게 보낸 언간은 일종의 정치적인 함의를 지니고 있다. 언간을 보낸 시점은 정조가 즉위한 이후, 혜경궁 홍씨가 55세 되던 1789년(정조 13)이다. 정조가 사도세자의 묘를 화성으로 옮길 무렵에 보낸 것으로, 아들 정조의 건강을 걱정하는 어머니의 간절한 마음을 보여주고 있다.

한편 혜경궁 홍씨는 7건의 언교를 내렸다. 그녀는 3대 왕조에 걸쳐서 70여 년간 궁중생활을 했지만 언교는 정조 연간에만 나타난다. 그것은 그녀가 정조의 생모였기 때문이며, 그 정치적 권위는 정조로부터 비롯된 것이었다. 그런데 정치적인 성격을 지닌 언교가 보이지 않는다. 조정 대신들의 요청에 대해서 언서로 비답을 내리고 있을 뿐이다. 요청한 사안에 대해서 자신의 의중을 전달하는 정도에 그친다. 또한 1793년과 1794년의 5건에 달하는 언서는 혜경궁 홍씨의 탄신 진하, 회갑연과 관련된 것이었다. 1795년 정조는 화성에서 8일에 걸쳐서 성대하게 어머니의 회갑연을 거행했다.

언교와 관련해서 혜경궁 홍씨가 보여준 특성은 영조의 계비 정순왕후와는 대비된다. 혜경궁 홍씨와 정순왕후 김씨 가문은 정치적으로 갈등하고 대립했다. 정순왕후는 영조 대에 언서, 그리고 정조 대 대비와 순조 대 수렴청정하는 대왕대비 자격으로 정치적인 성격을 띤 언교를 내렸다. 혜경궁 홍씨는 대비나 대왕대비의 위상은 아니었다. 세자빈, 그리고 왕의 어머니일 뿐이었다. 왕실 내에서의 정치적 위상과 권위가 달랐으며, 국정 간여 역시 그와 무관하지 않았다.

혜경궁 홍씨 하면 『한중록』을 떠올리게 되고, 『한중록』이 혜경궁 홍씨의 모든 것처럼 여겨지고 있다. 하지만 시기적으로 보면 이 글에서 주목한 언간과 언교는 『한중록』을 집필하기 이전에 나온 자료다. 이 점이 중요하다고 생각한다. 언간에는 수신자가 분명하게 있었고, 언교는 조선왕조실록에 수록되어 있다. 언간과 언교 이후에 자신의 일생을 돌아보면서 『한중록』을 쓴 것이다. 그 시점은 1795년 정조의 수원 행차와 그녀의 회갑연이다. 회갑을 맞은 혜경궁 홍씨에게 조카 홍수영이 일생을 회고하는 글을 써달라고 요청했다.

그리고 아들 정조가 갑작스레 승하하고 어린 순조가 그 뒤를 이었으며, 실권은 수렴청정하게 된 정순왕후에게 가게 되었다. 이 시기 순조의 생모 가순궁 박씨는 그녀에게 사도세자 죽음의 시말을 알려줄 것을 요청했다. 어린 순조가 사건의 진상을 알 수 있도록 해달라고 부탁한 것이다. 1802년(68세) 봄, 동생 홍낙임이 사사된 이후 초를 잡기 시작해 1805년(71세) 4월에 완성했다. 정순왕후가 타계(1805년 1월)한 후에 탈고했다는 점은 시사적이다. 이어 그 무렵 혜경궁 홍씨는 친정의 원통함과 정순왕후 오빠 김귀주 등의 모략을 알리기 위해 1802년(68세)에 전편을 썼다. 그리고 정순왕후가 사망한 지 1년 후인 1806년(72세) 다시 보충해서 『병인추록』을 남겼다. 친정의 신원에 관한 글이다. 이전에 못한 말을 할 수 있는 시기가 되었기 때문일 것이다. 이처럼 그녀가 1795년부터 1896년에 이르는 동안 쓴 글들은 저작 시기만 하더라도 10년 이상의 차이가 나며, 대상도 서술 동기도 차이가 있다는 것을 알 수 있다.

궁중에서 70여 년을 왕실 여성의 한 사람으로 파란 많은 삶을 산 여중군자 혜경궁 홍씨의 일생을 적확하게 포착하기 위해서는 『한중록』과 더불어 이 글에서 주목한 언간과 언교도 아울러 살펴보는 것이 좋다. 그래야 그녀의 삶과 생활세계에 대해 좀 더 입체적으로 파악할 수 있다.

3. 정순왕후, 수렴청정을 한 영특한 여주女主

3-1. 영조의 계비, 15세의 왕후

정순왕후貞純王后(1740~1805) 김씨는 제21대 국왕 영조의 계비다. 그녀가 영조의 계비로 간택된 것은 경주 김씨 가문이 부상하는 데 중요한 계기가 되었다.[129] 왕비는 조선의 국모로 종묘와 왕릉에 모셔졌으며, 나이 어린 왕이 즉위했을 때는 한시적으로 수렴청정을 맡기도 했다. 왕비는 품계를 초월한 무품無品으로 내명부를 총괄하는 지위에 있었다.[130]

1776년 영조가 타계하자 대리청정을 하던 정조가 그 뒤를 이었다. 즉위하면서 사도세자의 아들임을 천명했던 정조의 개혁과 탕평정치는 급격한 것이었다. 정순왕후는 왕대비에만 머물러 있지 않았다. 중요한 사안에 대해서 교서를 내려서 일정한 정치력을 행사하기도 했다. 정조 초반에는 왕의 후사가 없음을 지적하면서 빈 간택을 청했으며[131], 홍국영과 정조의 이복동생 은언군恩彦君을 처벌하라는 언교를 내렸다.[132]

1800년 정조의 죽음과 함께 증손자에 해당하는 순조가 11세의 어린 나이로 즉위하게 되었다. 정순왕후는 왕실의 가장 큰 어른으로 대왕대비로 존숭되었으며, 순조가 어렸기 때문에 4년 동안 수렴청정했다.[133] 왕실 여성으로 정치에 공식 참여할 수 있는 최고의 직위에 오른 것이다.[134] 정순왕후의 친정, 경주 김씨 가문이 득세했다.

수렴청정 시기 정순왕후는 하교를 내리면서 자신을 여군女君, 여주女主로 칭하기도 했다.[135] 정조 사후의 정계와 당쟁을 주도해갔다. 천주교에 호의적이던 정조와는 달리 천주교를 탄압했을 뿐만 아니라, 그와 관련해 대립하는 당파를 숙청하기도 했다. 정순왕후는 벽파와 함께 분명한 정치적 지향성을 보여주면서 정치력을 발휘했던 것이다.[136]

영조→정조→순조로 이어지는 왕위 교체와 정치변동의 시대를 살았던 정순왕후의 정치적 지향성과 생활세계를 그녀가 남긴 언교와 언간에 주목하여 검토하고자 한다. 영조 대에는 왕후, 정조 대에는 왕대비, 순조 대에는 대왕대비로 정치적 영향력을 가졌다. 수렴청정 기간에는 실질적 정치적 권력을 행사하기도 했다. 대왕대비의 수렴청정과 그 정치적 지향성은 조선왕조의 법제적 정치권력 구조에서는 잘 드러나지 않은 측면이다. 흥미롭게도 정순왕후는 왕실 여성으로서는 가장 많은 언교를 내렸으며, 한글로 쓴 편지들도 남겨놓았다. 근래 정순왕후의 언간이 발굴, 소개되었다.[137] 언간은 전통시대의 문자와 언어의 자료가 될 뿐만 아니라 일상의 감정을 전하는 일반적인 수단으로 개인적이고 인간적인 삶의 결을 엿볼 수 있는 자료다. 언간과 언교는 서로 다르면서도 상호 보완적인 자료다.

3-2. 권세를 얻은 가문

정순왕후의 부친은 경주김씨 김한구金漢耉(1723~1769), 어머니는 원풍부부인原豊府夫人 원주原州 원씨元氏(1722~1769)다. 충헌공忠憲公 김한구는 영돈녕부사 오흥부원군 증영의정을 지냈다. 조부는 호조참의 증영의정 김선경金選慶, 증조부는 증좌찬성 김두광金斗光, 고조부는 황간현감 증이조판서 김계진金季珍, 그리고 숙부가 김한기金漢耆다. 형제로 오빠 김귀주金龜柱, 동생 김인주金麟柱가 있다. 김귀주에게는 김노충과 김노서 두 아들이 있으며, 김인주에게는 김노은이 있다. 정순왕후 한글 편지와 관련하여 오빠 김귀주와 조카 김노서를 특별히 기억해둘 필요가 있다.

정순왕후는 경주 김씨 태사공파 22세손으로 중시조는 김홍욱金弘郁이다. 후손 중에서도 관직에 나아간 자들이 드문 김계진金季珍(1646~1709) 계열에 속하며[138], 정순왕후의 아버지 김한구는 김계진의 3세손으로 한미한 선비 집안이라 하겠다. 가난한 선비 집안에서 갑작스레 임금의 장인이 되어 뜻하지 않게 존귀하게 된 것이다.[139]

왕비 책봉과 더불어 경주 김씨 가문의 위상 변화가 드러나기 시작했다. 1759년(영조 35) 6월 9일 김한구는 돈녕도정을 제수받았으며, 이틀 후(11일)에는 오흥부원군에 봉해졌다.[140] 김한구에 국한된 것이 아니었다. 숙부 김한기는 1766년(영조 42) 정시庭試 문과에 병과로 급제, 교리를 거쳐 1776년에는 공조판서에 임명되었다.[141] 오빠 김귀주는 1763년(영조 39) 급제하자마자 도당록都堂錄에 이름을 올렸으며, 그해(1763) 12월 홍문관 교리에 임명되었다.[142] 이후 강원감사, 승지, 공조참판 등을 역임했다. 6촌 오빠 김관주는 1765년(영조 41) 문과에 급제했으며 정언, 수찬, 부교리, 교리 등을

정순왕후 생가, 충청남도 기념물 제68호, 충남 서산시

역임했다.[143] 왕비를 배출한 이후 경주 김씨 집안에서는 과거 합격을 통해 정계에 진출, 가문의 입지가 부상하게 된다.

정조가 즉위하면서 정순왕후의 경주 김씨 가는 혜경궁 홍씨의 풍산 홍씨 가와 갈등을 빚었다. 김귀주는 1776년(정조 즉위년) 흑산도로 귀양 갔다가 1786년 유배지에서 생을 마감했다. 위축되었던 정순왕후는 1800년 7월 순조 즉위 후 수렴청정을 하면서 도약을 맞는다. 어떻게 보면 정순왕후 경주 김씨 가문이 권세를 얻게 되는 것은 순조 대에 이르러서였다.

영의정 심환지는 김귀주를 이조판서로 추증할 것을 청했고[144], 6촌 오빠 김관주는 순조가 즉위한 후 비변사 제조, 승지, 이조참판, 병조판서, 형조판서, 예조판서, 이조판서를 거쳐 1802년(순조 2) 우의정에 올랐다. 이듬해(1803)에는 비변사 당상이 되었다.[145] 김귀주의 큰아들 김노충은 1800년 종9품 참봉에 지나지 않았지만, 승진을 거듭해 1801년(순조 1) 상의원주부, 동부승지, 공조참의, 총융사 등을 역임하고, 1802년에는 승지가 되었다. 그

「영조어진」, 보물 제932호

도 역시 비변사 당상이 되었다(1803년).[146]

가까운 일족이라 해서 모두 고위직에 진출한 것은 아니었다. 김귀주의 둘째 아들 김노서, 김인주의 아들 김노은은 관직과는 거리가 멀었다. 김노서는 1802년(순조 2) 동몽교관에 임용됐으며, 1803년 부사용을 거쳐 내섬시 봉사, 사옹원 봉사, 선공감 봉사 등 하급직을 지냈다.[147] 정순왕후의 친척들이 빨리 승진한 것은 부인할 수 없는 사실이다. 하지만 다른 왕대 외척의 득세에 비하면 그렇게 많았다고 할 수 있을지는 의문이다. 그런데 정순왕후의 수렴청정 기간은 길지 않았다. 1803년(순조 3) 12월 정순왕후는 수렴청정을 거두고 정치에서 물러났다. 그리고 1805년(순조 5) 창덕궁 경복전에서 61세로 세상을 떠났다.[148]

정순왕후의 정치적 위상과 관계를 생각할 때 빼놓을 수 없는 인물과

영조와 정순왕후 원릉, 사적 제193호, 경기도 구리시

집안이 혜경궁 홍씨와 풍산 홍씨 가문이다. 두 가문은 서로 은원恩怨이 얽혀 있었다.[149] 경주 김씨 가문과 풍산 홍씨 가문 간의 반목은 1759년(영조 35) 정순왕후가 계비로 입궁하면서 시작되었다. 가난한 선비 김한구가 갑자기 국구國舅가 된 후 모든 일이 낯설었는데, 혜경궁 홍씨의 아버지 홍봉한이 가르쳐주고 돌보아 처음에는 가까운 친척처럼 화목했다. 하지만 점차 기세가 높아진 정순왕후 가문에서 혜경궁 홍씨 가문을 공격했다. 1772년(영조 48) 영조가 병이 들었을 때 홍봉한이 경상도에서 나는 최고급 인삼인 나삼羅蔘을 쓰지 않고 공물로 받은 공삼貢蔘을 섞어 쓰도록 한 것에 대해 김귀주와 김관주 등 경주 김씨 가에서 처벌을 청하는 상소를 올린 것이다.[150]

영조는 상소에도 문제가 있음을 지적하며 김귀주를 파직시켰다. 홍봉한이 김귀주 등의 탄핵을 받아 벼슬을 빼앗기고 도성에서 내쫓겼을 때

에도, 영조는 1년 만에 그를 서용하고 관직을 되찾게 해주었다. 홍봉한을 공격한 이 사건은 정순왕후 경주 김씨 가에서 혜경궁 홍씨 가의 원한을 사는 계기가 되었다. 사건의 여파는 정조가 즉위한 후에도 계속되었다. 정조는 즉위한 뒤 바로 1776년 9월에 김귀주를 흑산도로 유배 보냈다. 정조는 이렇게 말했다.

> 김귀주의 죄는 특히 방자하여 꺼리는 것이 없을 뿐만이 아니다. 대저 김귀주의 임진년 상소는 아주 놀라고 두려워할 곳이 있었으니 … 임진년 7월 21일부터 금년 3월 초5일 이전까지 내가 자전을 모시면서 말이 김귀주의 일에 이르면 김귀주의 외람되고 교활한 죄상은 결코 용서하기 어렵다는 뜻으로 매양 우러러 진달하면서도 오히려 경등에게 밝게 유시하지 않은 것은 차마 못 했기 때문이며, 오늘에 와서 환히 유시하는 것은 일이 손 밑에 이르러 한결같이 침묵만을 지킬 수 없기 때문이다.[151]

김귀주의 죄를 논하고 엄중하게 벌하라는 요청이 연이었으며, 심지어 사형에 처하라는 상소까지 나왔다. 정조는 1784년(정조 8) 김귀주를 출륙시킬 것을 명했다.[152] 홍문관과 승정원 등에서 출륙을 정지해달라는 요청이 이어졌으나 정조는 듣지 않았다. 김귀주는 나주목으로 이배되었다가 1786년(정조 10) 유배지에서 사망했다.[153]

1786년 5월 유배가 있는 김귀주에게 보낸 정순왕후의 편지가 전한다(〈표 10〉 [정순왕후 언간 ⑭] 참조).[154] 10여 년 동안 유배지에 있는 오빠의 건강과 안위에 대한 깊은 걱정이 드러나 있다. "일마다 불행하여 원통하니 몸이 10년 넘도록 살아 이 참척을 보는 일 만났기에 통탄하고 근심을 이

기어 견딜 길이 없으니 갑갑하게 산 것이 답답하다."고 토로하기도 한다. 게다가 편지도 제대로 오고가지 못한다는 것, 심지어 양식 보내는 것까지도 방해했다는 식의 내용이 보인다. 정조와 풍산 홍씨 가문에 대한 깊은 원망을 엿볼 수 있다.

하지만 정조 재위 기간에는 어떻게 할 수 없었으며, 경주 김씨 가문은 정계에서 제외되고 큰 타격을 입었다. 김귀주의 죽음이 정순왕후가 적극적으로 정치에 관여하는 계기가 되었을 것이다. 그의 죽음 이후 정순왕후의 언교가 증가하기 때문이다.

하지만 1800년 6월 정조 사망 후 어린 순조가 왕위에 오르면서 상황은 크게 달라졌다. 정순왕후가 수렴청정을 하게 되었고, 그와 더불어 경주 김씨 가문은 다시금 정계로 진출했다. 정순왕후는 왕실 내의 서차序次에서 며느리이자 왕대비였던 효의왕후보다 혜경궁 홍씨를 뒤로 밀려나도록 했다. 혜경궁 홍씨의 동생 홍낙임은 사약을 받아 죽었다.[155]

3-3. 언교와 국정 참여

조선왕조실록에서 한글 사용의 주체로 가장 많이 등장하는 신분은 대비나 왕비다. 공적인 측면에서도 그러했다. 왕이 어린 나이로 즉위했을 때 대비가 수렴청정하면서 언교를 통해 국정에 참여했다는 기록이 보인다.[156] 한글 문서를 통해 국정에 관여한 가장 이른 기록은 1458년(세조 4) 정희왕후의 언서에 관한 것이다.[157] 각 왕대별로 확인 가능한 언교를 정리해보면 〈표 8〉과 같다.[158]

표 8 조선시대 왕후의 언교 현황

왕대	왕 후	계	비고
세조	정희왕후 1건	1	
성종	정희대비 2건, 인수대비 외 15건	17	수렴청정
연산군	정현왕후 1건	1	
중종	자순대비 3건	3	
명종	문정대비 6건, 인순왕후 6건	12	수렴청정
선조	공의전 7건, 인순대비 1건, 인목왕후 2건	10	수렴청정
광해군	인목대비 3건	3	
인조	인목대비 16건	16	
현종	장렬대비 3건	3	
숙종	장렬대비 3건, 명성대비 13건, 인원왕후 1건	17	
경종	인원대비 5건	5	
영조	인원대비 10건, 정선왕후 1건, 정순왕후 2건	13	
정조	정순대비 19건, 혜경궁 홍씨 7건[159]	26	
순조	정순대왕대비 21건[160], 효의대비 3건	24	수렴청정
헌종	효의대왕대비 2건, 왕대비 1건	3	수렴청정
철종	대왕대비 1건	1	수렴청정

〈표 8〉에서 보듯이 정순왕후가 42건으로 가장 많으며, 선조의 계비 인목왕후가 그 뒤를 잇는다[선조 대 2건, 광해군 대 3건, 인조 대 16건]. 인조 대에 언교 기사가 많은 것은 인조반정에서 인목대비가 중요한 역할을 하면서 협력한 공이 있었기 때문이다. 왕후의 정치적 역할과 언교 내리는 횟수는 서로 연관성이 있다고 할 수 있다.

정순왕후가 남긴 언교 42건을 왕대별로 보면 영조 2건, 정조 19건, 순조 21건이다. 영조 대에는 왕후 자격으로, 정조 대에는 왕대비, 그리고 순조 대에는 대왕대비 자격으로 언교를 내렸다. 그리고 순조 대의 21건은 수렴청정을 기준으로 보면 수렴청정 때 17건, 수렴청정을 거둔 이후 4건으로 차이를 보인다.

먼저 왕후 자격으로 내린 영조 대의 2건을 살펴본 다음, 정조 대의 언교와 순조 대의 언교로 나누어 살펴보겠다. 언교의 왕대별 횟수 분포와 내용을 통해 정순왕후의 정치적 지향성을 파악할 수 있기 때문이다. 먼저 영조 대 내용을 보면 다음과 같다.

> ① 약방에서 중궁전에 상선常膳을 회복하기를 청하니, 언서로 비답을 내려 그대로 따랐다.[161]
>
> ② 중궁전에서 언서로 답하기를, '이 붕천의 슬픔을 당하여 오늘의 계사를 보니 더욱이 망극하나, 종사宗社의 부탁이 더욱 급하다. 세손의 슬퍼함이 도를 지나고 따르지 않는 것은 정리가 그렇기는 하겠으나, 열성조를 계승하는 일은 어길 수 없으니 대내에서 면유面諭하겠다.' 하였다.[162]

처음 기사는 1769년(영조 45) 약방에서 올린 내용에 답을 내린 것이고 다음 기사는 1776년(영조 52) 영조의 죽음과 함께 대신과 백관이 중궁전에 가서 왕세손 정조를 설득해줄 것을 청하자 중궁전에서 언서로 답한 것이다. 언교가 아니라 언서의 형식이라는 점이 주목된다.

정조 대에는 국왕이 내린 한글 윤음도 많지만 대비 등이 내린 언문 교서도 많다. 정조 대 언교 기사는 26건으로 나온다. 정순왕후가 왕대비로서 내린 언교가 19건, 혜경궁 홍씨가 내린 것이 7건이다. 정조의 생모인 혜경궁 홍씨보다 3배 많은 셈이다. 정순왕후가 왕대비로 있으면서 크고 작은 국정에 간여했다는 것을 알 수 있다. 언문 교서를 내리면 승정원 승지가 한문으로 번역하고, 다시 그것을 놓고 대신들이 논의했다. 정순왕후의 정조 대 언교 현황을 정리하면 〈표 9〉와 같다.

표 9 **정조 대 정순왕후의 언교 현황**

연번	조선왕조실록	내용
①	『정조실록』 즉위년(1776) 3월 12일 (계미)	은자 1천 냥을 내려 경비에 보충하도록 하다
②	『정조실록』 2년(1778) 5월 2일(신유)	대신들에게 빈 간택을 명하다
③	『정조실록』 4년(1780) 2월 21일(경오)	대신들에게 왕의 후사가 없음을 지적하며 빈 간택을 하교하다
④	『정조실록』 10년(1786) 12월 1일(경자)	빈청에 홍국영 상계군 이담 등의 역적에 대해 교서를 내리다
⑤	『정조실록』 10년(1786) 12월 1일(경자)	또 언문의 전교를 내려 승정원에 뜻을 전하다
⑥	『정조실록』 10년(1786) 12월 4일(계묘)	언문의 내용이 받들어지지 않자 탕약과 수라를 거절하며 다시 언문으로 답하다
⑦	『정조실록』 10년(1786) 12월 22일(신유)	영의정 김치인 등이 대비의 덕을 칭송하며 휘호 올리는 것을 청하자 뜻을 밝히는 언교를 내리다
⑧	『정조실록』 13년(1789) 9월 1일(갑신)	대비가 약원에 정조의 건강을 염려하는 언문 교서를 내리다

⑨	『정조실록』 13년(1789) 9월 26일(기유)	윤승렬과 이인 강화 유수의 일로 탕제를 내리고 언서로 대신들에게 하교하다
⑩	『정조실록』 13년(1789) 9월 26일(기유)	다시 언서로 이인의 토죄를 명하자, 배소로 압송하도록 하다
⑪	『정조실록』 13년(1789) 10월 23일(을해)	완성군 이의행이 대비의 언문 교서 내용을 찬미하고 실천을 청하다
⑫	『정조실록』 14년(1790) 11월 18일(갑오)	대비가 정조의 예정에 없던 행차를 만류하는 언교를 두 차례 내리다
⑬	『정조실록』 17년(1793) 11월 22일(신해)	영의정 홍낙성 등이 대비의 탄신일 의례에 대해 청하자 비답하다
⑭	『정조실록』 18년(1794) 4월 10일(병인)	역적 이인의 일로 언문 전교를 내리다
⑮	『정조실록』 18년(1794) 4월 10일(병인)	판중추부사 김희 등 백관이 대비전에 와 호소하자 비답을 내리다
⑯	『정조실록』 18년(1794) 4월 11일(정묘)	대비가 언문 전교를 내리자 강극성을 국문하겠다는 전교를 철회하고 절도에 귀양 보내다
⑰	『정조실록』 18년(1794) 4월 12일(무진)	죄인이 들어온 것과 모든 공상을 물리칠 것이라는 언문 전교를 제신들에게 두 차례 내리다
⑱	『정조실록』 18년(1794) 4월 13일(기사)	사옹원 도제조가 왕대비전에 공상을 받아들이시기를 아뢰자 불허하는 언문 전교를 내리다

⑲	『정조실록』 18년(1794) 4월 13일(기사)	사옹원 도제조가 공상을 받아들이시기를 재차 아뢰자 언문으로 비답을 내리다

〈표 9〉의 내역을 보면 정순왕후가 왕대비로 있으면서 크고 작은 국정에 간여한 것을 알 수 있다. 정조가 즉위한 후 정순왕후는 왕대비가 되었다. 계통상 정조는 진종(효장세자)을 계승한 것으로 되어 있다. 정순왕후는 정조의 할머니로서 대왕대비가 될 수도 있었다. 하지만 정조는 왕실에 웃전이 없다는 것과 손자가 조부를 계승하면 조부는 예위禰位가 된다는 이유를 들어 왕대비로 존숭하는 데 그쳤다.[163] 아무래도 대왕대비로 정치적 영향력이 확장되는 것을 경계한 것으로 여겨진다. 정치적인 구도로 보자면 정순왕후는 정조와 대립되는 자리에 서 있는 셈이었다.

정순대비는 정치적 사안에 언교를 내려 일정한 정치력을 행사했다.[164] 정순왕후가 언문 교서를 통해 관여한 내용을 보면 역적 국문과 처벌에 관한 기사 등 국가 정무에 대한 것이 많은 비중을 차지한다.[165] 특히 1794년(정조 18) 4월 정순왕후가 대비로서 모든 신하들에게 언문 교서를 내려 역적 처벌에 대한 자신의 의견을 강하게 피력하여 이를 관철시켰다. 그 의미는 각별하다.(〈표 9〉 ⑭~⑱). 전통적으로 왕실 여성의 주요 관심사였던 왕의 건강에 관한 것은 한 건 정도다(〈표 9〉 ⑧).

정순왕후는 정조 대 왕실의 가장 웃어른이었다. 1778년(정조 2) 왕실에 후사가 없음을 걱정하며 대신들에게 빈 간택을 명했다. 종사의 의탁이 오직 주상의 몸 하나에 달려 있는데 춘추가 거의 서른에 가까워졌음에도 중전 효의왕후에게 병이 생겨 가망이 없다는 것이다(〈표 9〉 ②). 정순왕후의 하교에 따라 홍국영의 동생이 후궁으로 간택되어 정조와 가례를 올리고 원빈元嬪에 봉해졌다. 그런데 이듬해 원빈 홍씨가 사망했다. 정조는 효의왕후와의 사이에서 자녀를 두지 못했다. 이후 1780년(정조 4) 정순왕후는 다시 후궁 간택을 명했다(〈표 9〉 ③). 정조의 후사 문제를 해결하기 위해 노력한 것이다.

> 왕대비가 언서로 대신에게 하교하기를, "4백 종사의 부탁이 오직 주상께 달려 있는데, 춘추가 지금 한창인데 아직 사속嗣續의 경사가 없으니, 미망인이 못 견디게 마음 졸일뿐더러 일국의 신민이 바라는 마음도 같을 것이다. … 만일 다시 머뭇거리기를 일삼는다면 내가 볼 수 없게 될 듯하다. 경들은 종사에 큰 경사가 있을 도리를 생각해야 한다." 하였다.[166]

시임 · 원임 대신들은 예조당상을 거느리고 청대하여 정순대비가 하교한 대로 빈 간택하기를 정조에게 요청했다. 정조는 "자전의 하교가 간절하시니, 애써 받들지 않을 수 없다." 하며 받아들였다. 윤창윤의 딸이 간택되어 정조와 가례를 올리고 화빈和嬪에 봉해졌다. 그것만이 아니었다. 정순왕후는 문효세자가 어린 나이로 죽은 후(1786, 정조 10)에도 왕실의 후사를 걱정했다.[167] 1790년(정조 14) 수빈綏嬪 박씨가 원자[순조]를 낳았다. 대비의 주요 관심사는 왕비 간택과 왕실의 후사 문제를 해결하는 것이었다. 정순왕후가 왕실의 웃어른으로 왕실 문제를 해결하는 공적인 역할을 수행하는 데 주력했다고 할 수 있다.

그런데 〈표 9〉에서 정조 대의 19건 언교의 분포와 관련해 주목해야 할 점이 있다. 정조 10년(1786)을 기점으로 언교의 빈도가 늘어났다. 그 분기

점은 정순왕후 김씨의 오빠 김귀주의 귀양과 죽음으로 보인다. 김귀주는 정조 즉위년(1776) 귀양을 가서 10년 뒤인 1786년(정조 10) 윤7월에 죽었다. 앞에서 정순왕후가 귀양 간 오빠 김귀주를 염려하는 마음과 풍산 홍씨 가문에 대한 원망이 담겨 있는 언간에 대해 언급했다. 언교 19건을 보면 1786년 이전 3건, 그 이후에 16건이다. 오빠 김귀주가 사망한 이후 급격하게 늘어난 것이다.

이렇게 본다면 김귀주 죽음 이후, 정순왕대비의 정치적 의견 피력이 훨씬 더 많아졌다는 것을 확인할 수 있다. 1786년(정조 10) 12월 정순대비는 교서를 내리는데, 그 내용은 권력을 장악한 홍국영을 비롯해 죄인 송덕상과 이담을 처벌하라는 것이었다. 언교를 통해 자신의 의지나 정치적 지향성을 분명하고 밝히고 있다. 또 교서를 내리기를 "이 언문의 전교는 대신만 보아서는 아니 된다. 누구를 막론하고 임금의 원수와 나라의 역적을 토벌하는 자가 있으면 나의 병이 곧 나을 수 있을 것이니, 이 뜻을 승정원에 전하라."고 했다.[168]

정순왕대비는 자신의 교서 내용이 받아들여지지 않자 탕약과 수라를 거부하는 모습을 보여주었다.[169] 정순왕대비가 국정에 관여하려는 욕구가 아주 강했음을 말해준다. 1786년(정조 10) 12월 22일 정조는 홍국영, 송덕상 등의 역적을 토벌한 것에 대한 하례를 거행하고 중앙과 지방에 교서를 반포했다. 영의정 김치인 등이 역적 토벌과 정순대비의 덕을 칭송할 것을 아뢰며 휘호 올리는 것을 윤허하기를 청했다. 하지만 같은 날 정순대비는 자신의 뜻을 밝히는 언교를 다음과 같이 비답으로 내렸다. "이번 언문의 전교는 나라를 위하는 데 급하여 구구하고 하찮은 고집은 돌아보지 않음으로써 경각에 달린 다급한 변고가 조금 누그러진 것 같으나 아직도 끝마치지 못한 일이 있다. 그런데 뜻밖에 경들이 청한 말을 듣고 더욱더 깜짝 놀랐다. 빨리 중지하도록 하라."고 했다.[170] 김치인 등이 다시 거듭 아뢰었으나 끝내 허락하지 않았다.

〈표 9〉 ⑨와 ⑩에서 보듯이 정순왕대비는 1789년(정조 13) 9월 26일에는 정조의 이복동생 은언군 이인과 상계군 이담, 역적 윤승렬을 처벌하는 일로 두 차례의 언서를 내렸다. 탕제를 물리고 대신들에게 하교하여 토죄를 명했다. "미망인이 오늘날까지 목숨을 끊지 않고 살아 있는 이유는 종묘사직과 성궁을 위해서다. 아낙네가 어찌 조정에 대해 간섭을 하고자 하겠는가."라고 한다.[171] 이러한 문투는 정순대비가 언문 전교를 내릴 때 문두로 사용하는 것이다. 정순왕후가 내리는 교서에서는 자신의 말이 선왕인 영조의 뜻에 부합하는 것일 뿐만 아니라, 국가를 위하고 정조를 보호하며 대의大義를 밝히는 일이라 주장했다. 영조의 뜻을 잇는다는 것은 정순왕후가 내세우는 명분이기도 했다. 그러다 보니 자연히 정조와 부딪히지 않을 수 없었다. 특히 정조로서는 자신의 유일한 혈육 은언군을 처형하라는 요구는 받아들이기 어려운 것이었다. 정조가 은언군을 감싸자 공의公義를 내세우며 정조를 압박하기도 했다.

1794년(정조 18) 4월에는 전前 지평 강극성의 처벌 문제로 자신의 생각을 밝히는 교서를 모든 신하에게 여러 차례 내렸다. 정순왕대비는 "충성과 의분이 있는 신하를 장차 국문하여 엄하게 처치하려고 하는데도 조정에서는 한마디도 만류를 청하는 말을 올리는 사람이 없다. 나는 어제부터 잠을 자지 못하고 밥도 먹지 못하고 있다. 오늘 제신들이 하는 일은 한심스럽다. 충신을 경들은 구원하라."[172]며 행동을 촉구했다. 정순왕후는 같은 달 여섯 차례에 걸쳐 언문 전교를 내렸다(〈표 9〉 ⑭~⑲ 참조).

같은 날 두 번의 언교를 내리기도 했다.

그런데 〈표 9〉를 보면 1794년(정조 18) 이후 정조가 사망하는 1800년(정조 24)까지는 정순대비가 내린 언교는 보이지 않는다. 정조의 치세가 안정되고 왕권이 강화됨에 따라서 나타난 현상이 아닌가 여겨진다. 겉으로 갈등이 드러나지 않았지만 내면화되고 있었다고 볼 수도 있다.

1800년 6월 정조가 승하하자 순조가 왕위에 올랐다. 순조는 11세의 어린 나이여서 정국을 제대로 운영할 수 없었다. 정순왕후가 대왕대비로 왕실의 최고 어른으로 수렴청정하게 되었다. 순조 대 정순대왕대비 언교는 21건에 이른다. 수렴청정 시기 17건, 이후의 4건이다. 정순대왕대비가 수렴청정을 하면서 교서를 내려 국정에 깊이 관여했기 때문이다. 수렴청정 시기에 내린 언교는 대부분 국정 처결과 관련된 내용이다.[173]

정순왕후는 언문 교서를 통해 국정 전반에 계속 관여해왔다. 앞에서 언급한 바와 같이 모두 42건의 언교와 언서를 내려 조선시대 왕후 가운데 가장 많은 건수를 차지하고 있다. 순조시대만 하더라도 정순왕후는 1805년(순조 5) 타계하는 만큼, 그 짧은 기간에 21건의 언교를 내렸다.

수렴청정 기간에 17건(철렴 이후 4건)을 내렸는데, 그 17건 중에서 9건이 순조 즉위년(1800) 7월에서 12월 사이에 내린 것이다. 수렴청정 초기에 집중적으로 국정에 관여했음을 알 수 있다.

수렴청정을 시작하면서 1800년 7월 4일 심환지를 영의정으로, 이시수를 좌의정으로, 서용보를 우의정으로 임명하는 내용을 언문으로 하교했다.[174] 같은 해 7월 20일에는 모든 조보朝報(관보로 발행한 신문)나 소장疏狀과 차자箚子(간단한 서식의 상소문)를 한글로 등서해 들여오게 했다.[175] 국정 서무를 모두 파악하고자 하는 정순왕후의 적극적 의지를 읽어낼 수 있다.

같은 해(1800) 12월 18일 대신들과 차대次對하면서 "차대를 오늘로 정한 것은 장차 통유할 일이 있기 때문이다. 경들은 상세히 듣고 한마음으로 힘을 합쳐 우리의 외롭고 위태로운 국세를 부지하도록 하라."고 하며 언교 한 통을 내렸다. 선왕의 정사를 천명하고 선왕의 의리와 뜻을 밝히고 이를 따르라는 내용이다. 이어 다음과 같이 하교했다.

> 이 언교를 연석에서 물러간 뒤 상세히 돌려가면서 본다면, 반드시 천양할 방도를 생각하게 될 것이다. 자명하고 자수自首하는 일은 반드시 시일을 지체시키는 일이 없어야 할 것이다. 만일 주상이 어리고 여군女君이 임조臨朝했다고 해서 일 푼이라도 경홀히 여기는 마음을 품고 있다면, 국법이 본시 있으니, 내가 일개 부인이긴 하지만 어찌 조처할 방도가 없겠는가. 모쪼록 각기 두려운 마음으로 거행토록 하라.[176]

당찬 모습을 보이고 있지만 어쩌면 그래서 더 사적인 정치 네트워크를 중시했을지도 모르겠다. 정순왕후의 사적인 한글 편지가 갖는 의미가 거기에 있다고 하겠다. 그러면서 어린 임금이 보위에 있고 여군女君이 수렴청정하여 아랫사람이 윗사람을 섬김이 게을러지고 거리낌이 없음을 면하지 못하는 것을 우려한다는 언교를 내리기도 했다.[177]

정순왕후의 수렴청정은 언제나 영조의 유지를 잇는다는 명분을 내세웠으며 정조의 유지 또한 그와 같다고 주장했다. 그런 정치적 지향성은 정순왕후를 지지하던 벽파 세력의 정치적 명분과 거의 일치했다. 정순왕후의 수렴청정은 오랜 기간 정조가 힘들여 이룩한 정치체제와 지향성을 안에서부터 와해시키는 것이었다. 정조가 키웠던 규장각의 권한을 축소

하고, 친위부대 장용영을 혁파했다.

1801년(순조 1) 대규모 천주교 박해 사건인 신유사옥이 일어난다. 이는 정순왕후가 사교邪教를 엄금, 근절하라는 금압령을 내리는 것으로부터 시작되었다.[178] 정순왕후가 정국을 이끌어간 셈이다. 천주교도에 관대한 정책을 폈던 정조의 정책을 뒤집는 것이기도 했다. 그 박해로 이승훈·이가환·정약용 등 천주교도와 사상가들이 처형 또는 유배되었다. 주문모를 비롯한 교도 약 100명이 처형되고 약 400명이 유배되었다. 급격히 확대된 천주교 교세에 위협을 느낀 지배 세력의 종교 탄압이자, 또한 이를 구실로 노론 등 집권 보수 세력이 당시 정치적 반대 세력인 남인을 비롯한 진보적 사상가와 정치 세력을 탄압한 권력다툼의 일환이었다. 정순왕후가 조카 김노서에게 보낸 언간에서 천주교도에 관한 내용의 일단을 엿볼 수 있다.

> 눈뜬이라는 놈이 일할 제 턱에 십자를 쓴다 하니, 그런 것은 사학에서 십자를 쓴다 하니 그러한가 싶다. [정순왕후 언간 ③, 정순왕후→김노서]

정순왕후는 눈뜬이가 일할 때 턱에 십자를 쓰는데, 이는 십자가를 긋는 사학(천주교) 때문이 아닌가 싶다며 그를 천주교도라고 여기는 근거를 제시한다. 이 언간은 "눈뜬은 전 경기감사 집 계집종의 남편이라 하니 사학에 빠진 놈은 아니라 하옵나이다."라고 보낸 조카 김노서의 편지에 답한 것이다.[179] 여기서 경기감사는 이익운李益運으로 이가환 집 근처에 살아 자주 왕래했으며 집안 전체가 천주교도이다.

정순왕후는 순조를 보호하여 의리를 지키고, 조정을 화합시키며, 백성들을 보호하고 돌보는 일을 급선무로 제시했다.[180] 하지만 실상은 영조의 정치와 의리를 강조했다. 영조의 유지를 따른다는 명분을 내세우면서 정조가 마련해놓았던 체제와 인물들을 바꾸어버렸다. 영조가 임오년에 사도세자를 죽게 한 임오의리는 타당하며, 정조 역시 영조의 임오의리를 중시했다고 보았다. 게다가 정순왕후는 혜경궁 홍씨의 부친 홍봉한을 임오년의 죄인으로 지목하고 그의 아들 홍낙임을 죽여버렸다. 홍낙임은 임오년의 의리를 어겼고, 영남만인소의 배후였으며, 천주교인이라는 죄목을 들었다. 은언군에게도 신유사옥과 연계시켜 죽음을 내렸다. 은언군의 부인 송씨와 며느리가 주문모 신부에게 세례를 받은 천주교도임이 드러났다. 정조의 측근 신하와 남인 청류도 처벌당했으며, 이미 사망한 홍국영과 채제공의 관작을 추탈하기도 했다.

1803년(순조 3) 12월 28일 정순왕후는 전격적으로 수렴청정을 거두고 환정還政했다. 국왕이 14세 때 수렴청정을 거둔 것은 이때가 처음이었다.[181] 경사스러운 날이다. 주상의 나이가 곧 15세에 차게 되어 이제 친히 정사를 행하게 되었으니, 경들은 단지 기뻐하여 축하하는 것이 마땅하다고 했다. 정순왕후는 수렴청정을 거둔다는 교서를 한글로 내렸다. 그런데 수렴청정을 거두되, 서정庶政 외에 군국軍國에 관한 대정령大政令과 형상刑賞에 관한 대처분大處分과 의리에 크게 관계되는 등의 일은 계속 참여하고자 했다.[182] 명분은 그러한 일들을 순조가 홀로 근심하도록 둘 수 없다는 것이었다. 국가의 안위나 음양·진퇴에 관계되는 일에 이르러서는 태평스레 좌시하고만 있을 수 없다는 것이다. 그리고 철렴했으니 다음 날부터는 써서 들이던 모든 공사公事를 들이지 말 것이며, 언서로 베껴 쓰던 것도 또한 제외하도록 했다.[183] 하지만 군국과 형상에 관한 일은 계속하고자 했다.

1804년(순조 4) 벽파계 인물들이 순조의 국혼을 막으려 하고 김귀주의 아들 김노충이 연루되었다는 논란이 발생했다.[184] 이에 정순왕후는 일관日官과 김노충이 훼방놓으려 하는 헤아릴 수 없는 마음을 가졌다 하더라도 국혼은 국가의 막중한 일이므로 아래에 있는 사람이 능히 홀로 판단할 수 있는 것이 아니라고 변명했다. 김노충이 정순왕후의 사친私親이라서 그러는 것이 아니라고 덧붙이기도 했다. 대신과 삼사로 하여금 이 뜻을 모두 알게 하라고 명했다. 형상에 관한 대처분을 계속 관장하던 정순왕후는 조카 김노충의 사건을 해결하는 데 활용한 것이다. 이듬 해(1805) 정순왕후가 사망하면서 수렴청정 기간에 정국을 주도했던 경주김씨 가문은 급격히 위축되었다.

3-4. 수렴청정과 운영방식

언간의 수신자

현재 전해지는 정순왕후가 보낸 언간은 모두 15건에 이른다. 정순왕후가 오빠 김귀주에게 보낸 것 1건, 김귀주의 아들 김노서에게 보낸 것 14건이다. 조카 김노서가 먼저 보낸 편지의 여백에 정순왕후가 답을 써 보낸 형식이다. 언간은 언교 언서와 좋은 대조를 이룬다. 정순왕후 언간 내역을 정리하면 〈표 10〉과 같다.[185]

표 10 **정순왕후의 언간 내역**

순서	발신자↔수신자	작성년대
①	정순왕후↔김노서	1802년(순조 2)~1804년(순조 4)
②	정순왕후↔김노서	1802년(순조 2)~1804년(순조 4)
③	정순왕후↔김노서	1802년(순조 2)~1804년(순조 4)
④	정순왕후↔김노서	1802년(순조 2)~1803년(순조 3)
⑤	정순왕후↔김노서	1797년(정조 21)
⑥	정순왕후↔김노서	1802년(순조 2)~1804년(순조 4)
⑦	정순왕후↔김노서	1802년(순조 2)~1804년(순조 4)
⑧	정순왕후↔김노서	1802년(순조 2)~1804년(순조 4)
⑨	정순왕후↔김노서	1802년(순조 2)~1804년(순조 4)
⑩	정순왕후↔김노서	1802년(순조 2)~1804년(순조 4)
⑪	정순왕후↔김노서	1802년(순조 2)~1804년(순조 4)
⑫	정순왕후↔김노서	1802년(순조 2)~1804년(순조 4)
⑬	정순왕후↔김노서	1802년(순조2)~1804년(순조 4)
⑭	정순왕후↔김귀주	1786년(정조 10)
⑮	정순왕후↔김노서	1802년(순조2)~1804년(순조 4)

언간을 보낸 시기와 관련해서 보자면, 이미 앞에서 본 대로 대부분 수렴청정 시기에 쓰인 것이다. 15건 중에서 13건으로 86.7%에 이른다. ⑭번은 1786년(정조 10) 김귀주에게 보낸 것이며 ⑤번은 김노서의 아들 김후재의 백일을 축하하는 편지로 김후재가 태어난 1797년(정조 21)에 보냈다. 그리고 나머지 13건은 모두 정순왕후가 수렴청정하는 기간, 순조 즉위년(1800)부터 철렴한 직후인 1804년(순조 4) 6월 김노서가 사망할 때까지 보낸 것이다.[186]

그리고 언간의 수신자를 보면 오빠 김귀주의 둘째 아들 김노서와 주고받은 것이 대부분이다. 이 같은 측면은 주목할 만하다. 1786년(정조 10) 김귀주가 죽은 이후, 정순왕후가 믿고 의지한 인물은 김귀주의 아들 김노충과 김노서, 그리고 6촌 오빠 김관주다. 자식이 없는 고모에게 두 조카는 의지가 되었다. 김노충은 아들이 없어 동생 김노서의 아들 후재厚載를 양자로 들이기까지 했다. 자신의 외아들을 형의 양자로 보낸 김노서는 6촌 동생 김노헌金魯憲의 둘째아들 경재璟載를 양자로 들였다.

정순왕후 언간을 보면 관직에 있는 '형'(김노충)과 '우상'(우의정 김관주)이 자주 등장한다. "형에게 보여라", "우의정과 상의하거라" 등을 볼 수 있다. 김노서를 통해 정순왕후와 김노충, 김관주와의 정치적인 커뮤니케이션이 이루어졌던 것으로 보인다. 언간을 통한 직접적인 교류가 아니라 조카를 통한 간접적인 커뮤니케이션을 하고 있었던 것이다. 김관주는 이조참판으로 1801년(순조 1) 3월 비변사 당상이 되었다. 또한 김귀주의 아들 김노충도 같은 해 10월 공조참판으로 비변사 당상이 되었다.[187] 19세기 국가 운영의 중추는 비변사였으며, 비변사 당상이 주도하고 있었다. 유력 성관들의 인물들이 참여하면서 가문으로 권력이 집중되어 있었다.

정순왕후가 김노서에게 언간을 보낸 시기가 대부분 1802년(순조 2)부터 철렴 직후인 1804년(순조 4) 사이라는 것 역시 주목된다. 수렴청정은 대왕대비가 정치에 참여해서 최고 결정을 내리는 과정이다. 정순왕후는 많은 정치적 사안에 대해 비밀리에 의견을 구했다. 세도정치하에서는 가문의 안위를 그들의 생각과 보조를 같이해서 나아가야 할 필요가 있었을 것이다. 가문을 통해 막후에서 권력을 행하기 위해서도 그러했다.

정순왕후의 전해지는 언간에 담긴 내용은 일상적인 성격과 정치적인 성격으로 나누어 살펴볼 수 있다. 여기서는 정치적인 측면의 언간을 중심으로 살펴보기로 한다. 정순왕후가 보낸 15건의 한글 편지 중 정치적인 성격이 9건으로 많으며, 일상적인 성격의 편지는 6건이다.[188]

인사와 상소에 개입하다

정순왕후 언간에서 두드러지는 측면 중 하나는 경주 김씨 가문 구성원들의 상소와 인사 문제에 관한 것이 많다는 점이다. 현존하는 정순왕후 언간 15건 중에서 9건이 해당한다. 수렴청정을 통해 직접 정치에 관여하는 과정에서 경주 김씨 가와 연관된 상소, 인사 문제 등에 관여하지 않을 수 없었을 것이다.[189] 먼저 김노서가 정순왕후에게 보낸 언간을 보면 다음과 같다.

> [정순왕후 언간 ③, 김노서→정순왕후]
>
> 문안 여쭙고 야간 옥후 안녕하신지 문안 알고자 바라올 차, 어찰御札 받자와 보고 하정下情에 든든하여 못내 아뢰오며, 어제 봉서封書와 초草는 미처 우상에게 의논하지 않았으며 어제 저물었기에 형에게 미처 못 보내었으니 지금 형에게로만 내보내겠사옵나이다. 상소는 어제 재패再牌에 바치려 하였는데, 길 전도前導가 멀어 문안에 들어갈 길이 없어 못 바치고, 오늘 패牌 나오면 즉시 바치려 한다고 하옵나이다. 어제 창윤에게서 돈 백 냥이 건너왔기에 어찌된 돈인지 몰라 하였는데, 오십 냥을 우상에게 보내고 오십 냥을 창윤에게 도로 보내오리까. 눈뜬은 전 경기감사 집 계집종의 남편이라 하니 사학邪學(천주학)에 빠진 놈은 아니라 하옵나이다.

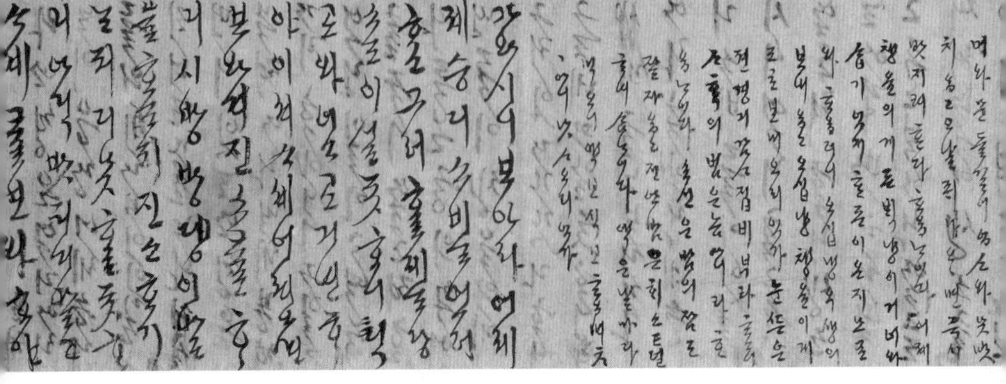

[정순왕후 언간 ③]

> 소신은 밤에 잠도 잘 자고 지난밤은 해소도 덜하였사옵나이다. 약은 날마다 먹으니 약보, 식보를 하면 차차 낫지 않겠습니까.

여기서 주목되는 것은 우상을 언급하고 있다는 점이다. 우상은 1802년 10월 우의정에 임명된 김관주(1743~1806)를 가리킨다. 따라서 1802년 10월 이후에 쓰인 것이다. 내용에서 편지와 상소문의 초고는 아직 우상과 의논하지 않았다는 것, 형 김노충에게도 미처 보내지 못했다는 것, 상소는 오늘 바치려 한다는 것 등을 보고하고 있다. 아울러 창윤이 가져온 돈 백 냥을 어떻게 처리하면 좋을지 묻고 있다. 이에 대한 정순왕후의 답신은 다음과 같다.

> [정순왕후 언간 ③, 정순왕후→김노서]
>
> 너는 서울 앉아서도 모르느냐. 안성安城은 어찌 알고 봉서가 왔으니 보아라. 어제 모든 승지 소비疏批는 어떠하고 그러할 제는 당소堂疏(홍문관의 상소)도 있을 듯하니 칙교飭教와 엄교嚴教가 연하여 있어서 사세가 어려우면 보아서 상소를 하지. 시방 바로 말을 하는데 상소하기는 되지 못할 듯하니, 아직 바치지 말고 사세를 보아 하여라. 안성은 어찌 먼저 알았느냐. 마땅히 어제 승지들의 비답이 있었을 텐데 너는 모르느냐. 시골 멀리

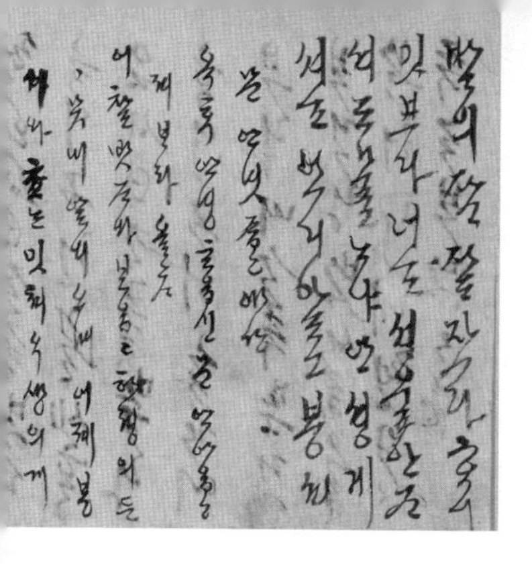

있는 안성은 먼저 알아내게 봉서까지 하였으니 그 일이 어찌된 일인지 연유를 자세히 알고자 한다. 돈은 궁에서 꾸어낸 돈이 창윤에게 그저 있다가 갔다 하니 그는 네가 알 듯하니 그리로 보내거나 알아서 하여라. 모든 승지 소비들이 있을 것이니 어떠한지 자세히 알고자 한다. 상소는 아직 바치지 말고 두고 보아라. 재패再牌 후에 상소를 바치고자 하느냐. 연하여 엄교와 칙교를 보아 하겠다.

안성安城은 경기도 안성군, 오늘날의 안성시에 해당한다. 하지만 여기서는 김노서의 당숙이자 정순왕후의 사촌 동생 김용주를 가리킨다. 그는 1789년(정조 13) 5월 26일에 안성 군수가 되었다. 정순왕후 언간에는 김용주가 많이 언급된다. 정순왕후 수렴청정 기간인 1802년(순조 2) 6월 21일에 건원릉령建元陵令, 6월 25일에 상의원 첨정, 그리고 1805년(순조 5) 1월 7일에 동부승지에 제수되었다.

이 언간을 통해서 안성 군수 김용주에게 언간을 보냈다는 것을 알 수 있지만, 현재 전해지지 않는다. 정순왕후는 안성에 있는 김용주가 자세한 사정을 어떻게 알았는지 궁금해하고 있다. 아울러 '상소는 때를 보아서 하라'는 조언을 해준다. 그리고 창윤이 가져온 돈에 대해서는 궁으로 보내거

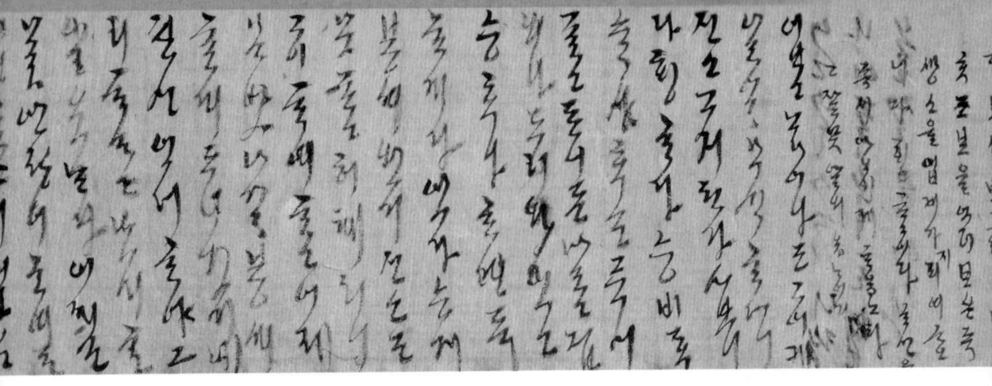

[정순왕후 언간 ④]

나 알아서 처분하라고 일러준다. 정순왕후 언간 중에는 좌승지 교체 건과 관련해서, 김노서가 잘못 알고서 보낸 편지에 대한 해명을 만날 수 있다.

> [정순왕후 언간 ④, 김노서→정순왕후]
>
> 문안 여쭙고 아까 봉서 아뢰었는데 보셨습니까. 어젯밤에 온 분발分撥에는 좌승지 교체하라 하신 줄로 알았더니 지금 조보朝報를 본즉 좌부승지를 교체하신 것을 기별서리奇別書吏가 잘못 써 놓았던가 싶습니다. 봉서 써 드려 보낸 후 조보를 얻어 본즉 상소를 입계까지 되었으니 다행합니다. 소신은 즉시 아시게 하느라고 잘못 아뢰었습니다.

김노서가 정순왕후에게 보낸 것이다. "아까 봉서 아뢰었는데 보셨습니까."라고 한 걸로 미루어, 보낸 후 얼마 되지 않아서 다시 보낸 것이다. 그리고 분발과 조보를 보았다고 하는 것으로 보아 벼슬하고 있을 때 보낸 것임을 알 수 있다. 분발은 승정원의 관보인 조보를 발행하기 전에 중요한 사항이 있을 때 초안을 만들어 회람하는 것을 말한다. 분발에는 좌승지를 교체하는 것으로 되어 있지만, 조보에는 좌부승지를 교체한 것으로 나와 있다고 했다. 이는 김노충과 관련된 것으로 여겨진다. 당시 김노

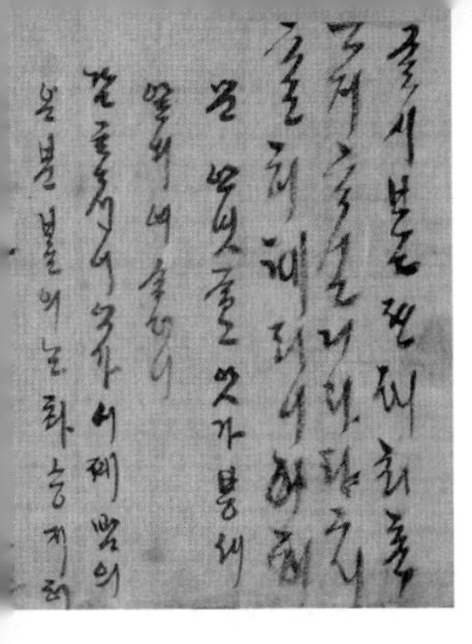

충이 좌승지로 있었기 때문이다. 좌부승지 교체 건은 많으므로 구체적인 시기를 알기는 어렵다. 하지만 답신에서 정순왕후가 김노충의 빈번한 벼슬 교체를 언급한 것으로 볼 때, 대략 1803년(순조 3) 10월 중에 보낸 것으로 보인다. 정순왕후의 답신은 다음과 같다.

> [정순왕후 언간 ④, 정순왕후→김노서]
>
> 편지 보고 패를 보내어 재촉까지 하시고 잇달아 그리하고 교체되니 어이없고 남이라도 괴이하게 알 일 무색하더니, 상소까지 되었는가 싶으니 다행하다. 승비承批 후 숙사肅謝하고 나서는 즉시 벼슬을 갈고 다니지는 말고 집에나 들어와 있고 승후承候나 하면 든든하겠다. 아까 승지의 봉서가 왔기에 상소도 못 하고 교체되니 괴이하여 하고 어제 문밖에 나갈 봉서가 함께 들어왔기에 정신이 어떠하여 그리하는가 하고 염려한 일 웃는다. 이제는 마음 평안히 하여 조섭하고 피접避接은 어느 날 나느냐. 피접 나서 이달을 조섭調攝을 잘하여라.

정순왕후는 잇달아 교체되니 어이없고 남이라도 괴이하게 알까 무색하더니 상소까지 하게 되었으니 다행이라 했다. 김노서는 1802년 8월 동몽교관이 된 이후, 1803년 부사용, 내섬시 봉사를 거쳐서 10월 한 달 동안에만도 사옹봉사, 선공봉사, 장흥봉사로 빈번하게 벼슬이 바뀌었다. 이 편지의 발신 시기는 1803년 10월 중으로 보인다. 이제는 마음 평안이 하여 조섭하라는 것, 그리고 피접은 언제 가느냐고 물으며, 피접 가서 조섭 잘하라는 말로 마무리한다. 피접이란 병을 앓는 사람이 다른 곳으로 옮겨 가서 요양하는 것을 말한다. 또한 정순왕후와 관련한 언간 중에는 내용으로 보아 김노충과 관련된 것도 있다. 승지 낙점과 관련된 것이다.

> [정순왕후 언간 ⑤, 김노서→정순왕후]
>
> 문안 여쭙고 종놈이 오거늘 어찰御札 받아 보고 하정下情에 든든하여 못내 아뢰오며, 아까 무수리 들어갈 때 봉서 아뢰었는데 보셨습니까. … 형의 말씀은 들어와 있게 하소서 하신 것이 다시 승지 낙점하여 들어오라고 하신 것만 못한 것이 저기서도 사사로운 부탁같이 알 듯합니다.

김노서의 언간에서 형 김노충의 승지 낙점을 언급하고 있다. 김노충은 1801년 9월 22일 승지 낙점을 받은 이후, 1804년 6월 21일까지 승지 낙점이 여러 번 있었다. 김노서가 소신이라 했으니, 벼슬에 있을 때 쓴 것임을 알 수 있다. 그런데 정순왕후의 답신에서 우상을 언급하고 있어 김관주가 우의정에 임명된 1802년 10월 이후임을 확인할 수 있다.[190]

> [정순왕후 언간 ⑥, 정순왕후→김노서]
>
> 편지 보고 든든하다. 우상에게 그 의논을 하여 보았느냐. 별감이 집에 가서 있으니 지체가 어지럽고 어찌하여야 좋을지 우상에게 의논하여 보아

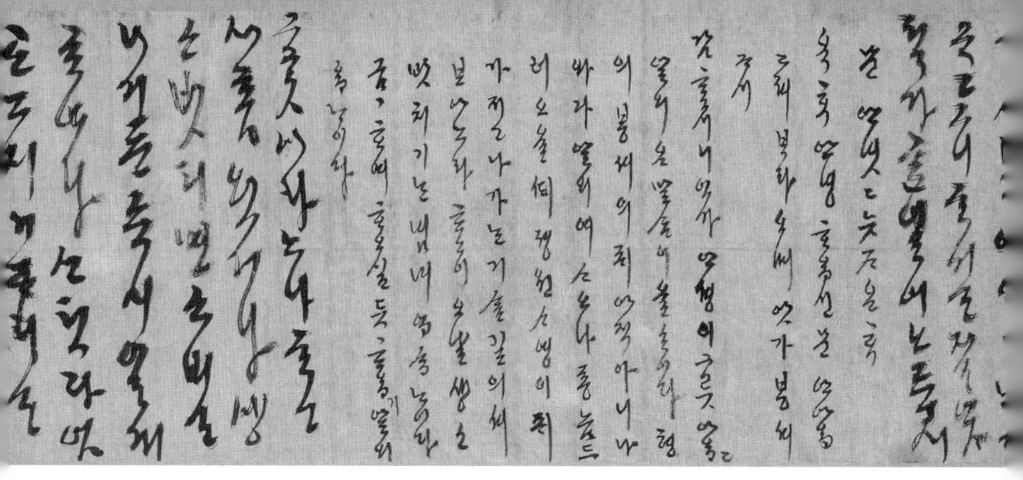

[정순왕후 언간 ⑧]

라. 아까 그 말 의논하여 보라 하였는데 아무 말도 없으니 어찌된 일이니. 비접을 나가서 밤에 잠 잘 자고 수이 낫기를 크게 빈다. 내일 종놈 들어오는데 잘 잔 안부 자세히 알고자 한다.

여기서 우상은 앞서 언급한 정순왕후의 6촌 오빠 김관주다. 중요한 사안을 우의정 김관주와 의논해보라고 했는데 어떻게 되었는지 궁금하다는 뜻을 전한다. 정치적인 논의가 이루어지고 있음을 확인할 수 있다. 뿐만 아니라 잘못 전달된 정보에 대해 바로잡는다는 것, 그리고 상소 올리는 것을 정순왕후가 궁금해할까 봐 편지를 보낸다는 내용도 서술되어 있다.[191] 정순왕후는 아래와 같이 답신을 보낸다.

[정순왕후 언간 ⑧, 정순왕후→김노서]

편지 보고 안성도 누구에게 속고 그리하기는 잘못될까 한 일이요, 즉시 그릇 알았노라 하고 사람 왔더라. 상소 바치면 소비는 나거든 즉시 알 수 있게 하여라. 신칙과 엄고까지 기다리는 것이 옳으니라.

앞에서 보았듯이 안성은 안성 군수로 있던 김용주를 가리킨다. 안성 김용주가 그릇 알고 아뢴 말씀이 옳다고 한 것으로 미루어 김용주도 자신이 잘못 알았노라고 연락을 했던 모양이다. 언간을 보낸 것이 아니라 사람을 보내서 말을 전한 것 같다. 상소를 올리면 즉시 알려달라는 것, 신칙과 엄교까지 기다리는 것이 좋다는 지침을 내려준다.

정순왕후가 김용주, 김관주, 김노충 그리고 김노서 등 경주 김씨 일족에게 상소에 대한 의견을 제시하고 벼슬이 교체되었을 때의 처신에 대한 의견을 말한다. 그들의 정치적 행보에 직접적으로 관여해 조율하고 있음을 알 수 있다. 수렴청정하면서 다양한 정치적 사건에 대해 경주 김씨 외척과의 긴밀한 관계를 유지했음을 엿볼 수 있다.

정순왕후는 선조에서는 척신을 등용하지 않았으나 지금은 주상이 어리고 국세가 위급하기 때문에 국왕을 보호하고 권도의 책임이 척신에 있다고 보았다. 척신들의 정계 진출 명분이라고 하겠다. 그녀의 이러한 국정 운영론에 따른 의리 천명과 척신의 등용으로 경주 김씨 외척 가문의 비중이 점차 증가했다. 정순왕후와 경주 김씨 가문이 순조 초반 정조 연간에 정계에서 배제되었기에 그에 대한 반동이 있었다. 그런데 순조 대에도 정조 연간에 활동한 관료군이 와해된 것이 아니었고 김조순 등을 중심으로 결국 벽파를 숙청하고 세도정치의 주역으로 정국을 이끌어 갔다는 점에서[192] 순조 초기 정순왕후 수렴청정기는 19세기 세도정국에서 과도기적인 시기였다.

요약과 정리

정순왕후 김씨는 15세에 영조의 계비가 된 이후, 61세로 세상을 뜰 때까지 궁중정치 속에서 살았다. 정조 대에는 왕대비, 순조 대에는 대왕대비로서 왕실의 어른으로 정치적 영향력을 행사했다. 순조 즉위 후에는 4년 동안 수렴청정을 함으로써 실질적인 정치권력을 행사한 것 같다. 영조, 정조, 순조로 이어지는 왕위 교체와 정치변동의 시대를 온몸으로 살았다.

수렴청정 시기에 스스로 여군女君, 여주女主라 칭하기도 했다. 영조 대에 이미 한글로 언교를 내렸던 그녀는 정조 대에도 그리고 순조 대에도 언교와 언서를 내었다. 전체 42건의 언교와 언서를 확인할 수 있는데, 역대 왕후들 중에서 가장 많다. 자신의 정치적 위상을 잘 알고 있었으며, 실제로 정치적 영향력을 행사하고자 했다. 또한 수렴청정 시기를 전후해 언간을 쓰기도 했으며, 그들 일부가 남아 있다. 주로 오빠 김귀주의 아들 김노서와 주고받은 것이다. 공적인 성격을 띠고 있는 언교 언서와 달리 언간은 기본적으로 사적인 성격을 지닌 것이었다. 하지만 일정한 정치적 성격을 지닌 언간도 있었다.

이 책에서는 거의 주목받지 못했던 일차 자료 언교와 언간을 통해 정순왕후가 보여준 정치적 지향성과 생활세계의 한 단면을 밝혀보고자 했다. 정조 대에서 순조 대로 넘어가는 정치적 이행기에 즈음하여 정순왕후는 정치적 방향성과 역사적 흐름을 결정짓는 중요한 한 사람의 정치적 행위자였다는 것을 알 수 있다. 정조, 순조 대의 권력구조와 정치적 갈등과 관련해 몇 가지 측면을 덧붙이고자 한다.

우선 정순왕후의 정치적 자원과 위상은 영조로부터 비롯되었다. 영조는 광해군 이후 시행되지 않았던 친잠례를 거행했는데(1767년 영조 43), 이는 그녀의 위상 강화를 위해서였다. 정순왕후는 영조가 살았을 때는 그의 뜻을 성실하게 받들었으며, 세상을 뜬 이후에는 영조의 뜻을 받든다는 것을 언교에서 분명하게 내세웠다.

궁중정치 속에서 정순왕후는 권력 핵심 내부의 갈등과 대립에 얽혀 있었다. 풍산 홍씨 가문과의 관계가 그러했다. 정순왕후와 정조 두 사람의 관계는 복합적이었다. 1775년(영조 51) 세손 정조의 대리청정이 시작되자 정순왕후는 그를 보호해주는 입장을 취했다. 영조의 뜻이 세손에게 있었기 때문이다. 왕실의 어른이자 동시에 세손의 할머니라는 위치였다. 정조 역시 그런 상황을 잘 알고 있었다. 위계와 질서유지라는 측면에서 정중함을 잃지 않았다. 그런데 1776년 정조가 즉위하면서 두 사람의 관계는 변화를 맞는다. 정순왕후는 정조의 할머니였으므로 대왕대비가 될 수 있었다. 정조는 그렇게 하지 않았다. 정조는 정순왕후를 왕대비로 삼았다. 이는 대왕대비로 정치적 영향력이 확장되는 것을 경계했던 것으로 여겨진다.

정순왕후는 영조 대에는 2건, 정조 대에는 19건의 언교를 남기고 있다. 중요한 계기는 정순왕후의 오빠 김귀주의 귀양과 죽음이다. 김귀주는 정조 즉위년(1776)에 귀양 가서 1786년(정조 10)에 죽었다. 19건 중에서 1786년 이후의 것이 16건(84.2%)이다. 김귀주 사망 이후 급격하게 증가하고 있다. 이후 정순왕후는 중요한 사안들에 대해 자신의 정치적 영향력을 행사하고자 했다. 당시 권력을 누리던 홍국영과 정조의 이복동생 은언군을 처벌하라는 언문 교서를 내리기도 했다. 정순왕후는 자신의 명이 선왕인 영조의 뜻에 부합하는 것이며, 국가를 위하고 정조를 보호하며 대의를 밝히는 일이라고 밝혔다. 그 지점에서 정순왕후는 정조와 충돌한다. 정조의 유일한 혈육 은언군을 처형하라는 요구였기 때문이다. 정조는 은언군을 강화도로 귀양 보내는 것으로 사건을 마무리했다. 그 후 정조가 은언군에게 여러 가지 혜택을 내리자 정순왕후는 다시 정조와 충돌하기도 했다.

그렇지만 1794년(정조 18년) 이후 정조가 세상을 떠난 1800년까지 정순왕대비는 더 이상 언교를 내리지 않는다. 정조의 치세가 18년을 지나면서 나름 안정되고 왕권이 강화되었기 때문인 것으로 여겨진다. 갈등이 없어지지는 않았지만 현실을 감안해서 갈등이 가라앉아 있었다고 하겠다. 그렇게 잠재되어 있던 대립과 갈등은 정조의 사망과 순조의 즉위와 더불어 표출되기 시작했다. 어린 순조가 국정을 운영할 수 없었으며, 정순왕후가 대왕대비로 왕실의 최고 어른이 되었기 때문이다. 정순왕후는 순조를 보호하여 의리를 지키고, 조정을 화합시키며, 백성들을 보호하고 돌보는 일을 급선무로 제시했다. 하지만 실상은 영조의 정치와 의리를 강조했다. 영조의 유지를 따른다는 명분을 내세우면서 정조가 마련해놓았던 체제와 인물들을 바꾸어버렸다. 단적으로 영조가 임오년에 사도세자를 죽게 한 임오의리는 타당하며, 영조의 임오의리를 정조 역시 중시했다고 주장했다. 게다가 정순왕후는 홍봉한을 임오년의 죄인으로 지목하고 그의 아들 홍낙임을 사사했다. 은언군에게도 신유사옥과 연계시켜 죽음을 내렸다. 정조의 측근 신하와 남인 청류도 처벌당했으며, 이미 사망한 홍국영과 채제공의 관작을 추탈하기도 했다.

정순왕후의 수렴청정은 언제나 영조의 유지를 잇는다는 명분을 내세웠다. 그런 정치적 지향성은 정순왕후를 지지하던 벽파 세력의 정치적 명분과 거의 일치했다. 정순왕후의 수렴청정은 오랜 기간 정조가 이룩했던 정치체제와 지향성을 안에서부터 와해시키는 것이었다. 수렴청정하면서 정순왕후가 보여준 정치적 지향성에 대해서는 내세우는 정치적 명분(왕권과 신권)이나 정파의 이해(시파와 벽파)에 따라서 달라질 수 있을 것이다. 그럼에도 정순왕후가 정조 대를 거쳐, 순조 초반 수렴청정하는 기간에 실질적인 정치권력을 행사하면서 정치적 지향성을 보여주었다는 것, 그리고 정조시대의 왕권강화 정치에서 순조 대의 세도정치로 이행하는 전환기의 정치사에서 중요한 하나의 변곡점이 되었음을 알 수 있다.

4. 순원왕후, 정국을 이끌어간 세도정치의 주역

4-1. 수렴청정을 두 차례나 한 여장부

순원왕후純元王后(1789~1857) 김씨는 조선 제23대 국왕 순조純祖의 비妃다. 시호는 명경 문인 광성 융희 정렬 선휘 영덕 자헌 현륜 홍화 신운 순원왕후明敬文仁光聖隆禧正烈宣徽英德慈獻顯倫洪化神運純元王后다. 본관은 안동安東, 영안부원군永安府院君 김조순金祖淳의 딸이다.

순원왕후에 주목하는 것은 무엇보다 조선 정치사에서 19세기 이후 집중적으로 나타났다고 할 수 있는 수렴청정이라는 비상시 정국 운영의 실제 사례이기 때문이다. 왕실의 여성으로 공식적으로 정치에 참여했다는 점에서 일차적인 의미를 갖는다. 조선에서는 전 시대에 걸쳐 수렴청정이 모두 7차례 시행되었다.[193] 특히 순원왕후의 경우, 헌종과 철종 대 두 차례에 걸쳐서 수렴청정을 했으며, 새로운 국왕 즉위 이후의 정국에서 결정적인 영향력을 행사했다.[194] 순원왕후의 독재라는 평가도 있다.[195] 순원왕후와 같은 사례는 조선시대에는 유일한 사례다.

조선 왕조 정치체제의 특성상 수렴청정을 하는 왕후는 실질적인 권력을 장악한 것이라 할 수 있으며, 그러다 보니 사적으로 그녀와 가까운 인물들이 정치권에서 실세로 떠오르는 구조적 속성을 지닌다. 나이 어린 국왕인 만큼 대비나 대왕대비의 의사가 결정적인 변수가 되기 때문이다. 오랫동안 궁중에서 생활한 여성으로서 중대한 사안과 정국을 긴밀하게 의논할 가까운 인물이 필요했으며, 아무래도 친정의 형제들이 그 대상이 되는 것은 자연스러웠다. 종실제군宗室諸君들은 종친부宗親府에 한정되어 실질적인 권력으로 나아가는 것이 제한되었다. 왕권이나 종통을 둘러싼 갈등으로 이어질 수 있기 때문이다.

주지하듯이 안동 김씨의 경우 세도정치의 실제 사례로 여겨지고 있다. 순원왕후의 수렴청정은 친정 안동 김씨가 세력을 확장하는 데 크게 기여했다. 그녀는 헌종이 8세라는 어린 나이에 즉위하자 수렴청정을 했으며, 1849년 헌종이 후사 없이 승하하자 철종(당시 19세)을 자신의 아들로 입적하여 즉위하도록 했다. 그리고 다시 수렴청정을 했다. 뿐만 아니라 그녀는 헌종과 철종의 왕비를 안동 김씨 가문에서 간택하게 함으로써 안동 김씨의 위상과 지위를 한층 더 강화하려고 했다.[196]

순원왕후에 대해서 관심을 갖는 다른 이유는 그녀가 개인적으로 써서 보낸 언간, 즉 한글 편지가 상당수 전해지기 때문이다. [순원왕후 언간]은 현재 91건에 이르고 있다.[197] 순원왕후 언간은 조선시대 왕비들의 언간 자료에서 중요한 의미와 비중을 갖는다. 현재 전해지는 왕실 여성, 특히 왕후의 언간은 전체 350여 건에 달한다. 언간 건수로 보자면 순원왕후의 언간은 명성황후(144건) 다음으로 많다.[198] 순원왕후 언간은 크게 규장각에 소장되어 있는 것들과 그 외의 기타 편지들로 나누어볼 수 있다. 규장

순조와 순원왕후 인릉, 사적 제194호, 서울특별시 서초구

인릉 정자각

각 소장본의 경우, 대부분 순원왕후의 재종 동생 김흥근, 그의 아들 김병덕과 김흥근의 아들 김병주에게 보낸 것들이며, 기타 편지의 경우 예외가 없지는 않지만 주로 딸 덕온공주와 사위 윤의선에게 보낸 편지들이다.

여기서는 역사적으로 행해진 순원왕후의 수렴청정, 나아가 세도정치와 그녀가 보낸 한글 편지를 연결시켜 가능한 입체적으로 살펴보고자 한다. 순원왕후의 언간을 통해 그녀의 정치적 행위와 위상, 세도정치, 그리고 내면적인 세계에 한 걸음 더 다가서보고자 한다. 이런 작업은 겉으로 드러난 역사적 서술의 이면을 통해 실제 역사가 어떻게 방향 지워지고 흘러갔는지 가늠해볼 수 있게 해줄 것이다. 이 같은 학제적 연구를 통해 순원왕후가 살았던 시대의 역사상과 왕실의 지식인 여성으로의 그녀의 위상이 보다 더 입체적으로 드러날 수 있다.

4-2. 순원왕후가 남긴 귀중한 언간 자료

'최고 명필'의 언간들

순원왕후 언간의 존재가 처음 알려지게 된 것은 1968년 아세아여성연구소를 통해서였다. 언간의 판독문과 주석, 현대어 번역문 같은 것 없이 영인 자료로 먼저 알려졌다. 이승희(2000 ; 2008)와 이기대(2009)에서 원문 일부가 판독됐으며, 그 후 이승희(2010)에서 규장각에 소장되어 있던 「순원왕후어필봉서」와 「순원왕후어필」에 실린 57건 전체의 흑백 사진을 볼 수 있게 되었다. 원본 사진 외에도 판독문을 제시했으며,

「철종어진」, 보물 제1492호

철종 외가, 인천광역시 문화재자료 제8호, 인천광역시 강화군

나아가 현대어역과 어휘 주석 및 해설을 덧붙였다.

현재 서울대학교 규장각에는 ① 「순원왕후어필봉서純元王后御筆封書」(奎 27785)와 ② 「순원왕후어필純元王后御筆」(古貴 2410-21) 두 개의 자료가 소장되어 있다. ①에는 총 32건 ②에는 총 25건이 실려 있다. ①의 편지는 대부분 순원왕후의 재종 동생 김흥근에게 보낸 것(26건)이며, 그의 아들 병덕에게 보낸 것이 5건, 김홍근의 아들 병주에게 보낸 것 1건이 있다. 보낸 시기상으로 보자면 대략 1840년대 초부터 1856년 사이에 쓰인 것들이다. ②에는 총 25건이 실려 있는데, 모두 김흥근에게 보낸 것이다. 시기적으로는 1837년 10월부터 1852년 1월 사이에 쓰인 것들이다.[199] 그러니까 이들은 1837년부터 1856년까지, 약 20여 년에 걸쳐서 김흥근과 조카들에게 보낸 한글 편지다.

1837년은 순원왕후가 아들과 두 딸을 잃는 아픔을 겪은 이후이며, 1855년은 그녀가 죽기 2년 전에 해당한다. 1857년(철종 8) 그녀는 69세의 나이로 세상을 떠났다. 그러니까 죽기 얼마 전까지 편지를 보낸 것이다. 그 기간에 순원왕후는 두 차례에 걸쳐 수렴청정을 했다. 편지의 내용을 일별해보면 알 수 있듯이, 일상의 안부를 묻는 것에서부터 정치적 사안에 이르기까지 실로 다양하다.

하지만 규장각 소장본 이외에 순원왕후가 남긴 언간들이 더 전해지고 있다. 숫자상으로는 34건에 이른다. 내역을 들여다보면 『봉셔』(1997)에 순원왕후 언간 4건이 수록되어 있다.[200] 사위 윤의선 3건, 딸 덕온공주 1건이다. 단국대 석주선기념박물관에도 4건(윤의선 3건, 덕온공주 1건) 소장되어 있다. 이들 언간은 덕온공주의 부군 남녕위 윤의선 집안에 전래해오던 것을 손녀인 윤백영이 조용선과 석주선에게 제공해준 것이다. 그 외에 김문현(10건)과 김상기(1건)[201], 세 명의 공주들에게 보낸 편지와 순원왕후의 동생 김좌근에게 보낸 편지도 남아 있다 한다.

한편 최근(2019) 문화재청에서 덕온공주와 양자 윤용구 등이 쓴 한글 책과 편지 등의 자료를 미국에서 매입해 국내로 들여왔으며, 현재 국립한글박물관에 소장되어 있다. 그들 자료에는 순원왕후가 사위와 딸에게 보낸 한글편지와 상궁이 대필한 왕후의 편지 등이 포함되어 있다.[202] 순원왕후가 사위 윤의선과 딸 덕온공주에게 보낸 10건이 새롭게 밝혀졌다.[203] 종합해보면 순원왕후가 막내딸과 사위에게 보낸 것이 큰 비중을 차지한다. 이렇게 다양하게 산견되는 것은 편지의 성격상 발신자가 아니라 수신자가 소장하기 때문이며, 그 수신자들의 후손들이 보관해온 것이다. 이제 순원왕후의 언간 자료를 한데 모으고 정리하는 집대성 작업이 필요하다고 하겠다.

이렇게 본다면 순원왕후가 보낸 언간으로 현재 전해지는 것은 모두 91건에 이른다. 그들 언간 내역을 이미 이루어진 선행 연구를 종합적으로 정리해보면 〈표 11〉과 같다.

표 11 **순원왕후의 언간 현황**

자료명	건수	수신자(관계)	소장처	비 고
순원왕후 어필봉서	32	김흥근(재종 동생): 26건 김병덕(흥근 子): 5건 김병주(흥근 姪): 1건	서울대 규장각	이승희(2010)
순원왕후어필	25	김흥근(재종 동생)	서울대 규장각	이승희(2010)

봉서	4	윤의선(사위): 3건 덕온공주(딸): 1건	조용선	조용선(1997)
순원왕후언간	1	미상	건국대박물관	서울서예박물관(2002)
순원왕후어필	4	윤의선(사위): 3건 덕온공주(딸): 1건	단국대 석주선기념박물관	황문환(2012)
순원왕후언간	4	김흥근(재종 동생)	김완진	김완진(2004)
순원왕후편지	10	윤의선(사위): 7건 덕온공주(딸): 3건	국립한글박물관	김수애(2019)
순원왕후언간	10	미상	김문현	김일근(1986·1991)[204]
순원왕후언간	1	미상	김상기	김일근(1986·1991)

가장 오랜 기간 수렴청정한 순원왕후는 개인적 자질이라는 측면에서도 탁월함을 지니고 있었다. 그녀는 역대 왕후 가운데 최고의 명필로 평가받는다.[205] 현재 전해지는 자필 언간을 통해서도 충분히 확인할 수 있다.

수렴청정과 가문

정조가 급작스레 승하하고 순조가 즉위했을 때(1800) 영조의 계비 정순왕후 김씨가 수렴청정을 했다. 왕실의 최고 어른으로서 정국을 이끌어갔다. 그녀는 1803년(순조 3) 12월 수렴청정을 거두었으며 얼마 후

세상을 떠났다(1805). 그 무렵 실질적인 정치권력에 가까이 가 있던 세력은 안동 김씨 가였다. 대표적인 인물로는 김조순金祖淳(1765~1832)을 들 수 있다. 바로 순원왕후의 부친이다. 그 어머니는 심건지沈健之의 딸 청양부부인 靑陽府夫人 청송靑松 심씨沈氏다.

김조순의 가계를 보면 김상헌金尙憲(좌의정, 7대조), 김수항金壽恒(우의정, 5대조), 김창집金昌集(영의정, 고조부), 김제겸金濟謙(예조참의, 증조부) 등이 눈에 띈다. 명문 집안으로 당파로는 노론의 핵심을 이루고 있다. 조부(추증 좌찬성) 김달행金達行과 부친 서흥부사瑞興府使 김이중金履中 대에 이르러 주춤한 듯했지만, 김조순 대에 이르러 빛을 발한다. 사위가 순조, 딸이 왕비 순원왕후였다.

김조순은 1785년(정조 9) 정시廷試 문과에 을과乙科로 급제[206], 검열檢閱이 되고 초계문신抄啓文臣으로 발탁되었다. 1789년 동지 겸 사은사의 서장관으로 청나라에 다녀왔으며, 이조참의 · 검교檢校 · 직각直閣 등을 거쳐 보덕輔德에 제수되었다. 기량과 식견이 뛰어나 정조의 사랑을 받았으며, 왕세자를 보필해서 인도하는 보도輔導를 맡았다. 순조가 즉위한 후에는 여러 요직이 제수됐으나 사양했다. 딸이 순조의 비가 되자 영돈녕부사領敦寧府事로 영안부원군永安府院君에 봉해졌다. 국구國舅가 된 후에는 왕을 보필해 군덕君德을 함양시키는 일에 진력했다. 시벽의 당파나 세도의 풍을 형성하지 않으려 노력했다고 평가받기도 한다. 하지만 결과적으로 그 주변의 척족 세력들이 안동 김씨 세도정치의 기반을 마련했다고 볼 수 있다. 김조순의 가계를 정리해보면 다음과 같다.

그는 세 아들(김유근, 김원근, 김좌근)과 다섯 딸을 두었다. 뒤에서 보듯이 안동 김씨, 특히 순원왕후의 언간에 보이는 김홍근金弘根, 김응근金應根, 김흥근

金興根은 재종 형제, 그러니까 6촌에 해당된다. 증조부가 같은 것이다. 그들은 김달행 →좌의정 김이경金履慶 →이조참판 김명순金明淳으로 이어지는 가계다.

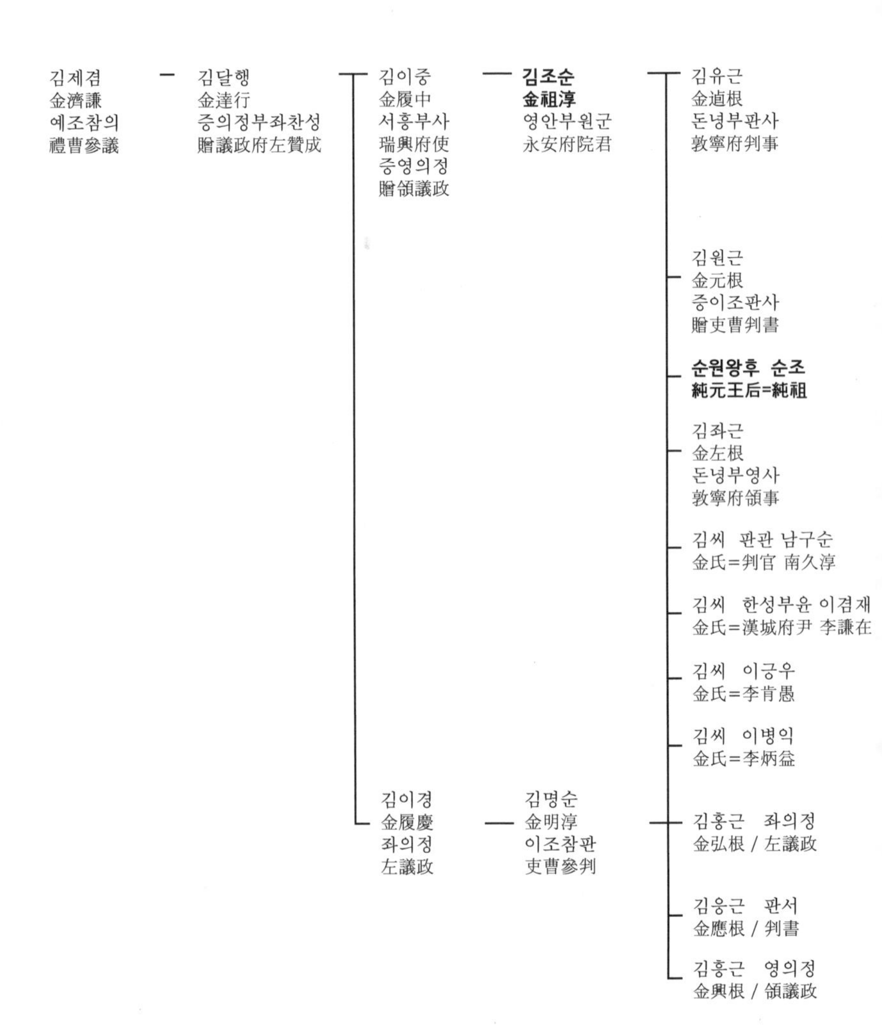

안동 김씨 김조순 가계도

김조순의 장녀 순원왕후는 정조 말년에 세자빈으로 재간택까지 진행되었다. 그리고 순조가 즉위한 후에 왕비로 최종 간택되었다. 당시 수렴청정을 하던 정순왕후가 정조의 유지를 따랐기 때문이다. 왕비로 책봉된 그녀는 효명세자孝明世子(1809~1830), 명온공주明溫公主(1810~1832), 복온공주福溫公主(1818~1832), 덕온공주德溫公主(1822~1844)를 낳았다. 1827년(순조 27) 아들 효명세자가 대리청정을 시작했다. 하지만 22세의 나이로 세상을 떠났다(1830). 2년 후인 1832년에는 한 달 간격으로 둘째 딸 복온(15세)과 첫째 딸 명온(23세)이 사망했다. 그로부터 2년 후인 1834년 순조가 세상을 떠났다. 그때 순원왕후는 46세, 막내딸 덕온공주는 13세였다.[207]

순조가 승하하자 당시 8세의 헌종이 즉위했다. 조선 역사에서 가장 어린 왕이다. 순원왕후는 헌종의 할머니이자 왕대비로 수렴청정을 시작했다. 그녀는 주로 차대를 통해 신하들에게 지시했으며, 신하들과 협력해 정국을 운영했다.[208] 순원왕후는 자신의 아들이자 헌종의 아버지인 효명세자를 익종翼宗으로 추존함으로써 헌종의 정통성을 높였다.[209] 효명세자가 익종이 되면서 그 부인 신정왕후神貞王后는 왕대비가 되었으며, 순원왕후는 대왕대비로 승격했다.[210] 순원왕후의 수렴청정은 1834년(헌종 즉위년) 11월부터 시작해서 1840년(헌종 6) 12월까지 6년 동안 시행되었다.

1849년(헌종 15) 손자 헌종이 23세의 나이로 후사 없이 승하했다. 순원왕후는 전계대원군全溪大院君 이광李壙의 셋째 아들 이원범李元範을 왕으로 등극하게 했다. 사도세자와 양제良娣 임씨林氏 사이에서 태어난 은언군의 손자이기도 하다. 그가 바로 철종이다. 그녀는 철종을 자기 아들로 입후하여 왕위에 오르게 했다. 헌종의 숙부 항렬이던 철종은 순조와 순원왕후의 양자가 되어 왕위를 계승했다. 철종이 즉위한 직후 순원왕후는 은

언군의 작위를 회복시켰으며, 전계군에게도 작위를 내렸다. 그리고 그의 묘소와 사우祠宇를 정비했다.[211] 철종의 위상을 강화하는 것은 순원왕후가 정치적 명분을 확보하는 길이기도 했다. 순원왕후는 3년 동안 다시금 수렴청정을 했다(1851). 두 번째 수렴청정이었다. 시각과 입장에 따라 평가야 다를 수 있겠지만, 어린 헌종과 왕으로서 준비가 되어 있지 않던 철종의 성장을 도와주었다고 볼 수도 있다.

두 차례에 걸친 순원왕후의 수렴청정과 더불어 안동 김씨는 정권의 핵심에 자리 잡게 되었다. 순원왕후를 비롯해 헌종비 효현왕후孝顯王后와 철종비 철인왕후哲仁王后가 안동 김씨였다. 효현왕후와 철인왕후는 안동 김씨 김조근金祖根과 김문근金汶根의 딸이다. 김조근은 김조순과 7촌, 김문근과는 8촌간이다. 그 같은 혼사는 순원왕후가 수렴청정하는 시기에 결정된 것이다. 안동 김씨의 세력을 크게 팽창시켜서 안동 김씨 세도정치의 절정기를 이루어냈다.

순조, 헌종, 철종 3대에 걸친 안동 김씨 세도정치의 중심에 있었던 순원왕후는 1857년(철종 8) 8월 4일 창덕궁 대조전 양심합養心閤에서 69세의 나이로 생을 마감했다. 그녀는 자식과 남편의 연이은 죽음, 왕통을 잇게 된 이들이 타계하는 것을 지켜보면서 긴 세월 궁궐의 웃어른으로 살았다. 순원왕후는 현재 인릉仁陵(서울 서초구 내곡동 소재)에 순조와 합장되어 있다.

4-3. 순원왕후 한글 편지의 내용들

조카 김병덕과 김병주에게 보낸 편지

순원왕후 언간 중에는 조카들, 구체적으로는 재종 동생 김흥근의 아들 김병덕과 재종 동생 김홍근의 아들 김병주에게 보낸 6건이 전해진다. 그 내용을 보면 1건은 집안의 상사喪事(김홍근의 죽음)를 만나 안타까움과 위로를 전하는 것이다. 나머지 5건은 김흥근의 유배와 관련되어 있다. 유배 가게 되어 안타깝다, 유배 가 계신 아버지를 뵙고 왔다는데 잘 계시더냐, 유배가 풀리고 돌아와서 기쁘다는 내용을 담고 있다. 김흥근의 유배와 관련해 순원왕후가 느꼈던 안타까운 마음, 기쁜 마음을 솔직하게 표현한 것이다. 당사자 김흥근에게 보낸 편지도 있다. 그럼에도 조카들에게 그런 내용의 편지를 또 보냈다. 이를 통해서도 순원왕후가 재종 동생 김흥근을 얼마나 생각했는지 가늠해볼 수 있다. 집안 상사와 관련된 것부터 보고, 이어 유배 관련 편지를 시간순으로 정열해보고자 한다.

① 김홍근의 죽음

[순원왕후어필봉서 33-22][212]

천만 뜻밖에 중제重制를 만나니 적을 말이 없다. **시간이 흘러 오늘 성복成服까지 되시니 비운통박하기 새로울까.** 슬프고 놀랍기 무어라 할 바 없으며 **너희 부친은 달포 이질痢疾로 쾌차하지 못한데, 공회지통을 만나 슬픔이 지극한 채로 지내는 일 오죽 안타깝고 답답하랴?** 염려 놓지 못한다.[213] 1842년, 순원왕후→김병덕이 편지는 겉면에 '병덕이'라고 적혀 있어 수신인을 분명하게 알 수 있다. 김병덕은 7촌 조카다. 그러니 '너의 부친'은 김흥근이며, '공회지통孔懷之痛'은 형제 사이에 서로 생각하는 아픈 마음을 말한다. 이는 1842년(헌종 8) 11월 김흥근의 형 대광보국숭록대부大匡輔國崇祿大夫 판중추부사判中樞府事 김홍근이 세상을 떠난 것과 관련된 것이다.[214] 건강이 안 좋은 데다["달포 이질로 쾌소하지 못한데"], 그런 아픔을 겪은 것이 "안타깝고 답답"하다는 것이다.

② 김흥근의 유배

[순원왕후어필봉서 33-21]

너의 부공父公은 의외에 엄견嚴譴을 입어 원리遠離한 정리情理 오죽하랴. 내 마음도 몹시 놀랍고 심란하여 지금 어떻다고 못 한다. 길 떠날 때 늦더위가 극심해서 마음 놓이지 않더니 평안히 도착했다 하니 불행 중 다행이나, 수토水土가 좋지 못하다 하고 본병本病이 있으니 오죽하게 걱정되겠느냐? 마음 놓지 못한다. **주상께서 천품이 극히 어지시니 아주 오래 두지는 아니하실 듯하니 공순히 기다리면 좋은 때가 있을 것이다.** 그 사이 또 소식 들었는가 한다. 너는 어찌 지내느냐. 불쌍하고 잊지 못하여 잠시 적는다. 1848~1849년, 순원왕후→김병덕

1848년(헌종 14) 김흥근은 안동 김씨의 권세를 믿고 방자한 행동을 했다 하여 대간의 탄핵을 받아 전라남도 광양현에 유배되었다.[215] 그때 그의 아들 김병덕에게 보낸 것이다. "엄견을 입어 원리" 당하게 되어 순원왕

후의 마음도 몹시 놀랍고 심란하다는 것이다. 무사히 유배지에 도착했다니 다행이다, 몸도 약하고 환경도 좋지 않다고 해서 걱정된다, 하지만 그 유배가 오래갈 것 같지 않다는 위로를 전한다.

[순원왕후어필봉서 33-29]

금년 여름 같은 혹염酷炎이 전에 없었으니 어찌들 지내였느냐. 근일은 청량淸凉하니 여러 집 별일 없고, 네 식솔들도 잘 지내는지 염려 내려놓지 못한다. **네 삼촌 적거謫居는 지금 의외意外이고 꿈같으니 할 말이 없다. 자고로 높은 벼슬 하는 사람이 시비是非 간에 이런 일이 종종 있고,** 만일 액운을 만나 면하지 못할 양이면 옳은 일로 이렇게 되는 것이 신이나 인간에 대해 부끄러움이 없을 것이오, 세상에서 죄를 받음이 가하다 하는 소리를 듣는 데 비하지 못할 것이니, 너희가 내 말을 박절迫切히 알 듯하나, 늘 근밀謹密한 출입이 잦으니 무슨 탈이나 없을까 신경 쓰이던 마음으로는 불행하지 아니함이 아니로되 **빛이 있고 계속 (유배지에) 오래 둘 일은 아니 계실 듯하여 처음 놀랍고 어이없던 마음이 진정鎭靜되나, 거기 수토水土가 좋지 못하다고 하니 염려된다.** 동기로서의 정리와 조카로서의 정리情理야 측량할 수 있을까 보냐. 무판이 무모無謀한 정리 너무 슬퍼할 듯 불쌍 불쌍하여 잊지 못한다. 평안히 갔다는 말은 들었는데 그 사이 또 소식 들었느냐? 평안히 지내거니 믿는다. 마음이 허전하고 심란하여 무어라 할 수 없더라. 나는 지금 글씨 쓰려 하면 눈이 어질어질하고 이상하여 일절 편지도 못 하였는데 오늘이야 적는다. **각各 집에 봉서封書를 전하여라.**

1834~1849년, 순원왕후→김병주

이 편지는 김홍근의 아들 7촌 조카 김병주에게 보낸 것이다. 네 삼촌 유배는 지금 의외의 꿈같으니 할 말이 없다고 하듯이, 김홍근의 유배를 아쉬워하는 것이다. 그러면서 자고로 높은 벼슬 하는 사람이 시비 간에 이런 일이 종종이라는 말로 시작해서 염려와 위로를 전한다. 상당히 격을 갖추어 말하고 있다는 느낌을 준다. 주목되는 것은 마지막 구절 "각 집에 봉서를 전하여라."이다. 각 형제들 집에 따로 비슷한 내용으로 편지를 썼을 수도 있고, 아니면 이 편지를 각 집에 돌려보라는 식의 의미로 읽을 수도 있다.

[순원왕후어필봉서 33-16]

너는 가서 몇 달이나 있는가 하였더니 장기瘴氣와 수토가 좋지 못하여 염려되어 올려 보냈나 싶으니 떠나는 당시의 정리를 보는 듯하다. 네 어른은 큰 탈이 없는가 싶으니 다행하나 회서回書를 보니 든든한 중 한편 처창한 심회가 무어라 할 수 없다. 머무는 집은 어떠한가? 무엇으로 날을 보내며 수토 그리 괴이하니 병이나 심하게 나지 아니하였더냐? **내가 힘쓸 만한 때라면 네 숙질叔姪의 말을 기다리지 아닐 것이니 무사무려無思無慮한지 생각하지는 마라.** 노독路毒이나 없이 잘 지내는가 알고자 적는다. 1848~1849년, 순원왕후→김병덕

김병덕이 아버지 김홍근이 유배된 곳에 가서 몇 달 지냈던 모양이다. 그러고 다시 한양으로 온 듯하다. 다행히 김홍근이 큰 탈 없이 잘 지낸다니 다행이라면서 내가 힘쓸 만한 때라면 네 숙질의 말을 기다리지 않을 것이니 내가 너의 아버지 일에 대해 아무 생각이나 걱정이 없는가 생각

하지는 말라고 한다. 가까운 친척들이 굳이 말하지 않더라도 힘쓸 만하면 그렇게 하겠다는 자신의 의사를 전달하고 있다.

[순원왕후어필봉서 33-10]

네 아버지는 은사恩赦를 입어 돌아오게 되니 즐겁기가 비할 데 없을 것이니 다행한 것을 글로 어찌 다 적으랴? 성은이 하늘과 같으니 너희들이 다 착하게 살아 이 은덕恩德을 보답하여라. 접때 들으니 토질土疾로 매우 성하지 아니하게 지낸다 하더니 그 사이에 기별을 들었는가 한다. 오는 것이 눈앞에 있고 날씨가 봄날 같아서 심한 추위가 아니니 더욱 다행하고 기쁘다. 치하致賀로 몇 줄 적는다. 너도 무사히 지내는가 싶으니 다행하다. 1849년, 순원왕후→김병덕

이 편지는 당시 규장각 대교였던 김흥근의 아들 김병덕에게 보낸 것이다. 김흥근이 유배 가 있는 동안에 급격한 변동이 있었다. 1849년(헌종 15) 헌종이 승하하고 철종이 즉위했다. 잠깐이나마 주춤해 보였던 안동 김씨의 세도가 다시 확립된 것이다. 순원왕후가 다시금 수렴청정하게 되었고, 정치적 실권을 장악했다. 김흥근이 유배에서 풀려나는 것은 자연스러운 일이었다. "즐겁기가 비할 데 없을 것"이라 했다. 곧 한성으로 올 것이나 날씨 또한 춥지 않고 봄날 같아서 "더욱 다행하고 기쁘다"고 했다. 기쁨을 숨기지 않았다.

[순원왕후어필봉서 33-5]

네 어른은 **멀고 추운 길[遠路寒程]에 평안히 돌아와 상봉하니 천지가**

기뻐할 것이니[歡天喜地] 시원하고 기쁘기가 측량測量없다. 이제야 네 아버지 데리고 과세過歲 평안 평안히 하여라. 1849년, 순원왕후→김병덕

'네 어른' 즉 너의 아버지 김흥근을 다시 만나게 되면 "환천희지歡天喜地할 것"이니 "시원하고 기쁘기가 측량없다"고 했다. 시원하고 헤아릴 수 없이 기쁘다는 것이다. 아버지 모시고 설 잘 쇠라는 말로 맺고 있다. 앞의 편지에 이어 거듭 기쁨을 표현했다.[216] 김흥근은 유배에서 풀려난 1849년(철종 즉위년) 12월 한성부 판윤에 제수되었다.[217] 연말을 맞아 그에게 과세 인사를 하고 있다.

정사를 함께 논한 재종 동생 김흥근

김흥근金興根(1796~1870)의 자는 기경起卿, 호 유관游觀, 시호 충문忠文이다. 김달행金達行의 증손, 김이경金履慶의 손자, 이조참판 김명순金明淳의 아들이다. 그의 어머니는 신광온申光蘊의 딸이다.

현재 전해지는 순원왕후 언간 중에서 가장 많은 것이 재종 동생 김흥근에게 보낸 것이다. 그는 1825년(순조 25) 알성시 문과에 병과丙科로 급제해서 검열 · 대교待敎 · 겸보덕兼輔德 · 이조참의 · 전라도 관찰사 등을 역임했다. 1837년(헌종 3)에는 동지부사로 청나라에 다녀왔다. 그 후 이조참판 · 규장각직제학 · 홍문관부제학 · 평안도 관찰사 등을 거쳐서, 형조판서가 되었다(1841). 이어 대사헌 · 한성부판윤 및 공조 · 호조 · 예조의 판서, 규장각제학 · 이조판서 등을 역임했으며, 1846년에 좌참찬이 되었다. 1848년 예조판서를 거쳐 경상도 관찰사가 되었으나, 안동 김씨의 권세를

믿고 방자한 행동을 했다 하여 대간의 탄핵을 받아 전라남도 광양현에 유배되었다.

때마침 그 이듬해(1849) 헌종이 승하하고 철종이 즉위했다. 안동 김씨의 세도가 다시 확립되자 유배에서 풀려나 한성부판윤으로 임명되었다. 이조판서를 거쳐 1851년(철종 2)에 좌의정에 올랐다. 『헌종실록』 편찬 총재관摠裁官이 됐으며, 1852년 영의정에 올랐다. 판중추부사로 물러났다가 1862년에 이정청총재관釐整廳摠裁官이 되었으며, 1864년(고종 1) 『철종실록』 편찬 시 지실록사知實錄事가 되었다. 이듬해(1865) 영돈녕부사로 치사致仕했다.

그러면 왜 김흥근인가. 그와 순원왕후는 6촌 남매간이다. 순원왕후는 1789년생, 김흥근은 1796년생이니 일곱 살 차이가 난다. 순원왕후의 친동생 김좌근은 1797년생, 한 살 어린 셈이다. 한 살 차이이니까 거의 동년배라 할 수 있다. 그런데 일곱 살, 여덟 살 아래 남동생이라면 아주 어렸을 때부터 커가는 과정을 지켜봤다고 할 수 있으며, 6촌간이라지만 아주 가깝게 지냈다. 안동 김씨의 세도정치라는 문맥에서 더욱 돈독했을 것이다. 더욱이 김조순과 김명순 양쪽 모두 아들 3형제였다.(안동 김씨 김조순 가계도 참조) 김유근, 김원근, 김좌근. 그리고 김홍근, 김응근, 김흥근. '근'자 돌림이다. 김유근과 김원근, 그리고 김홍근과 김응근은 손위의 남자 형제다. 김흥근에게 보낸 편지 여기저기서 그들 여섯 형제들의 이야기를 읽을 수 있다. 그 다음 항렬인 '병'자 돌림의 조카들 이야기도 많이 나온다. 앞에서 보았듯이 순원왕후는 조카들에게 직접 편지를 보내기도 했다.

순원왕후가 김흥근을 각별히 여긴 데에는 여러 이유가 있다. 아마도 어릴 때부터 지켜보면서 친근하게 지냈던 듯하다. 훗날 다양한 정치적 자문을 구하는 걸로 보아 그의 자질과 능력 또한 뛰어났음에 분명하다. 1813년(순조 13) 그는 18세의 어린 나이에 증광 생원시에 합격한 뒤 1825년(순조 25) 30세의 나이로 알성시 문과 병과로 급제했다. 반면에 그보다 한 살 어렸던 친동생 김좌근은 1838년(헌종 4) 정시 문과에 병과로 급제한다. 13년이나 늦었으며, 그것도 마흔을 넘긴 42세에 합격한 것이다. 그 이후 승진 가도를 달렸으며, 영의정을 세 번이나 역임하면서 안동 김씨 문중의 좌장으로 자리 잡았다. 이런 사정 때문인지 순원왕후는 명민한 데다 일찍 급제한 김흥근에게 각별한 마음을 쏟았던 것으로 여겨진다. 김흥근이 광양에 유배되었을 때 보여준 관심과 위로, 편지 등이 나름 물증이 된다. 친동생 김좌근과 함께 안동 김씨의 중심으로 여기고 있었다.

순원왕후가 김흥근에게 보낸 편지를 보면, 처음에는 '하소'(ᄒᆞ소)체를 쓰다가 일정한 시점 이후에는 'ᄒᆞ쇼셔'체를 사용하고 있다. 그 시점은 대략 1851년(철종 2)쯤으로 여겨지며, 그 계기는 김흥근이 정승 자리에 오르게 된 것인 듯하다.[218] 재종 동생이기는 하지만 정승 반열에 올랐으니 예우한다는 의미도 담겨 있을 것이다. 그런데 순원왕후의 편지 내용을 보면, 김흥근의 편지에 대한 답신 성격을 띤 것도 있다. 예컨대 [순원왕후어필봉서 33-19]다. 김흥근 역시 편지를 받을 때마다 답신 형태로 순원왕후에게 편지를 보냈던 것으로 보인다. 어릴 때부터 친하게 지냈던 누이인 데다 당시 수렴청정하는 대왕대비가 아니던가. 더러 궁궐에서 직접 뵙고 얘기도 했을 것이다. 그래선지 어떤 편지에서는 "아픈데 답장 말고 병이나 쾌히 낫기 바라네."([순원왕후어필봉서 33-30])라고 일부러 쓰기도 했다. 그러면서도 친동생 김좌근 얘기도 더러 하고 있다. 같이 의논해 보라는 말까지 한다. 자신도 의논해 보았다면서. "내 생각에는 그럴 것이 없을 듯하여 판서[김좌근으로 추정]에게도 의논하여 보았으나 의심이 되어 이리 적습니다."

현재 전하는 순원왕후의 언간 중에서 김흥근에게 보낸 편지는 51건에 이른다. 이 글에서 그 모두를 다 살펴보기는 어렵다. 여기서는 우선 가장 빠른 시기의 것, 그리고 제일 늦은 시기의 것으로 여겨지는 것부터 살펴보기로 하자.

> [순원왕후어필 1-13]
>
> **연행燕行으로 사폐辭陛를 하니** 섭섭한 것 외에 먼 길에 얼음까지 얼어[遠路氷程] 왕복을 어찌할지 염려 놓지 못하며, 전라도 관찰사 시절에는 병이 많았다 하더니 돌아온 후는 고공考功의 소임을 면하니 시원하여 기운이 강건한가? 오라버님께 듣기는 하였으나 **오륙 개월 걸리는 험한 길이니 염려 놓지 못하네. 그 사이에 가국家國이 평안할 것이니 잘 다녀오게.** 집에 무슨 연고들이 있던가 싶으나 말 아니 하니 부디 잘 다녀오도록 하소. 강만 건너면 소식이 끊길 것이기에 두어 자 적네. 1837년, 순원왕후→김흥근

김흥근은 1837년(헌종 3) 10월 동지사로 북경에 가게 되었다[燕行]. 전라도 관찰사 시절 건강 얘기도 하고 있다. 그에 앞서 그는 1835년(헌종 1) 관찰사로 제수되어 부임했다. 길에 잘 다녀오라는 격려 편지라 할 수 있다. 추운 날씨에 멀고 험한 길 가는 것을 염려하면서 무사히 잘 다녀오기를 기원하고 있다. 그 염려 덕분인지 김흥근은 '타국원정他國遠程'을 잘 다녀왔다. [순원왕후어필 2-5]가 그것을 말해준다. 편지에서는 우선 먼 길을 잘 다녀온 것을 치하하고 있다. 아울러 그가 고국을 떠나 있는 동안에 그

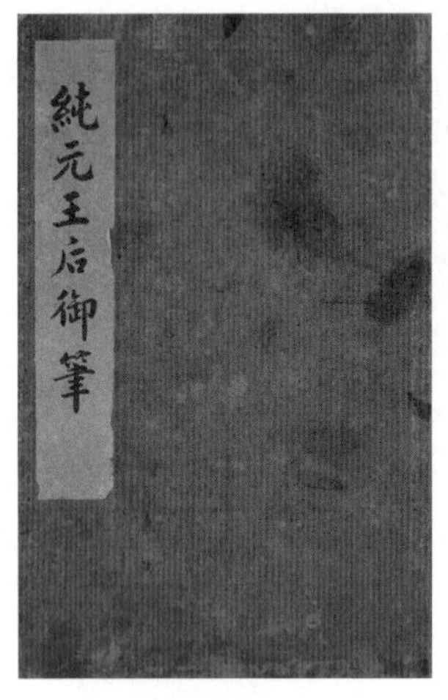

[순원왕후어필]

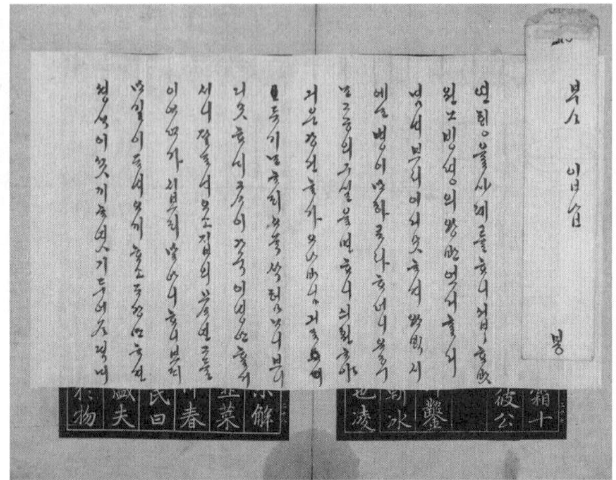

[순원왕후어필 1-13]

의 아내가 세상을 뜬 것을 위로한다. "집에 돌아와 허탈하고 비창함, 아이들이 어미를 잃고 혈혈한 모습을 대하니 슬프고 처참한 심사가 오죽할까." 청송 심씨는 1838년(헌종 4) 1월 5일 세상을 떠났다. 또한 '오라버니' 문안도 하는데, 그는 김홍근의 형 김홍근이다. "끝내 남은 증상이 쾌차하지 못하시니 민망하고, 뵌 지도 백십여 일이 되었다."면서 걱정한다.[219]

다음은 순원왕후가 가장 늦은 시기에 보낸 것으로 보이는 편지다. 대략 1856년(철종 7) 편지로 여겨진다. 순원왕후가 죽기 한 해 전이라는 점이 중요하다. 그러니까 거의 죽기 직전까지 편지를 보낸 것이다.

[순원왕후어필봉서 33-18]

먼 길 다녀오시는데[遠路行役] 평안히 하여 계시니 다행하나, 돌아오실 때는 새벽과 저녁 날씨가 너무 서늘하였는데 돌아오신 후 노독路毒 없이 체력 강건하신지 염려 놓지 못하오며, 형제들이 달포 서로 헤어져 그리워

> 하다가 만남으로 흐뭇하고 든든하신 것 오죽하셨겠습니까? 또 **회갑 경일慶日에 집안사람들이 반이나 모여 기뻐함이 비할 데 없었을 것이니 내 마음도 든든하고 기꺼워 찬탄하였으며 직각直閣의 말 중에 영변寧邊은 기력이 평안하고 금년 색사穡事도 풍년이어서 아직 걱정 없더라 하니 다행 다행하고 기쁩니다.** 일전에 며칠 만에 입궐하여 계실 때 보니 **얼굴이 이전보다도 깨끗하여 보이시니,** 정승들은 아무 데 출입도 못 하니 마음이 울적하고 답답하다가 이번 행차가 기청한 때 도로 강산의 풍경을 천천히 거니시며 놀면서 가시니 마음이 확 뚫려 거목에 상쾌하여 나오신 듯하니 기쁩니다. 안사람이 서울 온다 하니 든든합니다. 여기는 늘 그렇듯이 지내나 **삼남三南 연사年事가 글러진 중 영남嶺南이 말 못 되다 하니 민망하고 답답합니다.** 1856년, 순원왕후→김흥근

'주갑경일周甲慶日' 즉 환갑을 맞은 경사로운 날이라는 뜻이다. 김흥근이 환갑이면 1856년(철종 7)에 해당한다. 게다가 심한 수재水災 기록이 보이니 늦은 여름에서 가을 무렵인 듯하다.[220] 편지 말미에 충청도, 경상도, 전라도 삼남 지역의 농사가 잘되지 못했다는 것, 특히 경상도가 심하다고 해서 민망하고 답답하다는 얘기도 하고 있다. '원노행역'한 것을 치하하고, 환갑날 온 집안사람들이 다 모여서 즐거웠을 것을 축하한다. 일전에 궁궐에 들어와 계실 때 보니 얼굴이 이전보다도 깨끗하여 보이고, 이번 행차가 날씨 맑을 때 도로 강산의 풍경을 천천히 거니시며 놀면서 가시니 마음이 확 뚫려 나오신 듯하니 기쁘다고 한다. 김흥근이 건강한 모습이어서 보기가 좋았다는 것이다. 본문에 등장하는 '딕각'(직각)은 김병주(1827~1887)를, '녕변'(영변)은 김응근(1793~1863)을 가리키는 듯하다. 김

응근은 평안도 영변寧邊 부사를 지냈다.

그러니까 순원왕후는 일찍부터 시작해서 거의 죽기 직전까지, 구체적인 편지에 의거하면 1837년부터 1856년에 이르기까지, 약 20년에 걸쳐서 김흥근과 한글 편지를 통해 서로 의견을 주고받았다. 평생의 지기知己라 해도 좋겠다. 그런데 조카들에게 보낸 편지 부분에서 보았듯이, 김흥근의 일생에서 빼놓을 수 없는 한 장면이 전라도 광양에 유배된 사건이었다. 순원왕후 역시 안타깝게 여기고 걱정했다. 안부를 묻는 편지를 보냈으며, 다시 집으로 돌아오게 되었을 때는 기쁨을 감추지 않았다([순원왕후어필봉서 33-7]). 특히 다음 [순원왕후어필 33-15]은 그 성격상 편지가 길기도 하거니와 그 내용에서도 특별히 주목할 만한 부분이 많다.

[순원왕후어필봉서 33-15]

지지난달 길 떠날 때 늦더위가 더욱 극심하니 거의 천 리 먼 길에 어찌 갈까. 병중病中이나 염려가 놓이지 않더니 무사히 도착하여 큰 탈은 없이 지낸다 하니 불행 중 다행이나 거기 수토가 늘 좋지 못하다 하니 본시 정고지증睛高之症이 있다 하던데 어떨까 걱정이로세. … **관직에 있는 사람이 시비 간에 길이 쉬우니,** 속담俗談에 "코 아니 흘리고 유복有福하면 좋다"는 말 같아서 이런 액운이 없이 지내면 상하의 허물이 없는 일이니 과연 좋지만 모든 일이 다 운수와 액이요, 맡은 일로 변하지 못할 것 같으면 **자네 이 길이 일신에 있어서는, 공명정대公明正大하며 항상 직간直諫을 하는 것이니, 빛날 뿐이 아니라 가문의 광채가 공연히 무슨 일에 이러할까 본가?**

남자의 사업이 이보다 큰 것이 없을 듯하니 한 번 귀양 가는 것은 관계

할 것이 없으니, 이전에 그리 다닐 때 무슨 일에 걸릴까 염려하던 마음으로는 요사이는 도리어 속이 펴지니, **나의 이런 말을 박절하고 무정하게 알는지 모르나 혈심血心, 충국忠國으로 하는 것이니 그리 알고 노여워 말게.** 자네 지난 일로 생각하여도 공명功名에 있어서 못 해 본 것이 거의 없고, 또 세상 사람들이 만만히 알지 않고, 무지한 백성까지 헐뜯는 말이 없었으며, **형은 대관을 지내시고 자식과 조카들이 다 등과登科하며, 심지어 의식衣食에 어려움이 있는가, 인사가 이렇듯이 극진하니 어찌 한때 경계함이 없을까 본가?** 어제는 높은 초헌軺軒을 타며 따르는 종들이 구름처럼 모이고 길거리가 떠들썩하여 영광스러움이 지극하나 벼슬이 높을수록 책망이 중하고 오늘은 어려운 처지에 빠져 쇠잔한 듯하지만 **중한 짐을 벗고 심기 평안하여 앉고 눕고 거동함에 거리낄 것이 없고 눈에 걸리는 것과 귀에 거슬리는 말이 들리지 않으니 이것이 곧 신선이 아닌가?** 이런 일도 지내고 저런 일도 지내어 보니 자연의 이치가 오묘함을 알아 이것저것이 다 꿈과 같으니 도무지 마음에 두지 말게. … 대교待教(김병덕)가 그곳에 간다고 하니 먼 길 빨리 달리는 것이 염려되나 한편으로는 든든하되, 주서(?)가 오니 머무르는 양정(?)이 끝이 없을 것이니 민망하오. 나는 앓기에 골몰하여 떠날 때 봉서 한 줄도 못 하였네. 요사이는 잘 지내네. 대교가 간다고 하기에 적으니 내내 무탈하기 믿네. **사찰궁위伺察宮闈하였다고 하는데, 자네가 평소 편지 한 장이나 하였던가? 서로 무슨 서찰 왕복이나 한 것으로 억측으로 말하니 몹시 기괴하고 괘씸하니 제가 쓴지 누가 쓴지 망측한 사람일세. 이 말을 아니 하려다가 썼네. 이 봉서 소화燒火하소.** 무신년 팔월 이십칠일 1848년, 순원왕후→김흥근

편지에 '무신팔월념칠일'(무신년 팔월 이십칠일)이라는 일자가 적혀 있다. 날짜까지 적혀 있는 편지로는 유일하다. 순원왕후는 유배 가게 된 것에 대해 안부를 묻고 위로를 전한다. 유배에 대해 분개하고 억울해하기보다는 높은 벼슬이란 책임도 무겁고 책망받기도 쉽다는 점을 들어 조심해야 한다는 점을 강조했다. 그런 다음 중한 짐을 벗고 심기 평안하여 좌와坐臥 기동起動이 거리낄 것이 없고 눈에 걸리는 것과 귀에 거슬리는 말이 들리지 않으니 이것이 곧 신선이 아닌가라는 식으로 위로한다.

하지만 그것이 전부는 아니었다. 끝에 가서 불쾌함과 노여움을 털어놓는다. 사찰궁위伺察宮闈하였다 하니 자네가 평소 편지 한 장이나 하였는지, 서로 무슨 서찰 왕복이나 한 것으로 억측으로 말하여도 몹시 기괴하고 괘씸하니 망측한 사람이라 비난한다. 억지 말을 꾸며대니 누군지 정말 망측한 사람이라는 것. 그는 김흥근을 탄핵한 대사간大司諫 서상교徐相敎였다. 서상교가 김흥근의 유배를 청하는 상소문에 사찰궁위伺察宮闈 현유체결지적顯有締結之跡이란 구절이 나온다.[221] "궁중의 내전을 엿보아 체결한 흔적이 뚜렷하게 있다."는 것이다. 하지만 이듬해 헌종이 승하하고 철종이 왕위에 오르고, 순원왕후가 수렴청정을 하게 된다. 순원왕후가 그를 가만 내버려두지는 않았다. '사찰궁위' 운운하면서 대왕대비를 무고했다는 건으로 탄핵을 당한다. 이번에는 서상교가 유배를 떠났다.[222]

유배에서 돌아온 김흥근은 순원왕후의 철종 대 수렴청정과 더불어 권력의 중앙에 들어서게 된다. 철종에게 진강進講부터 시작했으며[223], 이어 한성부판윤과 이조판서를 거친다. 그리고 1851년(철종 2)에는 좌의정, 1852년에는 영의정에 올랐다. 그와 더불어 안동 김씨의 세도정치 역시 탄탄하게 달려가게 된다.

순원왕후는 새로 즉위한 철종을 잘 보살펴달라는 부탁을 하기도 하고[224], 여러 사안에 대해서 김흥근의 의견과 자문을 구한다.[225] 사적인 성격을 띠고 있는 편지인 만큼, 일족의 슬픈 일[병환과 상사]과 기쁜 일[조카들의 과거 급제 등]들에 대해서 위로하기도 하고 같이 기뻐하기도 한다.[226] 사이사이에 조정의 인물들(조인영, 김정희, 권돈인 등)에 대한 품평도 있으며[227], 심지어 철종에 대해서 자신의 생각과 우려를 넌지시 드러내 보이기도 했다.[228]

아울러 수렴청정과 관련해서는 자신이 느끼는 무게, 철렴한 후에 맛보는 시원함과 그럼에도 남는 약간의 우려에 대해서도 토로했다[순원왕후어필봉서 2-7]. 이렇게 본다면 김흥근은 단순한 6촌 동생을 넘어서 정치적 파트너에 가까웠다고 할 수도 있다. 이 측면에 대한 검토는 잠시 접어두기로 하고, 여기서는 유배에서 돌아온 김흥근에게 관직에 다시 나올 것을 권하는 언간, [순원왕후어필봉서 33-25]와 [순원왕후어필봉서 2-2] 중에서 일부를 살펴보고자 한다. 유배에서 돌아온 김흥근은 유배로 인해 상당히 마음이 상했으며, 그래서인지 그는 다시 관직에 나아가지 않으려고 했다.

> [순원왕후어필봉서 33-25]
>
> … 갑오년 일[순조의 승하]이 서러운 줄 알았더니 여기에 비하면 호사好事니 그 형세가 이러하고 위험한 때가 지금 같은 때가 없었으니, **이러한데 이렇게 용렬庸劣하고 어리석은 내게 (나라의 일이) 맡겨진 것은 하늘의 뜻을 알 길이 없으나 어떻게도 할 수 없어 떠맡게 되었으니 조금이라도 일에 있어서 낫고자 할 때 누구와 더불어 할 것인가? 자네가 학식과 재주가 없어서 내 말이 적절하지 않다 하였으니 적절하지 않을지라도 나보**

다는 낫고 판서[김좌근] 혼자 소견보다는 나을 것이니 그런 생각은 다시 하지 말게. 아직은 일이 없는 듯하나 늘 일이 없을 줄 어찌 기약하며, 어떻게 되든지 그저 관망하고 남과 같이 앉아 있으려 주면奏免[벼슬을 면함]을 한다면 그는 대단히 그른 사람이니, 지금 모양이 겉은 아직 변변하나 속은 썩은 나무가 되었으니 시시로 갖가지 걱정이 요요擾擾하여 망망대해茫茫大海에 한 조각 널에 앉은 듯 위태로우니 이 말이 과한 말인가 아닌가? **내 속에 있는 말은 다 하였으니 생각하여 보고 종형제[김흥근과 김좌근]가 동심同心하여 대소사大小事를 의논하여 매사每事를 공정公正하게 해서 일이 없도록 하소.** 대전[철종]이 성품이 순실하시니 그릇되게 돕는 이가 없으면 걱정 없이 착하실 것이니, 이 일이나 바라는 바와 같아서 다른 날[죽은 후] 조종祖宗에게 뵈올 낯이 있기를 축수하네. 사연 가득하나 다 못 적으니 자세히 생각하소. 1850년경, 순원왕후→김흥근

순원왕후가 그에게 관직에 나올 것을 이미 권유했다는 것을 알 수 있다. 자네가 학식과 재주가 없어서 내 말이 적절하지 않다 하였으니 적절하지 않을지라도 나보다는 낫고 판서 김좌근 혼자 소견보다는 나을 것이니 그런 생각은 다시 하지 말라고 한다. 또 주목되는 것은 순원왕후가 판서 김좌근 혼자 소견보다는 나을 것이라 했다는 점이다. 조정에 있는 판서 김좌근 혼자서 정권을 유지해가는 것보다는 낫지 않겠느냐는 것이다.

순원왕후는 좀 더 분명하게 말한다. “종형제[김흥근과 김좌근]가 마음을 합하여 대소사를 의논하여 매사를 공정하게 해서 일이 없도록 하소.” 김흥근과 김좌근이 의논해서 매사를 잘 처리해달라는 것이다. 다른 각도에서 보자면 친동생 김좌근과 같이 협력해서 안동 김씨의 세도정치를 잘

이끌어가달라는 것이다. 그 시대 안동 김씨의 세도정치와 관련해서 순원왕후가 품고 있던 정치적 구상과 더불어 솔직한 속내를 보여준다. 그런 측면에서 주목할 만한 편지라 하겠다.

가문을 생각하는 마음과 경계

순원왕후는 안동 김씨 가문에 대한 확고한 가문의식을 지니고 있었으며 그런 만큼 안동 김씨 구성원들이 모든 측면에서 조심하고 경계하는 모습을 보여주어야 한다고 생각했다. 그런데 패악한 자식 하나가 나왔다. 그러자 순원왕후는 가문을 욕되게 하였다고 크게 노한다. "어찌 내 집안의 육친이 이러할 줄을 알았을까?" 그러니 그를 벌할 것을 일러주고 있다. "판서가 강단이 없어서 결단을 못 하여 지체하여 가면 지금 명을 도망하려고 참으로 달아나면 그는 이보다 더한 일이니 한가지로 처치하소."라고 했다. 여기서 판서는 김좌근(순원왕후의 친동생)으로 여겨진다. 가문을 생각하여 판서와 함께 보아서 처치하라는 것이다. 김좌근과 같이 의논해 처리하라는 것이다. 여기서도 김흥근과 김좌근이 안동 김씨 세도정치의 핵심임을 은연중에 나타내고 있다.

[순원왕후어필 1-4]

다른 말 아니 하네. **불행히 내 집에 패악한 자식이 나서 이처럼 남에게 없는 소조所遭를 당하니 무엇이라 말할 길이 없네.** 어제 영부사가 전할 말을 듣지 아니하거든 같이 오라 하더라 하니 저것은 죽일 것이라 한 전하는 말로 결단하는 것이 어떠하겠는가? 거기에 의심이 없으면 여행(?)

의 초관(?)을, 조상과 부모를 욕되게 하고 명예를 떨어뜨리는 것을 살려 둘 길이 없으니, 큰 결단을 할 수밖에 없으니, 판서가 강단이 없어서 결단을 못 하여 지체하여 가면 지금 명을 도망하려고 참으로 이대로 달아나면 그는 이보다 더한 일이니 한가지로 처치하소. 어찌 내 집안의 육친이 이러한 줄을 알았을까? **자넨들 이 일에 대해 어찌 한가지로 하고자 할까마는 가문을 생각하여 판서와 보아서 처치하소.** 1837~1850년, 순원왕후→김흥근

이 편지에서는 순원왕후가 가문을 생각하는 마음을 읽어낼 수 있다. 김흥근이나 조카들에게 보내는 편지에서 항상 삼가하고 조심하라는 말을 하고 있는 것 역시 같은 생각에서 나온 것이다. 안동 김씨 가문에 대한 순원왕후의 심려와 경계는 심지어 좋은 일이 있을 때조차도 기뻐하면서 동시에 잊지 않고 상기시키고 있다. 조카 김병시가 대과에 급제했을 때 보낸 편지의 일부를 인용해보자.

[순원왕후어필봉서 33-33]

근일 맑은 날씨가 조화로우니 기운 평안하시고 침담지절寢啖之節이 어떠하신지 염려 놓지 못하며, 영변께서도 평안하신지 노인이 공관公館이 어려울 듯 걱정하며, **병시炳始는 대과大科를 하니 유독 기특하며 기뻐하고 대신大臣께서 기뻐하시랴 생각하니 기쁘되, 집안의 육종형제 빠진 이 없이 계수나무 꽃을 다 꽂았으니 사람마다 우러르며 부러워할 것이니** 사실은 아무 마음 없이 기쁜 줄은 알지 못하고 불안합니다. 영은의 아들 병필炳弼이 과거科擧에 급제한 것도 뜻밖이니 조상의 음덕으로 그러한가 보

니, 조상의 음덕을 받은 후손들이 또한 나라에서 받은 두터운 은혜를 간폐肝肺에 새겨 대신들로부터 말단 관리까지 정승은 정승의 직임職任을 잘하고 판서와 참판은 직사職事를 다하고 낮은 벼슬에 있는 사람은 또 그 직책職責을 잘하여 감사監司나 수령首領까지도 남을 속이고자 하는 일이 없으면 **이것이 옳은 일이니. 자식과 조카[子姪]들 항상 경계하여 귀와 눈에 익게 하십시오.** 충후忠厚하고 너그럽고 자애로움에 힘써야지 액상 불인不仁은 남이 모르리라 할 일이 아닌 것이, 사람은 모를지라도 하늘은 꿰뚫어 보시니 어찌 무섭지 아니합니까? 조상께서는 국가에서 그 잊지 못할 충성으로 인해 그 자손 되는 이를 뽑아 쓰니, 사실 후손이야 무슨 칭찬할 만한 일이 없이 이렇듯이 훤혁烜赫하여 남이 바라보지도 못할 듯하니, 불쌍하심은 그때의 조상이시고 훤혁하기는 이때 아닌가. 하늘이 넘치는 것을 미워하시기는 반드시 하니 **그저 집안 아이들 공검恭儉 근신謹愼하기를 바라되 다 마음대로 가는 일이 없으니 두렵기 측량없습니다.** …
1855년, 순원왕후→김흥근

대과에 급제한 김병시는 김응근의 아들이다. 김병시는 1848년(헌종 14) 증광 진사시에 합격한 뒤(17세), 1855년(철종 6) 정시 문과에 병과로 합격했다(24세). 그로써 "육종형제 빠진 이 없이 계수나무 꽃을 다 꽂았으니 사람마다 흠선欽羨할 것"이라 한다. 여섯 종형제의 자식들이 모두 계수나무 꽃을 꽂았다는 것, 과거에 합격했다는 것이다. 그러니 모두 다 부러워할 것이다. 하지만 그녀는 "실로는 아무 마음 없이 기쁜 줄은 알지 못하고 불안합니다."라고 한다.

'영은'은 영은부원군永恩府院君 김문근을 가리킨다. 그는 철종의 장인이다. 그의 아들 병필이 과거에 급제한 것도 조상의 음덕에 의한 것이라 한다.[229] 그러면서 부탁한다. 대신들로부터 말단 관리까지 정승은 정승 직임을 잘하고 판서와 참판은 그 맡은 책임을 다하고, 낮은 벼슬에 있는 사람은 또 그 직책을 잘하여 감사와 수령까지라도 사리를 남기고자 하는 일 없으면 이것이 옳은 일이니 자질子姪들 항상 경계하여 귀와 눈에 익게 하라고 한다. 아들, 조카들로 하여금 항상 경계하게 하라는 것이다. 설령 사람들이 모를지라도 하늘은 알고 있으니, 하늘을 무서워할 줄 알아야 한다, 그리고 지나치게 되면 하늘이 미워해서 그냥 내버려두지 않는다고 하면서 모쪼록 집안 아이들로 하여금 조심하게 해달라고 간곡하게 말한다. 너무 권세만 믿고 나대지 말고 하늘을 두려워하고 경계해야 한다는 것이다.

이미 앞에서도 말했듯이 김홍근과 김좌근은 세도정치의 주역 안동 김씨 문중의 두 기둥이었다. 책 읽고 글쓰기를 좋아했던 순원왕후는 아마도 친동생 김좌근에게도 편지를 보냈던 듯하다. 긴밀한 정치적 사안에 대해 의견을 물었다는 것을 현전하는 한글 편지에서도 그 편린을 엿볼 수 있다. 순원왕후는 김좌근과 김홍근이 보내온 의견을 종합적으로 참조해서 그 사안을 처리했을 것이다. 김홍근에게 보내는 편지에서도 '판서'[김좌근] 얘기가 더러 보인다.[230] 전해지지 않는 김홍근의 답신 역시 아쉽다.

그렇다면 순원왕후는 과연 두 사람 중에 누구를 더 신뢰했을까? 그와 관련해서 김홍근에게 보낸 편지에 김좌근의 성품에 대해 논평한 흥미로운 부분이 있다. 그 부분을 살펴보기로 하자.

[순원왕후어필 2-3]

… 판서에게도 성균관의 유생館儒들의 일이 난 것도 판서 탓이라 하였습니다. 가까이에서 대신을 배척하려는 기미를 모를 때는 어찌 진압할 양이 있으면 이러하랴 하였습니다. **그 사람이 어찌 소위 세도勢道라는 명색名色을 가질까 보겠습니까? 그도 고집이 못된 고집이 있고 불통한 흉이 많으니 장차 어떨까 싶어 근심이며, 동생의 말을 재종형제에게 이렇게 쓰는 것이 옳지 않으나 대신[김홍근]도 모르지 아니하기에 속에 있는 일이기에 이렇게 씁니다.** 대신은 그 사람의 성품이 그렇다고 어떻게 알지 마십시오. 아무 일이 없어 견디어 간다 하여도 응당 할 만한 일을 못 하여도 일이 그르치는 것이니, 큰일이 있고야 어찌 감당할 역량力量이 있을까 봅니다. 지금 당하여서는 판서가 고조 훈장訓將 같았으면 싶은 생각 있으니 어찌 아쉬워서 그 생각이 있습니까? 만일 영상領相이 끝내 안 들어오면 어떻게 처분을 해야 좋겠습니까? **내 언교諺教에 대한 말을 하였기에 좌상左相께 의논하여 잘 초抄하여 드리면 좋겠다 하였는데 그 말 하였습니까? 부족하지 않게 잘하여야 무사할까 싶습니다.** … 1851년, 순원왕후→김흥근

1851년(철종 2) 진종眞宗의 위패를 대수代數가 끝나 종묘 정전에서 영녕전으로 옮겨 모시는 조천祧遷 문제가 불거졌다. 그 사안을 둘러싼 논란 끝에 영의정 권돈인이 탄핵을 받았다. 이 편지는 그 사건과 관련된 것이다. 조천이 결정되자 성균관과 양사[사간원과 사헌부]에서 영의정의 처벌을 요구했다.[231] 순원왕후는 영의정 권돈인을 두둔하는 입장을 취했다. 하지만 탄핵 상소가 잇달아 올라오자 순원왕후로서는 권돈인을 처벌할 것이니, 더 이상 논의하지 말라는 하교를 내렸다.[232] 그와 관련해 김좌근이 성

균관 유생들의 탄핵을 미리 막지 못한 것이라면서, 김흥근에게 불만을 털어놓는다.

그러면서 친동생 김좌근에 대한 일종의 험담을 하고 있다. "그 사람이 어찌 소위 세도라는 명색名色을 가질까 보겠습니까?" 못된 고집이 있고 불통한 흉이 많으니 장차 어떨까 싶어 근심이라는 것이다. 아무 일이 없어 견디어 간다 하여도 응당 할 만한 일을 못 하여도 일이 그르쳐 가는 것이니 큰일이 있고야 어찌 감당할 역량이 있을까 본다고 한다. 동생의 흉을 본 것이 겸연쩍어서인지 이런 말도 하고 있다. "동생의 말을 재종형제에게 이렇게 쓰는 것이 옳지 않으나 대신[김흥근]도 모르지 아니하기에 속에 있는 일이기에 이렇게 씁니다." 재종형제에게 자기 동생을 흉보는 것이 옳지는 않지만, 이미 잘 아는 사이이니만큼 속내를 털어놓더라도 괜찮지 않겠느냐는 것이다. 순원왕후의 깊숙한 내면세계의 일단을 엿볼 수 있게 해줌과 동시에 김흥근에 대한 신뢰의 깊이를 여실히 보여주는 부분이라 하겠다.

철종의 비 간택 문제

국가의 일을 다루는 수렴청정을 하면서 순원왕후는 김흥근의 조언이나 의견을 그대로 다 받아들인 것은 아니다. 어떤 부분에 대해서는 마땅치 않다는 자신의 생각을 말하기도 했다.[233] 그와 관련해서 순원왕후의 정치력과 관련하여 기존의 평가와 관련해서 생각해볼 만한 측면을 살펴보고자 한다.

[순원왕후어필봉서 33-1]

… 간택揀擇 단자가 이십여 장 들어왔으니 제왕가의 배필이 응당 정한 사람이 있겠으나 지금부터 마음이 동동憧憧하기 이를 것 없는 것이, 처자處子는 눈으로 보니 알겠지만 사돈 재목材木이 어려운 것이, 문학文學이나 있고 심지나 충후忠厚하고 상감을 잘 도와 드릴 재목이어야 할 텐데 아무리 하여도 그 속을 알 길이 없으니 이 생각을 하면 속이 갑갑하네. **내 뜻이 우리 김씨와는 아니 하고자 하는데, 두 명의 왕후와 두 명의 도위都尉가 분수에 과한 것이 두려워 싫은 일이로세. 판서에게도 이 말 여러 번 하였네.** 얼마나 세월이 가서 내년 추동이 되게 하였는고? **내 생각은 이번은 노론, 소론[老少]을 분별하지 말고 하고자 하니 어떠할까?** 이에 대해 답하소. 밤이 조용하기에 봉서 쓰더니 이 말까지 한데 썼네. **노老라고 다 훌륭하며 소少라고 사람마다 노만 못할까?** 지난 일로 취이(?)하여도 소가 감사 하나도 어떠한 일이 없으니 기특들 하지 않은가? 똑똑한 사람이 많은가 싶으니 그러한가? **이 봉서 보고 즉시 세초洗草하소.** 나는 감기와 해소가 오히려 쾌히 낫지 아니하니 괴로워 지내네.

1851년, 순원왕후→김흥근

이 편지에서는 철종의 중전 간택 문제와 관련해서 순원왕후의 진정한 속내를 엿볼 수 있다. 그녀는 안동 김씨 가문에서 이미 두 명의 왕비[순원왕후 자신과 헌종비 효현왕후]가 나왔으며, 게다가 두 명의 부마[순조의 사위 창녕위昌寧尉 김병주金炳疇, 동녕위東寧尉 김현근金賢根]까지 나왔으니, 철종의 왕비를 또 같은 안동 김씨 가문에서 택하는 것이 너무 과도하지 않는가 하는 것이다.

철종과 철인왕후 예릉, 사적 제200호, 경기도 고양시

예릉 능침

순원왕후는 노론과 소론 구분하지 말고 간택을 했으면 하는 의견도 피력한다. "내 생각은 이번은 노론, 소론을 분별하지 말고 하고자 하니 어떠할까?" 노론이라고 다 훌륭하며 소론이라고 사람마다 노론만 못할까 라고 한다. 하지만 결국에는 안동 김씨 김문근의 딸로 결정되었다. 안동 김씨의 권력을 한층 더 공고하게 하고자 하는 친족들의 강력한 반대에 부딪치지 않을 수 없었다. 그녀로서도 물러서지 않을 수 없었을 것이다. 하지만 순원왕후가 노론과 소론을 구분하지 말고 간택하자고 한 제안 역시 안동 김씨 가문을 위한 것이었음을 간과해서는 안 될 것이다.

한편 김흥근이 어떤 답을 했는지 답신이 전해지지 않아 정확하게 알 수는 없지만, 드러난 결과를 보면 순원왕후와 같은 생각은 아니었던 듯하다. 그런 미묘한 정황 자체를 알려주고 있다는 점에서 주목할 만한 언간이라 하겠다.

얼마 후 순원왕후는 철종의 혼례를 앞두고 든든하고 기쁜 마음을 전하면서 부원군[김문근]과 중궁전에 대한 만족스러움을 표현하고 있다. 그와 관련된 순원왕후 언간을 보기로 하자.

[순원왕후어필 1-7]

판서判書

일기日氣가 청랑晴朗하니 기운 평안하신 일 알고자 하오며, 안에서도 대례大禮가 박두迫頭하니 든든하여 기쁘고 다행입니다. 별궁別宮에 가서 꾸민 모양 보셨을 것이오니 어떠합니까? 나는 **부원군府院君을 보니 그 속은 알 길 없으나 외양이 그만할 때는 심지心地도 가볍지 않을 것이니 심히 마음이 기쁘기에** 이 말을 대신大臣께 자랑하고자 하되 날마다 분분하고 다사多事하여 하지 못하였으며, **나인들의 말을 들어도 다 칭찬하는 말이 고 중궁전이 매우 진중하고 어려도 상相 없지 아니하다 하니** 이만한 다행스러운 일이 없습니다. … 1837년 혹은 1851년, 순원왕후→김흥근

순원왕후가 보기에, 부원군 김문근의 외양이 그럴 듯하니 마음가짐도 가볍지 않을 것이다. 그래서 마음이 흐뭇하여 그런 말을 김흥근에게 자랑하고 싶었으나 매일 바쁜 데다가 일이 많아서 그렇게 하지 못했다는 것이다. 그리고 "나인들의 말을 들어도 다 칭찬하는 말이고 중궁전이 매우 진중하고 나이가 어려도 도리를 모르고 상스럽지 아니하다 하니 이만한 다행스러운 일이 없다."고 전하고 있다. 이미 결정된 마당이라면, 순원왕후 역시 받아들일 수밖에 없었을 것이다. 간택된 철종 비 역시 안동 김씨의 가까운 친족이기 때문이다. 그리고 순원왕후가 소론을 간택해도 괜찮다는 생각 역시 결국에는 안동 김씨 가문을 위한 것이었다고 하겠다.

요약과 정리

순원왕후가 안동 김씨 가문에 보낸 한글 편지들에 대해서 수렴정치와 세도정치라는 정치적 각도에서 살펴보고자 했다. 사적인 편지로서의 언간을 통해 수렴청정과 안동 김씨 세도정치의 특징적인 한 단면을 볼 수 있기 때문이다. 개인적 자질이 출중했다지만 여성으로서의 그가 모든 정치적 사안들을 실질적으로 일일이 다 처리할 수는 없었다. 유능한 정치적 참모가 필요했던 것이다. 그녀는 안동 김씨 친족 중에서도 재종 동생 김흥근을 가장 신임했으며, 또한 가장 많은 편지를 보냈다. 자신의 친동생 김좌근과 더불어 김흥근을 안동 김씨 가문을 떠받쳐주는 두 개의 축으로 생각했다.

뿐만 아니라 그녀는 안동 김씨 가문에 대해서 확고한 가문 의식을 가지고 있었으며, 그런 만큼 안동 김씨 구성원들이 모든 측면에서 조심하고 또 경계하는 모습을 보여주어야 한다고 했다. 철종 비를 간택하는 과정에서도 그녀는 안동 김씨를 또 택하게 되면 너무 과도하게 권력이 집중되는 것을 우려해 소론 측에서 간택되더라도 괜찮지 않을까, 하는 의견을 피력하기도 했다. 정치적 균형 감각을 보여주는 측면이다. 하지만 그 의견은 끝내 관철되지 못했으며, 결국 안동 김씨 김문근의 딸로 결정되고 말았다. 철인왕후가 그녀다.

이제 이 글에서의 논의와 관련해서 참고가 될 만한 세 가지 측면을 덧붙이는 것으로 마무리하고자 한다. 우선 헌종과 철종 대에 걸쳐서 두 차례 행해진 순원왕후의 수렴청정에 대해서는 보는 시각에 따라서 평가가 상당히 달라질 수 있다. 기존 연구를 보더라도 평가 내역이 조금씩 다르다. 순원왕후의 '독재'라는 평가에서부터 외척들 사이의 균형을 이루었다는 평가까지 다양하다. 또 헌종 대에는 안동 김씨와 풍양 조씨 사이의 균형을 유지했으나, 철종 대에는 풍양 조씨를 완전히 도태시켰다는 평가도 있다. 헌종이 친정하면서 풍양 조씨가 우위를 점한 데 대한 반발이었다는 것이다.

그러나 순조 대의 선례를 따라 『수렴청정절목』에 의거해 주로 차대에서 공식적인 과정을 통해 국정을 운영했다. 또한 순조의 유지를 이어 헌종의 보도를 맡긴 조인영을 중용했고, 풍양 조씨와 안동 김씨 두 외척 가문의 균형을 유지하려고 하기도 했다. 앞으로 두 차례의 수렴청정을 개별적으로 논의할 필요도 있다. 순원왕후의 언간은 그런 측면에서 충분히 의미 있는 자료라 하겠다. 수렴청정과 세도정치의 실상과 더불어 그 작동 기제를 정치적 시각에서 새롭게 엿볼 수 있게 해주기 때문이다.

다음으로 순원왕후 언간을 보면, 그 무렵 안동 김씨의 핵심 인물로는 그녀의 손윗 오라버니 두 사람이 눈에 띈다. 친오빠 김유근과 재종 오빠 김홍근이다. 순원왕후가 그들의 건강을 걱정하고, 또 그들이 세상을 떴을 때 안타까워하는 모습이 여기저기 보인다. 그들 두 사람은 6촌간이지만 아주 가까운 사이였다. 김홍근의 둘째 아들 김병주가 아들이 없던 김유근의 양자로 들어가기 때문이다. 그들 두 사람은 김병주의 생부와 양부인 셈이다. 하지만 김유근과 김홍근은 1840년(헌종 6), 1842년(헌종 8)에 세상을 떠났다. 오라버니 두 사람이 조정을 비우게 되자, 순원왕후는 때로 서러움을 느끼곤 했다. "집의 오라버님[김유근] 안 계시고 대신 오라버님[김홍근] 안 계시니 신료들이 이제야 마음 펴고, 나야 늙고 기운 없는 홀어미니 그들이 생각하기를 '내 이렇게 한들 누가 무엇이라 할까' 하여 이렇게 하니 분하기 측량없네."[순원왕후어필봉서 33-11]라고 탄식하기도 했다.

그들이 비운 자리를 대체한 자들이 순원왕후의 친정 '남동생'들, 바로 친동생 김좌근과 재종 동생 김흥근이었다. 자신보다 손아래 사람이니만큼 순원왕후는 한층 더 편하게 대했다. 김좌근과 김흥근 두 사람이 순원왕후를 떠받쳐주게 되었다. 서울대학교 규장각에 소장되어 있는 한글 편지의 대부분은 김흥근에게 보낸 것이다. 순원왕후가 김흥근에게 보낸 편지에서 '판서'를 더러 언급하곤 하는데, 그는 김좌근을 가리킨다. 예를 들자면 "내 생각에는 그럴 것이 없을 듯하여 판서에게도 의논하여 보았으나 의심이 되어 이리 적습니다."([순원왕후어필 1-12])는 식이다.

순원왕후는 김흥근에게 보낸 편지에서 여러 차례 "이 편지 보고 즉시 세초하게"([순원왕후어필봉서 33-1]), "답장 말고 이런 휴지는 즉시 태워버리게"([순원왕후어필봉서 33-11]), "이 편지 태워버리게"([순원왕후어필봉서 33-15]), "나중에 이 종이는 앞에서 불살라버리게"([순원왕후어필봉서 33-27]), "이런 쓸데없는 종이는 없애십시오"([순원왕후어필봉서 33-31]), "휴지[편지]는 즉시 세초하게"([순원왕후어필 2-5])라는 말들을 하고 있다. 하지만 김흥근은 그렇게 하지 않았다. 그 정확한 이유는 알 수 없지만, 김흥근이 충실하게 그 말을 그대로 따랐더라면, 오늘날 우리는 순원왕후의 편지와 깊은 내면세계를 볼 수 없을 것이다.

뿐만 아니라 순원왕후의 편지를 읽다 보면, 김흥근의 답장도 당연히 있었다는 것을 알 수 있다. 편지에서 직접적으로 "자네가 한 편지 사연을 보니"([순원왕후어필봉서 33-25]), "아픈데 답장 말고 병이나 쾌히 낫게 바라네"([순원왕후어필봉서 33-31]), "일전의 회답은 다 자세히 보았네"([순원왕후어필봉서 33-32]) 등의 구절들이 뒷받침해준다고 하겠다. 순원왕후의 요청에 부응해서 김홍근은 교지敎旨의 초를 지어 보냈을 것이다. 하지만 안타깝게도 전해지지 않는다.

요컨대 이 글에서의 논의는 순원왕후가 안동 김씨 가문, 특히 김홍근에게 보낸 언간들에 대해서 수렴청정과 세도정치라는 정치적 시각에서 새롭게 조명해보고자 한 것이다. 때문에 그 나름의 의미와 한계를 아울러 지니고 있다. 순원왕후 언간에 담겨 있는 풍부한 내용의 일부를 다룬 정도에 지나지 않는다. 그들 언간을 일차 자료로 삼아서 더 구체적인 사안과 국면에 대한 역사적, 실증적 연구가 뒤따라야 할 것이다.

맺음말

조선사회와 주자학, 그리고 지식인 여성

이 책을 이루는 각 장들은 기회 있을 때마다 개별 논문 형식으로 발표한 글들을 토대로 정리해서 엮어낸 것이다[말미의 '덧붙임' 참조]. 하지만 단순히 병렬적으로 늘어놓은 것은 아니며, '조선시대의 유교와 여성의 삶, 그리고 지식인 여성'이라는 큰 주제하에서 항목별로 그리고 시대순으로 편집, 재구성한 것이다. 각 장에서 논의된 내용은 그 장의 마무리 부분에서 요약해 정리하고 있는 만큼, 여기서 새삼스레 장별로 다시 정리할 필요는 없을 것이다. 여기서는 보다 정확한 이해를 위해서 조선시대 여성의 삶과 지식인과 관련해서 두 가지 명제를 정리해 제시하는 것으로 맺음말을 대신하고자 한다. 이들은 향후 새로운 연구를 위한 일종의 명제이자 동시에 새로운 출발점으로 삼을 수 있을 것이다.

1) 조선사회의 주자학적 전환

무엇보다 '조선사회의 주자학적 전환The Neo-Confucian Transformation of Korea'이라 부를 수 있는 측면에 대해서 말하고 싶다. 그 전환은 단순한 왕조 교체를 넘어서 일종의 문명사적 전환을 의미한다고 할 수 있다. 이른바 '불교 사회에서 주자학 사회로의 이행'이라 해도 좋겠다. 조선의 건국은 역성혁명을 표방했으며, 실질적으로는 '주자학을 위한 혁명'이라 부를 만한 것으로, 동아시아 역사에서 아주 독특한 사례였다. 자연히 삼국 및 고려사회에 지배적이었던 불교에 대한 비판을 수반하게 되었으며, 조선 건국의 이데올로그Idéologue 정도전의 『불씨잡변佛氏雜辨』이라는 책명은 지극히 상징적이다. 철학적이고 형이상학적 토론보다는 정치적 색채가 짙은 이데올로기 비판이었던 것이다.

왕조 교체를 통한 사회의 주자학적 전환 시도는 거대한 사회적 패러다임의 교체를 의미한다. 자연히 사회생활 전반에 걸쳐서 많은 변화를 수반하지 않을 수 없었고, 사회적 관계망의 근간을 이루는 남녀관계, 성별지식[젠더]과 역할, 그리고 혼인 생활 역시 예외는 아니었다. 오히려 가장 두드러지는 측면이라 해야 할 것이다. 왜냐하면 그 근간에 깔려 있는 세계관의 교체와 관련되어 있었기 때문이다. 그것은 삼국 및 고려사회를 지배했던 불교적 세계관에서 벗어나 주자학적 세계관으로 이행해가는 과도기적인 의미를 갖는다. 남녀관계와 평등성이라는 관점에서 본다면, 고려사회와 불교의 '상대적인' 남녀평등에서 한 걸음 물러선 것으로 해석될 수도 있다. 주자학적 세계관은 근본적으로 엄격한 남녀의 구분, 남성중심의 사회구조, 가부장적 지배와 친화성을 갖는 것이었기 때문이다.

사상계의 주선율이 '대승불교에서 주자학으로' 바뀌었지만, 모든 것이 하루아침에 다 바뀔 수는 없었다. 오랜 시간에 걸쳐서 고려 말까지 유지되어온 풍속과 습속이 지닌 '관성의 힘' 역시 만만치 않았다. 그 같은 관성의 힘은 여전히 작용하고 있었다. 그런 측면은 족보, 호적이나 관습을 통해서 엿볼 수 있다. 상대적으로 남녀가 평등한 측면도 상당히 있었다. 조선 전기에 간행된 족보를 보면, 남자를 먼저 적고 여자를 나중에 적는 선남후녀 원칙이 아니라 아들과 딸을 구별 없이 출생한 순으로 적었다. 재산 상속에서도 아들딸 구분 없이 균분상속이 이루어졌다. 제사 역시 아들만의 전유물이 아니고, 돌아가면서 제사를 모시는 윤회봉사 방식이었다. 딸의 자식, 외손봉사도 가능했다. 또한 결혼 형태 역시 상당히 달랐다. 우리가 알고 있는 친영이 아니라 남귀여가혼 내지 서류부가혼으로 불리는 혼인 풍속이 유지되고 있었다. 그것은 남자가 처갓집으로 장가가는 것을 의미한다. 이에 반해서 친영제는 여자가 시집가는 것을 말한다. 더욱이 고려시대의 경우 재혼이 자유로웠다. 왕비 중에도 재가녀가 있었다. 재가녀라고 해서 사회적 차대나 불이익은 없었다. 조선에 들어서도 일정한 시점까지 양반 가문에서도 재가가 이루어지고 있었다. 족보 역시 재가 사실을 기록하고 있다. 후부로 기록된 것은 재가한 남편을 가리킨다. 『태종실록』을 보면 사대부 가문에서 재혼하는 모습까지 전해주고 있다.[2장 및 3장]

이런 상황이었던 만큼 조선사회의 주자학적 전환을 위해서는 국가 차원에서의 적극적인 주자학적 습속의 장려와 지원이 필요했다. 하지만 조선 초기의 경우 정치적 차원에서는 두 차례 왕자의 난, 수양대군의 계유정난과 찬탈, 단종 복위 운동과 같은 정변을 겪었기 때문에 그런 시도가 직선적으로 이루어지기는 어려웠다. 그런 정변들은 건전한 사회질서와 유지를 근간으로 하는 주자학적 세계관과 부딪히는 것들이었기 때문이다. 그런 와중에도 불구하고 이 책의 관심사와 관련해서 보자면, 사회적으로 중요한 의미를 갖는 두 개의 계기를 발견할 수 있다. 첫 번째는 세종의 『소학』 보급과 장려이며, 두 번째는 소혜왕후의 『내훈』 편찬 작업이다.

① 세종의 『소학』 장려와 지원: 호학하는 군주였던 세종은 『소학』을 좋아했을 뿐만 아니라 널리 보급하고자 했다. 『소학』 강독을 권장했으며, 과거시험과목으로 채택하기도 했다. 또한 『소학』 및 관련 서적을 구

입, 인쇄, 배포하는 등 적극적으로 장려했다. 또한 세자, 세손, 종친들에게 두루 『소학』을 읽으라고 했다. 『소학』은 『대학』과 짝을 이루면서 주자학적 교학 체계의 기초를 이루는 저작이다. 『대학』이 수신제가치국평천하라는 주자학적 이념을 표방한 것이라면, 『소학』은 그에 앞서 갖추어져야 할 개인과 사회의 습속에 관한 것이다. 성종대 정계에 본격적으로 등장하는 주자학자들이 대대적으로 『소학』 보급 운동을 펼친 것도 그 때문이며, 율곡 이이는 『격몽요결擊蒙要訣』에서 '사서四書'에 『소학』을 더해서 '오서五書'라 하기도 했다.

『소학』 장려와 보급은 엄격한 남녀의 구분, 남성 중심의 사회구조, 남성의 가부장적 지배를 지향했던 것이다. 이제 남녀칠세부동석, 삼종지도, 칠거지악 등의 명제가 학교에서 공공연하게 교육되기 시작했다. 또한 세종은 1434년(세종 16) 예조로 하여금 친영의 의식에 맞는 혼례의 예를 정하라고 명했다. 다음 해(1435) 파원군 윤평이 숙신옹주를 친히 맞이해가니 우리나라에서의 친영이 이로부터 비롯되었다. 탁월한 왕으로 많은 업적을 남겼던 세종은 『소학』 장려와 친영례의 실행 등을 통해서 건국 이후 이루어진 『주자가례』, 『삼강행실도』, 『국조오례의』 등의 보급과 더불어 조선을 실질적으로 주자학화하는 데 크게 기여했다고 평가해야 할 것이다.[1장]

② 소혜왕후의 『내훈』 편찬 작업: 『내훈』은 유교 문명권 중심부의 성별지식[젠더]을 적극적으로 수용하고 재구성해 문자화한 최초의 문헌에 해당한다. 『주자가례』의 보급, 세종 대의 『소학』 보급 운동에 이어 구체적인 생활세계나 풍속에서 이루어진 주자학화 노력으로 보아야 한다. 더욱이 『내훈』은 여성에 의해서, 여성의 교육을 위해서 편찬된 책이다. 새

로운 시대에 걸맞는 주자학적 여성상을 분명하게 제시하고자 한 것이다. 『내훈』이 편찬된 1475년(성종 6)이라는 시점은 중요한 의미를 갖는다. 『내훈』을 편찬하는 방식에서 소혜왕후는 『소학』을 가장 많이 참조했다. 그녀는 젠더 문제와 관련해 종래의 유교 고전에는 있었지만 한반도에서는 거의 주목받지 못했던 유교적 명제들을 수용하면서 동시에 따라야 할 이념 원칙 내지 원리로서 제시하고자 했다. 남녀유별[남녀칠세부동석], 부내부천[남편은 아내의 하늘], 불경이부[일부종사], 삼종지도와 칠거지악 같은 명제를 분명하게 내놓았다. 하지만 소혜왕후는 『소학』에서 볼 수 있는 '열녀' 이념에 대해서는 일정한 거리를 두었다. 굶어 죽는 것보다 절개를 중시하는 과도한 엄격주의에는 이르지 않았다. 요컨대 극단적인 '열녀 이데올로기'까지 받아들이려 하지는 않았다. 그녀는 『소학』의 조선화를 지향했다고 할 수 있겠다.[4장]

이렇게 본다면 한편으로는 고려 말까지 이어져온 풍속과 습속이 지닌 관성의 힘이, 다른 한편으로는 조선의 주자학화를 밀고 나가려는 움직임이 동시에 존재하고 있었다. 그들 둘은 서로 부딪히게 되었다. 하지만 거시적으로 보자면, 멀지 않아서 큰 갈래와 방향은 조선의 주자학화로 나아가게 되었다. 성종대에 이르러 주자학 윤리에 입각한 여성 규범이 법적, 제도적 차원에서 정비된 것이 계기가 되었다. 특히 『경국대전』(1485)에서 재가녀 아들에 대한 차별을 규정한 것이 중요한 전환점이 되었다. 재가하거나 실절한 부녀의 아들 및 손자는 문과와 무과 등 과거시험에 응시할 수 없게 했기 때문이다. 이 규정이 양반사회에 미치게 된 영향은 지대했다. 왕조시대에 과거시험이 갖는 사회적 의미는 그들의 사회적 위상, 다시 말해 '출세와 성공의 사다리Ladder of Success'와 관련된 것이다.[1] 초기 족보에서 볼 수 있던 양반 가문에서의 재가 흔적 역시, 일정한 시점 이후에는 굳이 드러낼 필요가 없어졌다. 『경국대전』 이후 간행된 16세기 족보에서는 후부에 대한 기록이 사라지게 된다.[3장]

아울러 그 무렵 정계에 등장한 사림파 인사들은 주자학적 세계관과 이념에 아주 철저했다. 그들에 의해서 주자학 근본주의 내지 원리주의가 싹트기 시작했다. 아울러 '소학 보급 운동'이 활발하게 전개되었다. 그런 운동에서는 소혜왕후가 지향했던 『소학』의 조선화보다는 오히려 사림파들이 주장한 조선의 『소학』화에 더 많은 비중이 주어지고 있었다고 볼 수 있다. 이후 전개되는 주자학적 틀 내에서 이루어진, 유교 문명권에서도 유례없는 다양한 형이상학적 논쟁들은 어떤 의미에서는 조선의 주자학화가 완성되었다는 것을 말해준다.[2] 아울러 성종 대를 거치면서 조선사회 체제가 정비되고 실생활에 주자학이 자리 잡게 되면서 여성의 '정절'에 주목하게 되었다. 양반으로 출세하기 위해서 그리고 자손들의 과거 합격을 위해서는 당연히 부녀자의 재가를 피해야 했으며, 때문에 정절을 강조할 수밖에 없었다. 그러다 어느 시점에선가 마침내 열녀 이데올로기에 이르게 되었다. 그 후 임진왜란과 병자호란을 거치면서 오히려 열녀를 현창하는 '열녀 이데올로기'가 활성화되었다는 것은 아이러니라 하지 않을 수 없다.

극단적 한 형태로서의 열녀 강요에 대해서 어떻게 보아야 것인가. 열녀는 삼국시대부터 존재해왔다. 신라 진평왕 때의 설씨녀, 백제 개루왕 때의 도미처 이야기 등을 들 수 있다. 기본적으로 정절 윤리는 아름다운 것이다. 하지만 국가에서 정표 정책을 실시해 여성에게 수절을 강요하는 것은 문제가 된다. 여자는 두 남편을 섬기지 않는다[여불사이군女不事二夫]는 법도가 신하는 두 임금을 섬기지 않는다[신불사이군臣不事二君]는 충절과 표리를 이루는 절의로서 장려되고 또 강제되었다. 수절한 자와 정절을 지킨 자에게는 포상이 주어졌으며, 정문을 세워 표창하고 그 집의 요역을 면제해주기도 했다. 스스로 선택한 열녀의 길과 국가에 의해서 장려되고 강제되는 열녀 사이에는 하늘과 땅만큼의 큰 차이가 있다. 그런 예로 영조의 첫째 딸 화순옹주의 사례를 들어두기로 하자.

화순옹주는 13세 되던 1732년 김한신과 혼인했다. 1758년 그가 세상을 떠나자, 그녀는 따라 죽기를 결심하고 물 한 모금도 먹지 않았다. 아버지 영조가 설득했으나 듣지 않았다. 그로부터 14일 만에 세상을 떠났다. 영조는 화순옹주의 정절을 기리면서도 아비가 자식을 정려할 수 없다고 하여 열녀문을 내리지 않았다. 하지만 정조는 각도의 효열을 포상하는 때를 맞아 그녀가 살던 마을 어귀에 정문을 세우도록 했다. 화순옹주는 남성이 여성을 통제하기 위해 만들어낸 열녀 개념에 얽매여 강요당한 것이 아니다. 유교적인 덕목, 도덕적 실천 내지 도덕적 인격체의 완성이라는 커다란 틀 안에서 주체적으로 그리고 자발적으로 죽음을 선택한 것이다. 여염의 일반 백성들도 어렵게 여기는데 하물며 왕의 딸에 있어서랴. 정조는 '여중군자'라 높이 평가했다.[4장]

덧붙여 두자면 재가 금지는 1894년(고종 31) 갑오경장 때 신분제도의 철폐와 함께 "부녀의 재가는 귀천을 막론하고 그 자유에 맡긴다."는 결정과 더불어 사라지게 되었다.

2) 여성선비[女士]와 여중군자女中君子

조선시대의 여성들은 자의식 없이 객체로서만 존재했던 것일까? 유교의 가부장적 권위주의, 억압적 이데올로기, 그리고 다양한 사회적 기제들이 복합적으로 억누르는 상황하에서 그저 그렇게만 살았던 것일까? 결코 그렇지는 않았다. 한 예로 앞에서 말한 『내훈』의 편찬자 소혜왕후는 자각적으로 그 같은 지적인 작업을 과감하게 진행했다. 그녀 자신 여성이면서도 칠거지악, 삼종지도로 압축되는 주자학적 여성관을 제시했다. 그것은 오늘날의 관점에서 내릴 수 있는 역사적 평가와는 또 다른 차원의 것이다.

이미 아는 바와 같이 조선 후기에 접어들면서 진행된 사회변동과 더불어 다양한 양상들이 나타나기 시작했다. 양난을 거친 후, 그런 변화는 한층 더 가속화되었다. 서로 상반되는 현상들이 거의 동시적으로 병행해서 나타나기도 했다. 그 같은 복합성은 전환기 내지 사회변동기의 특징이라 할 수 있다. 실제로 양난 이후 전반적인 사회의 보수화가 이루어졌으며, 전통적 여성상을 강조하는 교육과 정책은 여전히 이루어지고 있었다. 어쩌면 더 보수화되고 더 강화되는 측면도 없지 않았다. 그런 틀 안에서도 특출한 여성의 존재를 생각해볼 수 있다. 하지만 그것이 전부는 아니었다. 그 같은 틀 안에 안주하지 않는 여성들도 나타나기 시작했다. 그 시대에 유행했던 여성들의 책 읽기와 글쓰기 열풍에 힘입어, 그들은 점차 다양한 지식과 정보를 얻을 수 있었다. 사대부가 여성으로 혼인을 했으면서 여느 남성 못지않은 지식과 식견을 가진 여성들도 등장하고 있었다. 이른바 '지식인 여성'의 등장이라 해도 좋겠다.

다소 뉘앙스의 차이는 있지만 훌륭한 여성을 가리키는 용어로 필자는 조선 후기 문헌들을 읽어가다 '여사女士'와 '여중군자女中君子'를 찾아낼 수 있었다. 더욱이 '여사'라는 단어는 이미 고대 중국의 문헌 『시경』에서 확인된다. 단어의 성격상 '여성으로서의 사士[선비]', '여성 중에서의 군자君子'인

만큼, 양반 사대부 남성들 역시 사용하고 있었다. 오히려 양반 사대부 남성들이 훌륭한 여성을 상찬賞讚할 때 주로 구사했다는 느낌마저 없지 않다. 여성선비와 마찬가지로 '여성으로서의 군자', '여중군자' 역시 가능하다고 하겠다. 실록과 승정원일기, 그리고 문집 등에서는 여중군자 용례가 확인되고 있다.

필자로서는 이들['女士'와 '女中君子']을 적극적인 개념[지식인 여성]으로 활용할 수 있겠다는 생각이 들었다. '女士'라는 표현은 내용적으로 광범위하게 포괄적으로 쓰이고 있다. 후기의 문집에서도 나타난다. 개념 정의를 해보면 '女士'는 "여중지사女中之士, 여자로서 사행이 있는 자"라 할 수 있다. 핵심은 그 '사행의 내역'이다. 여사로 평가되는 여성들의 덕목을 보자면 예와 법칙에 맞는 바른 생활, 정절과 순절, 효도와 공경, 내조와 근검절약 등을 거론하고 있다. 흥미롭게도 문자를 공부하지는 않았으나, 비록 문사에 애쓰지는 않았지만 하는 식의 표현도 보인다. 남성의 경우 문자를 공부하지 않은 선비[士]는 상상할 수 없다. 하지만 여성의 경우 문자가 일차적 기준은 아니었다. 이 점이 중요하다. 문자를 공부하지는 않았지만 식견이 매우 높아 사리를 따지고 시비를 분별함에 이르러서는 의연해서 사군자士君子의 풍모가 있었다, 성품과 행실은 명숙했으며 사리에 통달하여 조금도 어지러운 것이 없어서 옛 여사의 풍모가 있었다는 식이다. 이처럼 광범위한 범주는 말하자면 "넓은 의미의 '여사'", 넓은 의미의 여성선비라 할 수 있겠다.

하지만 그와 동시에 조선 후기 책 읽기와 글쓰기의 확산을 통해서, 나아가서는 언문을 넘어서 문자를 공부해 한문으로 글쓰기가 가능한 여성이면서, 시문을 넘어서 주자학적 소양까지 갖추고 있던 지식인 여성들은 어떻게 보아야 할 것인가. 그들은 일반 여성으로서 지식과 학문까지 갖추고 있었다는 점에서 실록이나 승정원일기에 나오는 포괄적 범위의 여사와는 다소 구별된다. 그들은 "좁은 의미의 '여사'", 좁은 의미의 여성선비라 할 수 있을 것이다. "좁은 의미의 여사" 역시 "넓은 의미의 여사"의 한 부분을 이루고 있다. 일종의 전체와 부분 집합의 관계와 같다고 하겠다.

여사, 즉 여성선비와 관련해서는 정확한 개념 이해를 위해서는 두 가지 요소를 감안할 필요가 있다. ① 신분이라는 측면이다. 선비의 경우, 주자학 이념을 실천하는 학인學人 사士의 단계, 그리고 수기修己를 하여 치인治人하는 대부大夫 단계로 나아가는 것으로 상정할 수 있다. 수기치인을 바탕으로 학자 관료 사대부가 되는 것이 최종 단계라 하겠다. 여성선비는 '학인으로서의 사'의 단계에 해당한다. 하지만 지극히 예외적인 경우가 있다. 예컨대 왕후의 경우가 그렇다. 특히 수렴청정하는 대왕대비의 경우, 궁중에서 가장 높은 어른으로서 한시적이나마 '치국治國'을 행하기도 했다. 그리고 '사'와 '군자'의 관계를 미루어보면, 여중군자는 유학적 세계관 속에서 지극한 목표로 여기는 도덕적 실천 내지 도덕적 인격체의 완성이라는 커다란 틀 안에서 살다가 간 여성들에 대한 최대의 찬사라고 해야 할 것이다. 화순옹주나 혜경궁 홍씨 등은 '여성군자'로 칭송되었다.

다음으로, 어느 시대나 그러하지만 지식에서 제일 중요한 것은 역시 '책 읽기와 글쓰기'다. 엄격히 말하면 역시 ② 글쓰기가 더 중요하다. 글쓰기에서 부딪히는 사안은 문자에 다름 아니다. 세종대왕의 한글 창제 이후 원론적으로 언문과 한문이라는 '두 개의 글쓰기' 혹은 '이중적인 글쓰기'가 가능해졌다. 언문 글쓰기와 한문 글쓰기. 하지만 당시 양반 사대부들은 한문을 진서眞書 내지 문자로 부르면서 선호했다. 실록과 같은 공식적인 기록은 모두 한문으로 쓰이고 있다. 그래서 여성들에게는 주로 언문 글쓰기가 행해졌다. 소혜왕후처럼 언문과 한문이 동시에 가능한 지식인 여성도 없지 않았다[5장]. 하지만 『내훈』을 편찬한 소혜왕후조차도 조정에서 공식적인 언서나 언교에서는 언문으로 글쓰기를 하고는 했다. 그 자체 여성으로서 일정한 격식 혹은 나름대로의 예의를 갖추는 것으로 여겨졌던 듯하다.[3] 그 같은 언서나 언교는 한문으로 번역한 후에 조정에서 논의했으며, 실록에도 원래의 언문 자료가 아니라 한문 번역본이 실려 있다. 지극히 상징적인 단면이라 하겠다.

그 때문인지 여성들이 '언문'으로 쓴 글들은 상당한 정도로 남아 있다. 전체 여성들에게 어느 정도의 글쓰기가 가능했는지 정확하게는 알 수 없지만 왕실 여성과 양반 사대부가 여성들의 경우, 한글로 쓴 편지 '언간'을 통해서 그 글쓰기 실체의 일단을 확인할 수 있다.[4] 특히 왕실 여성들의 경우 그 '신분'에서 두드러질 뿐만 아니라 정치적 의미를 지니는 '언교' 역시 실록에 전해지고 있다.

예컨대 혜경궁 홍씨의 경우 『한중록』을 남겼다. 『한중록』은 사도세자의 참사와 친정 가문의 신원 등을 중심으로 자신의 일생을 되돌아보면서 서술한 것이다. 그 외에도 한글로 쓴 편지[언간]와 한글로 된 교서[언교]가 전해지고 있다. 언간은 일상의 감정을 전하는 일반적인 수단으로 개인적이고 인간적인 삶의 결을 엿볼 수 있게 해준다. 언교는 대비와 왕비 등 왕실의 존엄한 여성이 한글로 내는 교서이다. 공식적 성격을 지닌다는 점에서 언간과는 구별된다. 중요한 사안에 대해서는 언교를 내려서 자신의 의중을 드러내기도 했다.

영조의 계비 정순왕후와 순조의 비 순원왕후 역시 주목할 만한 사례다. 그들은 상당한 언문 자료[언교와 언간]를 남겼을 뿐만 아니라 직접 수렴청정을 행하기도 했다. 정순왕후는 순조가 즉위한 후 수렴청정을 하면서 실질적인 정치적 권력을 행사했으며, 스스로 여군女君, 여주女主라 칭하기도 했다. 그녀는 언교를 통해서 정치적으로 중요한 발언을 했으며, 또한 조카 김노서에게 보낸 언간을 통해서 여러 사안에 대해서 의견을 구하기도 하고, 자신의 의사를 전달하기도 했다. 한편 순원왕후는 헌종과 철종 대 두 차례에 걸쳐서 수렴청정을 했으며, 새로운 왕 즉위 이후의 정국에서 결정적인 영향력을 행사했다. 그에 힘입어 안동 김씨는 정권의 핵심에 자리 잡게 되었으며, 그들에 의한 이른바 세도정치가 구가되었다. 그녀는 육촌 동생 김흥근에게 보내는 언간을 통해서 세도정치 정국을 실질적으로 이끌어갔다.

혜경궁 홍씨, 정순왕후, 순원왕후는 최고의 왕실 여성 신분으로 언문 글쓰기라는 차원에서 탁월함을 보여주었다. 그 시대에 정치적 의미를 지니는 언교까지 내놓고 있는 만큼, 조선 후기 왕실의 대표적인 지식인 여성으로 손꼽혀도 좋을 것이다. 더욱이 순원왕후는 왕실 최고의 명필로 꼽힌다. 다만 그들이 언문 글쓰기를 넘어서 '한문 글쓰기'까지 가능했는지 여부에 대해서는 확증해줄 만한 자료가 아직 보이지 않는다.

한편 양반 사대부가의 여성으로 언문 글쓰기를 넘어서 한문 글쓰기까지 가능했던 이들도 있었다. 그들은 예의범절을 비롯한 교양 습득과 가정관리 같은 제한된 교육을 받았다. 기존의 『여사서』나 『내훈』 등 교양서를 접하고 있었다. 또한 봉제사접빈객, 즉 제사를 모시거나 손님 접대 등의 가정사를 해냈다. 안팎으로 많은 어려움이 있을 수밖에 없었다. 어려서부터 남녀차대에 부딪혀야 했으며, 특히 혼인 이후의 부부 관계, 친정과 시댁, 그리고 육아 등의 문제도 비켜 갈 수 없었다. 그럼에도 지식과 학문을 바탕으로 자신을 둘러싼 생활세계와 사회에 대해 독자적인 의식을 가지고 비판적인 견해를 지니게 되었다. 그들은 자신들의 목소리를 당당하게 내기도 했으며, 독자적인 학문 세계를 구축해서 문집을 남기기도 했다. 한문 글쓰기가 가능했기 때문이다. 그들은 예능과 한시에 능숙했던 기녀와도 구분되었으며, 자유롭게 시문을 짓는 데 머물렀던 양반가의 일반 여성들과도 달랐다.

그런 이들이 그렇게 많지는 않았다. 개인 문집 『윤지당유고』를 남긴 임윤지당, 『의유당일기』를 남긴 남의유당, 『태교신기』를 저술한 이사주당, 수학자이자 시인으로 문집이 전해지는 서영수각, 『규합총서』와 『청규박물지』를 남긴 이빙허각, 『정일당유고』가 전해지는 강정일당, 시문집을 남긴 김호연재, 시집을 남긴 김삼의당 등을 들 수 있다.

그들은 한문을 읽고 쓸 수 있는 능력을 지녔으며, 주자학적 소양까지 갖추고 있었으며, 나아가 개인 문집까지 남기고 있다. 남성 선비의 그것과 무엇이 다르다고 해야 할까. 선비인데 여성일 뿐이다. 좁은 의미의 '여성선비[女士]'라 하겠다. 나아가 그들은 독서와 학문을 통해 주자학에서 지향하는 인격적 완성을 추구하고자 했다. 남성 군자와 무엇이 다르다고 해야 할까. 다만 여성일 뿐이었다. 당연히 여중군자라 부를 수 있지 않을까. 여중군자라는 용어는 20세기에 들어선 이후에도 여전히 쓰였던 듯하며, 그 흔적은 지금도 종갓집 등에서 찾아볼 수가 있다.

좁은 의미의 여성선비로는 임윤지당, 이사주당, 강정일당 등을 들 수 있다. 윤지당과 사주당은 18년 차이가 난다. 윤지당과 정일당은 50년 정도의 차이가 있어 교류한 적은 없었다. 하지만 정일당은 자신의 학문이

윤지당의 영향을 많이 받았다는 점을 밝히고 있다. '사숙' 관계로 볼 수도 있다.[4장] 세 사람의 학문과 사상에 대한 두어 가지 공통된 측면을 지적해보고자 한다.

우선, 그들은 일차적으로 한문 읽기와 쓰기가 가능했을 뿐만 아니라 세계관 차원에서 주자학을 깊이 믿고 따랐다. 윤지당이란 당호는 주자의 '태임과 태사를 존경하노라' 한 말에서 따온 것이다. 사주당이란 당호에는 주자[朱]를 스승 삼는다[師]는 뜻을 담고 있다. 정일당은 주자의 글을 읽고, 매번 아침저녁으로 종소리를 들으면 묵묵히 그것을 체험하곤 했다. 이는 무엇을 의미하는가? 이미 '조선의 주자학화'가 이루어졌다는 것, 그리고 주자학적 세계관을 기꺼이 받아들이는 지식인 여성들이 등장하게 되었다는 사실이다.

둘째, 그들은 주자학의 근본 명제[성인은 배워서 누구나 이를 수 있다]를 기꺼이 받아들였으며, 나아가 그것을 진취적으로 해석하고 있다. 윤지당에 의하면 사람은 누구나 요·순·주공·공자와 같은 성인이 될 수 있다, 성인과 우리는 같은 부류에 속하는 존재라고 믿었다. 정일당도 "비록 부인들이라도 큰 실천과 업적이 있으면 가히 성인의 경지에 이를 수 있습니다."라고 보았다. 여성이라 하더라도 실천하는 공부가 있으면 성인의 경지에 이를 수 있다는 것이다. 그 지점에서 그들이 '남녀'로 구분되고 차별화된 인간을 넘어서 '보편적 인간'을 상정하고 있다는 것을 알아차릴 수 있다.

셋째, 그렇다고 그들이 남녀관계와 존재 자체를 부정한 것은 아니었다. 남녀관계에 대해서도 일종의 평등 관념과 더불어 역할 구분에 대해서 주목하고자 했다. 『소학』이나 『내훈』에서 제시된 여성상과는 다른 비전을 제시해주고 있다. 윤지당은 이렇게 말한다. "천부적으로 부여받은 성품은 애당초 남녀 사이에 다름이 없다.” “남자의 원리는 씩씩한 것이고, 여자의 원리는 유순한 것이니 각기 그 법칙이 있다. 성녀 태사와 성인 문왕께서 한 업적이 달랐던 것은 서로 그 분수가 달랐기 때문이다. 그러나 다 같이 천성대로 최선을 다했던 것은 그 천리가 같기 때문이다.” 정일당 역시 하늘에게 부여받은 성품에서는 남녀가 평등해서 다를 바 없다, 다만 분수와 법칙이 있다, 요컨대 하늘의 이치는 다르지 않다는 것이다. 그런 도리를 알기 위해서는 여성들도 역시 공부를 해야 한다고 했다.

그들은 자신에게 주어진 여성으로서의 직분과 거기에 합당한 일들을 도리에 맞게 다하고자 했다. 전통적인 여성상에 저항하지 않았으며, 그렇다고 해서 거기에 얽매이지도 않았다. 천리와 인간 본성, 남녀 구분과 법칙에 대한 이해를 통해서, 그리고 여성도 공부와 수양을 통해서 성인의 경지에 이를 수 있다는 식의 일종의 내적인 전환을 이루어냈던 것이다. 때문에 그 시대에 이미 ‘여사’ ‘여중군자’라는 평가를 받았으며, 그 같은 평가는 정당했다고 해야 할 것이다. 그들을 통해서 여성 역시 학문을 통해서 수신하고 실천하는 존재로서의 선비, 여성선비를 인정하게 되었고 나아가서는 유교에서의 이상적인 인간으로서의 군자가 될 수 있다고 여기게 되었다.

◎ 덧붙임: 이 책을 엮는 데 바탕이 된 글들

[이 책의 각 장은 아래의 글들을 토대로 새롭게 정리해 엮은 것이다. 그런 만큼 목차에 준해서 배열했다. 정리 과정에서 비슷하거나 겹치는 내용을 한데 묶기도 하고 때로는 완전히 덜어내기도 했다.]

「세종시대 소학의 보급 장려와 그 역사적 함의」, 『열린정신인문학연구』 19-2, 2018.
「조선 사회의 유교화와 여성의 위상: 15·16세기 족보를 중심으로」, 『원불교사상과 종교문화』 48, 2011.
『안동권씨성화보』를 통해 본 조선 초기 여성의 재가 문제」, 『조선시대사학보』 57, 2011.
「족보를 통해서 본 조선시대 여성의 지위 변화」, 『전통과현대』 12, 2000.
「조선후기의 '女士'와 '女中君子' 개념 고찰」, 『역사와 실학』 47, 2012.
「조선후기 지식인 여성의 생활세계와 사회의식: 임윤지당과 강정일당을 중심으로」, 『원불교사상과 종교문화』 52, 2012.
「조선후기 지식인 여성의 자의식과 사유세계: 이사주당(1739~1821)을 중심으로」, 『원불교사상과 종교문화』 68, 2016.
「임윤지당: 군자로 추앙받은 여성선비」, 『조선 인물 이렇게 본다』, 경인문화사, 2016.
「강정일당의 마음공부[心學]: 조선후기 한 여성 성리학자의 수양과 학문」, 『명상과 치유』, 경인문화사, 2016.
「소혜왕후 한씨와 『내훈』 그리고 젠더 문제: 그 사회사적 독해와 재음미」, 『국학연구』 51, 2023.
「혜경궁홍씨(1735~1815)의 삶과 생활세계: 언간과 언교를 중심으로」, 『열린정신인문학연구』 21-1, 2020.
「정순왕후의 정치적 지향성과 생활세계: 언교와 언간을 중심으로」, 『원불교사상과 종교문화』 84, 2020.
「조선시대 언문자료와 왕실여성의 생활세계: 언간과 언교 그리고 언문저술」, 『인문학연구』 29, 2020.
「순조비 순원왕후(1789~1858) 언간을 통해 본 수렴청정과 세도정치」, 『열린정신인문학연구』 24-1, 2023.

저자 후기

이 책은 조선시대의 유교 문화와 여성들의 삶과 관련해서 그동안 발표해온 글들을 한데 모은 것이다. 발표한 시기를 보면 상당히 이른 시기에 쓴 글에서부터 최근에 발표한 글에 이르기까지 넓게 펴져 있다. 집중적으로 집필했다기보다는 관심을 가지고 꾸준히 써왔다는 말이기도 하다. 그 연유는 어떤 계기가 있을 때마다 쓴 탓도 있겠지만, 그보다는 오히려 '유교, 여성, 그리고 지식인'이라는 세 가지 주제가 서로 이어지고 있기 때문일 것이다.

조선시대의 유교와 여성, 그리고 지식인에서 그 하나만 해도 큰 주제다. 서로 관련이 없지는 않았지만, 나의 주된 연구 분야는 아니었다, 그들 하나하나에 계속 집중하지 못했다는 것을 인정하지 않을 수 없다. 다른 시각으로 보자면 그들 세 주제는 서로 이어져서 일종의 삼각형을 그려내고 있다. 해서 이 책은 그 삼각형 내부의 지형地形에 관한 탐사 작업 내지 지형도地形圖 그리기라 할 수도 있다.

그렇다고 해서 쉽게 쓰인 글들은 아니다. 하나하나 되짚어보면, 지나간 시절의 개인적인 삶과 공부의 궤적과 긴밀하게 연결되어 있다. 때문에 조선시대의 사회사와 신분사를 공부하는 한편으로 '유교, 여성, 지식인'에 대해서도 관심을 갖게 된 속내를 털어놓아야 할 듯하다. 이 책을 이해하는 데에도 약간의 도움이 되지 않을까 하는 생각 때문이다.

우선 **유교와 관련해서** 1980년대 대학을 다닌 사람들, 특히 여성들이 유교에 대해서 친화감을 느끼는 것은 쉬운 일이 아니었다. 나도 예외는 아니다. 먼저 봉건사상, 보수와 권위주의, 가부장제 등이 떠오른다. 그러다 대학원에 진학하여 조선시대 역사를 공부해보고자 했을 때, 먼저 부딪힌 것은 다름 아닌 한문이었다. 일차 사료 해독을 위해서는 한문 공부가 필요했다.

한문을 더 잘하고 싶다는 생각에서 근대적 신식 교육을 뛰어넘고 오로지 전통적인 방식으로 한학을 깊이 공부하신 선생님 댁으로 찾아가서 홀로 배우기도 했다. 말하자면 독선생님을 모셨던 것이다. 몇 년 후에는 정치사 · 사상사를 공부하는 선배와 같이 그 선생님을 다시 찾아가 배우기도 했다. 선생님께서는 여전히 사례비를 받지 않으셨다. 그래서 예전에 그랬던 것처럼, 매달 작은 답례로 소고기를 사다 드리곤 했다. 그런 모습을 보면서 선배는 무척이나 흥미로워했으며, 또 그것은 예물로서의 속수束脩(포개어 묶은 육포)라는 것, 『논어』에 나오는 "나는 육포 한 묶음 이상의 예물을 갖춘 자는 일찍이 가르쳐주지 않은 적이 없다子曰 自行束脩以上 吾未嘗無誨焉"라는 구절을 현대적으로 적용한 것 같다는 식으로 소감을 말해주기도 했다. 일주일에 두 번 만나서 같이 한문 공부하러 다녔던 오래전의 그 일은 젊은 날의 아련한 추억으로 남아 있다. 그 무렵 우리는 공부하는 삶을 더불어 그리고 같이 걸어가기로 약속했다.

지금도 그렇지만 당시 한문 공부의 주요한 텍스트는 사서四書와 오경五經, 통감, 사기 등이었으므로 그 자체 '유교' 공부가 되는 셈이었다. 그러는 가운데 조선시대를 적확하게 이해하기 위해서는 유교에서도 역시 신유학으로서의 주자학에 대한 이해가 필요하다는 것을 알게 되었다. 주자학적 사유의 틀 내에서 이루어진 고도의 철학적이고 형이상학적인 논쟁에는 일정한 거리를 두고자 했다. 거기 빠져들면 왠지 헤어 나오지 못할 것 같다는 두려움도 없지 않았다. 나의 관심을 끌었던 부분은 건국 이후 적극적인 『주자가례』의 보급, 그리고 주자학 체계에서 중요한 위상을 차지하는 『소학』, 『소학』을 많이 참조한 소혜왕후의 『내훈』, 사림파에 의한 『소학』 보급 운동 같은 것이었다.

아울러 그 과정에서 주자학의 보급과 더불어 고려 말까지 오랫동안 유지되어온 불교 사회가 점차로 주자학화되어가는 측면에 대해 눈뜰 수 있었다. 고려에서 조선으로의 이행은 단순한 왕조 교체를 넘어서 동아시아 문명사적 차원에서 거시적으로 바라볼 수 있어야 한다는 것, 사회 전반에 걸쳐서 거시적인 변화가 이루어지고 있었다는 것이다. 그런 변화는 사회와 가정의 근간을 이루는 남녀관계에서도 마찬가지로 그러했다는 것을 알 수 있었다. 그 같은 사상적 전환과 병행해서 일어나는 일상생활에서의 변화 양상이야말로 흥미로운 부분이었다.

이어 **여성과 관련해서** 많이 달라지고 있다지만, 여전히 한국사회에서 자신이 '여성'임을 느끼게 되는 순간은 수없이 많다. 때로는 실존적인 고민을 하지 않을 수 없었다. 그런 고민에 대한 반작용 때문이었는지 대학원 이후 공부는 주로 중인, 잡과, 잡과방목, 팔세보 등의 사료를 천착하면서 글을 쓰는 방식으로 진행되었다. 여성 문제를 살짝 옆으로 밀쳐놓았다고나 할까. 주요 사료로 접하게 된 『잡과방목』이나 팔세보, 그리고 족보 등의 자료에서 여성은 또 다른 형태로 내게 다가왔다. 4대조까지 기록하는 독특한 방식에 여성은 등장하지 않았으나 존재 자체가 아예 없지는 않았다. 처부妻父, 그리고 외조부外祖父에 관한 기록을 통해서 여성의 존재를 여실히 느낄 수 있었다. 비슷한 신분끼리의 '혼인'과 전문직종의 '세전성' 확보에서 주요한 한 부분을 차지하고 있었다.

돌이켜보면 사료로서의 족보는 아주 흥미로운 자료였다. 한 인간의 삶이 한 줄 내지 두어 줄로 요약되지만, 그 행간을 자세히 보면 나름의 이야기와 정보를 담고 있다. 마치 비밀스러운 부호를 풀어가는 것 같기도 했다. 현재 전해지는 족보로 가장 오래된 『안동권씨성화보』(1476)와 『문화유씨가정보』(1565)가 그러했다. 양반의 족보였지만, 남녀 간의 기재순서나 친손과 외손 등의 동등한 기록, 그리고 오늘날 우리가 갖는 일반적인 이미지와는 달리 여성의 재가 사실, 재혼한 남편까지 적고 있다. 조선사회의 주자학적 전환이 이루어지는 과도기적 양상을 생생하게 보여주고 있다. 기본적으로 남성 중심이기는 하지만 그래도 남녀관계도 시대적으로 크게 변해온 것이라는 명제를 새삼 확인할 수 있었다. 그리고 인연이 닿아 직접 『여양진씨대동보驪陽陳氏大同譜』 족보를 편찬하고 전산화하는 작업에도 참여할 수 있었던 것(1991~1992년) 역시 나의 이력의 자랑스러운 한 줄이 되어주었다. 덧붙이자면 '족보 이야기'는 수업에서도 학생들에게 인기가 높은 주제의 하나가 되었다.

여성과 관련해서는 고맙게도 새로운 계기가 찾아와 주었다. 「한국학총서」 조선시대 언간을 통해 본 남성과 여성의 삶 연구 사업[교육부와 한국학중앙연구원 한국학진흥사업단]에 공동연구원으로 참여하게 된 것이다. 내가 맡은 부분은 '왕실 여성의 삶'이었다. 왕실 여성이라지만 대부분 왕후였다.

공동 연구와 더불어 한글로 된 사료, 특히 한글 편지[언간]를 접할 수 있었으며, 그들이 주고받은 언간을 통해서 개체로서의 여성과 왕실 여성의 개인적인 삶을 구체적으로 만날 수 있었다. 『조선시대 언간을 통해 본 왕실 여성의 삶과 생활세계』(2021)는 그런 만남의 기록이라 하겠다. 거기서는 명성왕후(현종 비), 인현왕후(숙종 비), 혜경궁 홍씨(장조 비), 정순왕후(영조 비), 신정왕후(익종 비), 순명효황후(순종 비)의 언간을 통해서 그들의 삶과 생활세계를 그려보기도 했다. 이후 그런 만남은 여전히 이어지고 있다. [「인선왕후가 숙휘공주에게 보낸 언간의 생활사적 특성과 의미」(2022) ; 「인선왕후가 숙명공주에게 보낸 시가 관련 언간의 생활사적 특성과 의미」(2023) ; 「순조비 순원왕후 언간을 통해 본 수렴청정과 세도정치」(2023)] 이 책에는 『내훈』을 펴낸 소혜왕후, 언간과 언교를 남긴 혜경궁 홍씨, 수렴청정을 펼쳤던 정순왕후와 순원왕후를 다룬 글들이 실려 있다.

다음으로 **지식인**, 구체적으로 **지식인 여성 문제에 대하여**. 유교와 여성의 관계 여하를 생각하다 보니 유교에 따르는 여성이 아니라 '유교를 아는 여성'을 상정해보았다. 더 나아가서는 유교를 넘어서는 여성까지 생각해 볼 수 있으나 조선시대를 넘어서 일제강점기 '신여성'의 등장과 이어지므로 일단 유보해두기로 했다. 그런데 유교를 아는 여성에 다가서기 위해서는 현실적으로는 역시 '한문을 아는 여성'으로 접근해야만 했다. 그렇다, 한문으로 된 글을 읽고 또 쓸 수 있는 지식인 여성들, 나아가 사상적으로는 조선조의 체제 이데올로기 주자학에 대해서도 식견을 가진 지식인 여성들, 바로 그들에 대해서 알고 싶었던 것이다.

다양한 성격의 조선 후기 문헌들을 보다가 나는 '여사女士'와 '여중군자女中君子'라는 용어가 나오는 것을 발견했다. 반가웠다. 구조상으로는 '사士'와 '군자君子'가 근간을 이루고 있고, 그 앞에 '女' '女中'이 붙어 있는 것이다. 선비와 군자가 있다면, 여성선비와 여성[여중]군자도 가능하지 않겠는가, 생각했다. 여사女士와 여중군자女中君子 용어를 재발견해서, 자신의 조작적인 개념으로까지 밀고 나간 것에 대해서는 지금 생각해도 조금은 뿌듯한 느낌이 든다. 이 책 제목을 『여성선비와 여중군자』라 붙인 것도 그 때문이다.

그 같은 개념들에서 내가 특별히 주목한 포인트는 한문을 읽고 쓸 수 있는 '좁은 의미의 여성선비'였다. 그들은 한문 읽기와 쓰기가 가능했을 뿐만 아니라 주자학을 깊이 믿고 따랐다는 점에서도 흥미로웠다. 그들은 조선사회의 주자학화가 일단락되었다는 것을 말해주는 증거가 되기도 한다. 그들은 주자학이라는 틀 안에서 남녀로 구분되고 차별화된 인간이 아니라 보편적 인간을 상정하고 있다. 주자학에 충실하면서 『소학』이나 『내훈』 같은 주자학적 여성관을 넘어서고 있었다. 공부와 수양을 통해서 여성도 성인의 경지에 이를 수 있다는 내적인 혁명을 시도하고 있다.

무엇보다 나에게 강한 인상을 안겨준 것은, 그들이 여성으로서의 직분과 그에 합당한 것으로 여겨지던 일들을 힘든 삶 속에서도 다하려고 했다는 점이다. 주변에서 기대하는 전통적인 여성상을 그대로 지켰으며—그렇다고 얽매인 것은 아니다—저항하지 않았다. 그러면서 과감하게 보편적 인간을 지향했던 것이다. 더욱이 안타깝게도, 인간적으로는 고통과 불행을 거듭해서 겪는 고단한 삶을 꾸려나가면서도 그들은 좌절하지 않았다. 학문 탐구와 수양을 통해서 그 어려움을 이겨내고 정신적으로 승화시켜가고자 했다. 주자학적 세계관이 빚어낼 수 있는 정신세계의 찬란한 하나의 빛이라 해도 좋겠다. 나로서는 지식인 여성으로서의 그들이 구현해낸 숭고한 삶에 감복하지 않을 수 없었다.

되돌아보면 이 책에 실린 글에는 어느 편이나 모두 어떤 계기와 아름다운 인연이 담겨 있다. 시기와 상황에 맞춰서 소정의 연구비를 지원받을 수 있었던 것은 나로서는 크나큰 행운이었다. 때로는 글 빚 독촉과 그 빚을 갚아야 한다는 의무감이 글쓰기를 밀고 나가게 해주는 또 하나의 원동력이 되어주기도 했다. 특히 아모레퍼시픽재단의 두 차례 학술연구지원(《여성과 문화》 2009년 · 2010년)은 '여성'에 대해 좀 더 집중할 수 있게 해주었다. 안동권씨성화보 논문과 본격적으로 여사와 여중군자 개념을 다룬 글이 그러했다.

흩어져 있던 글들을 한데 모아 한 권의 책으로 묶어내는 작업은 도서출판 다홀미디어 김영애 대표님의 후의가 있어 가능했다. 『클릭 조선왕조실록』(2008), 그 책의 증보개정판 『조선왕조실록으로 오늘을 읽는다』(2014)에 이은 세 번째 책에 해당한다. 많은 사진 자료 처리와 까다로운 편집 작업은 다홀미디어 편집부에서 떠맡아 진행해주셨다.

실은 지난해(2022) 개인적으로 힘든 일도 있었다. 언제나 '공부하는 며느리'를 자랑스러워하며 적극 지지해주셨던 시어머님이 우리 곁을 떠나가셨다. 아흔을 넘긴 연세에도 꼿꼿하면서 단아한 모습을 흩트리지 않던 전통적인 부덕婦德의 소유자셨다. 열려 있는 마음 덕분에 너무나도 다른 우리 고부姑婦는 마치 다정한 친우親友처럼 지낼 수 있었다. 떠나가신 후에야 그 빈자리가 얼마나 큰지, 무엇보다 그동안 나를 얼마나 따뜻하게 품어주셨는지 알아차릴 수 있었다. 뒤늦게서야 여사女士 한 분이 바로 내 곁에 계셨구나 하고 깨달았다. 이 책의 출간 역시 환하게 웃으시며 기뻐해주실 것이다.

2023년 9월 20일

학성루에서

이남희

주석

1장 조선 건국 이후 『소학』을 읽다

1 시마다 겐지/ 김석근 옮김, 『주자학과 양명학』, AK, 2020 참조.

2 양명학 역시 넓은 의미의 신유학에 속한다고 볼 수 있겠지만, 주자학의 틀 안에서 양명학이 전개된 것으로 볼 수 있다. 주자에는 '자子', 선생님이란 의미가 담겨 있기 때문에 주자학은 주자학 그대로, 주자 개인을 가리킬 때는 주희朱熹로 적기로 한다.

3 三代之隆, 其法寖備, 然後王宮, 國都以及閭巷, 莫不有學. 人生八歲, 則自王公以下, 至於庶人之子弟, 皆入小學, 而教之以灑掃, 應對, 進退之節, 禮樂射御書數之文.(『대학』「대학장구서」)

4 其十有五年, 則自天子之元子衆子, 以至公卿大夫元士之適子, 與凡民之俊秀, 皆入大學, 而教之以窮理, 正心修己治人之道, 此又學校之教, 大小之節所以分也.(같은 책)

5 안경식, 「선진先秦 소학 제도의 연구」, 『한국교육사학』 33-1, 2011.

6 미조구치 유조 외 엮음/ 김석근 외 옮김, 「소학」, 『중국사상문화사전』, 책과함께, 2011, 675~683쪽.

7 윤호창이 번역한 책에서는 '1139~1195년'이라 했다. 여기서는 『중국역대인명사전』의 '유청지劉淸之' 항목을 따랐다(『중국역대인명사전』, 이회문화사, 2010). 자징은 그의 자字이다. 남송 임강군臨江軍 사람, 호는 정춘선생靜春先生. 남송 고종高宗 소흥紹興 27년(1157)에 진사進士가 되었다. 괴음정사槐陰精舍를 지어 강학講學했는데, 처음에는 형 유정지劉靖之에게 배웠다. 진사가 된 뒤 박학굉사과博學宏詞科에 응시하려다 주희를 만나면서 의리지학義理之學에 뜻을 두게 되었다. 여조겸呂祖謙, 장식張栻과 교유했고, 왕응전汪應展과 이도李燾의 존경

을 받았다.

8 『동몽수지』는 글자를 배우기 시작한 어린이에게 가르치는 책, 『제자직』은 사제師弟의 윤서倫序를 다루고 있으며, 『거가잡의』는 집안에서 부모와 자식의 관계를 다루고 있다.(진원, 「『소학』저술이전 시기 주자의 소학론」, 『퇴계학논집』 131, 2012 참조)

9 『주자대전』에 실려 있는 권35 「답유자징答劉子澄」등 참조. 완당 김정희에 의하면, 주희는 「소학서제」와 「소학제사」만 썼을 뿐 실제 작업에는 참여하지 않았다.(『阮堂先生全集』 「論小學序」) 제자 진순陳淳(호 北溪, 1159~1223)은 실제 편집자는 주희라 했다.(윤호창 옮김, 『소학』, 14쪽)

10 주희는 사서, 특히 『대학』주석에 전념하고 있었던 듯하다. 소학과 대학, 그리고 텍스트로서의 『소학』과 『대학』에서 주희의 주된 관심사는 『대학』이었다.

11 우리말 번역은 성백효가 옮긴 『소학집주』(전통문화연구회, 1993)를 따랐다. 조금 바꾼 곳도 있다. "古者小學敎人以灑掃應對進退之節, 愛親敬長隆師親友之道, 皆所以爲修身齊家治國平天下之本, 而必使其講而習之於幼穉之時, 欲其習與智長, 化與心成, 而無格不勝之患也. 今其全書, 雖不可見, 而雜出於傳記者亦多, 讀者往往直以古今異宜而莫之行, 殊不知其無古今之異者, 固未始不可行也. 今頗蒐(搜)輯(集), 以爲此書, 授之童蒙, 資其講習, 庶幾有補於風化之萬一云. 淳熙丁未三月朔朝, 晦菴題."

12 "元亨利貞, 天道之常, 仁義禮智, 人性之綱. 凡此厥初, 無有不善, 藹然四端, 隨感而見. 愛親敬兄, 忠君弟長, 是曰秉彛, 有順無彊."

13 "惟聖斯惻, 建學立師, 以培其根, 以達其支(枝)"

14 제6권 「선행」 편에는 없다.

15 **入敎第一** ○子思子曰, 天命之謂性, 率性之謂道, 修道之謂敎. 則天明, 遵聖法, 述此篇. 俾爲師者, 知所以敎. 而弟子知所以學. **明倫第二** ○孟子曰, 設爲庠序學校, 以敎之. 皆所以明人倫也. 稽聖經, 訂賢傳, 述此篇, 以訓蒙士. **敬身第三** ○孔子曰, 君子無不敬也, 敬身爲大. 身也者, 親之枝也. 敢不敬與. 不能敬其身, 是傷其親. 傷其親, 是傷其本. 傷其本, 枝從而亡. 仰聖模, 景賢範, 述此篇, 以訓蒙士. **稽古第四** ○孟子道性善, 言必稱堯舜. 其言曰, 舜爲法於天下, 可傳於後世, 我猶未免爲鄕人也. 是則可憂也. 憂之如何, 如舜而已矣. 摭往行實前言, 述此篇, 使讀者, 有所興起. **嘉言第五** ○詩曰, 天生烝民, 有物有則. 民之秉彝, 好是懿德孔子曰, 爲此詩者, 其知道乎. 故有物必有則. 民之秉彝也. 故好詩懿德. 歷傳記, 接見聞, 述嘉言, 紀善行, 爲小學外篇.

16 孟子曰, 設爲庠序學校, 以敎之. 皆所以明人倫也. 稽聖經, 訂賢傳, 述此篇, 以訓蒙士.

17 오륜이 정리된 형태로 분명하게 제시된 것은 맹자孟子에 이르러서이다. 하지만 이전에도 오륜의 원형으로 추정되는 규범이 없지는 않았다. 『서경書經』「순전舜典」에 기록들이 보인다. "삼가 오전을 훌륭하게 하라 하신대 오전이 잘 다스려졌다(愼徽五典 五典克從)." "너를 사도로 삼으니 삼가 오교를 펴되 너그럽게 하라(汝作司徙 敬敷五敎 在寬)." 오전五典과 오교五敎가 어떤 내용인지 분명하게 제시하지는 않았다.

18 시마다 겐지/ 김석근 옮김, 앞의 책 참조.

19 구체적으로 보면 『양문공가훈楊文公家訓』『요옹집了翁集』『무후전서武侯全書』『류씨가훈柳氏家訓』『국어國語』『진서晉書』『남사南史』『북사北史』『북제서北齊書』『오대사五代史』『당서唐書』『구당서舊唐書』『한서漢書』『후한서後漢書』『삼국지三國志』『송사宋史』『호씨전가훈胡氏傳家訓』『섭조흡소찬진선생행장葉祖洽所撰陳先生行狀』『이락연원록伊洛淵源錄』『안씨가훈顔氏家訓』『중설中說』『류중도찬숙모목부인묘지柳仲塗撰叔母穆夫人墓誌』『여사인잡기呂舍人雜記』『동래변지록東萊辨志錄』『호씨지언胡氏知言』『문중자文中子』『창려집昌黎集』『구양문충공문집歐陽文忠公文集』 등.

20 굳이 내편과 외편을 구분한 것은 시대를 기점으로 한나라 이전 성현들의 언행에 대한 저자(편집자)의 존숭尊崇이 반영된 것으로 볼 수도 있겠다.

21 김준석 1981 ; 도현철 1997 ; 박순남 2003 ; 박연호 1985 ; 이정민 2013 ; 정연식 1988 ; 조현걸 1988 ; 정호훈 2014 ; 한관일 1992 등 참조.

22 김석근, 「개혁과 혁명 그리고 주자학」, 『아세아연구』 97, 1997 참조.

23 世宗朝專用心於小學之道, 故冊亦頒於中外, 近來非徒人不誦之, 冊亦絶焉.(『중종실록』

12년 9월 13일)

24 윤인숙, 『조선 전기의 사림과 〈소학〉』, 역사비평사, 2016 참조.

25 參贊卓愼陳言, 一化成風敎, 無如小學之書. 國試記名, 先考通否, 已有著令. 赴試之徒, 曾不致意, 未有不通小學而不得記名者, 其不得記名者, 或至訴訟. 夫風化之行, 必有文敎, 而儒者之輩, 至於如此, 廉恥之道, 無由興起. 願今後特命所司, 文臣一員監其考講, 其不如法者, 痛繩以法.(『세종실록』 5년 5월 28일)

26 爾曹戒之, 以吾爲鑑. 忠君事親, 睦族信友. 務以淸修爲習, 常以小學一部服膺勿失. 凡喪葬一從家禮, 不作佛事.(『세종실록』 7년 1월 1일)

27 後編次小學書, 非獨明倫, 首之以立敎, 終之以敬身, 修身大法, 無所不備…小學乃天下萬世所共尊仰之書.(『세종실록』 21년 9월 29일)

28 禮曹啓, 四部學堂, 職專小學之敎, 其入學生徒, 先授小學, 乃授他書. 但小學之書, 蒐輯經史子集要語, 多有難解處. 本朝刊本小學, 音訓註解未備, 唯集成小學, 音訓註疏, 名物圖象, 極爲明備, 童蒙之輩, 可以易知. 請以濟用監苧麻布, 授入朝使臣, 買來集成小學一百件. 從之.(『세종실록』 7년 12월 23일) 실록 원문에는 『집성소학集成小學』으로 되어 있으나 책명은 『소학집성』으로 여겨진다.

29 『세종실록』 10년 9월 8일.

30 『세종실록』 26년 8월 14일.

31 다른 책들은 『大學』·『中庸』·『論語』·『孟子』·『詩』·『書』·『禮記』·『易』·『春秋』·『性理大全』 등이다.(『세종실록』 17년 4월 8일 ; 『세종실록』 17년 9월 21일 ; 『세종실록』 27년 1월 29일)

32 『세종실록』 16년 1월 22일.

33 『세종실록』 16년 2월 6일.

34 『세종실록』 16년 4월 2일.

35 御勤政殿受朝, 輪對經筵. 始令僉知司譯院事李邊, 吏曹正郎金河等, 進講直解小學.(『세종실록』 16년 4월 6일)

36 李邊金何, 隔二日進講直解小學, 以爲常.(『세종실록』 16년 5월 18일)

37 『세종실록』 20년 3월 19일 ; 『세종실록』 23년 10월 18일.

38 『세종실록』 18년 윤6월 26일.

39 命集賢殿直提學申檣金赭, 授元子小學. 時元子年八歲, 勤學尊師, 不好嬉戲.(『세종실록』 3년 1월 12일)

40 『세종실록』 3년 12월 25일.

41 王世孫入學于成均館, 藝文提學尹祥爲博士, 講小學題辭.(『세종실록』 30년 9월 1일)

42 王世孫出時御所幕次, 始講小學. 左翊善朴彭年等以國韻進講.(『세종실록』 30년 9월 13일)

43 『세종실록』 25년 6월 17일 ; 『세종실록』 25년 8월 26일 ; 『세종실록』 27년 8월 9일.

44 종친은 15세가 되면 종학宗學에 들어가 공부하게 했다. 40세가 넘어서 『소학』과 『사서』 및 1경에 통하면 공부를 면하게 해주었다.(『경국대전』 권3, 예전 장려조)

45 赴生員試者, 始令文臣監察, 分臺于成均正錄, 所考講小學家禮.(『세종실록』 8년 1월 27일) ; 『경국대전』 권3, 예전 제과조.

46 傳旨兵曹, 預辦幸慕華館, 試取武擧諸事. 又命試取時, 先騎射, 次擊毬, 次一百五十步, 次試五經四書通鑑將鑑博議小學武經七書中, 從自願講一書.(『세종실록』 24년 8월 5일) ; 『경국대전』 권3, 예전 제과조.

47 한학 강서 시험은 한어로 『직해소학』과 『노걸대』·『박통사』는 암송하고 강독하게 하고, 사서는 보고서 강독하게 했다(『경국대전』 권3, 예전 제과조). 영조 때 편찬된 『속대전』에는 중국어 학습서 『오륜전비』가 추가되고 『직해소학』은 폐지되었다(『속대전』 권3, 예전 제과조). 이에 대해서는 이남희, 「조선후기 잡과교육의 변화와 특성」, 『한국동양정치사상사연구』 13-1, 2014 참조.

48 『세종실록』 24년 8월 5일 ; 『세종실록』 27년 8월 9일 ; 『세종실록』 27년 8월 9일.

49 사람을 간절하게 가르쳐서 애연히 지극한 정성을 보이며, 배우러 가는 자가 있으면 누구에게나 『소학』·『대학』을 가르쳐서 규모가 이미 정해져 있고 절목에 질서가 있으며, 정치가 문란한 세상을 만나서 환난을 당하였으나 태연히 처신하여 도탑고 공경스런 공부를 처음과 같이 하여 늦추지 않고 죽을 때까지 밤낮으로

계속하였다.(教人諄諄, 藹見至誠, 有就學者, 莫不先之以小學大學, 規模已定, 節目有倫, 遭世政亂, 間關患難, 處之怡如, 篤敬做功, 如初不弛, 以日以夜, 死而後已.)(『중종실록』 12년 8월 7일)

50 이태진, 『한국사회사연구:농업기술발달과 사회변동』, 지식산업사, 1986, 268~269쪽.

51 정호훈, 『조선의 『소학』: 주석과 번역』, 소명출판, 2014 참조.

52 퇴계 이황은 「성학십도」에 '소학도'를 포함시켰는데, 『소학』의 구조와 특징의 요체를 잘 파악해서 도식으로 설명했다. 『소학』을 성학聖學의 일부로 파악했던 것이다. 율곡 이이는 『격몽요결』에서 오경五經과 더불어 오서五書라는 범주를 말하는데, 그것은 사서(『대학』, 『논어』, 『맹자』, 『중용』)에다 『소학』을 더한 것이다. 오경과 짝을 이루는 '오서'라는 이름 자체가 상징적이다.

53 윤인숙 2010 ; 윤인숙 2011 ; 이정민 2013 ; 정연식 1988 ; 조현걸 1988 등이 해당된다.

54 김석근, 「대승불교에서 주자학으로: 불교 비판과 유학사의 재구성을 중심으로」, 『정치사상연구』 1, 1999 참조.

55 世俗信浮屠誑誘, 凡有喪事, 無不供佛飯僧, 云, 爲死者, 滅罪資福, 使生天堂, 受諸快樂. 不爲者必入地獄, 剉燒舂磨, 受諸苦楚. 殊不知死者, 形旣朽滅, 神亦飄散. 雖有剉燒舂磨, 且無所施. 又況佛法, 未入中國之前, 人固有死而復生者. 何故都無一人誤入地獄, 見所謂十王者耶. 此其無有而不足信也, 明矣.(『소학』 권5, 가언嘉言26. 우리말 번역은 윤호창 역 『소학』(2015)을 따랐다. 이하 마찬가지)

56 顔氏家訓曰, 吾家巫覡符章, 絶於言議. 汝曹所見, 勿爲妖妄.(『소학』 권5, 가언27)

57 當官者, 凡異色人, 皆不宜與之相接. 巫祝尼媼之類, 尤宜疎絶. 要以淸心省事爲本.(『소학』 권5, 가언35)

58 明道先生曰, 道之不明, 異端害之也. 昔之害, 近而易知. 今之害, 深而難辨. 昔之惑人也, 乘其迷暗. 今之入人也, 因其高明. 自謂之窮神知化, 而不足以開物成務, 言爲無不周徧, 實則外於倫理, 窮深極微, 而不可以入堯舜之道. 天下之學, 非淺陋固滯, 則必入於此. 自道之不明也, 邪誕妖妄之說競起, 塗生民之耳目, 溺天下於汚濁. 雖高才明智, 膠

於見聞, 醉生夢死, 不自覺也. 是皆正路之蓁蕪, 聖門之蔽塞. 闢之而後, 可以入道.(『소학』 권5, 가언91)

59 伊川先生家, 治喪. 不用浮屠. 在洛亦有一二人家化之.(『소학』 권6, 선행善行18)

60 孔子謂曾子曰, 身體髮膚, 受之父母. 不敢毁傷, 孝之始也. 立身行道, 揚名於後世, 以顯父母, 孝之終也. 夫孝始於事親, 中於事君, 終於立身.(『소학』 권2, 명륜明倫34)

61 불교에서도 효孝를 무시하지는 않았다. 인도에서 들어온 불교가 효를 중시하는 유교 사회에 적응하기 위해서 『부모은중경』과 같은 경전을 새롭게 만들기도 했다. 유교사회에서 출가出家를 이해하기는 쉽지 않다.

62 六年教之數與方名. 七年男女不同席, 不共食. 八年出入門戶及卽席飮食, 必後長者, 始教之讓. 九年教之數日. 十年出就外傅, 居宿於外, 學書計 … 十有三年學樂誦詩, 舞勺, 成童舞象, 學射御. 二十而冠, 始學禮, 可以衣裘帛 … 三十而有室, 始理男事, 博學無方, 孫友視志. 四十始仕, 方物出謀發慮, 道合則服從, 不可則去. 五十命爲大夫, 服官政, 七十致事. 女子十年不出, 姆教婉娩聽從 … 十有五年而笄, 二十而嫁. 有故二十三而嫁. 聘則爲妻, 奔則爲妾.(『소학』 권1, 입교入敎2)

63 "여성에 대한 교육은 교화였다. 교화의 목적은 중국의 고전을 통해 남성 중심사회의 이상을 여성들에게 주입시키는 것이었다. 결혼 전 여자아이는 유교 이데올로기를 기초로 한 교육을 받았을 뿐 아니라 실제로 그 중요성을 체득했다. 일곱 살이 되면 남자아이나 남자 어른과 함께 있지 못했다."(마르티나 도이힐러/ 이훈상 옮김, 『한국 사회의 유교적 변환』, 아카넷, 2003, 356~357쪽)

64 비구와 비구니 계율의 차이, 여성도 부처가 될 수 있는가 하는 물음 등을 들 수 있다.

65 孔子曰, 婦人伏於人也. 是故無專制之義, 有三從之道. 在家從父, 適人從夫, 夫死從子, 無所敢自遂也 … 女有五不取, 逆家子, 不取, 亂家子, 不取, 世有刑人, 不取, 世有惡疾, 不取, 喪父長子, 不取. 婦有七去, 不順父母去, 無子去, 淫去, 妬去, 有惡疾去, 多言去, 竊盜去. 有三不去, 有所取, 無所歸, 不去. 與更三年喪, 不去. 前貧賤後富貴, 不去. 凡此聖人所以愼男女之際, 重婚姻之始也.(『소학』 권2, 명륜67)

66 "女子者, 順男子之教而長其理者也. 是故無專制之義, 而有三從之道, 幼從父兄, 既嫁從夫, 死從子, 言無再醮之端, 教令不出于閨門, 事在供酒食而已, 無閫外之非義也, 不越境而奔喪, 事無擅為, 行無獨成, 參知而後動, 可驗而後言, 晝不遊庭, 夜行以火, 所以效疋婦之德也."

67 삼불거三不去 부분은 이렇게 되어 있다. "三不去者: 謂有所取無所歸一也, 與共更三年之喪二也, 先貧賤後富貴者三也."

68 "婦人, 從人者也; 幼從父兄, 嫁從夫, 夫死從子."

69 이남희, 「조선사회의 유교화와 여성의 위상: 15·16세기 족보를 중심으로」, 『원불교사상과 종교문화』 48, 2011, 147~148쪽.

70 『세종실록』 22년 6월 19일 ; 이남희, 『조선왕조실록으로 오늘을 읽는다』, 다할미디어, 2014 참조.

71 마르티나 도이힐러/ 이훈상 옮김, 『한국의 유교화 과정: 신유학은 한국 사회를 어떻게 바꾸었나』, 너머북스, 2013 참조.

72 세종은 재위 16년(1434) 예조로 하여금 친영의 의식에 맞는 혼례의 예를 정하라고 명했다. 이듬해(1435) 3월 파원군 윤평이 숙신옹주를 친히 맞아가니 우리나라에서의 친영이 이로부터 비롯되었다.

2장 혼인과 족보 그리고 제사

1 김석근, 「대승불교에서 주자학으로」, 『정치사상연구』 1, 1999, 188~190쪽.

2 이는 『조선왕조실록』 기사 및 분재기分財記와 같은 고문서를 통해서 살펴볼 수 있다.

3 4조는 부친, 조부, 증조부, 그리고 외조부를 칭한다. 처의 4조는 처부, 처조부, 처증조부, 처외조부다. 외조부가 포함되는 것은 아버지의 혼인관계를 드러내주기 때문이다.

4 이남희, 『조선후기 의역주팔세보 연구: 중인의 족보 편찬과 신분 변동』, 아카넷, 2021, 149쪽.

5 오세보, 팔세보, 십세보란 일반 족보처럼 시조를 기점으로 후손을 적어 내려오는 것이 아니라, 본인을 기점으로 조상을 거슬러 올라가는 형식을 취한다. 예컨대 팔세보는 본인을 상단으로 하여 아래로 부친, 조부, 증조부, 고조부 등 8대조를 차례로 기재하는 것이다. 이어 하단에는 외조부와 처부를 적는다.
19세기 들어 중인들은 의과팔세보, 의과보, 의보, 의등제보, 역과보, 역과팔세보, 역보, 역등제보, 등제팔세보, 미과팔세보, 의역주팔세보, 주학팔세보, 주학보 등과 같은 독자적인 팔세보 형식의 족보를 제작하기 시작했다.

6 송찬식, 「족보」, 『한국의 사회』, 국제문화재단, 1976.

7 노명호, 「한국사 연구와 족보」, 『한국사시민강좌』 24, 94~95쪽.

8 유학자들의 문집을 보면 족보 편찬과 관련한 기록을 쉽게 확인할 수 있다.

9 『선조실록』 28년 6월 10일.

10 이기백, 「족보와 현대사회」, 『한국사시민강좌』 24, 1999, 109~110쪽.

11 봉성기, 「한국의 족보도서관과 족보 콜렉션」, 『한국족보: 역동적인 전통』, 국립중앙도서관, 2006.

12 이남희, 앞의 책, 150쪽

13 송준호, 『조선사회사연구』, 일조각, 1987.

14 심승구, 「조선초기 족보의 간행형태에 관한 연구」, 『국사관논총』 89, 2000, 20쪽.

15 송준호, 앞의 책, 34쪽.

16 권영대 1981 ; 宮嶋博史 2008 ; 김문택 2003 ; 박용운 2005 ; 박영진 2004 ; 오영선 2001 ; 이남희 2000·2011 ; 이정란 2008 ; 차장섭 1997·2006 ; 최재석 1980 ; Edward W. Wagner 1988·1989.

17 『성화보』에 앞서 1423년(세종 5)에 간행한 『문화유씨영락보文化柳氏永樂譜』가 있다고 하나 서문序文만 남아 있을 뿐, 그 내용은 확인할 길이 없다. 중국에서 현존하는 가장 오래된 족보는 북경도서관에 보관되어 있는 명나라 때의 『가정각본嘉靖刻本』으로 알려져 있다. 중국의 족보 기재 양식은 우리의 그것과 차이점을 지니고 있다.(송준호, 「족보를 통해서 본 韓·中 양국의 전통 사회」,『조선사회사연구』,

1987, 475~500쪽)

18 『연려실기술燃藜室記述』 권14, 문예고전文藝典故 족보族譜.

19 이하 『성화보』, 『가정보』, 『을축보』, 『을해보』, 『경자보』로 줄인다.

20 현재 전하고 있지 않지만 15세기에는 13개의 성관, 16세기에는 21개의 성관이 족보를 간행한 것으로 보인다.(권기석, 「15~17세기 족보의 편제 방식과 성격: 서발문의 내용 분석을 중심으로」, 『규장각』 30, 2007, 59쪽) 그런데 17세기의 경우, 80개 성관으로 급증, 앞서 언급한 바와 같이 조선 후기에 족보 편찬이 성행하기 시작했음을 알 수 있다.

21 차장섭, 앞의 논문(1997), 34~35쪽. 1714년, 1743년, 1873년 간행된 강릉김씨 족보와 호구단자 등 고문서가 같이 발굴되었다.

22 차장섭, 앞의 논문(2006), 313~314쪽.

23 김문택, 앞의 논문, 102쪽.

24 천자문 순서대로 하면 '천天'장부터 '명鳴'장까지 모두 129장이어야 하지만, 천자문의 "조민벌죄弔民伐罪" 중 벌伐과 죄罪 장은 빠져 있어 총 127장으로 구성되어 있다.

25 정재훈, 「해주오씨족도고海州吳氏族圖考」, 『동아연구』 17, 1989. 족도族圖는 세계도世系圖로, 족보는 아니다.

26 뒤에서 살펴볼 외손의 경우도, 외손은 물론이고 외손의 손도 본손本孫과 마찬가지로 족도가 편찬될 당시까지 계속해서 기록했다.

27 이남희, 앞의 논문(2000), 35쪽.

28 『태종실록』 11년 윤12월 1일.

29 『태종실록』 15년 11월 1일.

30 『성종실록』 8년 7월 18일. 1477년(성종 8) 명하여, 일찍이 정승을 지낸 이와 의정부·육조·사헌부·사간원·한성부·돈녕부 2품 이상과 충훈부의 1품 이상 고위 관료들에게 부녀자의 재혼 금지에 대해 의논하게 했다. 의견을 개진한 46명의 조정 대신 중에서 42명이 재가를 부덕不德하게 보기는 하지만 재가녀가 아닌

삼가녀에 대해서는 규제해야 한다고 밝히고 있다.

31 이남희, 「안동권씨 성화보를 통해 본 조선 초기 여성의 再嫁 문제」, 『조선시대사학보』 57, 2011, 58쪽.

32 Edward W. Wagner, 앞의 논문(1988), 55쪽.

33 『영조실록』 39년 8월 1일.

34 『정조실록』 13년 1월 10일.

35 권영대, 앞의 논문, 313쪽.

36 권기석, 앞의 논문, 53쪽.

37 차장섭, 앞의 논문(1997), 52쪽. 고려 말에 간행된 『강릉김씨족도』에서는 친손과 외손을 구분하지 않고 동등하게 기록했다. 족도는 현재 전하지 않지만 1565년에 간행된 『을축보』의 범례에 내용의 일부가 기록되어 있어 파악할 수 있다. 족도에는 동성同姓과 이성異姓을 구분하지 않고 자손 가운데 비록 소원한 자도 모두 수록했다. 『을축보』와 『을해보』는 차장섭의 논의에 의거했다.

38 그런데 『을축보』의 범례에서 친손 중심으로 족보를 기록하는 원칙을 제시했다. "신보新譜에서는 단지 본종本宗만을 기록하고 이성異姓은 기록하지 않음으로써 존숭하는 바를 분명하게 했다. 여자를 기록하는 것은 재가자在家者는 진실로 동종同宗이 되기 때문이며, 출가자出嫁者는 맥이 끊어지지 않기 때문이다."

39 차장섭, 앞의 논문(2006), 314쪽.

40 칠거지악에 해당하더라도 부모의 삼년상을 함께 치렀거나, 장가들 때 가난했다가 뒤에 부귀하게 되었거나, 아내가 돌아가서 의지할 곳이 없는 경우는 '삼불거'라 하여, 버리지 못하도록 했다.

41 Edward W. Wagner, 앞의 논문(1988), 56쪽. 양자를 기재하는 방식 역시 조선 후기가 되면 변화하게 된다. 후기에는 양자를 기재할 경우 양부養父 아래 "子(자)" 대신에 양자임을 나타내주는 "系(계)" 또는 "系子(계자)"를 쓰고 그 이름을 적었다. 그런데 그 양자의 이름은 생부生父 밑에도 나오는데 "出系(출계)"라 표시했다. 하지만 『가정보』에서는 양자가 생부의 밑에만 이름이 나온다. 양자가 되었

다는 사실은 "繼(계)아무개后(후)"라는 주기註記 사항을 통해서 확인할 수 있다.

42 『세종실록』 24년 8월 14일.

43 일본에서는 부계 친족 이외에서도 양자를 받아들였다 한다.(渡邊浩, 『近世日本社會と宋學』, 東京大學校出版會, 1985)

44 『성종실록』 18년 8월 6일.

45 『세종실록』 17년 3월 4일.

46 『경국대전』 권5, 형전 사천私賤조.

47 문숙자, 『조선시대 재산상속과 가족』, 경인문화사, 2004, 121~122쪽. 부안 김씨 가의 전래문서傳來文書를 보면 딸은 출가하면 친정의 제사를 제대로 모실 수 없었다. 그러자 자연히 딸은 제사를 지내지 않는 대신 재산상속이 현저히 줄어들었다.

3장 조선의 여성들은 재혼을 했을까?

1 본래 명칭은 『안동권씨족보安東權氏族譜: 성화병신보成化丙申譜』다. 천天, 지地, 인人 3책으로 구성되어 있으며(규장각 소장), 1992년에 복간되었다(安東權氏中央宗親會, 『安東權氏族譜: 成化丙申譜』, 이호문화사, 1992). 이하 『성화보』로 줄인다. 1423년(세종 5) 간행된 『문화유씨영락보文化柳氏永樂譜』가 있다고 하나 서문만 남아 있을 뿐, 그 내용은 확인할 길이 없다.

2 과거시험 응시나 관리 임용 시 사조四祖를 확인하거나 지방 사회에서 향임鄕任을 임명할 때 신분을 확인하는 자료로 활용되었다.

3 Edward W. Wagner, 「1476年 安東權氏族譜와 1565年 文化柳氏族譜: 그 性格과 意味에 대한 考察」, 『석당논총』 15, 1989.

4 노명호, 「解題 - 安東權氏 成化譜에 대하여 -」, 『안동권씨족보: 성화병신보』, 1992.

5 宮嶋博史, 「『안동권씨성화보』를 통해서 본 한국 족보의 구조적 특성」, 『대동문화연구』 62, 2008 ; 권영대, 「成化譜考」, 『학술원론문집』 20, 인문사회과학편, 1981 ; 박영진, 「安東權氏 《成化譜》 연구」, 『동양예학』 12, 2004 ; 유경래, 「『文化

柳氏 嘉靖譜』와 『安東權氏 成化譜』에 나타난 貞顯王后의 人的 關係網」, 『한중인문학연구』 26, 2009 ; 이정란, 「족보의 자녀 수록방식을 통해서 본 여말선초 족보의 편찬 배경: 『安東權氏成化譜』, 『文化柳氏嘉靖譜』를 중심으로」, 『한국중세사연구』 25, 2008 ; Edward W. Wagner, 「안동 권씨 성화보와 문화 유씨 가정보를 통하여 본 조선 초기의 양반사회」, 『보학연구회보』 1, 1988.

6 박용운, 「安東權氏의 사례를 통해 본 高麗社會의 一斷面」, 『역사교육』 94, 2005. 이진한, 「『성화안동권씨세보成化安東權氏世譜』에 기재된 고려후기의 관직」, 『한국사학보』 22, 2006.

7 권영대, 앞의 논문, 317쪽.

8 현존하는 족보 중 양반 부녀자의 재가 기록이 있는 것은 『성화보』와 90년 뒤에 간행된 『문화유씨가정보文化柳氏嘉靖譜』(1565년, 명종 20)가 유일하다.

9 정재훈, 「해주오씨족도고」, 『동아연구』 17, 1989.

10 『성화보』는 각 장마다 천자문 순서대로 쪽 번호가 매겨져 있다.

11 이李 자 면 6단에도 女夫와 女가 나란히 기재되었으며, 이러한 사례는 『성화보』에서 산견된다.

12 『성화보』에 '女夫'가 아닌 '女'로 기록된 것은 종실宗室 왕족에게 시집간 경우에만 쓰고 있다.(박영진, 앞의 논문, 214쪽)

13 같은 해에 간행된 『강릉김씨을축보江陵金氏乙丑譜』, 1575년 『능성구씨을해보綾城具氏乙亥譜』, 1600년 『진성이씨족보眞城李氏族譜』에도 '女'로 기재되어 있다. 15, 16세기 간행된 족보들 중에서 『성화보』, 『가정보』 그리고 이들 족보들만이 현재 확인된다.

14 '女'와 함께 더러 '婿' 혹은 '壻', '女夫'를 사용하기도 했다.

15 『성화보』에는 "无後"라는 기록이 보인다. 이는 소생이 없다는 뜻이다. 무후라고 명기된 경우와 하단에 아무런 표시도 없는 경우가 같이 보인다. 후자의 경우 무후인 경우도 있지만 알 수 없는 경우도 있어 자료로 이용하는 데 주의를 요한다. 그리고 여부 밑에 무후라는 기록이 있을 때, 이는 가녀嫁女와 사위 사이에 소생

이 없다는 것이지, 사위의 다른 소생이 없다는 것은 아니다.

16 이는 당시의 사회경제적인 측면과도 밀접하게 관련되어 있는 듯하다. 조선 전기 재산 분배에서 모변전래 재산은 자신이 직접 낳은 자녀에게 나누어주거나 아니면 양자, 양녀를 지정해서 나누어주었다. 이러한 재산상속과 분급은 그 자신의 소생만을 족보에 기록하게 하는 방식에 영향을 미쳤을 것으로 여겨진다.(이정란, 앞의 논문, 129쪽)

17 『태종실록』 4년 4월 11일.

18 『성종실록』 10년 10월 1일.

19 『경국대전』 권3, 예전 제과조.

20 차장섭, 「조선시대 족보의 편찬과 의의: 강릉김씨 족보를 중심으로」, 『조선시대사학보』 2, 1997. 『강릉김씨을축보』(1565), 『능성구씨을해보』(1575), 『진성이씨족보』(1600)에서도 후부 기록이 보이지 않는다.

21 『성화보』 이후 1605년(선조 38)에 간행된 『안동권씨을사보』 범례에는 후부에 대한 언급이 없다. 자녀의 출생순 기록 원칙이 1701년(숙종 27) 『안동권씨신사보』까지 유지되고 있음을 볼 때, 후부 기록이 바로 사라졌음을 알 수 있다. 『성화보』 이후 안동 권씨 족보들 범례는 권영대의 앞의 논문 〈표 16〉(323쪽) 참조. 그리고 『성화보』에 수록되어 있던 후부와 그 가계 역시 이후 간행되는 안동 권씨 족보에서는 사라지고 만다.

22 권영대, 앞의 논문, 311쪽.

23 이들 3명(권체화權棣和와 두 아들 권전權傳과 권득權得)에 대해 권영대와 박영진은 동정공파로 보았다.(권영대, 같은 논문, 311쪽 및 박영진, 앞의 논문, 201쪽) 권체화를 동정공파의 파조派祖로 본 듯하다. 그런데 권영대는 다른 곳에서는 동정공파의 파조를 권체달權棣達로 적고 있다.(권영대, 같은 논문, 313쪽)

한편 미야지마 히로시宮嶋博史의 경우 동정공파는 권체화의 동생인 권체달을 중시로도 하는 파이며, 권체달은 『성화보』에 등장하지 않기 때문에 권체화계를 동정공파로 보는 것은 잘못이라 했다.(미야지마 히로시, 앞의 논문, 206쪽) 이는 타당한 지적으로 여겨진다. 그리고 미야지마는 권영대가 작성한 표를 부분 정해서 〈성화보 수록인원 일람표〉를 만들었다. 하지만 이들 3명을 빠뜨림으로써 『성화보』 수록 총 인원수를 9,117명으로 보았다.(미야지마 히로시, 같은 논문, 207쪽) 이 3명은 동정공파가 아니지만 『성화보』에 수록된 것은 분명하다. (지地자 면 2단과 3단) 그러므로 『성화보』에 수록된 총 인원은 9,120명이라 해야 할 것이다.

24 앞의 각주에서 지적한 3명은 본 연구에서는 기타로 처리했다. 또 다른 기타 2명은 권중시의 두 아들 권차평權次平과 권성원權性源인데 무후로 되어 있다.

25 권제는 권근의 아들로 17세손이다. 권제의 생몰년이 1387년(우왕 13)~1445년(세종 27)임을 감안할 때 『성화보』의 초반 작업은 세종 연간에 이루어진 것으로 여겨진다.

26 권부의 5남 4녀의 기록은 지地 자 면에서 현玄 자 면에 걸쳐서 보인다. 오자삼서五子三婿라고 한 연구(박영진, 앞의 논문, 202쪽)도 있으나 오자사서五子四婿가 맞는 듯하다.

27 권한공의 5남 6녀의 기록은 우宇 자 면에서 주宙 자 면에 걸쳐서 보인다. 오자칠서라고 하면 딸이 7명이었다고 볼 수 있으나, 권한공의 딸은 6명 이었는데 그중에 한 명이 재가를 했기 때문에 7명의 사위를 두게 된 것이다.

28 개별 사례를 통해서 재가녀의 혼인 과정과 후부의 사회적 지위도 알 수 있다. 이러한 개별 사례에 대해서는 다음 기회에 본격적으로 다루고자 한다.

29 후부 앞에 기재되는 관직은 『성화보』 에 기재된 것을 그대로 가져왔다. 관직이 기재되지 않은 경우도 있다.

30 『성화보』 중간본重刊本[權泰斗, 成化譜重刊所, 1929] 자字 자 면을 보면 이득수로 되어 있다. 그런데 중간본은 초간본(규장각 소장)과 대조해보면 오자 내지 탈루들이 발견된다.(노명호, 앞의 논문, 2쪽) 여기서는 규장각 소장본에 의거해 이수득으로 했다.

31 박영진, 앞의 논문, 210~211쪽.

32 『태조실록』 5년 1월 20일.

33 변남용 역시 앞서 염제신처럼 처음 혼인이 아니었다. 변남용은 전실 부인이 죽자 염제신의 딸을 재취 부인으로 맞이했다. 그들 사이에서 효경, 효문 두 아들을 두었다(신身 자 면).

34 『태조실록』 4년 12월 11일.

35 『태종실록』 2년 10월 16일.

36 『고려사』에 따르면 족보의 권정주權定柱는 정주定住의 잘못이다.(박용운, 앞의 논문, 66쪽)

37 전부 최운해(1347~1404)는 여말선초 무신으로 졸기가 실록에 수록되어 있다.(『태종실록』 4년 7월 9일)

38 1371년(공민왕 20) 처남 신순이 신돈의 당여로 지목받아 사형당하자, 이에 연좌되어 무릉도武陵島에 유배되었다. 그 뒤 생사를 알지 못하다가 일본에 표류했다는 소문을 들은 부인 신씨辛氏가 도당都堂에 요청해 가노家奴를 일본에 보내 찾아왔다.(『태조실록』 총서)

39 『태종실록』 16년 4월 14일.

40 『예종실록』 1년 6월 22일 기사에서 작년(예종 즉위년)에 죽었다는 내용을 확인할 수 있다.

41 『성종실록』 9년 11월 26일. 졸기에 기재된 아들은 정현조鄭顯祖, 정숭조鄭崇祖, 정경조鄭敬祖, 정상조鄭尙祖다. 정현조는 세조의 딸인 의숙공주懿淑公主에게 장가들었고, 좌리공신佐理功臣과 하성군河城君에 봉해졌으며, 정숭조도 좌리공신과 하남군河南君에 봉해졌다.

42 권영대, 앞의 논문, 317쪽.

43 박영진, 앞의 논문, 208～209쪽.

44 권영대, 앞의 논문 〈표 2〉와 〈표 3〉(311~312쪽)을 토대로 작성했다.

45 태조의 서형제로 혼동하여 『선원록』에 올리면 안 되기 때문에 태종의 명에 따라 1412년(태종 12) 『선원록璿源錄』·『종친록宗親錄』·『유부록類附錄』을 만들

었다.(『태종실록』 12년 10월 26일) 조계祖系를 서술한 것은 선원璿源이라 하고, 종자宗子를 서술한 것은 종친宗親이라 하고, 종녀宗女와 서얼庶孼을 서술한 것은 유부類附라 한 것이다.

46 『성종실록』 8년 7월 17일. 이 논의는 같은 달 7월 이심李諶의 처 조씨가 김주金澍에게 재가하면서 발생한 문제를 논하는 과정에서 발의된 것이다. 조씨가 스스로 시집갈 지아비를 중매하여 추악한 소리가 흘러 들리고 있었기 때문이다. 이를 다스리지 않으면, 중인 이하의 여자는 모두가 장차 이심의 처를 핑계하여 수신守信하는 행실이 없어져 예속이 무너질까 우려하고 있었다.

47 개가改嫁에 대해서는 장병인, 『조선전기 혼인제와 성차별』, 일지사, 1997 참조.

48 장병인, 같은 책, 94~95쪽.

49 『국조문과방목國朝文科榜目』 권1, 규장각[奎106]). 변효경은 1414년 (태종 14) 식년시 생원시에 합격했다.(『갑오식년사마방목甲午式年司馬榜目』, 국립중앙도서관[古2511-10-43])

50 와그너, 앞의 논문(1988), 57쪽 ; 『국조문과방목』 권5.

51 권영대, 앞의 논문(〈표 8〉, 317쪽)을 보면, 죽산 안씨와 최인부의 자녀는 "—"라 하여 없다는 표시를 하고, 비고에"無子(무자)"라고 했다. 그러나 성화보 현玄 자면을 보면 "光(광)" 참조 표시가 있어 해당 광 자 면을 보면 최인부 소생으로 아들 1명을 확인할 수 있다. 이는 현 자 면에 소생 표시가 없는 데 따랐기 때문인 듯하다.

52 최린의 문과 합격 사실은 와그너, 앞의 논문(1988), 57~58쪽을 참조했다 ; 『국조문과방목』 권3. 최린은 1447년(세종 29) 식년 생원시에 합격했다.(『사마방목司馬榜目, 하버드옌칭도서관[K 2291.7 1746(1447)])

53 『국조문과방목』 권2. 정창은 1432년(세종 14) 식년 생원시에 장원으로 합격했다. 그런데 특이한 점은 『성화보』에 외손자의 무과 합격은 기재한 반면, 최린과 정창의 문과 합격에 대해서는 최린은 교리校理, 정창은 군사軍事라고만 명기하고 있다. 『성화보』의 범례가 남아 있지 않아 정확하게 알 수 없지만 이러한 점은 일반

적인 족보 기재 양식과는 다른 점이다. 과거 합격 여부는 족보 기재 사항에서 중요한 항목이기 때문이다. 특히 문과 합격 사실을 밝히는 것이 일반적이다. 따라서 족원의 문과 시험 합격 여부를 확인하기가 쉽지 않다. 『성화보』의 관력 기재 사항의 미비점에 대해서는 박용운, 앞의 논문에서 다룬 바 있다.

54 장병인, 앞의 책, 101쪽.

55 와그너, 앞의 논문(1988), 57쪽.

56 장병인, 앞의 책, 104쪽.

57 차此 자 면을 보면 후부 유균은 무후로 적고 있다. 여부 남의는 하단에 아무런 기록이 없지만, 발髮 자 면을 보면 무후로 기록되어 있다.

58 『문종실록』 즉위년 4월 13일. 자녀안에 실린 자라도 실행녀 자손의 경우에는 서반의 서용만이 가능했던 데 반해, 삼가녀 자손의 경우에는 대성臺省과 정조政曹의 임용만이 금지되었다. 이 외의 동서반 서용은 제한받지 않았으며 부시赴試도 가능했으리라 보인다.(장병인, 앞의 책, 89쪽)

59 『예종실록』 1년 6월 22일.

60 『세조실록』 13년 8월 5일.

4장 조선의 지식인 여성, 여성선비와 여중군자

1 박주, 『조선시대 여성과 유교문화』, 국학자료원, 2008.

2 공식적인 교육기관으로서의 학교는 없었지만 실제 생활에서 여성들의 교육은 중요한 위치를 차지하고 있었다. 김재인 외, 『한국 여성교육의 변천과정 연구』, 한국여성개발원, 2001 참조.

3 여성지성사라는 측면에서 접근한 사례도 있다. 이혜순, 『조선조 후기 여성 지성사』, 이화여대출판부, 2007.

4 다음 웹사이트와 자료집이 참조된다. 한국고전종합DB(http://db.itkc.or.kr) ; 조선왕조실록(http://sillok.history.go.kr) ; 승정원일기(http://sjw.history.go.kr) ; 한

국역사정보통합시스템(https://www.koreanhistory.or.kr) ; 한국사데이터베이스(https://db.history.go.kr) ; 정형지 외 역주, 『17세기 여성생활사 자료집』 1~4, 보고사, 2006 ; 황수연 외 역주, 『18세기 여성생활사 자료집』 1~8, 보고사, 2010 등.

5 최근 인문, 사회과학 분야에서 '개념'을 통해서 파악하려는 시도가 두드러지고 있다. 좋은 예로 하영선 외, 『근대한국의 사회과학 개념 형성사』(창작과비평사, 2009), 한국개념사총서 시리즈[박명규, 『국민·인민·시민』(소화, 2009) ; 박찬승, 『민족·민족주의』(소화, 2016) ; 노대환, 『문명』(소화, 2010)], 나인호, 『개념사란 무엇인가: 역사와 언어의 새로운 만남』(역사와 비평사, 2011), 라인하르트 코젤렉 외/ 안삼환 외 옮김, 『코젤렉의 개념사 사전』(푸른역사, 2010) 등을 들 수 있겠다. 근대 들어서 새로운 개념이 형성되고 수용되는 것도 중요하지만, 그에 못지않게 이미 있던 개념에 대한 연구 역시 중요하다.

6 예컨대 한영우의 『한국선비지성사』(지식산업사, 2010)에서 여성은 다루어지지 않았다.

7 정옥자, 『우리가 정말 알아야 할 우리 선비』, 현암사, 2006, 21쪽.

8 그런 측면에서 여사서女四書 범주와는 성격을 달리한다고 하겠다. 여사서의 경우 무엇보다 사서四書의 내역 자체가 다르다. 그러니까 여성과 남성의 구분을 분명하게 해두고서, 남성의 사서(논어, 맹자, 대학, 중용)에 대응하는 것으로서의 여성들의 '사서(여계, 여논어, 내훈, 여범)' 범주를 설정하고 있기 때문이다. 역시 앞에 '여女'자를 붙여야 하는 일정한 한계가 남아 있다는 지적도 가능하다.

9 『헌종실록』 4년 7월 6일. "처민의 딸이 추악하게 무함하는 정신병자의 말을 한 번 듣고는 문득 자살하였으니, 옛날의 열장부烈丈夫라도 어떻게 이보다 더할 수 있겠는가. 참으로 여사라고 할 만하다.(處敏之女, 一聞狂易人醜誣之言, 輒自死, 雖古之烈丈夫, 何以加此. 其可謂**女士**也已.)" 강조는 인용자, 이하 마찬가지.

10 『철종실록』 8년 8월 9일. "하늘과 조종祖宗께서 우리나라를 돌보아 도와서 성스러운 여사를 내려 보내어 지존至尊의 배필이 되게 함으로써 태평스러운 정치를 돕게 했으며, 두 번이나 수렴청정을 하여 몹시 곤란했던 사세를 크게 구제했습

니다. 현비賢妃로서 도와준 것이 컸고 성모聖母로서 성취시킨 것이 장원長遠하였으니, 어찌 거룩하지 않겠습니까.(竊伏念惟天惟祖宗, 眷棐我邦家, 降之以**女士**之聖, 儷極媲尊, 佑治太平, 再奠寰宇, 洪濟艱難. 爲賢妃而助之者, 深爲聖母而成之者遠, 於戲, 豈不盛哉.)"

11 『고종실록』 7년 1월 1일. "장순왕대비 전하께서는 사록沙麓의 정기를 받고 해어나 위예潙汭의 관형觀刑을 본받았으니, 충실한 가문에서 가르침이 없이도 시詩와 예禮를 행하는 훌륭한 여사이다. 천지 일월같이 넓고 밝음으로 성인의 배필이 되어 유유한정有幽閒貞하게 부도婦道를 다하였으며, 단일성장端一誠莊한 덕으로 내치內治를 다하셨으니, 훌륭한 공을 찬양할 만하다.(章純王大妃殿下, 沙麓毓慶, 潙汭觀刑, 不煩姆教. 生忠蓋之門, 服詩禮之訓. 釐爾**女士**, 合天地其大, 儷日月其明. 以聖配聖人, 見其有幽閒貞靜, 爲婦盡婦道, 德之行端一誠莊. 肆內治助之者深, 猗隆功煥然可述.)"

12 『고종실록』 4년 1월 9일. "대왕대비께서는 영명하기가 참으로 옛날의 명철한 왕비의 훌륭한 모범보다 훨씬 더 뛰어났다. 문충공과 충경공이 시집올 때 일러준 말에서 아름다운 훈계를 이어받았고, 정순왕후와 순원왕후가 왕후로 있으면서 시행한 교화에서 아름다운 규범을 상고하였다. 선대 임금을 대신하여 정사를 볼 때에는 부인에게 잘 다스리는 신하가 있었고, 후손이 영묘하고 길이 번성할 기초를 열매 여사에게 손자가 따랐다.(粤我慈聖英, 猶允邁古哲妃徽範. 襲嘉訓於文忠, 忠敬擎帨飭教, 稽懿典於貞純, 純元裘冕敷化. 當寧考代攝之日, 當寧考代攝之日, 有亂臣於婦人, 啓祚胤靈長之基, 從孫子於**女士**.)"

13 『고종실록』 4년 1월 15일. "그의 아내 이씨李氏는 세상에서 말하는 신축년(1721)과 임인년(1722)의 여사 가운데 한 사람입니다. 세자를 세우는 문제로 옥사가 일어났을 때 친정집과 시집 두 집안이 모두 참화를 입어 이씨도 잡힌 몸이 되었으나 의연히 스스로 목숨을 끊어 마침내 큰 절개를 세웠습니다.(其妻李氏, 世所稱辛壬**女士**之一也. 當懟儲獄起, 親舅兩門, 竝受慘禍, 李氏亦被逮, 毅然自裁, 竟立大節.)"

14 『고종실록』 7년 2월 30일. "고 이조참의 박신규朴臣圭의 아내 이씨李氏는 일상

생활에서 행실이 아름다웠으므로 실로 여사라 칭해졌고 남편이 죽고 장사를 지낸 뒤에 가사家事를 처리하고 의연히 자결하였습니다. 이러한 효성과 정절에 대해 모두 공론이 있은 지 오래입니다. 특별히 정려旌閭하는 법을 시행하여 풍속을 장려하소서.(故吏議朴臣圭妻李氏, 平居懿行, 實有**女士**之譽, 夫歿既葬, 處置家事, 毅然下從. 是孝是烈之竝有公議也久矣, 請特施綽楔之典, 以樹風聲.)"

15 『고종실록』 38년 11월 13일. "그의 처 유씨는 여사의 행실로서 목숨을 바칠 결심을 하고 있었는데 남편이 참화를 당하자 이튿날 마침내 자살하고 말았습니다.(其妻兪氏, 以**女士**之行, 定殉死之志, 及其夫遭禍翌日, 竟自處下從.)"

16 『순종실록부록』 19년 6월 11일. "계비인 황태후는 영돈녕사사 해풍 부원군 윤택영의 따님이시었다. 태어나면서부터 기이한 자태가 있었고 자라면서 여사로서 행실이 있었다. 동궁의 비가 되고, 그 다음 해에 황후의 지위에 올랐다. 지위가 높다고 해서 분노의 기색을 아랫사람에게 드러내지 않으니, 황제가 심히 중히 여겼다. 대궐에 들어온 지 21년 동안 궁정에서 나쁘게 평가하는 말이 없었으며 6궁宮이 칭송하였다.(繼配今皇太后, 領敦寧司事海豐府院君尹澤榮女. 生而有異姿, 稍長而有**女士**行. 始作妃, 東宮纔逾年而陞皇后位. 不以位極尊貴加諸辭色, 帝甚重之. 入闇二十一年, 庭無間言, 六宮誦之.)"

17 『승정원일기』 고종 4년 1월 15일.

18 『승정원일기』 순조 9년 3월 14일. "陽城士人權斗容妻李氏, 幼而有女士之操, 酷好小學·孝經·五倫行實等書, 至忠臣烈婦伏節死義之處, 三復流涕, 凡於孝行節義之事, 手抄諺錄, 昕夕諷讀, 蓋其節義根於天性."

19 『승정원일기』 고종 4년 1월 9일.

20 『승정원일기』 영조 12년 2월 25일 ; 순조 2년 9월 16일 ; 고종 4년 5월 1일, 고종 7년 1월 1일.

21 "既醉卒章云, 釐以女士, 從以孫子, 此乃頌祝之辭也, 女士, 卽女中之士也."(『승정원일기』 영조 12년 2월 25일)

22 "古詩云, 釐爾女士, 從以子孫, 言畀女子之有士行者, 因有子孫之福也."(『승정원일기』

고종 4년 5월 1일)

23 1907년 노상직盧相稷이 한글로 번역하여 편찬한 책으로 『여사수지女士須知』가 있다[1권 1책. 목판본]. 부녀자들이 배워야 할 내칙內則, 열녀전, 소학 삼강행실 등을 축약해서 한글로 번역한 것이다. 그 내용으로 보아 여기서의 여사는 여성 선비라기보다는 일반 여성을 가리킨다고 하겠으며, 이는 다음 용례에서도 알 수 있다. "命圭曰, 此章亦如上章, 別無可陳之文義, 而以淫戲之辭觀之, 非特女悅男之可醜, 狡童狂童云者, 豈狡與狂而已哉. 童者未成人之稱, 雖未童推之年, 而其行己未能成人, 則宜其以童指斥, 而慢悔之. 然則其男子之無行, 可以推知, 而女士之俱耽, 尤不可說矣."(『승정원일기』 순조 18년 10월 3일)

24 세종조에서도 "친족을 잘 보살피고 가정을 다스림에 항상 자비롭고 화목한 생각이 간절하였고, 홀몸이 되어서 한결같은 마음으로 절개를 지킨" 신안택주信安宅主에게 여사라고 칭하고 있다.(『세종실록』 15년 윤8월 15일)

25 박주, 『조선시대의 정표정책』, 일조각, 1990.

26 『옥오재집玉吾齋集』 권15, 「선비행장先妣行狀」; 『소현재집疎玄齋集』 권13, 「공인청송심씨묘지명恭人青松沈氏墓誌銘」.

27 『현문집玄文集』 권7, 「망실생진제문亡室生辰祭文」.

28 『약헌집約軒集』 권11, 「제백제문祭伯娣文」.

29 『문곡집文谷集』 권19, 「고숙인김씨묘지명姑淑人金氏墓誌銘」.

30 비록 문자를 공부하지는 않았으나 식견이 매우 높아 사리를 따지고 시비를 분별함에 이르러서는 의연하게 사군자士君子의 풍모가 있었다(『문곡집』 권21, 「정경부인정씨행장貞敬夫人鄭氏行狀」). 비록 문사에 애쓰지는 않았지만 성품과 행실은 명숙하였으며 사리에 통달하여 조금도 어지러운 것이 없었고 옛 여사의 풍모가 있었다.(『약헌집』 권12, 「제망여문祭亡女文」)

31 숙인 청송 심씨(1658~1727) 사례는 좁은 의미의 여성선비에 속한다고 할 수 있겠다. 심씨 부인은 자식들을 능히 가르치어 어려서 공부할 때 산가지를 잡고 자식들이 책 읽는 횟수를 세었고 손자에게는 직접 한글로 번역하여 책을 주어 가르침

에 도움이 되게 하였다.(『동계집東谿集』 권4, 「선비행장기유先妣行狀己酉」)

32 『논어論語』, 술이편述而篇.

33 이순형, 『한국의 명문종가』, 서울대학교 출판부, 2000 ; 이순형, 「조선여성은 억압 받았는가」, 『전통과 현대』 12, 2000.

34 『승정원일기』 영조 10년 6월 10일. "昨日講左傳, 已知之, 而莊姜, 眞女中君子也.若魯曰, 我思古人, 實獲我心等語, 自有見得道理處, 而以婦人而如此, 尤可奇也."

35 『승정원일기』 영조 11년 6월 21일. "鄧太后, 誠女中君子耳. 健基曰, 卽今進上, 亦多不緊切之物, 至如生熟竹筍之類多矣."

36 밥상을 눈높이까지 들어 올려 바치는 것으로 남편을 깍듯이 공경함으로써 내외가 서로 신뢰를 쌓고 가정을 화목하게 함을 이르는 것이다.

37 『승정원일기』 영조 15년 5월 16일. "孟光有擧案齊眉之德, 眞是女中君子, 而當初猶未免自擇其配, 此亦非矣." 맹광은 여사라고 칭해지기도 했다(황수연 · 김기림 역주, 『17세기 여성생활사 자료집』 2, 「정부인에 추증된 오씨의 묘지명」, 보고사, 2006, 180쪽).

38 『영조실록』 34년 1월 4일. 월성위 김한신 졸기 참조.

39 『승정원일기』 정조 7년 2월 6일. "命書傳敎曰, 和順貴主主第, 旣擧棹楔之典, 旌閭日祭文, 親撰以下, 以此分付. 因此而又有起感者, 和平貴主之德之行宮中, 至今稱女中君子."

40 『영조실록』 34년 1월 17일. 화순옹주 졸기 참조.

41 "하교하기를, '사람이 제 몸을 버리는 것은 모두 어려워한다. 그렇기 때문에 신하가 그리하였을 경우에는 충신이 되고 자식이 그리하였을 경우에는 효자가 되고 부녀자가 그리하였을 경우에는 열녀가 되는 것이다. 어떤 사람은 '지어미가 지아비를 따라 죽는 것은 교훈으로 삼기 어렵다' 고 하였다. 그러나 자식이 생명을 잃은 것을 성인이 경계하였지만 거상居喪을 끝내지 못하고 죽어도 효도에 지장이 없고 보면 지어미가 지아비를 위하는 것에 있어서 무엇이 이와 다르겠는가. 부부의 의리를 중히 여겨 같은 무덤에 묻히려고 결연히 뜻을 따라 죽기란 어렵지 않는가, 매섭지 않은가? 여염의 일반 백성들도 어렵게 여기는데 더구나 제왕

의 가문이겠는가? 백주를 읊은 시는 겨우 『시경』에 나타나 있으나 죽음으로 따라간 자가 있었다는 말은 듣지 못하였다. 그러고 보면 우리 화순귀주는 매우 뛰어났다고 하겠다.
월성도위의 상喪에 화순귀주가 10여 일간 물과 음식을 먹지 않다가 죽었는데, 그때 선대왕께서 그의 집에 가시어 위로하면서 음식을 권하였으나 끝내 강권하지 못하였다. 어질고 효성스러운 화순귀주가 임금과 어버이의 말씀을 받들어 따라야 한다는 의리를 모르지는 않았겠지만 결국 그의 한번 정한 뜻을 바꾸지 않았던 것은, 정말 왕명을 따르는 효도는 작고 남편을 따라 죽는 의리는 크기 때문이었다. 아! 참으로 매섭도다. 옛날 제왕의 가문에 없었던 일이 우리 가문에서만 있었으니, 동방에 곧은 정조와 믿음이 있는 여인이 있다는 근거가 있을 뿐만이 아니라, 어찌 우리 가문의 아름다운 법도에 빛이 나지 않겠는가? 더구나 화순귀주는 평소 성품이 부드럽고 고우며 덕의德義가 순일하게 갖추어져 있었으니, 대체로 본디부터 죽고 사는 의리의 경중을 잘 알고 있으므로 외고집의 성품인 사람이 자결한 것과는 비교가 되지 않는다. 참으로 어질도다. 화순귀주와 같은 뛰어난 행실이 있으면 정문旌門의 은전恩典을 어찌 베풀지 않을 수 있겠는가. 내가 이를 잊은 적이 없었으나 미처 거행하지 못하였다. 지금 각도의 효열을 포상하는 때를 맞아 슬픈 감회가 더욱더 일어난다. 유사로 하여금 화순귀주의 마을에 가서 정문을 세우고 열녀문이라고 명명하라'고 하였다."(『정조실록』 7년 2월 6일)

42 『홍재전서』에는 화순옹주의 언니 화평귀주和平貴主에 대해서 '대궐안의 여사' [女士壼內]라 칭하고 있다. 그녀의 치제문에 다음과 같은 구절이 보인다. "아름다우신 고모님이여, 황조께서 사랑을 쏟으셨으니, 은황의 옥질이고 대궐 안의 여사이셨나이다.(懿哉令姑, 皇祖鍾愛, 銀潢玉質, 女士壼內.)"(『홍재전서』 권20, 제문祭文)

43 『황성신문』 1907년 9월 24일자에 「여중군자」라는 제목의 기사가 보인다. "女中君子 女子敎育會中署事務長 張旭子氏가 帝國新聞停刊훈 事에 對하야 捐助文을 發起하야 一般 女子敎育界에 發佈하얏는딕 言辭의 激切홈이 熱誠의 出훈지라 此로

推觀하건딕 男子가 되야 公益의 事를 贊成치 아니하난 者난 엇지 張旭子氏가 愧치 아니리오." 그리고 일제강점기에 간행된 『반도시론』 제2권 5호(1918년 5월)에 「現世의 女中君子 谷城李夫人實記를 讀함」이라는 기사가 보인다.

44 이남희, 「조선사회의 유교화와 여성의 위상」, 『원불교사상과 종교문화』 48, 2011, 164쪽.

45 이에 대해서는 『진단학보』 85집(1998) 기획특집 '『삼강행실도三綱行實圖』의 종합적 검토' 참조.

46 박주, 『조선시대의 여성과 유교문화』, 국학자료원, 2008, 24~25쪽.

47 『경국대전』 권3, 예전 장려조.

48 『경국대전』 권3, 예전 제과조. 과부의 재혼은 1894년 갑오경장에서 허용되었다.

49 강명관, 「열행과 죽음의 단일화와 그 급격한 증가」, 『열녀의 탄생』, 돌베개, 2009, 490쪽.

50 여성의 노동력과 관련하여 윤지당, 정일당과 같은 18세기를 살았던 이덕무는 『사소절』에서 다음과 같이 적고 있다. "선비의 아내는 집안의 생계가 가난하고 궁핍하면 조금이나마 살아갈 도리를 마련하여 일을 하는 것이 안 될 것이 없다. 길쌈을 하고, 누에를 치는 일은 진실로 그 근본이 되는 일이요, 심지어 닭과 오리를 치고 장과 초와 술과 기름을 사고팔고 또 대추, 밤, 감, 귤, 석류 등을 잘 보관해두었다가 때를 기다려 내어판다. … 이는 오직 생계에 도움이 될 뿐만 아니라 역시 부녀자 수공[女工]의 한가지이다." 이 외에도 여성노동을 강조하는 내용이 도처에 보인다.(정해은, 「조선후기 여성 실학자 빙허각 이씨」, 『여성과사회』 8, 1997, 300쪽)

51 이영춘, 「강정일당의 생애와 사상」, 『조선시대사학보』 13, 2000, 128쪽.

52 18세기 여성의 문중교육은 친정으로부터 받은 문중교육, 결혼 후에 시가의 종부에게서 받은 문중교육 두 가지로 나누어 볼 수도 있다. (오영교, 「조선시대 문중의 여성교육과 임윤지당」, 『원유한교수정년기념논총』, 2000)

53 이덕무, 『사소절』 부의婦議.

54 이혜순, 『조선조 후기 여성 지성사』, 이화여대출판부, 2007.

55 『정일당유고』 「척독」 42.

56 윤지당과 녹문 사이의 두터운 우애와 존경은 녹문을 위해서 쓴 제문 「제중씨녹문선생문祭仲氏鹿門先生文」에서도 확인해볼 수 있다.

57 주자의 '태임과 태사를 존경하노라'라고 한 말에서 따왔다. 그러나 그 뜻은 태임의 친정이었던 '지중씨임摯仲氏任'의 '지摯'라는 글자를 취한 것이다. "지임摯任씨를 독실히 믿는다"는 말과 같은 뜻이다. 이종 형님 한정당 송공宋公(송문흠)께서 직접 누님을 위해 도장을 새겨주었다. 이때부터 집안 친지들 사이에서 '윤지당'이라고 부르게 되었다."(『윤지당유고』 「유사遺事」)

58 『윤지당유고』 「문초등송계상시단인」.

59 내가 젊어서 중용과 대학을 읽고 혼자서 깨달은 것을 몰래 저술해보고자 했으나, 그럭저럭 세월을 보내면서 하지 못하였다. … 지금에 와서 이러한 경의經義에 대하여 헤아려 보니, 전일 그냥 지나쳤던 곳에 간혹 독자적으로 발견한 것도 있다.(『윤지당유고』 「중용中庸」)

60 오영교, 앞의 논문, 254쪽.

61 『윤지당유고』 「유사」.

62 유영희, 앞의 논문, 237쪽.

63 유학사적 위치에 대해서는 김현이 처음으로 녹문학파의 일원으로 다룬 바 있다(김현, 「녹문학파」, 『조선유학의 학파들』, 예문서원, 1996). 성리학자로서의 윤지당에 대한 연구는 김미란 1994 ; 이영춘 1996 ; 김현 2004 ; 이혜순 2004 ; 김미영 2005 ; 유영희 2005 등이 있다.

64 『윤지당유고』는 허미자가 편집한 『조선조여류시문집』(태학사, 1988)에 합편되면서 널리 알려졌다. 이어 이영춘이 『임윤지당: 국역윤지당유고』(혜안, 1998)를 간행했다. 그리고 원주시에서 간행한 『국역윤지당유고』(원주시청, 2001)가 있다. 이 글에서는 이영춘 본을 참조했다.

65 임정주는 1762년(영조 38) 진사시에 합격한 뒤 서연관으로 세손인 정조를 보필

했으며, 신광우는 1777년(정조 1) 문과에 합격하여 사간원 대사간을 역임했다.

66 『윤지당유고』「문초등송계상시단인文草謄送溪上時短引」. 자신의 문집을 편찬하기 위해 원고를 베껴서 동생 임정주에게 보낼 때 같이 써서 보낸 것으로, 저자 서문의 성격을 지닌다.

67 『윤지당유고』「후기」.

68 『윤지당유고』「유사」.

69 이에 대해 다음과 같이 탄식하기도 했다. "가만히 생각해보니 나는 타고난 운명이 기이하게도 박복하였다. 이른바 네 부류의 불쌍한 사람(홀아비, 과부, 고아, 무의탁노인) 중에서 세 가지를 골고루 갖추고 있다. 앞으로 바라보고 뒤로 돌아보아도 스스로 위로할 것이 없다. 예로부터 지금까지 나와 같이 박복한 사람이 몇 사람이나 될까."(『윤지당유고』「인잠忍箴」)

70 남자의 원리는 씩씩한 것이고, 여자의 원리는 유순한 것이니 각기 그 법칙이 있다. 성녀 태사와 성인 문왕께서 한 업적이 달랐던 것은 서로 그 분수가 달랐기 때문이다. 그러나 다 같이 천성대로 최선을 다했던 것은 그 천리가 같기 때문이다.(『윤지당유고』「유사」)

71 윤지당의 무덤은 강원도 원주시에 있다. 그 무덤은 시할아버지 무덤 발치에 있는데, 후사가 없어 여기 묻히면 후손이 돌봐줄 거라 생각해 그리했다 한다.(김석근 외, 『한국문화대탐사』, 아산서원, 2015, 397쪽)

72 '여사'라는 용어는 고대 중국의 경서 『시경』 대아, 생민지십, 기취편에 이미 나타나고 있다. 8장 4구로 되어 있는 시다. 기원전부터 '여사'라는 용어가 사용되었음을 확인할 수 있다. 이남희, 앞의 논문(2012), 47쪽.

73 『윤지당유고』「송씨능상전宋氏(能相)傳」.

74 『윤지당유고』「유사」.

75 『윤지당유고』「극기복례위인설克己復禮爲仁說」.

76 보통 사람이나 성인은 다 같이 태극의 이치를 함께 얻어 그 성품이 형성된 것이다. 다만 타고난 기질에 구애되고 욕심에 사로잡혀 지혜롭기도 하고 어리석기도

하며, 어질기도 하며 못나기도 한 차등이 있을 뿐이다. 그러므로 천성적으로 부여받은 본성은 같은 것이다.(『윤지당유고』「논안자소락論顏子所樂」)

77 사람의 성품은 모두가 선한 것인데, 요 · 순 · 주공 · 공자와 같은 성인이 되지 못하는 것은 무슨 까닭인가. 사람의 사욕이 본래의 성품을 해치기 때문이다. 능히 사욕을 제재할 수만 있다면 자연의 순리가 저절로 보존되어 우리도 요 · 순 · 주공 · 공자와 같은 성인이 될 수 있다.(『윤지당유고』「비검명匕劍銘」)

78 「한국역대인물종합정보시스템」(http://people.aks.ac.kr) ; 『국조문과방목國朝文科榜目』(규장각한국학연구원[奎 106]).

79 장서각 고문서연구실 편, 「서파유희전서 발간개요」, 『진주유씨서파유희전서晉州柳氏西陂柳僖全書』Ⅰ, 한국학중앙연구원, 2008, 2쪽.

80 유희柳僖, 「방편자문록方便子文錄」 권2, 〈황고가장皇考家狀〉, 『문통文通』, 장서각 고문서연구실 편, 『진주유씨서파유희전서』Ⅱ, 한국학중앙연구원, 2008. 〈황고가장〉에는 부친과 모친이 결혼에 이르게 된 내막이 자세하게 소개되어 있다. 사주당의 아들 유희의 문집 『문통文通』은 후손가에서 발견, 알려지게 되었다(2003년). 『문통』에는 유학자이자 음운학자 유희가 지은 〈선비숙인이씨가장先妣淑人李氏家狀〉이 수록되어 있다. 이로써 사주당 연구에 새로운 전기가 마련되었다. 〈선비숙인이씨가장〉은 거의 200년 동안 파란을 겪었다. 『문통』은 사주당의 4대손에 이르러 막내 계통 이근영李近永이 보관하게 되었다. 그는 문집을 재정리하고 필사했으며, 그 과정에서 정인보鄭寅普에게도 보여주었다. 그는 1949년 고혈압으로 갑작스레 사망했는데, 아들 래현에 의하면 "문집 발간과 정리에 많은 돈을 들여 남은 것이 없었다"고 한다. 『문통』은 이근영의 부인 권말연이 보관하다가 2004년 한국학중앙연구원 장서각에 기탁했다(이에 대해서는 김석근 외, 『한국문화대탐사』, 아산서원, 2015, 393~395쪽 참조). 그리고 『진주유씨서파유희전서』 Ⅰ·Ⅱ로 영인되었다(한국학중앙연구원 장서각, 2008).

81 유한규의 두 번째 부인이라는 연구(정해은, 「조선시대 태교 담론에서 바라본 이사주당의 태교론」, 『여성과 역사』 10, 2009, 4쪽)도 있으나 네 번째 부인이 맞다.

〈선비숙인이씨가장〉을 통해 확인할 수 있다.

82 及三矜決, 不復娶. 聞清州有處子, 通經史, 持行卓異, 喜曰是定善養老, 竟娶之果然. 母夫人常多不安節, 府君及李夫人, 不解衣護侍, 飮食非賜不入口, 言語非問不出口, 八年如一日.(『문통』〈황고가장〉)

83 先人喜實副名敬遇, 不以邦人. 爲序其所抄, 書謂伯仲內訓女範. 妣旣歸, 韜文史, 議酒食, 竭志承歡 久無或惰. 至嗣親八年間, 柳氏咸謂, 新婦不知勞, 不知怒, 柔善人.(유희, 「방편자문록」 권2, 〈선비숙인이씨가장〉, 『문통』, 장서각 고문서연구실 편, 『진주유씨서파유희전서』Ⅱ, 한국학중앙연구원, 2008)

84 『문통』〈선비숙인이씨가장〉.

85 『崇禎再甲子式年司馬榜目』(한국학중앙연구원 장서각[B13LB-14]).

86 猶令子贏粮遊學, 不令女執爨.(『문통』〈선비숙인이씨가장〉)

87 오가는 장사치들도 에누리를 않으며 "어찌 마님께서 우리를 속이시겠습니까"라고 하였다.(至過商交易者曰, 豈媽媽欺我哉)(『문통』〈선비숙인이씨가장〉)

88 경학자 유희는 『언문지諺文志』와 『물명유고物名類考』 등 100여 권의 저서를 남겼다.

89 妣於書有經史不子集, 恒究解罕著作.(『문통』〈선비숙인이씨가장〉)

90 蓋平昔言婦人幼學, 壯無用, 但胎敎, 其職任姒以降, 無述焉欠也 … 此吾已四度驗者, 汝曹果形氣無大病, 此不宜不貽後.(『문통』〈선비숙인이씨가장〉)

91 이혜순, 『조선조 후기 여성 지성사』, 이화여대출판부, 2007.

92 정해은, 앞의 논문(2009), 8쪽. 『득효방』·『의학입문』·『단계심법』·『의학정전』 등은 『동의보감東醫寶鑑』에서 자주 인용된 책이므로 사주당이 『동의보감』도 읽었음을 알 수 있다.

93 故在室也, 則湖右先輩, 如韓南塘元震宋櫟泉明欽, 聞風讚歎, 恨非親戚不能面. 紹德也, 則近畿後進 如李上舍勉訥李處士亮淵, 升堂而拜, 自幸親炙, 至若李少陵昌顯姜法隱必孝, 紹人傳達, 質厥文疑.(『문통』〈선비숙인이씨가장〉)

94 初號堂希賢, 後改師朱, 要非宋傳, 勿習也.(『문통』〈선비숙인이씨가장〉)

95 李守默哀文有曰, 奧自在室, 女範內則, 志慕孟母, 儀遵家禮. 又曰, 奉老慈幼, 克恭克

勤, 自內而外 族睦婣婣. 又曰, 貫穿古今, 辨別醇疵, 義理微密, 惟朱是師.(『문통』 〈선비숙인이씨가장〉)

96 신작, 「유목천부인이씨묘지명柳木川夫人李氏墓誌銘」, 『석천유고石泉遺稿』 권3, 잡저.

97 심경호, 「사주당 이씨의 삶과 학문」, 『한국고전여성문학연구』 18, 2009, 258쪽.

98 稍長廢緯, 歎曰, 人爲人在玆乎.(『문통』 〈선비숙인이씨가장〉)

99 『태교신기』 부록, 「발跋」.

100 『태교신기』 부록, 「사주당이씨부인묘지명師朱堂李氏夫人墓誌銘」.

101 '회니시비懷尼是非'는 서인이 노론과 소론으로 나뉘는 계기가 된 중요한 사건이었다.

102 老少之爭, 由鑴祭文. 鑴以美村平日爲尤絶己而憾之, 故用祭文離兩家之交. 今見其文, 但說交厚其情篤, 禮論一事外, 別無它稱道語. 是曹操間韓馬之術也, 兩師俱不悟其計. 故尤庵於美, 平生道義之友, 因一它人文字, 疑及幽冥, 門弟一眚, 恕之可也. 乃較是非, 使明齋先絶, 尤庵之失也. 明齋則先親所絶之人, 奠酹之來, 遽然受之. 旣尤庵之怒, 不知曲謝, 以釋其疑, 反因箴規, 以聲其病處, 明齋之失也.(『문통』 〈선비숙인이씨가장〉)

103 211년 조조가 마초와 한수를 정벌할 때 가후의 이간술을 이용했다는 고사는 『삼국지연의』에 나온다. 그러니 사주당이 『삼국지연의』를 읽고 이용했는지도 모르겠다. 사주당은 남인의 간교한 계략 때문에 노론과 소론이 분열하게 되었다고 보았다.(심경호, 앞의 논문, 261쪽)

104 古之君子, 澤加天下, 今之君子, 克怨之行, 貽害世道, 曷勝惜哉.(『문통』 〈선비숙인이씨가장〉)

105 이영춘, 「강정일당의 생애와 사상」, 『조선시대사학보』 13, 2000, 135쪽.

106 『정일당유고』는 1836년(헌종 2)에 간행된 초간본과 1926년에 간행된 중간본이 있다. 1책, 신연활자본이다. 국립중앙도서관, 연세대학교도서관, 성균관대학교도서관 등에 소장되어 있다. 『정일당유고』는 『조선 역대 여류 문집』(을유문화사, 1950)에 합편되면서 세간에 알려졌다. 그리고 이영춘은 『강정일당: 한 조선 여성 지식인의 삶과 학문』(가람기획, 2002)을 내놓았는데 번역과 그에 대한 해설

로 구성되어 있다. 이 글에서는 이영춘 본을 참조했다.

107 『정일당유고』「유인정일당강씨뇌문孺人靜一堂姜氏誄文」. 1822년(순조 22) 7월 정일당이 위태로운 질병을 앓아 사흘 동안 기절했는데, 그때 「문답편」과 「언행록」 등을 모두 잃어버렸다. 상자 속에 약간의 편들이 겨우 남아 있을 뿐이었다. 정일당은 평생 정력을 바친 글들이 모두 잿더미가 되었다고 탄식했다.(『정일당유고』「행장」)

108 이영춘, 앞의 책, 37쪽.

109 『정일당유고』「유인정일당강씨묘지명孺人靜一堂姜氏墓誌銘」.

110 당시 경제적으로 몰락한 양반 여성들은 주로 삯바느질로 생계를 꾸려갔다. 여성의 노동력과 관련해서는 정일당과 같은 18세기를 살았던 이덕무 『사소절』 참고.

111 『정일당유고』「상녀예지殤女瘞誌」.

112 『정일당유고』「유인정일당강씨뇌문」.

113 『정일당유고』「행장」; 「유인정일당강씨묘지명」. 정일당은 학문을 좋아하는 것이 목마른 사람이 물을 찾는 것과 같았다.

114 계구는 마음이 발동하기 전의 공부로서 이미 발동한 후에 근신하는 것이며, 남은 알지 못하고 자기만 아는 때의 가장 긴요한 대목입니다. 근래 쇠약한 증세가 심해져서 정신이 더욱 소모되어 다른 공부는 하지 못하고 오직 여기에만 힘을 들이고 있는데 효험이 없지 않습니다. 당신도 참된 마음으로 그것을 체득해보시기 바랍니다.(『정일당유고』「척독」 24)

115 강재는 정일당의 간접 스승으로 율곡 이이→사계 김장생→우암 송시열을 잇는 노론 정통 기호학파의 성리학자다.

116 『정일당유고』「행장」. 시 38수 중 7수, 서간문 7편 중 5편, 기문 3편 중 2편, 제문 3편 중 2편, 그리고 별지(2편), 제발(2편), 묘지명(3편), 행장(3편)은 모두 남편을 대신하여 지은 글이다.

117 『정일당유고』「척독」 41.

118 『정일당유고』「유인정시발孺人靜詩跋」.

119 『정일당유고』「유인정일당강씨묘지명」.

120 『정일당유고』「만장」.

121 一言以蔽之曰, 才德兼備, 謂之君子. 他日女史之爲孺人立傳者, 其唯曰, 女中之君子乎.(『정일당유고』「유인정일당강씨뇌문」)

122 及歸問于家大人, 乃知孺人德行, 實女中君子也.(『정일당유고』「정일당필첩발」)

123 然則如孺人者, 奚止爲女中之君子. 實女史中所未有也.(『정일당유고』「행장」)

124 其操存省察, 動循規矩之宜, 參究會通, 深造性命之微, 則求之儒門, 亦未易得. 矧在閨闈, 曷不君子.(『정일당유고』「지識」)

125 『정일당유고』「척독」 43.

126 『정일당유고』「척독」 42.

127 以婦人行, 有君子德, 是謂女士.(『海石遺稿』 권6, 「매씨묘지명병서妹氏墓誌銘竝書」)

128 閨閤中希聖之工, 以愧世之爲丈夫而無立志者矣.(『정일당유고』「서정일당강씨유고후書靜一堂姜氏遺稿後」)

129 정옥자, 『우리가 정말 알아야 할 우리 선비』, 현암사, 2006, 21쪽.

130 『정일당유고』「행장」.

131 『정일당유고』「척독」 32.

132 『정일당유고』「독중용」.

133 蓋自上古聖神繼天立極, 而道統之傳有自來矣. 其見於經, 則允執厥中者, 堯之所以授舜也, 人心惟危, 道心惟微, 惟精惟一, 允執厥中者, 舜之所以授禹也. 堯之一言, 至矣, 盡矣. 而舜復益之以三言者, 則所以明夫堯之一言, 必如是而後可庶幾也.(『중용장구』 서문)

134 蓋嘗論之, 心之虛靈知覺, 一而已矣, 而以爲有人心, 道心之異者, 則以其或生於形氣之私, 或原於性命之正, 而所以爲知覺者不同, 是以或危殆而不安, 或微妙而難見耳. 然人莫不有是形, 故雖上智不能無人心, 亦莫不有是性, 故雖下愚不能無道心. 二者雜於方寸之間, 而不知所以治之, 則危者愈危, 微者愈微, 而天理之公卒無以勝夫人欲之私矣. 精則察夫二者之間而不雜也, 一則守其本心之正而不離也. 從事於斯, 無少間斷, 必使道心常爲一身之主, 而人心每聽命焉, 則危者安, 微者著, 而動靜云爲自無過不及之差矣.(『중용장구』 서문)

135 天命之謂性, 率性之謂道, 脩道之謂敎. 道也者, 不可須臾離也, 可離非道也. 是故君子戒愼乎其所不睹, 恐懼乎其所不聞. 莫見乎隱, 莫顯乎微, 故君子愼其獨也. 喜怒哀樂之未發, 謂之中, 發而皆中節, 謂之和. 中也者, 天下之大本也, 和也者, 天下之達道也. 致中和, 天地位焉, 萬物育焉.(『중용장구』 제1장)

136 이영춘, 「강정일당: 성리학과 시문에 뛰어난 여성선비」, 『조선 인물 이렇게 본다』, 경인문화사, 2016, 176쪽.

137 『정일당유고』 「행장」. 스스로 말하기를 "처음에는 마음이 들떠 흔들렸으나 점차 깊이 익숙하여 만년에 이르러서는 마음의 겉과 속이 대연하게 되었다."고 했다.

138 『정일당유고』「제야우작際夜偶作」.

5장 왕실 속 여중군자들

1 이 글에서는 인용과 꼭 필요한 경우를 제외하고는 소혜왕후로 쓴다.

2 한희숙, 「조선 초기 소혜왕후의 생애와 『내훈』」, 『한국사상과 문화』 27, 2005.

3 이화형, 『강직한 지식인, 인수대비』, 푸른사상, 2017.

4 이경하, 「15세기 최고의 여성 지식인, 인수대비」, 『한국고전여성문학연구』 12, 2006.

5 소혜왕후/ 이경하 주해, 『내훈』, 한길사, 2011.

6 이숙인, 「소혜왕후: 최초의 여성 저술가」, 『내일을 여는 역사』 56, 2014.

7 한희숙, 『역사학자가 쓴 인수대비: 조선 왕실 최고 여성 지식인의 야망과 애환』, 솔과학, 2017.

8 이에 대해서는 이 책 5장의 참고문헌 참조.

9 이경하, 앞의 책, 17쪽.

10 『내훈』의 현대어 번역 및 인용과 관련해서 이 글에서는 다음의 세 권을 같이 참조했다. ①소혜왕후/이선영·이승희, 『내훈』, 채륜, 2011, ②소혜왕후/이경하, 『내훈』, 한길사, 2011, ③소혜왕후/정양완, 『내훈』, 동서문화사, 2020. ①에서는 현대

어역을 참고했으며[다만 발문은 번역되지 않았다] ②에서는 주석, 해설, 장절 번호를 참조했고 ③에서는 영인된 호오사분코蓬左文庫 원문을 참조했다. 번역은 이선영 · 이승희본을 참조했으며, 이하 『내훈』으로 적고 쪽수를 덧붙이기로 한다. 그리고 『내훈』의 7개 장[언행, 효친, 혼례, 부부, 모의, 돈목, 염검]은 로마숫자 Ⅰ, Ⅱ, Ⅲ, Ⅳ, Ⅴ, Ⅵ, Ⅶ로 적고, 절과 항은 아라비아 숫자로 표기한다(예: Ⅰ-2-1).

11 김석근, 「개혁과 혁명 그리고 주자학」, 『아세아연구』 97, 1997 참조.

12 김석근, 「대승불교에서 주자학으로: 불교 비판과 유학사의 재구성을 중심으로」, 『정치사상연구』 1, 1999 참조.

13 이남희, 「세종시대 『소학』의 보급 · 장려와 그 역사적 함의」, 『열린정신 인문학연구』 19-2, 2018, 166쪽.

14 한국과 중국의 『내훈』을 비교하면서 "이 두 책은 그 편찬체계나 서술방식이 전혀 다르며, 또 인수대비는 문황후의 책에 대해서 알지 못하였다. 그럼에도 불구하고 이 두 책에 담겨 있는 여성윤리의 기본 내용은 정확하게 일치하였다"라는 평가도 있다.(김훈식, 「15세기 韓·中 『內訓』의 여성윤리」, 『역사와 경계』 79, 2011, 75쪽)

15 경릉은 추존왕 덕종과 소혜왕후 한씨의 능이다. 덕종릉은 세자묘로 처음 조성되었다. 이후 세자묘 조성의 기준이 되었다. 경릉으로 봉릉된 뒤에도 석물을 추가 설치하지 않았다. 한편 소혜왕후릉은 왕후릉으로 조영되어 세자묘로 소박한 덕종릉과 좋은 대조를 이룬다. 경릉은 고양 서오릉西五陵에 있다.(211쪽 경릉 참조)

16 『성종실록』 즉위년 11월 28일. 강조는 인용자. 이하 같음.

17 『성종실록』 1년 4월 20일. 강조는 인용자, 이하 마찬가지.

18 『성종실록』 6년 2월 27일.

19 『내훈』, 「서문」, 26~32쪽 및 34쪽.

20 1936년 개관한 도서관. 도쿠가와가尾張德川家의 구장서舊藏書를 소장하고 있는 공개 문고다.

21 김지용, 「내훈고」, 영인 『내훈』, 연세대학교 인문과학연구소, 1969.

22 『내훈』(정양완 역, 학원사, 1988) ; 『내훈』(정양완 풀어 씀, 동서문화사, 2020).

23 최연미, 「소혜왕후 한씨 내훈 판본고」, 『서지학연구』 22, 2001.

24 『내훈』, 「서문」, 34쪽.

25 발문의 우리말 번역은 필자가 한 것이다.

26 이경하, 「『內訓』 과 '小學 · 烈女 · 女教 · 明鑑'의 관계 재고」, 『한국고전여성문학연구』 17, 2008. 구체적인 출전과 비교 양상 등은 이경하, 앞의 책에서 참조할 수 있다.

27 소혜왕후는 『내훈』편찬 당시, 직접 참고한 네 권의 책 각 항목의 원래 출전을 명기하는 경우가 많다. 밝혀져 있는 원출전만 보면, 그 책들을 소혜왕후가 본 것처럼 생각할 수도 있다. 텍스트 자체의 구성에서 약간의 오해를 불러올 여지가 없지는 않다.

28 이경하, 앞의 논문(2008), 249쪽.

29 이남희, 앞의 논문(2018), 160~162쪽.

30 이경하, 앞의 논문(2008), 248쪽. 예컨대 『소학집주』에는 없고 『소학집성』 주해에는 있는 『내훈』의 항목은 Ⅴ-2-1과 Ⅰ-20이다. 이것은 각각 『소학』 입교 2의 첫 번째와 두 번째 본주 항목을 발췌한 것으로 보인다.

31 이경하, 같은 논문(2008), 254쪽.

32 『여교』는 방징손의 『여교십편』, 허희재의 『여교서』, 왕직의 『여교속편』 등 규훈서 여러 권을 통칭하는 것이 아닌가 추정되며, 『여교』가 출전인 『내훈』 항목은 최소한 12개에 이른다고 보았다.(이경하, 앞의 논문(2008), 238쪽)

33 『선조실록』 6년 4월 12일.

34 이경하, 앞의 논문(2008), 259쪽 및 263쪽.

35 이경하, 앞의 책, 401쪽.

36 이경하, 앞의 논문(2008), 261쪽.

37 최혜진, 『규훈문학 연구』, 역락, 2004, 38쪽.

38 이경하, 앞의 논문(2008), 257쪽.

39 김언순, 「조선시대 여훈서에 나타난 여성의 정체성 연구」, 한국학중앙연구원 박

사학위논문, 2005, 88~89쪽.

40 임진년(성종 3)에 교서를 내려, 백성에게 절검節儉하기를 유시諭示하시고, 역대의 제왕과 후비의 착하고 악한 것으로 본받을 만하고 경계할 만한 것을 채택하여 정리해 세 편編을 만들어서, 이름을 『제왕명감』·『후비명감』이라고 하셨다. (壬辰下教 諭民節儉 採歷代帝王及后妃善惡可法, 可戒者釐, 爲三編名曰 帝王明鑑后妃明鑑).(『성종실록』 부록 「성종대왕묘지문」)

41 최선혜, 「조선 초기 『明皇誡鑑』과 『內訓』, 『남도문화연구』 21, 2011, 410쪽.

42 당나라의 명황明皇, 즉 현종의 일을 거울로 삼아 경계하자는 뜻이다.(김일근 교설, 『명황계감언해』, 경인문화사, 1974 참조)

43 박팽년, 「명황계감서」, 『동문선』 권94 ; 『세종실록』 23년 9월 29일.

44 『세조실록』 6년 4월 3일.

45 예문관 제학 이승소, 행상호군 양성지 · 송처관 · 김예몽, 예조참의 서거정 · 첨지중추원사 임원준 등을 불러 언문으로 『명황계감』을 번역하게 했다.(『세조실록』 7년 8월 27일) 영응대군 이염 · 도승지 홍응, 전 상주 목사 금수온 등에게 명하여 『명황계감』의 가사를 번역하게 했다.(『세조실록』 9년 5월 15일)

46 원문은 "七年男女不同席, 不共食"이다.

47 『내훈』, 「모의장」, 247~249쪽.

48 『소학』에는 그 이후부터 70세에 이르기까지 연령대에 따라서 남자가 해야 하는 일들에 대한 서술이 이어진다. 그런 다음 여자가 해야 할 일에 대해 말하기 시작한다.

49 『내훈』, 「언행장」, 41쪽. 이 부분은 『소학』 「명륜편」 65~66조목과 내용상 비슷하기는 하지만 문장이 상당히 다르다.

50 혼의에 이르기를, 혼인의 예의는 장차 두 성姓 간에 좋은 사이를 맺어, 위로는 종묘를 섬기고 아래로는 자식을 낳아 후세를 잇게 하려는 것이니, 그러므로 군자는 이를 중히 여긴다.(『내훈』, 「혼례장」, 108쪽)

51 『내훈』, 「부부장」, 124쪽.

52 『내훈』, 「부부장」, 126~127쪽.

53 『내훈』, 「부부장」, 121~123쪽. ①, ②, ③은 필자가 붙인 것이다. 원 출전을 『여교』라 했으나 어떤 문헌을 가리키는지 분명하지 않다. 『내훈』 「부부장」의 조목 1-2, 1-3, 1-4, 1-5는 모두 반소의 『여계』와 일치하지만, 이 조목은 보이지 않는다.

54 夫者ᄂᆞᆫ 天也ㅣ니 天固不可逃ㅣ오 夫固不可離야ㅣ라.(『내훈』, 「부부장」, 130쪽)

55 『내훈』, 「부부장」, 134쪽. 『방씨여교』는 현재 전해지지 않는다.

56 『내훈』, 「모의장」, 247~249쪽.

57 且貴賤이ㅣ 有等ᄒᆞ니 一夫一婦ᄂᆞᆫ 庶人之職也.(『내훈』, 「혼례장」, 113쪽)

58 1476년 편찬된 『안동권씨성화보』에서는 여성의 재가 사실을 확인할 수 있다.(이남희, 「『안동권씨성화보』를 통해 본 조선 초기 여성의 再嫁 문제」, 『조선시대사학보』 57(조선시대사학회, 2011b)참조)

59 『내훈』, 「혼례장」, 111쪽.

60 『내훈』, 「부부장」, 130~131쪽. 이 구절의 원출전은 『여교』라 했는데, 『여계』 「전심專心」의 문장과 거의 일치한다.

61 칠거가 언제 어떻게 '칠거지악'이란 표현으로 굳어졌는지에 대해서도 자세한 검토가 필요하다.

62 『내훈』, 「혼례장」, 118~119쪽. ①, ②, ③, ④는 필자가 이해를 돕기 위해 붙인 것이다.

63 이남희, 앞의 논문(2018), 171~172쪽.

64 표현은 조금 다르지만 『예기』 「교특생」편에도 나온다.

65 이경하, 앞의 책, 152쪽.

66 이남희, 앞의 논문(2018), 172쪽.

67 정양완(2021) 역시 이렇게 번역하고 있다. "여자가 시집을 가지 않아야 할 다섯 종류의 남자가 있으니 다음과 같다."(정양완, 앞의 책, 62쪽)

68 이와 관련해서 흥미로운 지적이 있다. " '오불취'의 내용은 최소한 피해야 할 남편감의 기준이다. … '오불취'는 여성들이 혹시 모를 수도 있기 때문에 '이러한 남성은 피하라'고 알려주는 항목이 아니다. 적어도 '오불취'에 속하는 남성은 피

할 수 있다는 정당한 근거를 제공하고 있다고 보아야 할 것이다."(고은강, 앞의 논문, 142쪽) 또한 "'칠거'는 아내를 내쫓을 수 있는 정당한 사유를 일곱 가지로 제한함으로써 여성의 신분을 보장하고자 한 의도가 있다고 볼 수 있다." "두 조항(칠거와 삼불거) 모두를 '여성에게 최소한에서 지위의 안전성을 보장하고자 한 시도'라고 해석할 수도 있을 것"(고은강, 같은 논문, 143쪽)이라 하기도 했다. 필자가 생각하기에는 역시 유교적인 인간관 및 세계관에 입각해서 해석하는 것이 타당하지 않을까 한다.

69 이경하, 앞의 논문(2010), 231쪽.

70 45항은 「부부장」에 인용되어 있다.

71 시마다 겐지/ 김석근 옮김, 『주자학과 양명학』, AK, 2020, 106~108쪽.

72 이경하, 앞의 논문(2010), 237~238쪽. 『소학』에는 이른바 '열녀' 서사가 6편 실려 있다.

73 강명관, 『열녀의 탄생: 가부장제와 조선 여성의 잔혹한 역사』, 돌베개, 2009 ; 박주, 『조선시대의 정표정책』, 일조각, 1990.

74 마르티나 도이힐러/ 이훈상 옮김, 『한국 사회의 유교적 변환』, 아카넷, 2003.

75 이남희, 「조선사회의 유교화와 여성의 위상」, 『원불교사상과 종교문화』 48, 2011a, 145~146쪽. 다만 딸의 경우 그녀의 이름이 아니라 사위의 이름을 적었다. 그 점에서 불평등 자체를 부인할 수는 없겠다.(이남희, 「『안동권씨성화보』를 통해 본 조선 초기 여성의 再嫁 문제」, 『조선시대사학보』 57, 2011b, 44~45쪽)

76 이남희, 앞의 논문(2011a), 160~161쪽.

77 장병인, 『조선전기 혼인제와 성차별』, 일지사, 1997, 113~124쪽.

78 『태종실록』 12년 10월 26일, 이원계와 이화 관련 기사 참조.

79 성종 8년(1477) 8월 조정에서 과부 재가 문제에 관한 논란이 있었다. 이어 성종 16년(1485)에는 『경국대전』에 재가한 자손에 대한 금고법이 명시됨에 따라 실질적인 과부 재가 금지가 이루어졌다.

80 법규 입안 과정에서 재가를 금지하기보다는 삼가三嫁한 자만을 처벌하고 재가에 대해서 용인해주자는 의견이 다수였다.(『성종실록』 8년 7월 17일)

81 조선왕조실록에서 왕비, 대비, 왕대비 등이 내린 언교와 언서를 확인할 수 있다. 한글이 공식적인 문서에 사용된 사례다. 한글을 통해 왕실 여성들의 정치적 행위가 이루어졌다는 점이 주목된다. 이 글에서의 '언교諺敎'는 언교와 언서를 모두 포함한다.

82 『순조실록』 16년 1월 21일.

83 정병설, 『혜경궁 홍씨, 회한의 궁중생활 칠십년』, 한국학중앙연구원출판부, 2014, 19쪽.

84 百祥鼎臻, 履景運於綿曆, 五慶咸湊, 賁彝典於闡徽, 載擧縟儀, 誕敷綸誥. 竊惟我太母懿範, 允邁古哲后徽猷. 黃裳配乾極之尊, 祥膺星婺, 彤管著臨壼之德, 頌播女堯. 在先朝克贊文謨, 而今日寔荷慈覆. 萬世之宗祊永鞏, 保佑寡躬, 十行之徽札誕宣, 扶植大義.(『정조실록』 19년 1월 17일)

85 영조께서 익정공을 명하여 『소학』·『내훈』·『어제훈서御製訓書』 등의 책을 별궁別宮에서 가르치게 하였는데, 빈이 한 번 들으면 그 뜻을 이해하고 하나도 빠뜨리지 않고 외우셨다. 정조께서 일찍이 경연의 신하에게 이르시기를, '우리 자궁慈宮께서는 젊어서부터 한 번 보거나 들으신 것은 종신토록 잊지 않으셨으므로 궁중의 고사로부터 국가의 제도, 타성의 씨족에 이르기까지 기억하지 못한 바가 없으셨다. 내가 혹시 의심스러운 바가 있으면 질문하지 않은 적이 없었고 질문하였을 경우 역력히 지적해 가르치지 않은 적이 없으셨으니, 총명과 박식은 내가 감히 따라갈 수 없다.'고 하셨다.(『순조실록』 16년 1월 21일)

86 왕실 여성의 한글 편지에 대해서는 이남희, 『조선시대 언간을 통해 본 왕실 여성의 삶과 생활세계』, 역락, 2021 참조.

87 혜경궁 홍씨/ 정병설 옮김, 『한중록』, 문학동네, 2010, 159쪽. 여기서 『한중록』은 이 책에 의거한다. 이하 『한중록』으로 적기로 한다.

88 혜경궁 홍씨의 필적이 친정집에 전하는 것이 없게 되었다. 조카 홍수영에 의하면 "본집에 고모님 글씨 남은 것이 없어 후손에게 전해줄 것이 없으니 한 번 친히 써내리시면 가보로 간직하겠다."고 요청했다. 혜경궁 홍씨는 회갑을 맞아 『한

중록』을 집필하게 된 것이다.(『한중록』, 160쪽)

89 왕실 여성 중 인목왕후 · 장렬왕후 · 인선왕후 · 명성왕후 · 인현왕후 · 정순왕후 · 혜경궁 홍씨 · 명성황후 · 순명황후의 필적 289편이 현재 전해지고 있다.(한소윤, 「조선시대 왕후들의 언간 서체 특징 연구」, 『한국사상과 문화』 69, 2013, 404쪽)

90 혜경궁 홍씨와 사도세자의 첫 아들 의소세손은 1750년 8월 태어나 열 달 만에 세손에 책봉됐으므로 원손이라 할 수 없다. 의소세손은 1752년 3월 두 돌도 넘기지 못하고 죽었다.

91 『한중록』, 41~45쪽.

92 『영조실록』 8년 11월 29일. 1725년(영조 1) 2월 18일에 화순옹주로 봉해졌다.

93 『영조실록』 34년 1월 17일.

94 『정조실록』 7년 2월 6일.

95 묘는 예산군 신암면 용궁리에 있으며, 남편 김한신과 합장했다.

96 『영조실록』 34년 1월 17일.

97 『한중록』, 39~40쪽.

98 정만조, 「혜경궁의 삶과 영조대 중·후반의 정국」, 『조선시대사학보』 74, 2015, 7쪽.

99 홍봉한이 김귀주 등의 탄핵을 받아 벼슬을 빼앗기고 도성에서 내쫓겼을 때에도 영조는 1년 만에 그를 서용하고 관작을 되찾게 해주었다. 혜경궁 홍씨에 대한 배려로 볼 수도 있겠다.

100 박정숙, 『조선의 한글편지: 편지로 꽃피운 사랑과 예술』, 다운샘, 2017, 273쪽.

101 당시 그녀는 이렇게 탄식한다. "정조가 아니면 내 어찌 오늘날이 있으며, 내 없으면 정조께서 어찌 보전하여 계셨으리오. 모자 둘이 겨우겨우 의지하여 온갖 변고를 다 겪고, 늦게야 영화와 복록을 받아 나라의 무궁한 복을 보기를 기다렸는데, 하늘이 무슨 뜻으로 중간에 정조를 앗아가시니, 세상에 이런 혹독한 참화가 어이 있으리오. 내 경모궁 돌아가실 때 죽지 아니함은 정조를 보호하기 위함이라." (『한중록』, 297~298쪽)

102 『세조실록』 4년 8월 24일.

103 『성종실록』 23년 11월 21일.

104 김일근, 『언간의 연구: 한글서간의 연구와 자료집성』, 건국대출판부, 1991, 23쪽.

105 이승희, 「조선후기 왕실 여성의 한글사용 양상」, 『한국문화』 61, 2013, 308쪽.

106 이경하, 「15-16세기 왕후의 국문 글쓰기에 관한 문헌적 고찰」, 『한국고전여성문학연구』 7, 2003, 401~403쪽.

107 이남희, 「조선후기 현종비 명성왕후 언간의 특성과 의미」, 『영주어문』 35, 2017, 104쪽. 정순왕후는 수렴청정을 하면서 모든 조보朝報나 소장과 차자를 한글로 등서해 들여오게 했다.(『순조실록』 즉위년 7월 20일)

108 백두현은 정조 연간의 혜경궁 홍씨가 내린 언문서 기사를 5건으로 보았다.(백두현, 「조선시대 여성의 문자 생활 연구」, 『진단학보』 97, 2004, 158쪽) 이 글에서는 ④번과 ⑦번을 추가했다.

109 惠慶宮下封書于錦城尉朴明源. 上奉覽諺敎曰.(『정조실록』 13년 10월 2일)

110 目今寬慰慈心爲急. 下玄宮時, 躬臨則一也. 到江頭, 還爲入來, 翌朝出宮, 初七日當詣新園所.(상동)

111 恭惟我慈宮, 女中堯舜, 京室任姒. 敬愛柔婉之德, 先王嘉其篤行, 靜淑淵徽之化, 國人仰其懿訓. 深存謙挹, 戒濯龍之車馬, 懋昭勤儉, 慕葛覃之絺綌. 遂乃仁洽宮壼, 慶毓瓜瓞. 誕育聖躬, 啓萬年鞏基之休 … 璇杓初回於亞歲, 寶齡載屆於六旬, 海屋添籌, 壽曜呈輝. 以聖上隆養之孝思, 雖日行呼嵩之禮 … 聖上積誠陳請, 必當感回慈心, 何待群下淺薄之誠, 拙訥之言, 而仰體懇摯之聖孝, 冒進盈庭之群情, 玆敢咸造而申籲, 伏願勉降兪音, 亟行盛禮焉.(『정조실록』 17년 11월 22일)

112 惠慶宮以諺書批曰, 以予心聞今日所請之辭, 尤無以自定矣. 慈殿聖意, 大殿誠孝, 激感而已. 卿等諒之.(상동)

113 한영우, 『정조의 화성행차 그 8일』, 효형출판, 1998 참조.

114 惠慶宮以諺書批曰, 今方自內仰勸矣.(『정조실록』 18년 1월 20일)

115 惠慶宮以諺書批曰, 在世予心若念之, 則似當還宮, 以此意仰請.(『정조실록』 18년 1월 20일)

116 惠慶宮以諺書批曰, 以此時余心, 非特賀禮之難受, 稱觴之節, 雖以大殿誠孝, 猶體余

意, 不欲張大, 卿等念此焉.(『정조실록』 18년 6월 3일)

117 惠慶宮以諺書批曰, 已諭予心, 所請其止之.(『정조실록』 18년 6월 3일)

118 進饌于惠慶宮. 每年誕辰, 必設小酌, 前月以洪樂信喪, 奉慈教不設, 追設于是日. 教整理諸臣曰, 饌品比前省三分一, 皆自整理所措辦, 毋煩度支也.(『정조실록』 21년 윤6월 18일)

119 1769년(영조 45) 약방에서 올린 내용에 한글로 답을 내린 것이고(『영조실록』 45년 11월 20일), 다음 기사는 1776년(영조 52) 영조의 죽음과 함께 대신과 백관이 중궁전에 가서 왕세손을 설득해줄 것을 청하자 중궁전에서 언서로 답한 것이다.(『영조실록』 52년 3월 8일)

120 1800년 6월 정조가 승하하자, 증손자에 해당하는 순조가 11세의 어린 나이로 즉위했다. 순조가 어렸기 때문에 대왕대비 자격으로 정순왕후는 4년 동안 수렴청정을 수행했다.

121 『정조실록』 10년 12월 4일.

122 그 내용은 인현왕후가 숙종의 계비로 입궐하고, 이어 숙종과 장희빈張禧嬪 사이에서 겪은 일생을 작품화한 것이다. 장희빈은 숙종의 사랑을 독차지하고 인현왕후를 폐출시켰으며, 자신의 소생을 세자로 책봉하기에 이르렀다. 그녀 자신도 정비正妃가 되었다. 하지만 세월의 흐름과 더불어 장씨의 인간성이 드러나고, 숙종은 민비를 폐출시킨 자신의 잘못을 뉘우친다. 그래서 민비를 복위시켜 정비의 자리에 앉혔다. 뒷전으로 밀려난 장희빈은 갖은 모략과 무술巫術로 밤낮없이 계책을 꾸몄다. 복위한 인현왕후는 얼마 후 숙종이 슬퍼하는 가운데 삶을 마감하고, 장희빈은 그 악행이 백일하에 드러나 사약을 받게 된다.

123 『고종실록』 36년 8월 22일. 윤용선이 아뢰기를, "백여 년 동안 미처 하지 못한 전례를 이제 비로소 추숭追崇하고 추상追上하게 되었으니, 저 어두컴컴한 세상에서 오르내리는 선왕先王의 신령을 위로할 수 있을 것이므로 진실로 더없이 칭송하게 됩니다." 하니, 상이 이르기를, "정묘조 당시에 마음을 썩이고 정성을 기울인 것이 이와 같은 데에서 벗어나지 않을 듯하다." 하였다.

윤용선이 아뢰기를, "현륭원의 지문誌文과 『한중만록閒中漫錄』에는 모두 깊은 뜻이 있는 것인데, 백여 년간 미처 하지 못한 일은 마치 오늘날을 기다린 듯합니다." 하였다.

124 혜경궁의 『한중만록』은 언문으로 사실을 직접 기록한 것이어서 실로 오늘날의 확증이 된다 … 외간에서 전하는 바에 혜경궁이 피눈물을 흘리면서 썼기 때문에 『읍혈록』이라고 하는데, 이는 그런 것이 아니다. 정조가 일찍이 이 글을 보고서 피눈물을 흘렸기 때문에 혜경궁이 이 글의 이름을 『읍혈록』이라고 하였다는 것이 옳다.(惠慶宮 閒中漫錄, 以諺筆親記, 實爲今日之確證也 … 外間所傳, 則以惠慶宮泣血以撰, 故謂之泣血錄, 而此非其然也. 正廟嘗鑑此書, 而下血淚, 故惠慶宮以爲. 此書名以泣血錄可也. 此時宮殿間平日之語, 而外間所傳, 則如是也.)(『고종실록』 36년 8월 22일)

125 이에 대해서는 혜경궁 홍씨/ 정병설 주석, 『원본 한중록』, 문학동네, 2010 ; 최성환, 「한중록의 정치사적 이해」, 『역사교육』 115, 2010 ; 정병설, 『권력과 인간: 사도세자의 죽음과 조선 왕실』, 문학동네, 2012 참조.

126 혜경궁 홍씨의 『한중록』에 김귀주라고 적혀 있으나 『한국민족문화대백과사전』, 『두산백과사전』 등에는 김구주로 등재되어 있다. 『경주 김씨 학주공파』에 한자음을 김구주라고 달아놓았다. 여기서는 그 시대의 기록인 에 따라 김귀주로 적는다.

127 『읍혈록』(1802년/1806년, 23책, 홍기영 소장). 1802년의 글은 서울대 규장각에 소장된 한문본 『泣血錄』 1책과 내용이 동일하다. 본서는 2책으로 현재 후손가에 전하는 유일본으로 표제는 없고, 권수제가 '읍혈록'이다. 1806년에 쓴 『병인추록』은 1802년의 글을 보강하여 김귀주와 김종수의 악행에 대해 보다 자세하게 쓴 것이다. 『병인추록』의 경우는 다른 이본에서는 보이지 않는 유일한 것이다.

128 『한중록』, 458쪽. 혜경궁은 크게 보아 세 편의 글을 썼다. 첫 번째는 1795년(정조 19) 회갑을 맞은 혜경궁이 조카 홍수영의 부탁으로 쓴 혜경궁의 일생을 회고하는 글이며, 두 번째는 어린 순조가 사건의 진상을 알 수 있도록 써달라고 순조

의 생모 가순궁 박씨가 요청해서 1802년(68세) 봄 초를 잡고 1805년(71세) 4월에 완성한 임오화변의 시말에 관한 글이다. 동생 홍낙임이 사사(1802)된 후 초고를 쓰고 정순왕후 사후(1805)에 바로 탈고했다. 그리고 세 번째는 홍봉한을 비롯한 친정의 원통함과 김귀주 등의 모략을 알리기 위해 1802년(68세) 7월에 전편을 쓰고, 정순왕후가 사망한 지 1년 후인 1806년(72세) 전에 못한 말을 보충하여 쓴 친정의 신원에 관한 글이다.

129 1757년(영조 35) 정성왕후貞聖王后가 죽은 후 숙종의 유지에 따라 영조는 후궁들 중에서 새 왕비를 택하지 않고, 1759년 중전 간택을 통해 왕비로 맞아들였다.

130 『경국대전』 권1, 이전 내명부조.

131 『정조실록』 4년 2월 21일.

132 『정조실록』 10년 12월 1일.

133 정순왕후는 이전의 전례를 바탕으로 「수렴청정절목垂簾聽政節目」을 제정해 왕과 대왕대비의 권한과 위상을 규정, 수렴청정을 제도적으로 완비했다.

134 조선 왕조 정치체제의 특성상 수렴청정하는 대왕대비로서 실질적 권력을 장악한 것이다. 나이 어린 왕은 정치적 상징에 머물러 있었다고 할 수도 있다. 정치적 상징과 실질적 권력 개념에 대해서는 김석근 · 김문식 · 신명호, 『조선시대 국왕 리더십 관觀』, 역사산책, 2019, 329~330쪽.

135 『순조실록』 즉위년 7월 20일 ; 『순조실록』 2년 10월 27일. 실록에서는 정순왕후와 헌종과 철종 2대에 걸쳐 수렴청정을 했던 순원왕후를 '여사女士'라고 칭했다.

136 박주, 「조선후기 정순왕후 김씨의 정치적 리더십에 대한 재조명」, 『여성과 역사』 15, 2011 ; 임혜련, 「순조초기 정순왕후 수렴청정기의 관인 임용양상과 권력관계」, 『한국학논총』 41, 2014 ; 정만조, 「혜경궁의 삶과 영조대 중·후반의 정국」, 『조선시대사학보』 74, 2015.

137 허윤희, 「"우의정과 상의하거라" 상소 방법까지 지시한 女人」, 〈조선일보〉, 2014. 6. 13. 왕실 여성이 한글로 쓴 편지로 발수신자를 분명하게 알 수 있는 중요한 자료라 하겠다. 정순왕후 언간에 대해서 국어학계에서 주목, 판독과 현대어 번역

등 주요한 작업을 해왔다. 한국학중앙연구원 어문생활사연구소 편 2013 ; 이종덕 2013 ; 박재연 2014 ; 최어진·박재연 2015 등.

138 김세진金世珍(1621~1686) 계열이 있는데, 그 계열에서는 관직에 활발하게 진출했다. 경주 김씨 가문의 정계 진출에 대해서는 김인경, 「조선후기 경주 김문의 형성과 성장」, 『조선시대사학보』 64, 2013 참조.

139 혜경궁 홍씨는 『한중록』에서 이렇게 언급했다. "1759년 정순왕후가 들어온 후 오응부원군 김한구가 임금의 장인이 되니, 가난한 선비였던 김한구가 뜻하지 않게 존귀하게 되니 모든 일이 생소하니라."(『한중록』, 217~218쪽)

140 『영조실록』 35년 6월 9일 ; 6월 11일.

141 『영조실록』 42년 8월 2일 ; 『영조실록』 52년 3월 3일.

142 『영조실록』 39년 11월 2일 ; 12월 22일.

143 『영조실록』 44년 2월 7일 ; 5월 2일 ; 6월 8일. 『영조실록』 44년 11월 6일.

144 『순조실록』 1년 1월 4일.

145 『순조실록』 1년 2월 10일. 『순조실록』 1년 5월 15일 ; 5월 18일 ; 6월 28일 ; 11월 11일. 『순조실록』 2년 10월 27일.

146 『순조실록』 1년 7월 22일 ; 1년 9월 4일. 『승정원일기』 순조 2년 8월 4일.

147 『승정원일기』 순조 2년 8월 14일 ; 10월 2일 ; 10월 14일 ; 10월 20일.

148 경기도 구리시 원릉元陵에 영조와 같이 잠들어 있다.

149 이남희, 「혜경궁 홍씨(惠慶宮洪氏, 1735~1815)의 삶과 생활세계」, 『열린정신 인문학연구』 21-1, 2020, 241-242쪽.

150 『영조실록』 48년 7월 21. 혜경궁 홍씨는 "1772년 7월 21일 관주와 귀주가 연이어 상소하여 아버지를 무함으로 공격하니 아니 흉함이 없는지라. 세상 변화의 흉악함과 인심의 헤아릴 수 없음이 비할 데가 없으니, 저희 무리가 무슨 원한으로 이 일까지 하는고."라며 한탄했다.(『한중록』, 229쪽)

151 『정조실록』 즉위년 9월 9일.

152 『정조실록』 8년 8월 3일.

153 정조는 "그의 죄가 비록 중하지만 자전의 마음을 위로해 주는 도리에 있어서 어찌 죽은 채로 방치해 둔 채 용서해 주지 않을 수 있겠는가."라며 특별히 그의 죄명을 도류안徒流案에서 지우도록 했다.(『정조실록』 10년 윤7월 22일)

154 「정순왕후 언간」 중에서 내용이 가장 길다. 문효세자文孝世子가 사망한 1786년 5월 11일 직후에 보낸 것이다.

155 순조는 친정을 하게 되자 홍낙임의 관작을 회복시키고 홍봉한을 신원하는 등 풍산 홍씨 가문을 복원시키고자 했다.

156 조선시대 왕비의 수렴청정 사례를 보면, 정희왕후가 대왕대비로 6년 3개월(성종 13세), 문정왕후가 대왕대비로 8년 1개월(명종 12세), 인순왕후가 왕대비로 8개월(선조 16세), 정순왕후가 대왕대비로 3년 4개월(순조 11세), 순원왕후가 대왕대비로 6년 2개월(헌종 8세), 순원왕후가 대왕대비로 2년 7개월(철종 18세), 신정왕후가 대왕대비로 2년 3개월(고종 13세) 수렴청정을 했다.(괄호 안은 즉위시 왕의 나이)

157 『세조실록』 4년 8월 24일.

158 백두현, 「조선시대 여성의 문자 생활 연구」, 『진단학보』 97, 2004, 160쪽을 참조해서 정리했다. 선조와 헌종, 철종의 수렴청정이 누락되어 추가했으며, 정순왕후의 언교 건수를 보완했다. 그리고 왕대의 즉위년을 1년으로 보고 있는데(백두현, 같은 논문, 179쪽 및 181쪽), 즉위년과 1년은 구분된다. 조선에서는 왕이 서거하면, 다음 왕은 그 남은 기간을 즉위년이라고 하고 이듬해를 원년[1년]으로 삼는 즉위유년법을 사용했기 때문이다.

159 정조 즉위년인 1776년 6월 3일(임인) 기사와 1789년(정조 13) 10월 2일(갑인) 기사를 정순왕후 언교로 보았으나(백두현, 같은 논문, 179~180쪽), 전자는 현종비 명성왕후, 후자는 혜경궁 홍씨 언교에 관한 내용으로 정순왕후 언교에 포함되지 않는다. 정순왕후 언교로 1780년(정조 4) 2월 21일(경오)과 1794년(정조 18) 4월 13일(기사)을 추가했다. 그리고 혜경궁 홍씨 언교로 1794년(정조 18) 1월 20일(무신)을 추가했다. 따라서 정순대비 언교는 19건, 혜경궁 홍씨 언교는 5건이

아니라 7건이다.

160　순조 10년(1810) 6월 5일(무자) 자전의 언교를 환원하기를 청하는 기사를 정순왕후 언교로 보았으나(백두현, 앞의 논문, 182쪽), 이는 정순왕후 사후의 일로 효의대비에 대한 내용이다. 따라서 정순대왕대비 언교는 22건이 아니라 21건이다.

161　『영조실록』 45년 11월 20일.

162　『영조실록』 52년 3월 8일.

163　『정조실록』 즉위년 3월 10일.

164　『정조실록』 즉위년 3월 12일. 『정조실록』 2년 5월 2일.

165　백두현, 앞의 논문, 158쪽.

166　王大妃以諺書 下敎于大臣曰 四百年宗社之托 惟在主上 春秋鼎盛 而尙未有嗣續之慶 不但未亡人 不勝焦迫 一國臣民顒望之心所同然也. … 萬一復事遲回 則竊恐予之不得見矣 卿等須思宗社有大慶之道焉.(『정조실록』 4년 2월 21일)

167　『정조실록』 10년 10월 1일.

168　『정조실록』 10년 12월 1일.

169　조정에서 하는 일이 왜 이처럼 한심스럽단 말인가. 겉으로만 크게 떠벌리고 내용을 조사하는 방법은 지나쳐 버렸으니, 오늘날 신하들의 죄는 나라에 관계될 뿐만 아니라, 결단코 그들을 아끼는 마음이 있어서 그런 것이다. 내가 무슨 마음으로 탕약과 수라를 들겠는가.(『정조실록』 10년 12월 4일)

170　『정조실록』 10년 12월 22일.

171　『정조실록』 13년 9월 26일.

172　『정조실록』 18년 4월 11일.

173　왕의 몸조심에 대한 기사가 1건 보이지만 그 비중은 낮다.

174　『순조실록』 즉위년 7월 4일.

175　『순조실록』 즉위년 7월 20일.

176　以此諺敎 筵退後詳細輪見 必思闡揚之方也. 自明自首之擧 必使之無淹時日. 而若或謂主上幼沖 女君臨朝 而有一分輕忽之心 則邦憲自在 予雖一婦人 豈無可爲之道乎. 須各

惕念擧行也.(『순조실록』 즉위년 12월 18일)

177 『순조실록』 2년 7월 6일.

178 『순조실록』 1년 1월 10일.

179 『순조실록』 1년 4월 2일.

180 『순조실록』 즉위년 8월 18일.

181 김석근 · 김문식 · 신명호, 앞의 책, 76쪽.

182 自今日撤簾 庶政外軍國大政令刑賞大處分 義理大關係等事 予不得不姑爲參論 以分主上之獨憂.(『순조실록』 3년 12월 28일)

183 大王大妃敎曰 今已撤簾 自明日凡書入公事 勿爲入之 諺書書寫 亦爲除之.(상동)

184 『순조실록』 4년 6월 24일.

185 언간의 번호는 이종덕의 「정순왕후의 한글편지」(2013)에 수록된 순서를 따랐다. 조카 김노서가 정순왕후에게 보낸 것 14건, 조카 김노충이 정순왕후에게 보낸 것 1건이 있다.(이종덕, 앞의 논문 1~2쪽)

186 김노서는 『승정원일기』 1804년 3월 10일자에 신병으로 대왕대비전에 승후承候드리지 못했다는 기사가 나오며, 그로부터 석 달 후인 6월 4일 사망했다.

187 『비변사등록』 좌목 ; 임혜련, 앞의 논문(2014), 229쪽

188 일상적 편지의 성격은 물건매매와 논 관리 등 경제적인 부탁, 김노서 등 경주김씨 가문의 안부와 집안 경사 축하 등에 관한 내용이다. 이에 대해서는 최어진 · 박재연, 앞의 논문 ; 이남희, 앞의 책(2021) 참조.

189 실제로 수렴청정 시기에 정순왕후의 하교 내용 중에서 많은 부분을 차지한 것은 인사 문제였다.

190 이종덕, 앞의 논문, 22쪽.

191 "아까 봉서 자세히 보셨습니까. 안성이 그릇 알고 아뢴 말씀이올소이다. 형의 봉서에 패가 아직 아니 나왔다고 아뢰었사오나 종놈 들어올 때 정원사령이 패 가지고 나가는 것을 길에서 보았노라 하오니 오늘 상소 바치기는 염려 없습니다. 궁금하여 하실 듯하기에 아뢰옵나이다."[정순왕후 언간 ⑧, 김노서→정순왕후]

192 임혜련, 앞의 논문(2014), 219쪽.

193 각주 156 참조.

194 김석근·김문식·신명호, 『조선시대 국왕 리더십 관觀』, 역사산책, 2019, 128~146쪽.

195 변원림, 『순원왕후 독재와 19세기 조선사회의 동요』, 일지사, 2012.

196 순원왕후가 철종 비를 안동 김씨로 정하는 과정은 알려진 것과는 상당히 다르다. 순원왕후가 오로지 안동 김씨를 위해서만 노력했던 것은 아니다. 그녀는 순조 대의 선례를 따라 『수렴청정절목』에 의거해 주로 차대에서 공식적 과정을 통해 국정을 운영했다. 또한 순조의 유지를 이어 헌종의 보도輔導를 맡긴 조인영을 중용했고, 풍양 조씨와 안동 김씨 두 외척 가문의 균형을 유지하려고도 했다. 하지만 그런 균형은 철종 대에 이르러 깨지고 있다.(김석근·김문식·신명호, 앞의 책, 142쪽) 철종 대에는 풍양 조씨를 정계에서 완전히 도태시켰다. 헌종이 친정을 하면서 헌종의 외가 풍양 조씨가 우위를 점하던 것에 대한 반발이었다.

197 이들에 대해서는 주로 국어학 분야에서 영인과 판독, 현대역 작업이 이루어져, 아세아여성연구소 1968 ; 조용선 1997 ; 이승희 역 2010 ; 황문환 외 엮음 2013 ; 국립한글박물관 2019 · 2010 등이 있다. 그리고 순원왕후 언간에 관한 연구로는 김용욱 1987 ; 이승희 2000 ; 이승희 2008 ; 이기대 2009a ; 이기대 2009b ; 김수애 2019 ; 이남희 2023 등이 있다.

198 이남희, 『조선시대 언간을 통해 본 왕실 여성의 삶과 생활세계』, 역락, 2021, 26쪽.

199 이승희, 앞의 책, 21~29쪽.

200 전체 40건의 언간이 수록되어 있다.(조용선, 『봉셔』, 다운샘, 1997)

201 김일근, 『언간의 연구: 한글서간의 연구와 자료집성』, 건국대학교출판부, 1986·1991, 80쪽.

202 국립한글박물관에서 2019년 기획특별전으로 조선의 마지막 공주 덕온과 아들, 손녀 3대가 쓴 한글 및 생활자료 200여 점을 보여주었다.(국립한글박물관, 『공쥬, 글시 뎍으시니: 덕온공주 집안 3대 한글 유산』, 2019) 그와 관련해서 간행된 『덕온공주가의 한글』 1·2(한글박물관, 2019·2020)에는 왕실 관련 한글 편지[순

원왕후, 신정왕후, 명헌왕후, 철인왕후, 명성황후, 궁인] 외에도 다양한 자료들이 수록되어 있다.

203 김수애, 앞의 논문, 241~242쪽.

204 김일근에 의하면 김문현 소장 10건, 김상기 소장 1건, 그 밖에 개인 소장으로 확인된 것만도 다수 있다고 한다.(김일근, 앞의 책, 80쪽) 그래서 이 글에서는 11건으로 보았다. 김일근에 소개된 편지 가운데 일부는 현재 소재를 파악하기 어렵다. 이들 중에서 김흥근에게 1건, 명온공주의 남편 동녕위 김현근에게 1건, 복온공주의 남편 김병주에게 1건 등이 밝혀졌다.(황문환, 「조선시대 언간 자료의 현황과 특성」, 『국어사연구』10, 2010, 654~657쪽) 김수애(2019)는 이들 3건에 주목해, 김일근(1986)이 말한 순원왕후 언간을 그 3건으로 보았다. 그래서 현재까지 알려진 순원왕후 언간을 83건으로 보았다.(김수애, 앞의 논문, 241~242쪽)

205 박정숙, 『조선의 한글 편지: 편지로 꽃피운 사랑과 예술』, 다운샘, 2017, 287~294쪽.

206 『국조방목國朝榜目』을 보면 , 김조순의 초명은 낙순洛淳이다. 문과 합격 당시 전력은 종6품 승의랑承議郎이다.(『국조방목』 권18, 규장각[圭貴11655])

207 1837년(헌종 3) 16세의 막내딸 덕온공주 혼례는 순원왕후의 주도로 진행되었다. 하지만 혼례를 치른 지 7년이 되던 해인 1844년(헌종 10) 덕온공주가 23세의 나이로 죽으면서 순원왕후는 가족을 모두 잃었다. 이듬해(1845) 그녀의 제사를 지내기 위해 순원왕후가 보낸 음식 발기가 남아 있다.

208 순원왕후는 수렴청정을 시행한 74개월 동안 66회의 차대에 참석했다. 정순왕후가 수렴청정을 한 42개월 동안 74회의 차대에 참석한 것과 비교하면, 순원왕후는 적은 편이다.(임혜련, 「19세기 수렴청정 연구」, 숙명여자대학교 박사학위논문, 131쪽 및 171쪽)

209 종묘를 확장해서 순조와 익종을 종묘의 정전正殿에 안치한 세실世室로 모시기도 했다. 그때 종묘가 현재의 규모로 확장되었다.

210 『헌종실록』 즉위년 11월 19일.

211 『철종실록』 즉위년 6월 23일 ; 『일성록』 철종 즉위년 6월 24일 ; 9월 22일.

212 순원왕후 언간 순서는 서첩의 권차와 각 권에 실린 언간의 순서에 따라 언간 번호를 부여한 이승희(2010)를 따랐다.

213 판독문과 현대역은 이승희(2010)를 참조했으며, 일부 수정한 부분도 있다. 그리고 원문에는 띄어쓰기가 되어 있지 않으나 여기서는 띄어쓰기를 했다. 아울러 언간 작성 시기, 발신자와 수신자를 병기했다. 이 글에서는 원고 분량이 많은 점을 감안해서 판독문은 생략하기로 한다. 강조는 인용자, 이하 마찬가지.

214 『헌종실록』 8년 11월 6일.

215 『헌종실록』 14년 7월 25일.

216 같은 시기에 보낸 편지가 있다. “운수를 입어 고향으로 돌아와 형제와 자손들이 함께 즐거워하며 지내니, 이왕 지난 일은 일장춘몽이고 일가가 새롭게 기뻐함이 측량치 못하니 감격함이 무어라 할 길이 없네. … 기쁠 뿐이고 다른 할 말은 없으니 설 쇠는 일[換歲] 잘하기 믿네.”([순원왕후어필봉서 33-7])

217 『철종실록』 즉위년 12월 25일.

218 이승희, 앞의 책, 88~89쪽.

219 앞에서 보았듯이 김홍근의 형 김홍근은 1842년(헌종 8) 11월 세상을 떠났다. ([순원왕후어필봉서 33-22] 참조)

220 『철종실록』 7년 6월 27일 ; 8월 27일 ; 8월 28일 ; 9월 11일.

221 出入殿陛, 少無敬畏之心, 伺察宮闈, 顯有締結之跡.(『헌종실록』 14년 7월 17일)

222 『철종실록』 즉위년 8월 20일.

223 [순원왕후어필봉서 33-2, 33-1].

224 기본적으로 순원왕후는 철종을 보호하고 왕실을 유지하는 일에 의무감을 느끼고 있었다. 수렴청정하면서 자신의 정치적 역할을 다하려 했으며, 안동 김씨들에게도 왕에 대한 충성을 당부하고 있다.([순원왕후어필봉서 33-25, 33-31] ; [순원왕후어필 1-10] ; 이기대, 앞의 논문(2009b), 220~221쪽)

225 [순원왕후어필봉서 33-8, 33-20, 33-24, 33-31, 33-32] ; [순원왕후어필 1-12, 1-15, 2-3, 2-4].

226 [순원왕후어필봉서 33-9, 33-20, 33-28] ; [순원왕후어필 1-2, 1-8, 1-9].

227 [순원왕후어필봉서 33-4] ; [순원왕후어필 1-1, 1-11, 2-3].

228 [순원왕후어필봉서 33-12, 33-25, 33-31] ; [순원왕후어필 1-3].

229 김병필은 1855년(철종 6) 17세의 어린 나이에 정시 문과에 병과의 성적으로 급제했다.(『국조방목』 권11)

230 [순원왕후어필봉서 33-3, 33-4, 33-24, 33-25, 33-32] ; [순원왕후어필 2-3].

231 『철종실록』 2년 6월 16일 ; 6월 18일 ; 6월 22일 ; 6월 23일; 6월 25일.

232 『철종실록』 2년 6월 25일 ; 이승희, 앞의 논문(2008), 41~45쪽.

233 [순원왕후어필봉서 33-19].

맺음말

1 에드워드 와그너의 연구에 따르면 조선시대 의정부의 정승 지위에 오른 인물 중 90%가 문과 급제자였다.(Edward W, Wagner, "The Ladder of Success in Yi Dynasty Korea", *Occasional Papers on Korea* vol. 1, 1974) 조정 내 다른 고위 관직 역시 마찬가지였을 것이다. 문과 합격은 확실한 '출세와 성공의 사다리(Ladder of Success)'였던 것이다. 합격자 본인을 넘어서 가문의 영광이기도 했다.

2 이에 대해서는 아베 요시오/ 김석근 옮김, 『퇴계와 일본유학』, 전통과 현대, 1998 참조.

3 이남희, 「소혜왕후 『내훈』과 폐비윤씨사건 그리고 불교옹호 논쟁」, 『원불교사상과 종교문화』 97, 2023.

4 이남희, 『조선시대 언간을 통해 본 왕실 여성의 삶과 생활세계』, 역락, 2011 ; 신성철, 『조선시대 언간을 통해 본 사대부가 여성의 삶』, 역락, 2011.

참고문헌

1장 조선 건국 이후 『소학』을 읽다

마르티나 도이힐러/ 이훈상옮김, 『한국 사회의 유교적 변환』, 아카넷, 2003.

마르티나 도이힐러/ 이훈상옮김, 『한국의 유교화 과정: 신유학은 한국 사회를 어떻게 바꾸었나』, 너머북수, 2013.

미조구치 유조외 엮음/ 김석근외 옮김, 『중국사상문화사전』, 책과함께, 2011.

시마다 겐지/ 김석근 옮김, 『주자학과 양명학』, AK, 2020.

성백효역주, 『소학집주』, 전통문화연구회, 1993.

윤인숙, 『조선 전기의 사림과 <소학>』, 역사비평사, 2014.

이남희, 『조선왕조실록으로 오늘을 읽는다』, 다할미디어, 2008 ; 2014.

______, 『영조의 과거, 널리 인재를 구하다』, 한국학중앙연구원출판부, 2013.

정호훈, 『조선의 『소학』: 주석과 번역』, 소명출판, 2014.

주희·유청지/ 윤호창 옮김, 『소학』, 홍익출판사, 1999 ; 2015.

三浦國雄, 『朱子』, 講談社, 1979.

김석근, 「개혁과 혁명 그리고 주자학」, 『아세아연구』 97, 1997.

______, 「대승불교에서 주자학으로」, 『정치사상연구』 1, 1999.

김준석, 「조선전기의 사회사상: 『소학』의 사회적 기능 분석을 중심으로」, 『동방학지』 29, 1981.

도현철, 「고려 후기 주자학 수용과 주자서 보급」, 『동방학지』 77, 1993.

박순남, 「고려말 지식인의 『소학』 수용에 관하여」, 『동양한문학연구』 17, 2003.

박연호, 「주자학의 근본배양설과 조선전기의「소학」 교육」, 『청계사학』 2, 1985.

박홍규·송재혁, 「세종과 『소학』: 민풍과 사풍의 교화」, 『대한정치학회보』 20-1, 2012.

안경식, 「先秦 소학 제도의 연구」, 『한국교육사학』 33-1, 2011.

윤인숙, 「『소학』의 성격과 정치론, 그 적용」, 『사림』 35, 2010.

이남희, 「『안동권씨성화보』를 통해 본 조선 초기 여성의 재가 문제」, 『조선시대사학보』 57, 2011.
______, 「조선후기 잡과교육의 변화와 특성」, 『한국동양정치사상사연구』 13-1, 2014.
이동후, 「소학과 예기 관계」, 『동양예학회』 13, 2004.
이원재, 「조선시대 『소학』교육의 현실」, 『교육학연구』 44-3, 2006.
이정민, 「조선시대의 『소학』 이해연구」, 서울대학교 박사학위논문, 2013.
정연식·조현걸, 「여말·선초에 있어서 소학 보급의 정치적 의의」, 『사회과학연구』 4, 1988.
진 원, 「『소학』의 편찬 이유와 이론적 입장」, 『한국학논집』 49, 2012.
______, 「『소학』 저술이전 시기 주자의 소학론」, 『퇴계학논집』 131, 2012.
한관일, 「조선전기의 『소학』 교육연구」, 중앙대학교 박사학위논문, 1992.

2장 혼인과 족보 그리고 제사

문숙자, 『조선시대 재산상속과 가족』, 경인문화사, 2004.
박 주, 『조선시대 여성과 유교문화』, 국학자료원, 2008.
송준호, 『조선사회사연구: 조선사회의 구조와 성격 및 그 변천에 관한 연구』, 일조각, 1987.
이남희, 『조선왕조실록으로 오늘을 읽는다』, 다할미디어, 2008 ; 2014.
______, 『조선후기 의역주팔세보 연구: 중인의 족보 편찬과 신분 변동』, 아카넷, 2021.
장병인, 『조선전기 혼인제와 성차별』, 일지사, 1997.
최재석, 『한국가족제도사연구』, 일지사, 1983.
渡邊浩, 『近世日本社會と宋學』, 東京大學校出版會, 1985.
권영대, 「성화보고」, 『학술원논문집』20, 1981.
권기석, 「15-17세기 족보의 편제 방식과 성격」, 『규장각』 30, 2007.
김문택, 「1600년 간행 진성이씨족보 편찬과정과 그 성격」, 『연구논문집』 1, 서울역사박물관, 2003.
김석근, 「대승불교에서 주자학으로」, 『정치사상연구』 1, 1999.

노명호, 「한국사 연구와 족보」, 『한국사시민강좌』 24, 1999.
박용운, 「안동권씨의 사례를 통해 본 고려사회의 일단면」, 『역사교육』 94, 2005.
박영진, 「안동권씨 《성화보》 연구」, 『동양예학』 12, 2004.
봉성기, 「한국의 족보도서관과 족보 콜렉션」, 『한국족보: 역동적인 전통』, 국립중앙도서관, 2006.
송준호, 「족보를 통해서 본 韓·中 양국의 전통 사회」, 『두계이병도박사구순기념한국사논총』, 1987.
송찬식, 「족보」, 『한국의 사회』, 국제문화재단, 1976.
심승구, 「조선초기 족보의 간행형태에 관한 연구」, 『국사관논총』 89, 2000.
오영선, 「조선초기 가계기록에 대한 일고찰」, 『전농사론』 7, 2001.
이기백, 「족보와 현대사회」, 『한국사시민강좌』 24, 1999.
이남희, 「족보를 통해서 본 조선시대 여성의 지위 변화」, 『전통과현대』 12, 2000.
______, 「안동권씨성화보를 통해 본 조선 초기 여성의 재가 문제」, 『조선시대사학보』 57, 2011.
이순구, 「조선초기 종법의 수용과 여성지위의 변화」, 한국학대학원 박사학위논문, 1995.
이정란, 「족보의 자녀 수록방식을 통해서 본 여말선초 족보의 편찬 배경」, 『한국중세사연구』 25, 2008.
차장섭, 「조선시대 족보의 편찬과 의의: 강릉김씨 족보를 중심으로」, 『조선시대사학보』 2, 1997.
______, 「능성구씨 족보의 간행과 그 특징」, 『한국사학보』22, 2006.
최재석, 「조선시대의 족보와 동족조직」, 『역사학보』 81, 1980.
한희숙, 「양반사회와 여성의 지위」, 『한국사시민강좌』 15, 1994.
川島藤也, 「文化柳氏にみられる氏族の移動とその性格: 儒教的官僚と血緣集團」, 『朝鮮學報』 70, 1974.
宮嶋博史, 「『안동권씨성화보』를 통해서 본 한국 족보의 구조적 특성」, 『대동문화연구』 62, 2008.
Edward W. Wagner, 「안동 권씨 성화보와 문화 유씨 가정보를 통하여 본 조선 초기의 양반사회」, 『보학연구회보』 1, 1988.

______, 「1476년 안동권씨족보와 1565년 문화류씨족보: 그 성격과 의미에 대한 고찰」, 『석당논총』 15, 1989.

3장 조선의 여성들은 재혼을 했을까?

시시마다겐지/ 김석근옮김, 『주자학과 양명학』, AK, 2020.
마크 피터슨/ 김혜정옮김, 『유교사회의 창출』, 일조각, 2000.
박 주, 『조선시대 여성과 유교문화』, 국학자료원, 2008.
송준호, 『조선사회사연구』, 일조각, 1987.
장병인, 『조선전기 혼인제와 성차별』, 일지사, 1997.
권영대, 「성화보고」, 『학술원논문집』 20, 1981.
노명호, 「해제 - 안동권씨 성화보에 대하여」, 『안동권씨성화보』, 1992.
박용운, 「안동권씨의 사례를 통해 본 고려사회의 일단면」, 『역사교육』 94, 2005.
______, 「儒州(始寧·文化)柳氏의 사례를 통해 본 고려사회의 일단면」, 『한국사학보』 24, 2006.
박영진, 「안동권씨 《성화보》 연구」, 『동양예학』 12, 2004.
심승구, 「조선초기 족보의 간행형태에 관한 연구」, 『국사관논총』 89, 2000.
오영선, 「조선초기 가계기록에 대한 일고찰」, 『전농사론』 7, 2001.
유경래, 「『문화유씨 가정보』와 『안동권씨 성화보』에 나타난 정현왕후의 인적 관계망」, 『한중인문학연구』 26, 2009.
이남희, 「족보를 통해서 본 조선시대 여성의 지위 변화」, 『전통과현대』 12, 2000.
이상백, 「재가금지습속의 유래에 대한 연구」, 『동양사상연구』 1, 1937(『이상백저작집1』, 을유문화사, 1978).
이순구, 「조선 초기 주자학의 보급과 여성의 사회적 지위」, 『청계사학』 3, 1986.
이정란, 「족보의 자녀 수록 방식을 통해서 본 여말선초 족보의 편찬 배경」, 『한국중세사연구』 25, 2008.
이진한, 「『성화안동권씨세보』에 기재된 고려후기의 관직」, 『한국사학보』 22, 2006.

정재훈, 「해주오씨족도고」, 『동아연구』 17, 1989.
차장섭, 「조선시대 족보의 편찬과 의의: 강릉김씨 족보를 중심으로」, 『조선시대사학보』 2, 1997.
______, 「능성구씨 족보의 간행과 그 특징」, 『한국사학보』 22, 2006.
최재석, 「조선시대의 족보와 동족조직」, 『역사학보』 81, 1980.
宮嶋博史, 「『안동권씨성화보』를 통해서 본 한국 족보의 구조적 특성」, 『대동문화연구』 62, 2008.
Edward W. Wagner, 「안동 권씨 성화보와 문화 유씨 가정보를 통하여 본 조선 초기의 양반사회」, 『보학연구회보』 1, 1988.
______, 「1476년 안동권씨족보와 1565년 문화유씨족보」, 『석당논총』 15, 1989.

4장 조선의 지식인 여성, 여성선비와 여중군자

강정일당/ 이영춘 역, 『강정일당: 한 조선 여성 지식인의 삶과 학문』, 가람기획, 2002.
유희/장서각 고문서연구실 편, 『진주유씨서파유희전서』 Ⅰ·Ⅱ, 한국학중앙연구원, 2008.
이사주당/ 최삼섭·박찬국 역해, 『역주 태교신기』, 성보사, 1991.
임윤지당/ 이영춘 역, 『임윤지당: 국역 윤지당유고』, 혜안, 1998.
임윤지당/ 조선시대사학회, 『국역 윤지당유고』, 원주시, 2001.
정인보/ 정양완 역, 『담원문록』, 태학사, 2006.
김석근 외, 『한국문화대탐사』, 아산서원, 2015.
김재인 외, 『한국 여성교육의 변천과정 연구』, 한국여성개발원, 2001.
박 주, 『조선시대의 정표정책』, 일조각, 1990.
______, 『조선시대 여성과 유교문화』, 국학자료원, 2008.
이순형, 『한국의 명문종가』, 서울대학교 출판부, 2000.
이혜순, 『조선후기여성지성사』, 이화여대출판부, 2007.
정옥자, 『우리가 정말 알아야 할 우리 선비』, 현암사, 2002.
정형지 외 역주, 『17세기 여성생활사 자료집』 1~4, 보고사, 2006.

한영우, 『한국선비지성사』, 지식산업사, 2010.

허미자편, 『조선조여류시문전집』, 태학사, 1988·1989.

황수연 외 역주, 『18세기 여성생활사 자료집』 1~8, 보고사, 2010.

김재임, 「임윤지당유고에 나타난 여성의식 고찰」, 『한문고전연구』 10, 2005.

김 현, 「성리학적 가치관의 확산과 여성」, 『민족문화연구』 41, 2004.

박무영, 「여성시문집의 간행과 19세기 경화사족의 욕망」, 『고전문학연구』 33, 2008.

박용만, 「유희의 문학사상과 시세계에 대한 고찰」, 『진단학보』 118, 2013.

심경호, 「사주당 이씨의 삶과 학문」, 『한국고전여성문학연구』 18, 2009.

오영교, 「조선시대 문중의 여성교육과 임윤지당」, 『원유한교수정년기념논총』 2000.

유영희, 「임윤지당의 성리 철학과 수행론」, 『한국사상과문화』 29, 2005.

이규대, 「전주이씨행장을 통해 본 18세기 여성의 생활상」, 『역사민속학』 25, 2007.

이남희, 「조선 사회의 유교화와 여성의 위상: 15·16세기 족보를 중심으로」, 『원불교사상과 종교문화』 48, 2011.

______, 「조선후기의 '女士'와 '女中君子' 개념 고찰」, 『역사와 실학』 47, 2012.

______, 「조선후기 지식인 여성의 생활세계와 사회의식: 임윤지당과 강정일당을 중심으로」, 『원불교사상과 종교문화』 52, 2012.

______, 「조선후기 지식인 여성의 자의식과 사유세계: 이사주당(1739~1821)을 중심으로」, 『원불교사상과 종교문화』 68, 2016.

______, 「임윤지당: 군자로 추앙받은 여성선비」, 『조선 인물 이렇게 본다』, 경인문화사, 2016.

______, 「강정일당의 마음공부[心學]: 조선후기 한 여성 성리학자의 수양과 학문」, 『명상과 치유』, 경인문화사, 2016.

이순구, 「조선시대 가족제도의 변화와 여성」, 『한국고전여성문학연구』 10, 2005.

이영춘, 「임윤지당의 성리학」, 『청계사학』 11, 1996.

______, 「강정일당의 생애와 사상」, 『조선시대사학보』 13, 2000.

______, 「강정일당: 성리학과 시문에 뛰어난 여성선비」, 『조선 인물 이렇게 본다』, 경인문

화사, 2016.
이혜순, 「여성담론으로서의 임윤지당의 이기심성론」, 『고전문학연구』 26, 2004.
______, 「임윤지당의 정치담론」, 『한국한문학연구』 35, 2005.
임유경, 「임윤지당의 전 서술방식과 여성의식」, 『태동고전연구』 16, 1999.
정양완, 『수고본 태교신기』, 『한국여성의 전통상』, 민음사, 1985.
______, 「『태교신기』에 대하여」, 『새국어생활』 10-3, 2000.
정해은, 「조선후기 여성 실학자 빙허각 이씨」, 『여성과사회』 8, 1997.
______, 「봉건체제의 동요와 여성의 성장」, 『우리여성의 역사』, 청년사, 1999.
______, 「조선시대 태교 담론에서 바라본 이사주당의 태교론」, 『여성과 역사』 10, 2009.
최연미, 「임윤지당의 생애와 윤지당유고」, 『서지학연구』 17, 1999.

5장 왕실 속 여중군자들

소혜왕후/ 육완정 역주, 『내훈』, 열화당, 1984.
소혜왕후/ 이경하 주해, 『내훈』, 한길사, 2011.
소혜왕후/ 이민수 교주, 『신역 내훈』, 홍신문화사, 1994.
소혜왕후/ 이선영·이승희, 『내훈』, 채륜, 2011.
소혜왕후/ 정양완 옮겨풀어씀, 『내훈』, 동서문화사, 2020.
혜경궁 홍씨/ 정병설 주석, 『원본 한중록』, 문학동네, 2010.
혜경궁 홍씨/ 정병설 옮김, 『한중록』, 문학동네, 2010.
주희·유청지/ 윤호창 옮김, 『소학』, 홍익출판사, 2015
김석근·김문식·신명호, 『조선시대 국왕리더십 관(觀)』, 역사산책, 2019.
김일근 교설, 『명황계감언해』, 경인문화사, 1974.
김일근, 『언간의 연구: 한글서간의 연구와 자료집성』, 건국대학교출판부, 1986·1991.
박정숙, 『조선의 한글 편지: 편지로 꽃피운 사랑과 예술』, 다운샘, 2017.
성백효 역주, 『소학집주』, 전통문화연구회, 1993.

이남희, 『조선시대 언간을 통해 본 왕실 여성의 삶과 생활세계』, 역락, 2021.
이승희 역주, 『순원왕후의 한글편지』, 푸른역사, 2010.
이화정, 『강직한 지식인, 인수대비』, 푸른사상, 2017.
장병인, 『조선 전기 혼인제와 성차별』, 일지사, 1997.
정병설, 『혜경궁 홍씨, 회한의 궁중생활 칩십년』, 한국학중앙연구원출판부, 2014.
조용선, 『봉셔, 다운샘』, 1997.
한영우, 『정조의 화성행차 그 8일』, 효형출판, 2013.
한형주, 『밭가는 영조와 누에치는 정순왕후』, 한국학중앙연구원출판부, 2013.
한희숙, 『인수대비: 조선왕실 최고 여성지식인의 야망과 애환』, 솔과학, 2017.
황문환 외 엮음, 『조선시대 한글편지 판독자료집』 1~3, 역락, 2013.
국립한글박물관, 『공쥬, 글시 뎍으시니: 덕온공주 집안 3대 한글 유산』, 2019.
국립한글박물관, 『덕온공주가의 한글』 1·2, 2019·2020.
수원화성박물관, 『정조대왕 을묘년 수원행차 220주년 기념 특별기획전: 혜경궁홍씨와 풍산홍씨』, 2015.
수원화성박물관엮음, 『사도세자 이선李愃』, 수원화성박물관, 2015.
예술의 전당 서울서예박물관, 『조선왕조어필』, 한국서예사특별전, 2002.
고은강, 「『내훈』 연구: 유학의 여성윤리」, 『태동고전연구』 18, 2002.
김석근, 「개혁과 혁명 그리고 주자학」, 『아세아연구』 97, 1997.
______, 「대승불교에서 주자학으로: 불교 비판과 유학사의 재구성을 중심으로」, 『정치사상연구』 1, 1999.
김세서리아, 「조선 전기 가족인식에 대한 여성철학적 고찰」, 『한국여성철학』 11, 2009.
김수애, 「국립한글박물관 소장 순원왕후 편지에 대한 국어학적 연구」, 『장서각』 41, 2019.
김언순, 「조선시대 여훈서에 나타난 여성의 정체성 연구」, 한국학중앙연구원 박사학위논문, 2005.
김완진, 「경자기년 대왕대비 언문전교에 대하여」, 『문헌과해석』 27, 2004.
김용숙, 「순원왕후의 편지」, 『조선조 궁중풍속 연구』, 일조각, 1987.

김인경, 「조선후기 경주 김문의 형성과 성장」, 『조선시대사학보』 64, 2013.
김지용, 「내훈에 비춰진 이조여성들의 생활상」, 『아세아여성연구』 7, 1968,
김훈식, 「15세기 한·중 『내훈』의 여성윤리」, 『역사와 경계』 79, 2011.
박 주, 「조선후기 정순왕후 김씨의 정치적 리더십에 대한 재조명」, 『여성과 역사』 15, 2011.
박재연, 「정순왕후의 한글 편지」, 『문헌과 해석』 69, 2014.
백두현, 「조선시대 여성의 문자 생활 연구: 조선왕조실록 및 한글 필사본을 중심으로」, 『진단학보』 97, 2004.
육완정, 「소혜왕후의 『내훈』이 강조하는 여성상」, 『이화여대언문논집』 14, 1996.
이경하, 「15-16세기 왕후의 국문 글쓰기에 관한 문헌적 고찰」, 『한국고전여성문학연구』 7, 2003.
______, 「소혜왕후의 불교옹호 발언과 젠더권력관계」, 『한국여성학』 20-1, 2004.
______, 「15세기 최고의 여성지식인, 인수대비」, 『한국고전여성문학연구』 12, 2006.
______, 「『내훈』과 '소학·열녀·여교·명감'의 관계 재고」, 『한국고전여성문학연구』 17, 2008.
______, 「소혜왕후 『내훈』의 『소학』 수용 양상과 의미」, 『대동문화연구』 70, 2010.
이기대, 「한글편지에 나타난 순원왕후의 일상과 가족」, 『한국고전여성문학연구』 18, 2009.
______, 「한글편지에 나타난 순원왕후의 수렴청정과 정치적 성격」, 『국제어문』 47, 2009.
이남희, 「조선 사회의 유교화와 여성의 위상」, 『원불교사상과 종교문화』 48, 2011.
______, 「『안동권씨성화보』를 통해 본 조선 초기 여성의 재가 문제」, 『조선시대사학보』 57, 2011.
______, 「조선후기의 '女士'와 '女中君子' 개념 고찰」, 『역사와 실학』 47, 2012.
______, 「조선후기 현종비 명성왕후 언간의 특성과 의미」, 『영주어문』 35, 2017.
______, 「세종시대 『소학』의 보급·장려와 그 역사적 함의」, 『열린정신인문학연구』 19-2, 2018.
______, 「조선시대 언문자료와 왕실여성의 생활세계」, 『인문학연구』 29, 2020.

______, 「혜경궁홍씨(1735~1815)의 삶과 생활세계: 언간과 언교를 중심으로」, 『열린정신 인문학연구』 21-1, 2020.
______, 「정순왕후의 정치적 지향성과 생활세계: 언교와 언간을 중심으로」, 『원불교사상과 종교문화』 84, 2020.
______, 「소혜왕후 한씨와 『내훈』 그리고 젠더 문제: 그 사회사적 독해와 재음미」, 『국학연구』 51, 2023.
______, 「순조비 순원왕후(1789~1858) 언간을 통해 본 수렴청정과 세도정치」, 『열린정신 인문학연구』 24-1, 2023.
______, 「소혜왕후 『內訓』과 폐비윤씨사건 그리고 불교옹호 논쟁」, 『원불교사상과 종교문화』 97, 2023.
이래호, 「조선시대 언간 자료의 현황 및 그 특성과 가치」, 『국어사연구』 20, 2015.
이숙인, 「소혜왕후: 최초의 여성 저술가」, 『내일을 여는 역사』 56, 2014.
이순구, 「조선 초기 종법의 수용과 여성지위의 변화」, 한국정신문화연구원 박사학위논문, 1994.
이승희, 「규장각 소장본 '순원왕후 한글 편지'의 고찰」, 『규장각』 23, 2000.
______, 「'순원왕후 한글편지의 자료적 특성에 대한 일고찰」, 『한국문화』 44, 2008.
이종덕, 「정순왕후의 한글편지」, 한국학중앙연구원 어문생활사연구소 제17회 공개강독회, 2013.4.17.
임혜련, 「순조 초반 정순왕후의 수렴청정과 정국변화」, 『조선시대사학보』 15, 2000.
______, 「조선후기 헌종대 순원왕후의 수렴청정」, 『한국인물사연구』 3, 2005.
______, 「19세기 수렴청정 연구」, 숙명여자대학교 박사학위논문, 2008.
______, 「순조초기 정순왕후 수렴청정기의 관인 임용양상과 권력관계」, 『한국학논총』 41, 2014.
정만조, 「혜경궁의 삶과 영조대 중、후반의 정국」, 『조선시대사학보』 74, 2015.
최선혜, 「조선 초기 『명황계감』과 『내훈』」, 『남도문화연구』 21, 2011.
최성환, 「한중록의 정치사적 이해」, 『역사교육』 115, 2010

최어진·박재연, 「정순왕후 한글편지의 내용과 가치」, 『열상고전연구』 44, 2015.
최연미, 「소혜왕후 한씨 『내훈』 판본고」, 『서지학연구』 22, 2001.
한소윤, 「조선시대 왕후들의 언간 서체 특징 연구」, 『한국사상과 문화』 69, 2013.
한희숙, 「조선 초기 소혜왕후의 생애와 『내훈』」, 『한국사상과 문화』 27, 2005.
______, 「조선 성종대 폐비 사사 사건」, 『한국인물사연구』 6, 2006.
______, 「조선 초기 성종비 윤씨 폐비 폐출 논의과정」, 『한국인물사연구』 4, 2005.
황문환, 「덕온공주 유물 중 한글 자료에 대하여」, 『한국복식』 30, 2012.
아세아여성연구소, 「순원왕후 어필 <영인>」, 『아세아여성연구』 6, 숙명여자대학교 아세아여성연구소, 1968.

참고 웹사이트

국립중앙도서관 한국고전적종합목록시스템(http://nl.go.kr/korcis)
국립중앙박물관 e뮤지엄(https://emuseum.go.kr)
국사편찬위원회 한국사데이터베이스(http://db.history.go.kr)
규장각한국학연구원 원문검색서비스(https://kyudb.snu.ac.kr)
디지털장서각(http://jsg.aks.ac.kr)
디지털한글박물관(http://archives.hangeul.go.kr)
문화재청 국가문화유산포털(http://www.heritage.go.kr)
오죽헌·시립박물관(https://www.gn.go.kr/museum)
한국고문서자료관 조선시대 한글 편지(http://archive.aks.ac.kr)
한국고전번역원 한국고전종합DB(http://db.itkc.or.kr)
한국민족문화대백과사전(https://encykorea.aks.ac.kr)
한국역대인물종합시스템(http://people.aks.ac.kr)
한국학자료센터(http://kostma.aks.ac.kr)
한국학디지털아카이브(http://yoksa.aks.ac.kr)

도판 출처

* 가나다순

* 숫자는 페이지 번호임

국립고궁박물관	「영조어진」 278, 「철종어진」 313
국립부여박물관	「채제공 초상」 256
국립중앙도서관	「평생도 돌잔치」 77, 「평생도 회혼식」 79, 『윤지당유고』 154, 『태교신기』 166, 『정일당유고』 175
국립중앙박물관	『국조오례의서례』 55
국립한글박물관	『소학언해』 35, 『삼강행실도언해』 54, 『동국삼강행실도』 54 [정순왕후 언간 ③] 298, [정순왕후 언간 ④] 300 [정순왕후 언간 ⑧] 303
규장각	『소학집성』 34, 『번역소학』 34, 『어제소학언해』 35 『안동권씨성화보』 69, 『안동권씨성화보』 표지 94 『안동권씨성화보』 윤 자 면 95, 『안동권씨성화보』 서문 102 『안동권씨성화보』 염제신 사례 106 『안동권씨성화보』 안국서 사례 115 『내훈』 206, 『어제내훈』 207, 『경국대전』 241 『원행을묘정리의궤』(「화성행궁도」, 「봉수당진찬도」) 262, 263 『한중록』 267 [순원왕후어필] 330, [순원왕후어필 1-13] 330
문화유씨종친회	『문화유씨가정보』 75
서울역사박물관	『진성이씨경자보』 75
장서각	『문통』 167
한국민족문화대백과사전	『국조오례의』 55, 『녹문집』 151